明代中古詩歌
批評析論

鄭婷尹　著

文史哲學集成
文史哲出版社印行

國家圖書館出版品預行編目資料

明代中古詩歌批評析論 / 鄭婷尹著. -- 初版
　　臺北市：文史哲，
　　民 102.03
　　頁；公分（文史哲學集成；635）
　　　參考書目：頁
　　ISBN 978-986-314-089-4（平裝）

782.8417　　　　　　　　　　　101014302

文史哲學集成　　635

明代中古詩歌批評析論

著　　　者：鄭　　　婷　　　尹
出 版 者：文　史　哲　出　版　社
http://www.lapen.com.tw
e-mail：lapen@ms74.hinet.net
登記證字號：行政院新聞局版臺業字五三三七號
發 行 人：彭　　　正　　　雄
發 行 所：文　史　哲　出　版　社
印 刷 者：文　史　哲　出　版　社
臺北市羅斯福路一段七十二巷四號
郵政劃撥帳號：一六一八○一七五
電話886-2-23511028・傳真886-2-23965656

實價新臺幣五○○元

中華民國一○二年（2013）三月初版

ISBN 978-986-314-089-4　　00635

明代中古詩歌批評析論

目　　次

序　言

　　開始對中古詩歌的批評產生興趣，肇因於碩士論文處理《文選》五臣注詩。向來被視爲文字淺白、無足可觀的五臣注，實際探求的結果，誠有不容忽視的價值，那麼往後的中古詩歌批評，是否會有更顯光彩的發展？誠使人充滿好奇與興味。

　　對於明代中古詩評的探討就這樣開展。明代對中古詩歌的批評，在數量與質量上皆頗爲可觀，本書特擇出「詩教傳統的延續與轉換」、「抒情的重視及其傾向的轉換」、「審美重心的轉變」三大主題，欲藉此一探其具體之評論狀況。

　　在詩教傳統的主題中，由於傳統詩教的強大影響，明代以前的中古詩評仍有不少延續詩教倫理品德的觀點。發展至明朝，除了若干前承之論，詩評家更著意於「轉換」，例如將原本帶有政教倫理性質的溫柔敦厚，逐步導向詩歌藝術的面向。再者，「緣情綺靡」與「儒教質素」亦於明人的闡釋中展現相互交涉的可能。中古詩歌的創作誠然對抒情抱有高度的自覺，詩教的倫理實用性質確實也逐步淡出，然其深層的精神影響並未因此完全斷絕，透過明人的闡釋，將可見到詩教傳統於中古詩歌中持續延展的樣貌。

　　至於抒情議題之相關探討，在辨析緣情概念的基礎上，

尚可區分爲三個子題：俗艷之情在南朝詩評中並不受重視，明人卻能賞其價值；婉約之情也因明人的著意闡釋，而使中古詩作這方面的特質得到更多的矚目；至於情景論題，南朝詩評家將目光集中在形似的闡發，其後又歷經情、景分別述評的種種變化，直至明人方明顯著意於情景交融所散發的光彩。凡此種種，俱可清晰地見到歷朝詩學品好之不同，而明人異於前朝的獨到眼光亦由此突顯。

　　最後關於審美重心的轉變，主要集中在「風骨」與「清麗」的探討上。被南朝與初唐詩評家視爲美典的風骨，明人試圖從盛氣太過之弊端、怎樣的風骨表現方能成就佳作……等種種角度，深化風骨之探討；並試圖挖掘中古詩歌中陰柔的質素，復與風骨相融，從而樹立起延續建安風骨、卻又蘊含婉諧成分的新的詩歌典範。至於清麗論的探討，從南朝至明代的詩歌批評中，隱約可見「清」地位之提升，闡釋上則有由「清淺」轉向「清遠」的變化；再者，透過對清代以前「麗」、「清」概念交融暨消長的觀察，會發現對於清麗交融的深入闡釋，需至明朝方有較好的成績；而明代以前多得「麗」評之詩人，明人往往能提挈其詩作中清新的一面，可見中古詩評有逐步重「清」的趨勢。

　　近現代關於明朝詩學批評的研究成果，多由詩派、詩社的脈絡論述；對於豐厚的明代中古詩評材料，亦未能有較多的關注。本書選擇以詩教、抒情、審美三大主題加以析論，實欲突破以詩派、詩社爲主的論述疆界，從而拓展出不同的觀看眼光，期能對中古詩評有較系統性的探究。如此探討所呈現之文學史意義主要有三：首先，就中古詩歌本身而言，

透過前後各朝批評的比對，從而聚焦於明代，因觀察視野不同，反而更能呈現中古詩歌內涵的多面性，如此實豐富我們觀看中古詩歌的視野，也更突顯出中古詩歌的價值。第二，就明人之詩歌批評而言，多能展現出有別於前朝的慧眼，藉由對明人評論中古詩歌的具體觀察，可以發現其詩評觀點是極具參考價值的。最後，就詩教、抒情、詩歌審美三大批評主題而言，除了見到中古詩歌於前後朝歷時性評價中演變的情形，更能由此評價，再反過來觀察整個詩學批評發展的轉進情形。這樣的探索，期能對文學史上詩教、抒情、風骨、清、麗論等問題有更深刻的掌握。

　　本書是以筆者博士論文為基礎修訂而成，這背後誠有許多溫暖的推手支持著我：整個研究所期間蒙指導教授　張師蓓蓓甚多教誨，張師頗能掌握筆者所欲表達的意念，而得恰到好處地修整論文不足之處，並能適時斧正筆者觀念上的偏暇；此外，張師為人甚為體貼，總能適時予筆者鼓勵，張師無疑是經師兼為人師的最佳典範！而王師國瓔身為另一位指導教授，也給筆者不少啓發。王師業已退休，卻仍心繫筆者，給予不少論文大方向上修改的提示。諸師惠我甚多，誠感念甚深。末者，父母、舍弟與外子的一路相陪，亦使沿途的荊棘化為醇果，諸多感懷，誠筆墨之所難盡。

　　祈願本題能為學界明代中古詩評的研究盡一份棉薄之力，亦祈博雅君子能不吝惠予指教。

壬辰大雪於府城

常用書目簡稱表

　　本文在論述過程中，大量引用文學批評史料，爲避免逐一註解之繁瑣，擬將下列書目簡化，僅於正文中的引文後附上卷數及頁數。簡稱對照如下：

文　心｜南朝梁・劉勰著，詹鍈義證：《文心雕龍義證》
　　　　（上海：上海古籍出版社，1999.12）

詩　品｜南朝梁・鍾嶸著，王叔岷箋證：《鍾嶸詩品箋證稿》（北京：中華書局，2007.7）

詩　式｜唐・皎然著，李壯鷹校注：《詩式校注》（北京：人民文學出版社，2003.11）

文　鏡｜日・遍照金剛撰，盧盛江校考：《文鏡祕府論彙校彙考》（北京：中華書局，2006.4）

升庵集｜明・楊慎：《升庵集》（合肥：黃山書社，2008，清文淵閣四庫全書補配清文津閣四庫全書本）

藝　圃｜明・郝敬：《藝圃傖談》，收於吳文治主編：《明詩話全編》（南京：鳳凰出版社，2006.1）

談藝錄｜明・徐禎卿：《談藝錄》（合肥：黃山書社，2008，明夷門廣牘本）

藝　苑｜明・王世貞：《藝苑巵言》（合肥：黃山書社，

2008，明萬曆十七年武林樵雲書舍刻本）

四　溟｜明・謝榛著，宛平校點：《四溟詩話》（北京：人民文學出版社，2006.8）

古詩紀｜明・馮惟訥：《古詩紀》（合肥：黃山書社，2008，清文淵閣四庫全書本）

古詩歸｜明・鍾惺、譚元春輯：《古詩歸》，收於《續修四庫全書・集部・總集》（上海：上海古籍出版社，2002）

詩藪內｜明・胡應麟：《詩藪內編》（合肥：黃山書社，2008，明刻本）

詩藪外｜明・胡應麟：《詩藪外編》（合肥：黃山書社，2008，明刻本）

詩源辯｜明・許學夷著，杜維沫校點：《詩源辯體》（北京：人民文學出版社，2001.10）

詩鏡總｜明・陸時雍選評，任文京、趙東嵐點校：《詩鏡・總論》（保定：河北大學出版社，2010.3）

古詩鏡｜明・陸時雍選評，任文京、趙東嵐點校：《詩鏡・古詩鏡》（保定：河北大學出版社，2010.3）

詩　筏｜明・賀貽孫：《詩筏》，收於《明詩話全編》

評　選｜明・王夫之：《古詩評選》，收於《船山全書》（長沙：嶽麓書社，1989）第 14 冊

說詩補｜明・馮復京：《說詩補遺》，收於《明詩話全編》

采菽堂｜清・陳祚明評選，李金松點校：《采菽堂古詩選》（上海：上海古籍出版社，2008.12）

古詩源｜清・沈德潛選：《古詩源》（北京：中華書局，

2000.7）

　王　玫　王玫：《建安文學接受史論》（上海：上海古籍
　　　　出版社，2005.7）

　陳　斌　陳斌：《明代中古詩歌接受與批評研究》（上海：
　　　　上海三聯書店，2009.3）

標明方式：

例 1：有卷、頁者

　　　明・陸時雍：《古詩鏡》（保定：河北大學出版社，
2010.3），卷 3，頁 151。

→（古詩鏡 3/151）

　　　南朝梁・鍾嶸著，王叔岷箋證：《鍾嶸詩品箋證稿》
（北京：中華書局，2007.7），卷中，頁 234。

→（詩品.中/234）

例 2：原典若出現於註解中，僅扼要標出書名、卷數，而不
　　　附註頁數

　　　明・陸時雍：《古詩鏡》（保定：河北大學出版社，
2010.3），卷 3，頁 151。

→（古詩鏡 3）

例 3：只有頁數者

　　　陳斌：《明代中古詩歌接受與批評研究》（上海：
上海三聯書店，2009.3），頁 100。

→（陳斌/100）

例 4：必要時需標出詩歌作者、詩名者

　　　明・王夫之：《古詩評選・張華・荷詩》，收於《船山

全書》（長沙：嶽麓書社，1989）第 14 冊，卷 4，頁 691。
━━► （評選.張華.荷詩 4/691）

明代詩話論述甚豐，除了上述幾家因本身述評較具系統，於質量上確實有較多可取之處；尚有爲數不少的明代中古詩評，雖然相對零星，卻不乏熠熠光彩。下文論述將統合這兩大部分的材料，以期能較爲全面地彰顯明代中古詩評的樣貌。

其他相關規格說明：

（一）未見於以上常用書目者，將於引文末扼要標明著者。

（二）全文引用之中古詩歌：

　　（1）如陶謝……等有單行注本的詩家，將於第一次引用該詩人作品時，附註參考之版本，此後凡引自同一詩人之作，皆依此本，僅於詩句後扼要標名頁碼，不另附註。

　　（2）若無單行注本之中古詩人，引用詩作俱依逯欽立輯校之《先秦魏晉南北朝詩》（北京：中華書局，1998.5），不再另行附註。

　　（3）詩評家解說時若曾援引中古詩作，如王夫之《古詩評選》、賀貽孫《詩筏》……等，詩歌版本則以詩評家所載爲主。

第一章　緒　說

　　本書題爲「明代中古詩歌批評析論」，中古的範圍，根據近代學者的論述加以歸納[1]，主要指魏晉宋齊梁陳等朝，王瑤先生「起於漢末，訖於梁陳」[2]，即明白指出這點。何以選擇明代學者對中古詩歌的批評作爲探索對象？乃因明朝之中古詩評於質量與數量上皆頗有可觀之處，並與學界長期以來對中古詩家與詩作的既定印象有相當之落差，而饒有值得玩味處，故擇此論之。

　　中古詩歌作爲唐詩高峰到來的前奏，學界對此之研究有相當蓬勃的發展。而在分析詩歌的同時，徵引古人評論是頗爲常見的現象。自古以還這些看似零星的詩歌批評，意見有同有異；那麼隨著時代的流轉，意見的挪移是否有一進程？發展的具體狀況如何？這背後所呈現的，是怎麼樣的文學史觀？另一方面，在提及中古詩歌時，今人普遍的第一印象即

---

1 中古範圍的界定，主要參照劉師培：《中國中古文學史講義》（北京：中國人民大學出版社，2004.9）、陸侃如：《中古文學繫年》（北京：人民文學出版社，1998.7）、王瑤：《中古文學史論》（北京：北京大學出版社，2008.5）、曹道衡：《中古文史叢稿》（保定：河北大學出版社，2003.10）、廖蔚卿：《中古詩人研究》（臺北：里仁書局，2005.3）⋯⋯等諸位先生的說法，大抵是指魏晉宋齊梁陳等朝。北朝因詩歌較不蓬勃，詩評資料相對有限，故僅論及由南入北的庾信。
2 王瑤：《中古文學史論》，初版自序頁 4。

是文學自覺、追求形式美、文辭逐漸由質樸轉向琢鍊……等，然則歷代論者是否都以此作爲觀察中古詩歌的主要視角？若非如此，評論及箋注者眼中的中古詩歌，又具備哪些不同的面貌？這其中有沒有哪些面向的詩學批評，隨著時間的推移而在論述上益顯豐富，從而能回過頭來重新定位中古詩歌的價值，又或者悄悄改變了中古詩歌詩人的地位？再者，南朝詩歌對唐詩的貢獻，是否只展現在形式表現上？這一連串的問題實有深入探討的價值。特別是明代中古詩評，對上述問題提供了若干有意思的解答。這部分的研究雖陸續有一些成果誕生，但仍有相當之開創空間，本書即欲針對此展開論述。

第一節　文獻回顧與研究動機[3]

中古詩歌批評之既有文獻，大致可區分爲「古典文獻」[4]與「前輩學者研究成果」兩部分。本書雖將研究範圍鎖定在明朝，然而明人的諸多說法或者承續前朝，或者於轉換中開展出新的面向，與前朝詩評多少有所連繫，因此古典文獻回顧將以明人之評論爲主，而不以此爲限；基於同樣理由，爲求對近現代學者研究成果能有充分的掌握，亦不僅止於回顧他們對明代中古詩評的探究，尚望能顧及明代以前有關中古

---

3 研究一個主題的動機，就思維的順序而言，當是在閱讀諸家文獻時逐步形成的看法，因此本節不特闢一段說明研究動機，而是於文獻回顧之際，順勢帶出研究取向。

4 「古典文獻」是指中古（特別是南朝）至明代與中古詩歌相關的詩評。

詩評之探討，如此開拓出的新視野方能較爲全面。

一、古典文獻回顧

　　關於南朝的古典文獻，《文心雕龍》與《詩品》作爲現存第一部有系統的文學理論專著與第一部專論五言詩的批評著作，對明代中古詩評的探討，無疑最具比對之重要性。透過它們與明代詩評的兩相對照，對於中古詩人評價的變化，將能有基本的掌握。例如在《詩品》中僅被列於中品的曹丕，其深婉柔厚的特質反而頗受明人激賞[5]；再者，被鍾嶸目爲太康之英的陸機，地位決然在左思之上，然而時至明朝，焦竑、胡應麟、馮復京、鍾惺……等人俱認爲左思詩歌的價值勝過陸機[6]。凡此種種，都可看出南朝與明人對中古詩歌之不同取向。以南朝詩評作爲比較基點，顯然是必要的。

　　就唐代的整體批評而言，鑒於南朝浮靡喪國，唐人對該階段的詩歌多所貶抑，皮日休、柳冕、元稹、牛希濟……等人都有此主張，如此眼光甚至波及他們對魏晉的看法[7]。然而

5　相關論述如陸時雍「子建高華，子桓和厚，二者未知誰勝。」（古詩鏡6）已非將曹丕置於曹植之下；再如王夫之「微風遠韻，映帶人心於哀樂，非子桓其孰得哉？但此已空千古。」（評選.曹丕.善哉行1）更大大拔高子桓的地位；所見俱與《詩品》不同。

6　相關資料如焦竑「余觀漢魏以逮六朝，作者蝟起，能道其中之所欲言者，阮步兵、左太沖、張景陽、陶靖節四人而已。」（《澹園集卷16‧陶靖節先生集序》）、胡應麟「士衡居晉，宜遜太沖」（詩藪外2）、馮復京「晉代詩人左爲第一」（說詩補3）、鍾惺「太沖筆舌靈動遠出潘、陸上」（古詩歸8）……等。

7　例如皮日休「今之所謂樂府者，唯以魏晉之侈麗，陳梁之浮豔，謂之樂府詩，真不然矣！」（〈正樂府序〉）、顏真卿「漢魏已還，雅道微缺；

面對這般洶湧之風潮，諸如杜甫「清新庾開府，俊逸鮑參軍」
（〈春日憶李白〉）、皎然「齊梁……格雖弱，氣猶正，遠
比建安，可言體變，不可言道喪」（詩式·有事無事第四格·
齊梁詩 4/273）……等論，不僅力闢時人之見，更重要的是
其所開啟的新局，而這樣的新局，對明人之評論有相當之影
響。像杜甫評鮑照「俊逸」，儼然成為此後多數人對鮑詩的
定評，此亦明人觀看鮑照的其中一個角度，而賀貽孫更能在
俊逸的基礎上，進一步探究其與清新、「厚」之關係[8]，使得
該議題之探討能更形深入；又皎然對齊梁之讚許，對於明人
以正面眼光看待齊梁詩亦不無影響，如王世貞「齊梁纖調，
李杜變風，亦自可采」（藝苑 1/4）、陸時雍「齊、梁人欲
嫩而得老，唐人欲老而得嫩，其所別在風格之間。齊、梁老
而實秀，唐人嫩而不華，其所別在意象之際。齊、梁帶秀而
香，唐人撰華而穢，其所別在點染之間」（詩鏡總/6）……
等，即是在肯定齊梁詩歌的價值後所作的進一步推展。

　　至於宋代，北宋詩評或可以蘇軾之論為代表。蘇軾最引
人矚目的，當是其對陶詩「質而實綺，癯而實腴」[9]之評，該

梁陳斯降，宮體聿興。既馳騁於末流，遂受嗤於後學。」（〈尚書刑部
侍郎贈尚書右僕射孫逖文公集序〉）……等，俱為貶損魏晉之例。柳、
元、牛的相關主張將於第二章中逐步論及，此不贅言。
8　賀氏之論如下：「杜子美以『清新』、『俊逸』分稱庾子山、鮑明遠二人，
可謂定評矣。但六朝人為清新易，為俊逸難。詩家清境最難，六朝雖
有清才，未免字字求新，則清新尚兼入巧。而俊逸純是天分，清新而
不俊逸者有矣，未有俊逸而不清新者也。……明遠既有逸氣，又饒清
骨……且俊逸易涉於佻，而明遠則厚。」（詩筏）。
9　宋·蘇轍：《欒城後集·子瞻和陶淵明詩集引》（合肥：黃山書社，2008，
四部叢刊景明嘉靖蜀藩活字本），卷 21，頁 605。

論一出，除了扭轉《詩品》置陶於中品的定位外，流風所及，對明人之評亦不無影響。然值得留意的是，明人除了承續東坡美陶之面向，同時也是除了南朝以外，歷代中對陶詩有較多微辭者，何景明「詩弱於陶」、王夫之「量不弘而氣不勝」……等評俱可見此傾向[10]。姑且不論這些意見客觀度如何，由此實可看出明人獨立於前朝的批評眼光。南宋階段像是嚴羽「漢魏尚矣，不假悟也」之論、批評「南朝人尚詞而病於理」[11]；張戒對曹劉陶阮情、味、氣之辨，採取多元視角，而非以雕琢為主要著眼點來看待中古詩歌[12]；劉克莊以德義禮教標準評判曹氏父子、阮、陶之作[13]……等，皆共同展現出對中古詩歌多方的關懷。要之，像蘇軾評陶這般先由宋人開啟新面向，明人於承續中另展新意的情形並不少見。為求對明人評

10 論述分別見於〈與李空同論詩書〉、《薑齋詩話》卷下。其他尚有胡應麟「陶、孟、韋、柳之為古詩也，其源淺，其流狹，其調弱，其格偏。」（詩藪內 2）……等。

11 分別見於宋‧嚴羽著，郭紹虞校釋：《滄浪詩話校釋》（北京：人民文學出版社，2006.6），〈詩辨〉，頁 12；〈詩評〉，頁 148。

12 原文如下：「古詩、蘇、李、曹、劉、陶、阮，本不期于詠物，而詠物之工，卓然天成，不可復及。其情真，其味長，其氣勝，視《三百篇》幾于無愧，凡以得詩人之本意也。……大抵句中若無意味，譬之山無烟雲，春無草樹，豈復可觀？阮嗣宗詩，專以意勝；陶淵明詩，專以味勝；曹子建詩，專以韻勝；杜子美詩，專以氣勝。然意可學也，味亦可學也，若夫韻有高下，氣有強弱，則不可強矣。」（《歲寒堂詩話‧卷上》）。

13 原文如下：「孟德之詩曰：『周公吐哺，天下歸心。』是以周公自擬也。子建之詩曰：『願我賢主人，克符周公業。』是以周公擬其父也。夫德義不足而直以雄心霸氣陵踐一世，誰其聽之。」（《後村集‧趙司令楷詩卷》）、「嗣宗跌蕩，棄禮矜法，傲犯世患，晚為勸進表以求容，志行掃地，反累其詩。淵明多引典訓，居然名教中人，終其身不踐二姓之庭，未嘗諧世，而世故不能害，人物高勝，其詩遂獨步千古。」（《後村集‧趙寺丞和陶詩》）。

論有更紮實的了解，宋人之觀點亦不容忽略。

　　元代因朝代短促，對中古詩歌的批評確實較少，然亦有值得留意者：方回《文選顏鮑謝詩評》貼近個別詩歌作評，頗能展示評析之實況；再如其對建安文學的推崇，則有別於劉勰「梗概而多氣」的角度，反是賞其「敘情勝述景」[14]，誠由不同面向挖掘建安文學的價值。再如楊維禎雖帶有儒家正統觀，同時也注重性靈，並能欣賞《玉臺新詠》選錄之作，有「自是玉臺新句好」[15]之語，為向來評價不高的《玉臺新詠》提供不同的觀察視野；另有陳繹曾的《詩譜》專論唐以前的詩歌，論述雖然簡略，然諸如評謝朓「藏險怪於意外，發自然於句中」、評沈約「佳處琢削，清瘦可愛，自拘聲病，氣骨蕭然」[16]，皆頗有可觀之處。總的來說，不論是貼近詩歌所作的分析，或者是眼光獨到的評論，都是研究明代中古詩評時，提供對照、比較所不可或缺的材料。

　　要之，南朝、唐、宋、元等階段對中古詩歌或有各自不同的認知，對明人而言，這是其評論得以進一步深化的基礎；另一方面，從研究者的角度而論，對前代詩評若能有較好的掌握，那麼在看待明人詩評時，不僅可清楚見到其與前朝觀點承續、深化或轉化的種種情形；比較明人與前朝相異處，也能使研究者得以更好地掌握詩學批評的豐富樣貌；而這些

---

14 語見元・方回：《文選顏鮑謝詩評》，《欽定四庫全書・集部八》（臺北：臺灣商務印書館，1973），卷 1，頁 18。
15 元・楊維禎：《鐵崖古樂府・冶春口號之五》（合肥：黃山書社，2008，四部叢刊景明成化本），卷 10，頁 59。
16 元・陳繹曾：《文筌・詩譜》（合肥：黃山書社，2008，清李士棻家鈔本），頁 39。

都將使明代中古詩評之研究能更具深度與廣度。

　　至於明代對中古詩歌的討論，則遠較唐宋元人全面。何以如此？與各家詩派蓬勃發展誠有密切的關係[17]：若就一般對明朝詩派的理解而言，明初先有臺閣派喜雍容詳贍、和平典雅，李東陽試圖改變其過於典則的風格，成為臺閣體至明代七子派的過渡人物。前七子不滿臺閣體的萎靡不振，而倡盛唐、漢魏之詩以矯之，卻又因創作傾向格調、摹擬，引發唐宋、六朝派的反動，或試圖提倡六朝初唐之作，或轉而追求高情遠韻，以矯七子膚廓肆張之弊；稍後七子派本身也作出了反省，而有王世貞、李攀龍等人，對前七子囿於格調、儒學道統……作出種種的調整。然而七子的復古終究積重難返，加上陸王心學的推波助瀾，其後末五子遂透露出格調往性靈過渡的痕跡，在這之後主張性靈的詩派或詩家更是紛紛興起，如公安、竟陵派、陸時雍等皆是。主張性靈者尚各有偏至，公安派固然獨抒性靈、不拘格套，使人耳目一新，卻流向俚俗淺率，促使竟陵派轉以幽深孤峭矯正之。陸時雍則以神韻作為重要的審美標準，將明代的詩學發展又帶向另一高度。整體而言，中晚明於抒情、藝術精神的自覺性追求，與中古階段的文學自覺正可相互呼應，明人會對中古詩歌有更多的駐足，與此時代背景不無關係；另一方面，明朝喜黨同伐異的學術性格，也促使詩評的探討得以更為多元而深入。

　　那麼聚焦至明代中古詩評，其概略的情形如何？首先，一般論明代詩家時，普遍有七子與六朝派之別，前者既主張

---

17 下列關於明代詩派遞嬗的說明，旨在概要掌握明朝詩壇的大致情形，故不具引原典論述。於下列各主題的探討時，方視需要詳引原典。

「古作必從漢魏求之」[18]，自然對漢魏詩歌有較多的關懷；六朝派則是以六朝詩歌爲關注焦點；兩派雖各有所偏，卻非壁壘分明地只顧漢魏或六朝；若能合觀兩派之論，當能更周全地掌握中古詩評[19]。其次，明代尚有一類詩評家曾對中古詩歌作過較全面而系統性的觀察，像胡應麟的《詩藪》與許學夷的《詩源辯體》，堪稱此類之代表。胡氏於《詩藪・內編》以三卷的篇幅分別處理了古體、雜言、五言與七言，中古詩歌即是其中的主要探討對象；《詩藪・外編》則是按照朝代先後順序排列詩評，其中卷一周漢、卷二六朝，對中古詩歌品評幾乎無所遺漏，具體而言像是認爲曹丕遠勝劉楨、王粲，陶詩太淡……等[20]，都有所見。許學夷則是在辯體的核心思想下，以多達八卷的篇幅對漢魏至陳代的詩人一一品評，並常舉出詩句爲例，使讀者有較好的掌握；再者，其以作者之詩歌史地位爲考量，而非盡求佳作的評論態度[21]，也

18　何景明語（見於袁凱《海叟集》卷1）。其他像是王九思「詩必漢魏盛唐，庶幾其復古耳」（《渼陂續集卷中・明翰林院修撰儒林郎康公神道之碑》）、李開先載「李空同（按：李夢陽）、康對山（按：康海）……詩非漢魏不以出諸口」（《王渼陂傳》）、吳國倫「五言古詩，鵠在漢魏」（〈與子得論詩〉）……等論，俱可見七子派對漢魏古詩大致推崇的趨向。
19　此乃就尋常的分派觀點而論。至於分派有何侷限？是否乾脆打破派別之疆界更佳？將於下文中順勢揭示。
20　原文分別如下：「（曹丕）高古不如魏武，宏贍不及陳思，而斟酌二者，政得其中，過仲宣、公幹遠甚。」（詩藪外1）、「叔夜太濃，淵明太淡，律之大雅，俱偏門耳。」（《詩藪內1》）
21　此論可見《詩源辯體・凡例》：「此編所錄，如趙壹、徐幹、陳琳、阮瑀五言，柏梁聯句及陸機、謝靈運、謝惠連七言，梁簡文、庾信、隋煬帝、杜審言七言八句，鮑照、劉孝威、梁簡文、庾信、江總、隋煬帝及王、盧、駱七言四句，沈君攸七言長句，非必盡佳。蓋徐陳諸子既在七子之列，故五言稍能成篇，亦在不棄；柏梁爲七言之始。晉宋間七言益少，存陸謝以繼七言之派，梁簡文、庾信諸子，乃七言律之始，鮑照、劉孝威諸子，乃七言絕之始，君攸聲亦漸入於律，故皆不可缺耳。」

有助於詩學流脈的完整建構。

　　第三類則是詩歌選本兼作評論者。在明代之前，雖也可見如劉履《風雅翼》這類選詩兼評的著作，但畢竟只是少數，不像明代有頗多以中古詩歌爲主體且兼作評述之選本，諸如鍾惺、譚元春之《古詩歸》、唐汝諤《古詩解》、陸時雍《古詩鏡》、王夫之《古詩評選》……等，都是其中之佼佼者。針對個別詩歌作評的最大特點，就是在詩人風格特色的概括論述外，尚能具體而明確地對應詩句作細膩分析，並可由此回過頭來增進對詩人風格的掌握，如此述評模式雙向互補之效是頗爲明顯的。

　　最後一類，則是難以歸入前後七子、六朝、公安、竟陵等派別，亦不著有詩歌選本，於目前學界的中古詩評研究上較少被提及、然所論卻頗具參考價值之詩評家，諸如馮復京、何良俊、周履靖……等人即可歸入此類。舉例而言，像馮氏對陶詩有所微辭：

> 集中語有太率易者，如「終日無一欣」、「草屋八九間」、「隻鷄招近局」、「空負頭上巾」、「春興豈自免」、「相知不忠厚」、「三皇大聖人」、「區區諸老翁」、「哀哉亦可傷」、「理也可奈何」之類是也。有太凡鄙者，「銜戢知何謝，冥報以相詒」、「人生歸有道，衣食固其端」「衣食當須紀，力耕不吾欺」之類是也。有太戲劇者，〈止酒〉、〈責子〉之類是也。宋人不能辨，翻以為法。（說詩補 3/7213）

　　其中具體摘舉詩句作爲自己立論的佐證，在馮氏之評中可謂常態。姑且不論其對陶詩之批評是否公允，然隨著馮氏

細讀詩作，從而領略其評，確實提供了看待陶詩的其他可能。再如何良俊云：「永明以後，當推徐、庾、陰、何。蓋其詩尚本於情性，但以其工爲柔曼之語，故乏風骨，猶不甚委靡。」[22]則是在辨析柔曼、委靡的基礎上，對南朝詩人作出評論，而非一概否定。又，明人貶抑多於讚美的沈約，卻得周履靖「風流情更逸」[23]之賞。諸如此類之論，實有開啓反思空間的價值。因此在探討明代中古詩評時，除了涵蓋有名詩評家的論點，亦應適時納入零星卻呈現獨到見解的評論，如此方能對明代中古詩評有更全面的照應。

　　綜而言之，明人以選詩帶評、建立評論體系……等各種方式表現對中古詩歌的關懷，以及其評論與前朝觀點異同中所展現的熠熠光彩，都可見到批評樣態的多元化與深入性。此亦本書選擇以明代中古詩評爲研究對象的重要考量。

二、前輩學者研究成果述評

　　關於近現代學者之研究所得，就書寫形式而言，大致可區分爲三類。第一類是以某位詩評家對某個詩人的接受或評價爲討論重心，學界較具代表性的篇章有王芳先生的〈試析王世貞對謝靈運詩歌的接受〉[24]、羅春蘭先生的〈皎然《詩

22　明・何良俊：《四友齋叢說・詩一》（合肥：黃山書社，2008，明萬曆七年張仲頤刻本），卷 24，頁 134。

23　明・周履靖：《燎松吟・寄沈穉咸二首其一》，收於吳文治主編：《明詩話全編》（南京：鳳凰出版社，2006.1），頁 5010。

24　收於徐中玉、郭豫適主編：《中國文論的我與他　古代文學理論研究　第二十七輯》（上海：華東師範大學出版社，2009.3），頁 398-410。

式》對鮑照的接受及原因探析〉[25]以及謝明陽先生〈《詩源辯體》論陶詩〉[26]……等。茲以謝文爲例，該文從許學夷的詩論體系出發，分成鑑賞、詩史、辨體、創作四個角度探討，頗能全面性地體現詩評家的詩學觀，其中拈出陶詩的批評實況爲例，使得對詩評的觀察顯得具體而明確，而這也是此類文章的共同特色。莫礪鋒先生〈論朱熹對歷代詩歌的批評〉[27]、林宛瑜〈謝榛《四溟詩話》對歷代詩歌之評論〉[28]……等文詩評家的批評對象雖較廣泛，但由行文模式來看，亦可歸入此類。

整體而言，該類文章是以詩評家本身的詩學觀爲主，評論對象大抵是爲了印證詩評家之詩學觀而存在，如此一來突顯的往往是「詩評家」，而非「詩人詩作」本身。那麼若將重心轉至評論對象，而以詩評家爲輔，是否能使中古詩評的面貌更爲清晰？再者，由於這類題目本身的限定，較不能突顯其與前後其他詩評家論述的異同，歷朝詩評家對詩人詩歌之批評取向是否有所轉變？亦無法展現。這些問題若轉向以詩人詩歌爲主體，是否能得到較好的解決？

那麼在目前的研究成果中，是否已有以詩人本身爲主而作歷時性論述者？相較於上一類，此類型的成果更多，像王巍先生的〈建安文學研究史述略〉[29]、王運熙先生的〈談前

25　《江西社會科學》（2005.5），頁 90-93。
26　《中國文學研究》第 13 期（1999.5），頁 141-170。
27　《南京大學學報（哲學・人文科學・社會科學）》第 1 期第 37 卷（2000年），頁 85-95。
28　《南師語教學報》第 3 期（2005.4），頁 141-157。
29　收於氏著《建安文學概論》（瀋陽：遼寧教育出版社，2000.7），頁 356-400。

人對劉楨詩的評價〉[30]、王鵬廷先生的〈建安七子研究史略述〉[31]、王巍先生的《建安文學研究史論》[32]、王玫先生的《建安文學接受史論》……等，即是按照詩評家的時代先後，探討後代對建安文學之接受。至於陶淵明，則堪稱為中古詩評研究的最大熱點，像是戴建業先生的〈由冷落到推尊——陶淵明接受史片論〉[33]、李劍鋒先生的《元前陶淵明接受史》[34]、劉中文先生的《唐代陶淵明接受研究》[35]以及白振奎先生對於陶謝接受批評的討論[36]……等，同樣是按時代先後，逐一論述詩評家評陶之狀況。除了以建安、陶淵明為關注核心，其他尚有鍾優民先生的《謝靈運論稿》[37]、黃水雲先生〈歷代評顏諸家之論概述〉[38]、蕭合姿先生〈歷代評江淹諸家之

30 收於氏著《漢魏六朝唐代文學論叢（增補本）》（上海：復旦大學出版社，2002.5），頁 318-331。

31 收於氏著《建安七子研究》（北京：北京大學出版社，2004.10），頁 304-350。

32 王巍：《建安文學研究史論》（長春：吉林大學出版社，1994.7）。

33 收於氏著《澄明之境—陶淵明新論》（武漢：華中師範大學出版社，1999.4），頁 292-368。

34 李劍鋒：《元前陶淵明接受史》（濟南：齊魯書社，2002.9）。該書資料蒐集詳密，但因「史」的限定，論述上仍以詩評家順序為軸。然該書於共時研究上掌握陶淵明「為人」和「詩文」兩條橫線，歷時研究上則是把握了重點讀者史、聲名傳播史、創作影響史、闡釋評價史、視野史等五條縱線，對陶淵明元前接受之探討實不無貢獻。

35 劉中文：《唐代陶淵明接受研究》（北京：中國社會科學出版社，2006.7）。該書從顏延之、沈約到白居易一路論述下來；末章則以籬菊、五柳、桃源等意象為軸線作出論述，或可視為是對歷時性探討的一種提升。

36 收於氏著《陶淵明、謝靈運詩歌比較研究》（上海：上海辭書出版社，2006.12），頁 151-233。

37 鍾優民：《謝靈運論稿》（濟南：齊魯書社，1985.10），頁 237-250。

38 收於氏著《顏延之及其詩文研究》（臺北：文史哲出版社，1989.5），頁 194-217。

論概述〉[39]……等，惜諸人述多而論少，頗類文獻彙編，其貢獻恐僅侷限於文獻的蒐集。

　　通而論之，此類研究可謂頗為全面地展現某些詩人的接受史狀況，一方面沿著歷朝詩評家順序而論，評說環節幾乎無所遺漏；再者次第舉證，亦顯得具體不空泛。然而這樣的研究模式，還是有值得深思與挖掘之處：由詩評家順序而論固然有巨細靡遺之長，但是近似地毯式的描述方式，各筆評論資料間是否易流於鬆散，而無法明確聚焦？朝代或詩評家之間的聯繫是否還有深入的必要？否則難以突顯觀察視野與關注議題的變化，實不無遺憾[40]。在處理建安文學時，上述問題恐怕會比只面對陶淵明單一詩人時來得更為複雜，亦即在面對多位詩人與眾多詩評意見時，該以什麼樣的方式妥善安排詩人與詩評，方能在資料繁雜之餘卻不陷溺其中？誠為一個值得費心思量的難點。此外尚可留意的是：上述整體研究成果所觸及的詩人有限，除了建安、陶淵明為大宗，顏謝、江淹……等僅零星觸及，因此在中古詩人的探討上，仍有相當的發展空間才是。

　　面對上述問題，不禁使人深思：如果中古詩評的研究，能以「主題式」的方式探討，能否使焦點集中，從而較為妥善地展現流變的情形？學界目前於此的研究成果不多，卻頗具啟發性：如戴建業先生〈由倫理到存在 —— 陶淵明接受史

---

39 收於氏著《江淹及其作品研究》（臺北：文津出版社，1993.8），頁207-258。
40 王玫、白振奎先生雖已約略觸及這點，然就學界整體研究成果而言，仍有發展的空間。

再論〉[41]一文，主要由道德、生命境界兩個角度論陶，如此一來歷朝關注核心之變化即能較清晰地展現；鍾優民先生的《陶學發展史》[42]，則是第一本對陶學接受作全面性論述的鉅作，資料極爲詳確，各個朝代皆能點出幾個述評重心[43]，而能有較好的聚焦，惜各重心如何於朝代間延續轉變，似乎還不甚明確；陳文忠先生的〈闡釋史與古代風格批評 ——《飲酒・其五》接受史研究〉[44]，則是條舉出「沖淡深粹，出於自然」、「巧於組構，不見痕跡」⋯⋯等七個接受的主題，亦較爲聚焦，然陳氏主要是將與各個主題相關的評語蒐集歸納，著眼於「同」而非流變，也因此還有拓展的餘地；至於王運熙先生的〈陸機、陶潛評價的歷史變遷〉[45]，以駢體文學到古文運動的興盛爲軸線，說明陸陶評價的高低轉變，雖只處理到宋代，然細緻而清晰的論述方式卻頗具參考價值。這類研究成果雖然爲數不多，卻能在詩歌批評上明確聚焦不落浮泛，從而使討論更爲深刻。因此主題式的論述當是一個較爲理想的選擇。這樣的處理方式，除了讓眾多詩評能因主題而各得其所，在處理中古諸位詩人時，亦能因主題的串連而不至於渙散，這對本書的寫作安排實有頗大的啓發。除此之外，這類著作的研究成果同樣集中在陶淵明，而忽略其他

---

41 收於氏著《澄明之境 —— 陶淵明新論》，頁 369-398。

42 鍾優民：《陶學發展史》（長春：吉林教育出版社，2000.8）。

43 像是明代便點出了「理學標宗 聖賢自任」、「繩削自然　　雅　兼　眾體」、「探賾索隱　匡弊扶正」三個主題。

44 收於氏著《文學美學與接受史研究》（合肥：安徽人民出版社，2008.4），頁 368-386。

45 《東方叢刊》（2008.2），頁 150-163。

爲數眾多的中古詩人，實再次說明此範疇仍可容更多研究者
投入。

　　以上文獻回顧與本書即將展開的論述固然相關，但相對
而言，陳斌先生的《明代中古詩歌接受與批評研究》與本書
選題範圍有更大的重合，故下文擬針對該書作較爲詳盡的檢
討，以現研究重心之殊異。

　　作者明白點出該書「選擇『在歷史上起過較大影響並具
有一定代表性的』派別、專題或專書作爲考察重點」（陳斌
/7），所謂派別即「明七子與『古體宗漢魏』」一派和嘉靖
六朝派；專題指詩史觀與辨體的問題；專書則是鍾、譚之《古
詩歸》與陸時雍的《古詩鏡》。先談以派別論述的書寫方式。
陳氏明確指出「『古體宗漢魏』是七子派復古理想的核心觀
念之一」（陳斌/7），並清楚點出「爲矯撥七子膚廓肆張之
弊，六朝派表現出對綺靡纖豔之趣、對高情遠韻與宏詞麗藻
的青睞」（陳斌/8），對於派別傾向的掌握一目了然，誠爲
具體明確。然而仍有幾個問題可再作思量。首先，作者明白
指出「六朝派之得名，主要來自明人的相關評述。其實當時
並無『六朝派』之稱」（陳斌/98）、「六朝派原則上雖以宗
六朝爲依據，但究竟應涉及哪些人，歷來沒有一致的說法」
（陳斌/100），那麼像是徐禎卿，究竟該歸於前七子，或者
如陳氏將其列入六朝派（陳斌/101）爲妥？這些問題恐怕易
使立派或分派的依據在某些時候顯得渾沌；再者，將前後七
子歸爲漢魏派，楊慎等人視爲六朝派，固然可清楚呈現派別
傾向，但對七子的探討重心多放在漢魏，便容易忽略他們對

六朝看似零星實則值得深究的批評[46]；而以七子、六朝派爲主，像是馮復京、何孟春、何良俊、郝敬等兩派以外的詩評家便難納入探討，無法顧及這些詩評家眾多極具創見的觀點，對明代中古詩評的研究顯然有所缺憾。事實上，陳斌先生以流派出發的論述方式並非沒有道理，目前學界對於明代唐詩學的研究，即多採用如此模式[47]，陳氏亦視此爲可貴的示範（陳斌/6、7）。只是過於強調流派，是否容易產生以詩派詩學觀爲主導的傾向？唐詩或中古詩歌淪爲檢證的對象[48]，那麼在闡述明代中古詩評之際，是否會有模糊個別詩人面貌之虞？如果在流派之外，能考慮以詩人爲軸線，但又不流於針對單獨個別的詩人，而是綜合多位詩人加以析論，並

---

46 陳氏對於王世貞之六朝述評有較多的探討；然對其他七子派成員的六朝論述則少觸及，事實上像是李夢陽「大陸渾成，過於曹子建」（見牟願相《小澥草堂雜論詩・雜論詩》）、王廷相「詩至三謝，當爲詩變之極，可佳，亦可恨也。惟留意五言古者始知之」（《王氏家藏集・答黃省曾秀才》）……等語，皆可見到儘管身爲七子派成員，不見得對六朝詩歌就沒有較深刻的體會，也不一定盡是貶抑；這些實提供了對前後七子既定印象的省思，誠有納入析論的必要。

47 例如陳伯海等著：《唐詩學史稿》（石家莊：河北人民出版社，2004.5）在處理明代時主要區分爲格調論、性靈論；查清華：《明代唐詩接受史》（上海：上海古籍出版社，2006.7）則區分爲復古、格調論、性靈論；孫春青：《明代唐詩學》（上海：上海古籍出版社，2006.11）亦是以格調論、性靈論爲軸；陳國球：《明代復古派唐詩論研究》（北京：北京大學出版社，2007.9）則是由高棅、李攀龍、鍾惺、譚元春一路談論下來。

48 例如鍾惺、譚元春喜歡「厚」的作品，陸時雍欣賞有「神韻」的詩作，反映到對唐詩或中古詩歌的批評上，便會以「厚」、「神韻」爲取向。但是若反過來以中古詩人爲主，而將鍾、譚、陸氏等人的品評歸入個別詩人，會發現詩評家尚有其他值得留意的觀點；而解詩時即便有厚與神韻的取向，也能以貼近中古詩人詩作的方式表述。這些都是以詩評家爲主軸時較難突顯的。

使詩評家們的評述處於輔助的地位，如此觀察方式之調整，是否能使我們看到明代中古詩評不一樣的風光？

　　至於「辨體」的相關論題，由於陳著對中古詩歌辨體以及詩史觀等已作了詳細的論述，因此本書在重新處理明代中古詩歌批評時，將不以此為重心，僅於必要時涉及。

　　復次，關於該書附錄的第二點「明代中古詩集的編選」，只簡略介紹數家選本之特色，而未能將之實際融入明代中古詩歌接受與批評的分析中，頗為可惜。因為詩歌選本往往可反映選詩者的詩學觀，諸如不同詩人選詩數量多寡、選擇哪些作品、與前後朝的詩歌選本相較有何異同……等，都是可以探討的問題。因此若能將詩歌選本也納入分析[49]，對中古詩評的理解會更形完整。是以本書將綜合比較從南朝《詩品》、《玉臺新詠》、元人劉履《風雅翼》、宋人真德秀《文章正宗》，一直到明人徐獻忠《六朝聲偶集》、李攀龍《古今詩刪》、鍾惺、譚元春之《古詩歸》、唐汝諤《古詩解》、曹學佺《石倉歷代詩選》、陸時雍《古詩鏡》、王夫之的《古詩評選》……等一系列的詩歌選本，期能透過具體詩評與選本的交叉比對，更全面地展現中古詩歌的批評樣態。

　　最後就陳著整體鳥瞰，書中所展現的中古詩人面貌，亦嫌籠統而不清晰。除了第三章對陶謝有較多論述外，陳斌對個別詩人著墨不多，所呈現的大抵是對中古階段中各個朝代的「整體」看法[50]，如此是否會有「見林不見樹」之虞？便

---

49 陳氏並非完全未涉及詩歌選本的探討，然似僅侷限於鍾、譚之《古詩歸》與陸時雍的《詩鏡》。

50 關於這點，可觀察該書對明人論述的引用及分析情形。如其徵引李東

值得再作斟酌。類似這樣的關照方式，於學界並不少見，如
鄧仕樑先生云「明人於傳統的接受，有明顯的選擇性。大抵
推尊兩漢盛唐，而賤視六朝。至於齊梁陳隋，多以為文勝質
衰，尤為厭薄。」[51]也是著眼於朝代整體而論。如此思維方
式所引發的思索在於：就實際詩評材料觀察，對中古詩歌的
斷代印象與個別詩人的評價並非完全一致，例如陳代在明人
眼中評價頗低，這從馮復京批其「麗俗」（說詩補 5/7244）、
胡應麟言其「淫靡」（詩藪外 2/86）、譚元春「滯氣」[52]、
陸時雍「陳詩無骨，常似飄颺無依。陳詩最輕」（古詩鏡
25/264）……等評可見一斑。然而若具體觀察陳代詩人，陸
時雍即多次舉出張正見之作以為勝過唐人[53]；馮復京亦評徐

陽「予嘗觀漢魏間樂府歌辭，愛其質而不俚，腴而不艷，有古詩言志
依永之遺意。」（頁 20）、袁凱「景明……古作必從漢魏求之」（頁 23）、
徐獻忠「夫六朝人詩，綺靡鮮錯，失之輕且弱。」（頁 140）……等語，
可見陳斌著重由漢魏六朝之朝代整體而論；再如文中提及楊慎對庾
信、謝朓的看法（頁 134-135），最終仍是為了論證楊慎欣賞的是六朝
「艷而有骨，麗而有則」的詩風。集中留意中古詩歌各朝之面貌，個
別詩人反而不甚清晰。

51 鄧仕樑：〈胡應麟論齊梁陳隋詩與唐律之關係辨〉，收於香港浸會大學
《人文中國學報》編輯委員會編：《人文中國學報　第八期》（香
港：香港浸會大學，2001.9），頁 2。援引該論是為了說明由朝代整體
論述的情形，至於鄧說是否妥當，暫且不談。

52 明·鍾惺、譚元春：《唐詩歸·初唐二·劉希夷》（合肥：黃山書社，
2008，明刻本），卷 2，頁 19。

53 原文論述如下：「張正見〈賦得秋河曙耿耿〉『天路橫秋水，星橋轉夜
流』，唐人無此境界。〈賦得白雲臨浦〉『疏葉臨稽竹，輕鱗入鄭船』，
唐人無此想像。〈泛舟後湖〉『殘虹收度雨，缺岸上新流』，唐人無此
景色。〈關山月〉『暈逐連城璧，輪隨出塞車』，唐人無此映帶。〈奉和
太子納涼〉『避日交長扇，迎風列短籌』，唐人無此致趣。」（詩鏡總）
姑且不論該評是否有所偏頗，然致力於對張正見詩歌勝處的揭示，其
用心是頗為明顯的。

陵「清簡寡欲，氣局深遠」（說詩補 4/7233），可見一朝代
與個別詩人間的評價不盡全然同調；因此若僅以朝代爲觀察
重心，除了易忽略個別詩人的價值，對於中古詩評的掌握，
亦有不夠公允之虞。此外，若將個別詩人置於文學批評的流
脈中，其受重視的程度是否迭有消長？如此變化代表什麼樣
的意義？這類問題都是在關注朝代整體之餘，可再作拓展
的。換言之，對朝代整體與個別詩人都應加以留意，如此將
有助於對中古詩評相對完整與遼闊的掌握。

　　綜合上述之文獻回顧，本書在入手前所獲得的啓發，大
體可歸納爲以下三點：第一，對南朝、唐、宋[54]、元等階段
詩評發展的軌跡若能有較充分的理解，將可作爲明代中古詩
評研究的比照對象，有助於對明代詩評深度與廣度的掌握。
第二，應將重心放在中古詩人身上，而讓詩評家或詩派作爲
輔助的角色，如此一來，將能較好地突顯中古詩歌的面貌。
第三，在以詩人爲軸線的同時，要如何避免因地毯式的描述
而無法聚焦的問題？主題式的討論方式應是一個不錯的選
擇，如此一來既能使焦點集中，詩評家與中古詩人都能有妥
善的安置，又具備展現詩評流變的優點。此乃本書立足於前
輩學者研究成果的基礎上所欲嘗試的方向。

---

54 本書的論述若提及宋代，基本上便是以宋代詩評爲主，至於遼、金兩
　朝，考量到時代的相近性，將納入宋代這個階段，而於必要時方提出
　論述。

第二節　選題之相關說明

在正式展開「明代中古詩歌批評析論」前，理應對選題的種種考量作一說明。首先為什麼將研究範圍設定在明代，以及選擇明代「中古詩評」為研究對象？從何看出明代中古詩評有較大的探索空間？這是與前朝相較，並以目前可見的文學批評資料為考量依據：中古主要的詩學批評集中在《詩品》與《文心雕龍》，在成書時間點的限制下，對梁、陳作家作品多未能涉及，然而因諸書與中古詩歌問世時代相近，確實成為後代詩論對照比較的基點。相對而言，唐代詩歌創作勝過批評，批評中類似《文鏡祕府論》這般以詩格為主的著作又佔多數，而詩格討論的重點「不是詩歌的思想內容……大都是偏重形式方面的問題」[55]，其他詩論又較零星，故若聚焦於唐代中古詩評，可觀度恐不甚高。宋代詩話固然不少，但「以資閒談」的性質濃厚，可使用的史料於密度上略嫌薄弱。遼金屬異族統治，成果遠不如同時期偏安的宋朝。元朝年代較短，中古詩評顯然有限。相對於前面諸朝，明代文學批評頗為興盛，即便聚焦於中古詩歌，不論質量或數量都頗有可觀之處，如此現象除了反映在中古詩歌選本數量之夥為

---

55 王運熙、顧易生主編：《中國文學批評史新編》（上海：復旦大學出版社，2002.8），上冊，頁 333。本書欲處理的主題是以詩歌的內容（詩教、抒情）、審美表現（風骨、清麗）為主，與形式批評雖非全然無關，但為求聚焦之明確，僅於必要時觸及形式的部分。

前朝所無；諸如楊慎、薛蕙、祝允明、徐禎卿、皇甫汸……
等多位詩評家，亦展現出對中古詩歌高度的關懷；第一節「古
典文獻回顧」中也可具見概括的情形，由此判斷，明代中古
詩評當有獨立論述的價值。[56]至於清代詩評成果亦頗豐碩，
於承繼明代的同時，又開出極為廣袤的視野，故有另闢新題
論述的價值與必要。明代的斷限，本起於明太祖洪武元年
（1368），結束於明毅宗崇禎十七年（1644），然而諸如王
夫之、賀貽孫……等重要詩評家之生存時代皆有跨越明清的
情形，考量到王、賀等人的學術思想、觀點之養成主要還是
在明代，因此在材料選用時，擬保留彈性，而將其納入本題
之探討中。

　　再者，何以選擇明代「中古詩評」為研究對象？不處理
上古詩歌的原因，在於其原始文本有限[57]，明人對此之關注
也因而受到侷囿；而中古詩歌作為文學獨立自覺的重要階
段，復為成就唐詩輝煌成果的重要奠基，作家作品既多，文
學成就及進展亦大，自有獨立研究的價值。此外，由於唐宋
詩之爭乃明代詩壇最主要的辯論焦點，當代學者亦多聚焦於
此，使得明代「唐詩學」研究有斐然之成果[58]；相對而言，
「中古詩歌」的批評並未得到足夠的重視，然明人對此卻有
不少頗具特見的探討，面對如此豐碩的古典文獻以及相對冷

---

56 在古典文獻的回顧中，針對南朝、唐、宋、元代之重要文獻提出說明，
　　似乎呈現出這幾個朝代之中古詩評仍頗有可觀者；然諸朝詩評不論質
　　量或數量，確實都不如明朝，這於下文的析論中將一一呈現。
57 此乃排除《詩經》、《楚辭》而言，這兩者皆有各自龐大的詩學系統，
　　故有獨立研究的價值。
58 學界目前相關著作可參註 47。

落的研究現狀，實有特闢專文析論明代中古詩評的必要。

　　根據上一節文獻回顧中所提及的書名或篇名作觀察，可以發現類似這樣的主題研究多以「接受」命名，然本書何以名之爲「批評」？主要是考量到「接受」與「批評」涵蓋範圍的差異性。茲以陳文忠先生的歸納作說明：

> 人們對藝術作品的接受可區分為相互聯繫的三層面：作為普通讀者的純審美的閱讀欣賞；作為評論者的理性闡釋研究；作為創作者的接受影響和摹仿借用。[59]

　　而這三個層面的接受主體分別是「普通讀者、詩評家及詩人作家」[60]，就中國傳統文學而言，普通讀者恐怕較難爲後代留下步履的足跡，而「接受」所涵蓋的範圍較廣，詩評家所作的闡釋只是其中的一部分。爲求焦點之集中，本書擬以第二層面爲主要研究對象，並以「詩歌的實際批評」爲觀察重點。至於像陳斌先生已處理過的「七子於擬古的實踐」以及「六朝派的擬習」[61]等明人以追求復古所作的詩歌創作，也就是第三層面，亦不納入討論。

　　最後，則是關於本書欲析論之三大主題的說明。要處理明代中古詩評，一方面涉及南朝至明代評述的流變；另一方面，尚需考慮中古詩歌本身，其風格特色多所異同，若欲通盤處理，容易產生繁雜而粗糙的毛病；在這樣的狀況下，誠如陳文忠先生所言：「古代詩評有一顯著特點，即詩學探索

---

59 陳文忠：《中國古典詩歌接受史研究》（合肥：安徽大學出版社，1998.8），頁 13。
60 同前註，頁 10。
61 分別見於《明代中古詩歌接受與批評研究》頁 53-76、頁 147-170。

始終同評論對象相聯繫，不同時代的評家在圍繞同一對象的思考過程中，逐漸形成某一命題範疇的邏輯建構。」[62]因此擇要訂定批評範疇，當有助於研究重心清晰地展現。本書選擇以「詩教傳統的延續與轉換」、「抒情的重視及其傾向的轉換」與「詩歌審美重心的轉變」爲討論核心。「詩教」乃中古以前探討詩歌義蘊的重要視角，對整體古典詩歌的創作或批評有著不絕如縷的影響，那麼面對著意體現詩歌「緣情」特質的中古階段，看似與緣情對立的詩教，是否因此式微？或者仍有承續、變化？便值得深究。其次，中古作爲文學自覺的重要階段，對於詩歌本質有著強烈的追求意識，而「抒情」作爲詩歌本質的主要成分，在中古詩歌創作中誠有鮮明的表現；另一方面，明代因對前朝理學思想滲入詩歌有所不滿，表現在詩歌理論或批評上，普遍傾心於抒情，故抒情自是處理明代中古詩評一個重要而不容忽視的主題。其三，詩歌審美乃是詩歌理論或批評在抒情主題外，一個更高層次的關注議題，在文學已走向獨立發展的中古階段，其詩歌之審美表現如何？就明代的部分而言，該朝對種種詩歌審美的概念已有相當成熟的辨析，那麼明人如何在抒情之上，深入揭示中古詩歌之審美價值？實饒有探究的空間。此乃本書選擇探討此三大主題的考量。再者，若就實際詩評材料觀察歸納，這三個主題的詩評資料於數量上也最爲可觀，誠爲明代中古詩評的重心，並涵蓋了明代絕大多數的中古詩評；就質量而言，若與前朝相較，更能在時代的推進中，展現明人對中古

---

62 陳文忠：《中國古典詩歌接受史研究》，頁 40。

詩歌獨到的看法；更何況此三大主題在詩學史上都有不容忽
視的重要性。凡此種種，都說明了處理此三大主題的價值與
必需性。[63]

　　近現代關於明朝詩學批評的研究成果，多由詩派、詩社
的脈絡論述，其詳細狀況以及可能產生之弊端，於第一節的
文獻回顧中已可清楚窺得；再者，對於豐厚的明代中古詩評
材料，亦未能有較多的關注。故本書選擇以詩教、抒情、審
美三大主題加以析論，可謂突破了以詩派、詩社爲主的論述
疆界，從而拓展出不同的觀看眼光，並對中古詩評有較系統
性的探究，此乃本書與前輩學者研究最大的相異與創見所在。

第三節　中古詩歌風貌暨明前中古詩評概說

　　在對本書選題考量有初步掌握後，對於中古詩歌的大致
風貌，以及明代以前與三大主題相關的中古詩評，理應有概
括性的理解，此乃正式探討三大主題不可或缺的背景。以下
將對「中古詩歌風貌」與「明代以前中古詩評」作一扼要的
說明。

---

63 從文獻回顧處即不斷強調希望能保有全面的觀察視野，卻又抉選出三
　個批評範疇，兩個論點間是否有所矛盾？所謂視野之全面性，重點在
　強調觀察中古詩評時，不應只侷限在明代某些有名的詩評家，且應納
　入中古至元代的批評作爲明代論述之對照，如此才能使詩評觀察近於
　全面；然而揀選出三大主題，是爲了避免缺乏主軸，而使資料浮泛堆
　疊的狀況發生。兩處立論之重心與角度不同，卻也不相衝突。

一、中古詩歌風貌概說

　　中古詩歌的總體風貌，若就普遍而直觀的印象來談，建安時期以慷慨風骨爲主要標誌；兩晉階段一則追求詩歌形式的綺麗，一則尚虛談，而使玄言詩風靡一時；南朝詩歌於形式上顯然更費心雕琢，並對聲律、用典等語言技巧有更多的鑽研；內容上則以山水、宮體詩爲重要代表。上述種種表現皆與文學自覺有割不斷的關聯。不論就《文心雕龍》、《詩品》的記載，或者是當今較具代表性的論述，對中古詩歌的印象大抵如此，茲扼要摘舉如下：

> 暨建安之初，五言騰踊，……慷慨以任氣，磊落以使才，造懷指事，不求纖密之巧；驅辭逐貌，唯取昭晰之能。……晉世羣才，稍入輕綺，張、潘、左、陸，比肩詩衢，采縟於正始，力柔於建安。或析文以為妙，或流靡以自妍，此其大略也。……宋初文詠，體有因革，莊老告退，而山水方滋，儷采百字之偶，爭價一句之奇，情必極貌以寫物，辭必窮力而追新，此近世之所競也。（文心.明詩 2/196-208）

> 太康中，……風流未沫，亦文章之中興也。永嘉時，貴黃、老，稍尚虛談。……詩皆平典，似道德論，建安風力盡矣。……大明、泰始中，文章殆同書抄。……句無虛語，語無虛字，拘攣補衲，蠹文已甚。但自然英旨，罕值其人。（詩品.序/60-208）

> （建安詩歌）在情韻格調上，往往慷慨多氣，悲哀蒼涼。

在語言風格上，則由樸實自然轉向清麗婉轉。[64]

（南朝文學）一方面是語言技巧和聲律的進步，同時又是形式主義文學的興起。……最惹人注目的內容，是描寫風景的山水文學和稱為宮體的色情文學。[65]

太康詩風以繁縟為特點，喪失了建安詩歌的那種風力……玄言詩佔據東晉詩壇達百年之久……晉宋……後更追求藝術形式的華美……梁陳兩代，浮靡輕豔的宮體詩成為詩歌創作主流。[66]

　　若實際對照詩作，這些描述確實可使我們對中古詩歌風貌有一概括的掌握；另一方面，這些論述中所留下的問題，亦給了我們若干反思的空間：就建安風骨而言，曹植的「丈夫志四海，萬里猶比鄰。恩愛苟不虧，在遠分日親」[67]、劉楨的「亭亭山上松，瑟瑟谷中風。風聲一何盛？松枝一何勁？」[68]，都頗能表現慷慨剛健之風。然像建安這般盛氣骨力，到了晉朝是如劉勰所言，雖轉為「力柔」，卻還多少保有建安風力？或者像鍾嶸所述，已是「風力盡」了？唐代以後的詩評家們，對於風骨是否一如劉、鍾般盛讚？又或者在論及風骨之際，另有不一樣的視野，而更形拓展風骨相關範疇的論

---

64 王國瓔：《中國文學史新講》（臺北：聯經出版社，2006.9），頁 225。

65 劉大杰：《中國文學發展史》（上海：上海古籍出版社，1998.4），頁 315、328。

66 袁行霈主編：《中國文學史》（北京：高等教育出版社，2003.4），頁 20-21。

67 魏・曹植著，趙幼文校注：《曹植集校注》（北京：人民文學出版社，1998.7），頁 299。

68 俞紹初輯校：《建安七子集》（北京：中華書局，2006.7），頁 185。全文凡引七子之詩，俱從此本，但標頁數，不另附註。

述？此乃在看到建安風骨蓬勃發展之際，還可進一步探究的問題。

至於永嘉時期「貴黃、老」，確實在詩壇上造成一股旋風，孫綽「大樸無像，鑽之者鮮。玄風雖存，微言靡演」、王羲之「爭先非吾事，靜照在忘求」……等詩，都可見平典似道德論的傾向。那麼風靡一時的玄言詩，是否真在宋代「告退」，又或者是將其精神餘脈隱入山水詩的寫作中？對於詩評家們而言，這一系的創作是否還值得留意，抑或就此沉隱？皆可再作觀察。

相較於魏代，兩晉南朝於辭彩的雕琢確實更近繁縟，諸如張華「微風搖茝若，增波動芰荷。榮彩曜中林，流馨入綺羅」、顏延之「陽陸團精氣，陰谷曳寒煙。攢素既森藹，積翠亦蔥芊」……等作，確實都顯得雕繪綺麗。外在形式既為閱讀時的第一感受，予人綺縟而華美的直觀印象誠可理解，然而兩晉南朝詩作於文字雕刻之外，對於詩學發展是否還另有貢獻？往後的歷朝詩評，是否能在華靡背後，更深刻地揭示這些詩作的價值？此乃面對普遍予人綺靡觀感的兩晉南朝作品時，容易產生的疑問。

至於山水、宮體作為南朝新興的體裁，從謝靈運「密林含餘清，遠峰隱半規」[69]、蕭綱「夢笑開嬌靨，眠鬟壓落花」的描繪中，大致可見山水、宮體詩作個別的樣貌。極貌寫物誠為山水詩突出的特點，詩家對形似的戮力追求，也成為彼時詩評家關切的焦點。面對這些詩作，唐朝以後的詩評闡釋

---

69 南朝宋・謝靈運著，顧紹柏校注：《謝靈運集校注》（臺北：里仁書局，2004.4），頁 121。

角度,是否同於南朝?又或者另有關照,比方留意山水於詩歌中的功能,或結合物色與抒情來探測山水詩歌的內涵?至於宮體詩,因其創作的關注目光過於狹隘,雖為一時之風尚,卻得唐人「既馳騁於末流,遂受嗤於後學」[70]、「嘲風雪,弄花草」[71]之譏。這般觀看眼光是否就此延續,或者後代詩評家還能在浮靡輕艷外,另有新異之看法?此亦析論後代詩評時可駐足留意處。

　　詩歌創作雖是作者個人才情的體現,但每一時代的作者仍不可避免地受到時代精神與時代風尚的深刻影響,同時作者所處時代詩歌藝術發展的程度,也相當程度節限了作者可有的表現,然而偉大的作者仍然可以在時代的帷幕下,透顯出屬於個人的獨特光輝。何者是時代的標竿?何者是難得的異采?何者是轉變的前奏?何者是新風中的餘波?凡此種種,對後代詩評家而言,都是至有興味的問題。熟讀中古詩歌,將能更好地理解後代的中古詩評;認識中古詩評,也有助於更好地掌握中古詩歌,兩者實有密切的關聯性。且看明代中古詩評,像是風骨議題,徐禎卿評曹操、曹植「氣本尚壯,亦忌銳逸」(談藝錄/4)、馮復京云劉楨「意氣鏗鏗」(說詩補 2/7202),對風骨的指述有多方的探討,且多集中在魏代,這與建安詩歌本身追求風力之趨向是密切相關的;再如對華靡的評析,從許學夷「士衡五言,俳偶雕刻,漸失

70　唐・顏真卿:〈尚書刑部侍郎贈尚書右僕射孫逖文公集序〉,收於清・董誥輯:《全唐文》(合肥:黃山書社,2008,清嘉慶內府刻本),卷337,頁 3399。
71　唐・白居易:〈與元九書〉,收於《全唐文》,卷 675,頁 6873。

渾成之氣」（詩源辯 5/89）、王世貞「潘、陸衍藻」[72]……
等論可以看出，晉代詩人不得不成為華美議題重要之探討對
象，與太康以還詩作本身的表現脫離不了關係；又如南朝宋
以降，描摹之風大盛，因而明人在探討山水情景等議題時，
有集中關注南朝的現象，這從陸時雍評謝靈運詩「外有物色，
內有性情」（古詩鏡.過始寧墅 13/121）、《古詩歸》美謝朓
詩「幽景深情」（古詩歸.和王中丞聞琴 13/492）……即可看
出；其他像是對清麗、俗艷之情的探討，諸如胡應麟評大謝
詩「麗而能淡」（詩藪外 2/83）、陸時雍評蕭衍詩「亦古亦
新，亦華亦素，此最艷詞也」（詩鏡總/6）……等，多集中
在南朝詩人身上，亦與南朝詩作本身帶有較多清麗、俗艷的
特質有關。這些詩評確實多元而深刻地揭露中古詩歌的諸多
特質，由此可見，詩評與詩歌間確實存在著千絲萬縷的連繫：
詩評議題誠然提供省思中古詩歌風貌的可能；然中古詩歌作
為詩評的基礎，其中的層層妙致更有理會與掌握的必要。故
在下列主題的探討中，除了分析詩評的種種觀點，更會適時
地對照中古詩歌，以求析論之具體與完整。

二、明代以前中古詩評概說[73]

　　本書既已確立「詩教傳統的延續與轉換」、「抒情的重

---

72 明・王世貞：《弇州山人四部稿・宗子相集序》（合肥：黃山書社，2008，
　明萬曆刻本），卷 65，頁 711。
73 在「古典文獻回顧」中，亦論及明代以前的詩評樣貌。然彼處旨在說
　明掌握明代以前之詩評對明代詩評有何比對之功；此處意在指出明代
　以前關於三大主題的表現情形。兩處著意點並不相同。

視及其傾向的轉換」、「審美重心的轉變」爲研究之三大主
題，又擬採取與明代以前詩評對照的方式，期透過詩評「流
變」的觀察，突顯明人評論的特殊性，那麼對明代以前與三大
主題相關的討論應有一簡要的掌握，以作爲正文論述的張本。

　　就詩教主題而言，誠如王國瓔先生所歸納，中國文學傳
統特質之一即是「政教倫理色彩濃厚」[74]，故唐代像是白居
易「晉、宋已還……六義寖微」這般認爲中古詩歌喪道的言
論誠不在少數[75]；宋代如姜夔「樂而不淫，哀而不傷，其惟
〈關雎〉乎？」之論，亦相當程度地延續詩教之道德倫理觀，
張戒、劉克莊等人論詩，不乏同樣之傾向[76]；元代「論詩溫
醇和雅」[77]，且多主張「發乎情，止乎禮義」[78]，所透露的正
是詩教溫柔敦厚、中和的精神。明代雖不乏符應傳統詩教之
論述，如劉宗周「詩教之亡也，漢魏以降，率務爲俳優相說」
[79]、高棟「五言……混濁乎梁陳，大雅之音幾於不振」[80]……

74　王國瓔：《中國文學史新講》，頁 9-10。
75　見於〈與元九書〉。其他尚可參柳冕「古之爲文者，所以導達心志，
　　發揮性靈，本乎詠歌，終乎雅頌。帝庸作而君臣動色，王澤竭而風化
　　不行。政之興衰，實繫於此。……漢魏已還，雅道微缺；梁陳斯降，
　　宮體聿興。既馳騁於末流，遂受嗤於後學。」（〈謝杜相公論房杜二相
　　書〉）、牛希濟「齊梁以降，國風雅頌之道委地」（〈文章論〉）……等
　　論，由此大致可見唐人從傳統詩教觀對中古詩歌普遍的批評樣貌。
76　姜夔之論見於《白石道人詩說》。至於張戒以爲詩歌當「微而婉，正
　　而有禮」（《歲寒堂詩話・卷上》）、劉克莊認爲「以情性禮義爲本」（《後
　　村先生大全集卷 106・跋何謙詩》）者才能算是風人之詩，皆可見對詩
　　教正統精神的延續。
77　漆緒邦、梅運生、張連第：《中國詩論史》（合肥：黃山書社，2007.1），
　　頁 718。
78　元・王義山：《稼村類稿・趙文溪詩序》（合肥：黃山書社，2008，清
　　文淵閣四庫全書補配清文津閣四庫全書本），卷 6，頁 25。
79　明・劉宗周：《劉蕺山集・史雁峯詩集序》（合肥：黃山書社，2008，
　　清文淵閣四庫全書本），卷 9，頁 141。

等論，然而像這般延續詩教正統的觀點，到了明代畢竟有較大幅度的轉變，像是郝敬「六朝尚旖旎，旖旎不須嫌。但存溫厚體，何用氣格偏」[81]、費經虞「六朝於風華中蘊藉周迴，坦平和藹」[82]……等論，彷彿可見儒家溫柔敦厚的精神，然已無道德政教之實用色彩；究竟詩教與「旖旎」、「風華」有何聯繫？實饒有思索的空間。面對向來予人緣情至上、文學自覺觀感的中古詩歌，明人又是如何突破前代觀點，發現並揭示中古詩歌保有詩教餘脈的特點？誠值得探究。

　　至於作為詩歌本質的抒情議題，歷來皆獲詩評家們的重視，例如劉勰以「情」為「文之經」（文心・情采 7/1157）、皎然以「直於情性，尚於作用」（詩式・文章宗旨 1/118）為文章宗旨、元人楊維楨崇尚性靈、明代七子派主情、明代中後期亦尊情尚俗……等，俱可見抒情受到重視的實情。既然歷朝同樣展現出對抒情的重視，使人不禁想進一步詢問：各代詩評對於抒情內涵的關照是否有所不同？抒情面向是否又各有側重？具體而言，例如陸機高倡「緣情」，誠得多數明人之肯認，然像陸時雍評陸機〈挽歌詩〉「長哭大慟，然而不悲，無情故也」（古詩鏡 9/78），足見他對抒情另有細緻的辨析，此現象於明代詩評中頗為普遍，誠可見抒情觀之延續與發展。至於抒情表現之探討，以湯惠休為例：湯被鍾嶸置於下品，對其淫靡之情大有貶抑之意；然《古詩歸》卻

---

80 明・高棅：《唐詩品彙・五言古詩敘目・正始》，收於《明詩話全編》，頁 351。
81 明・郝敬：《似穀吟》61 首其 49，收於《明詩話全編》，頁 5946。
82 明・費經虞：《雅倫・瑣語》（合肥：黃山書社，2008，清康熙 49 年刻本），卷 24，頁 418。

以爲湯「情艷詩到入微處,非禪寂習靜人不能理會」(古詩歸 12/482),此類對於俗艷之情相異的看法,可能需在詩學流脈中尋求理解。再如梁元帝蕭繹,因詩歌成就不及父兄,在明代以前評價幾近闕如。然明人張溥卻美其詩「婉而多情」[83]、王夫之讚其〈幽逼詩〉「沉著有餘意」(評選 3/634),是否可由此窺得明人與前朝對婉約之情看法的異同?要之,對於抒情議題關注與側重之別,誠饒有值得深究處。

　　最後則是審美議題的部分,首先觀風骨論。從劉勰稱美建安「慷慨以任氣,磊落以使才」、鍾嶸惋惜永嘉「建安風力盡矣」、陳子昂慨歎「漢魏風骨,晉宋莫傳」即可看出,南朝、唐代基本上對風骨的剛健表現多所讚賞。然而發展至宋,嚴羽卻認爲「雄深雅健」四字「但可評文,於詩則用『健』字不得」[84],已隱約透露審美風尙轉向的徵兆。復以劉楨爲例:劉詩「仗氣愛奇,動多振絕。真骨凌霜,高風跨俗」(詩品.上/156),被鍾嶸置於上品,其於建安之地位僅次於曹植;然明人如馮復京「氣勝其詞,抗竦過度」(說詩補 2/7202)、陸時雍「骨幹自饒,風華殊乏」(古詩鏡 6/52)……等評,卻表現出與《詩品》不同的觀點。被南朝甚至唐人視爲佳作所不可或缺的風骨,是如何在嚴羽等人的步步推進中轉變成明朝詩評的樣貌?造成轉變的原因爲何?南朝至明代對風骨的看法是否還保有某些共同的觀點?這其中誠有探究的價值。

83　明・張溥題辭,殷孟倫輯注:《漢魏六朝百三家集題辭注・梁元帝集》,頁 275。
84　宋・嚴羽著,郭紹虞校釋:《滄浪詩話校釋・答出繼叔臨安吳景仙書》,頁 252。

最後談清麗論。陸雲雖言「今意視文，乃好清省」[85]，然相對而言，整個中古階段的詩歌評品恐更賞「麗」，這從曹丕「詩賦欲麗」[86]、陸機「詩緣情而綺靡」……等論得更多之迴響可窺得一斑。然此審美風尚發展至宋代，從梅堯臣「作詩無古今，唯造平淡難」[87]、歐陽修「古味雖淡醇不薄」[88]、王安石「古聲無悩淫，真味存淡泊」[89]……等論即可看出，宋朝已不如中古偏愛詩歌之「麗」，反而普遍追求平淡美，這對明人的審美風尚恐怕有潛在的影響。茲以張華詩評為例：張華得鍾嶸「華艷」、「靡嫚」之評，然陸時雍卻評其「清緒濯濯，第風格不老。」（古詩鏡.博陵王宮俠曲二首8/63），王夫之亦美其詠物之作「淨而不促，舒而不溢」（評選 4/691）。側重點如此不同，使我們不禁要進一步詢問：南朝至明代究竟如何看待繁麗與清新？清、麗之間又有怎麼樣的消長或融合？此乃觀看詩評現象時，可進一步深究的問題。

透過上述對明代以前中古詩評的概說，一方面可對明前關乎本書三大主題的批評趨向有一簡要的掌握；另一方面，明代中古詩評何以重要，在與前朝觀點的簡單比對中，已可

85 晉・陸雲著，黃葵點校：《陸雲集・與兄平原書》（北京：中華書局，1988.8），卷 8，頁 138。

86 魏・曹丕著，魏宏燦校注：《曹丕集校注・典論・論文》（合肥：安徽大學出版社，2009.10），頁 313。

87 宋・梅堯臣：《宛陵集・讀邵不疑學士詩卷杜挺之忽來因出示之且伏高致輒書》（合肥：黃山書社，2008，四部叢刊景明萬曆梅氏祠堂本），卷 46，頁 282。

88 宋・歐陽修：《歐陽文忠公集・讀張李二先生文贈石先生》（合肥：黃山書社，2008，四部叢刊景元本），卷 2，頁 8。

89 宋・王安石：《臨川先生文集・沖卿席上得作字》（合肥：黃山書社，2008，四部叢刊景明嘉靖本），卷 5，頁 24。

略見明人或補強或翻轉前代詩評的端倪。何以會有如此現象？自與明代本身的詩學觀及文化特質有一定的關係。詳細論述將留待下文對三大主題的析論中，再一一釐清。

第四節　研究方法與進行步驟

在說明研究方法之前，首先需對本書寫作所涉及的資料作一交代，因為此乃研究方法建立的基礎。就明代中古詩評這個研究對象而言，每個批評範疇絕非於明代無中生有，必然對前朝有所承續或創革，故在資料蒐採上，當儘可能涵蓋南朝至明的相關材料。而這些批評資料又可區分為「詩話」與「選本」兩大部分。所謂詩話，本書採取的是廣義的定義，亦即「包含了詩品、詩格、詩話、詩法、詩解、詩序、詩詞評點和詩詞紀事等等。」[90]透過對詩話的比對觀察，我們將可具體見到一個個詩學範疇如何產生與演進。

至於留意選本，主要是受王玫、鄧雲湖、賀嚴等諸位先生的啟發[91]；誠如在文獻回顧中已經提及，選本可概略表現出詩學偏好的變化情形，乃文學批評不可忽視的一環。至於實際進行統計與分析的選本，南朝將以《文選》和《玉臺新詠》為主；唐宋元與中古詩歌相關之選本相對偏少，故僅以

90　陳文忠：《文學美學與接受史研究》，頁 335。
91　相關研究可參王玫：《建安文學接受史論》之下編〈定量分析與範式批評〉、鄧雲湖：《中國選本批評》（上海：上海三聯書店，2002.7）、賀嚴：《清代唐詩選本研究》（北京：人民出版社，2007.3）。

真德秀的《文章正宗》、劉履的《風雅翼》[92]爲參照對象；
由於本書論旨設定於明代，但明朝與中古詩歌相關之選本數
量頗多，故僅擇其中較重要者作爲比照對象。茲說明如下：
徐獻忠《六朝聲偶集》「通過編選齊梁陳隋詩，強調六朝『儷
篇』開啓唐律的歷史意義」（陳斌/112），反映南朝詩歌可
取之處；李攀龍《古今詩刪》相當程度地展現復古派的觀點；
鍾惺、譚元春《古詩歸》「察其幽情單緒孤行，靜寄于喧雜
之中」（古詩歸序/351），唐汝諤《古詩解》「是編所選大
都主體裁古雅、辭意悠長，而原本性情有關風化，但不失古
人溫柔敦厚之旨」[93]，曹學佺《石倉歷代詩選》於「古詩選
部分選目頗精」（陳斌/462），陸時雍《古詩鏡》「以神韻
爲宗，情境爲主」[94]，以及王夫之《古詩評選》等，對中古
詩歌或異或同的選錄，都有值得研究、比較之處。再者，明
代選本常具備「選詩帶註」的體例，如此針對個別詩作分析
的評論模式，自易使詩歌闡釋具體而深入，此亦納入選本探
討的重要原因。至於其他像是徐獻忠的《樂府原》，因爲選
錄對象只侷限在樂府一體；馮惟訥《古詩紀》、張之象《古
詩類苑》、臧懋循《古詩所》等以蒐訪全備著稱，難以見出

---

92 劉履的《選詩補注》乃取《文選》之詩加以訓釋，難以呈現選者之眼
　　光，故不納入選詩數量的比較。至於其訓釋內涵，將視行文所需擇錄
　　討論。
93 明・唐汝諤：《古詩解》，收於《四庫全書存目叢書・集部 370・總集》
　　（臺南：莊嚴文化，1997），頁 320。
94 清・紀昀總纂：《四庫全書總目提要・集部 42・總集類 4》（石家莊：
　　河北人民出版社，2000.3），卷 189，頁 5187。上列對明代詩歌選本的
　　說明，僅概述其要旨，至於實際擇錄詩歌或批評時，與此大方向則有
　　或同或異的看法，相關辨析將隨文論及。

選家的傾向，梅鼎祚《漢魏詩乘》亦有詩必錄，無法呈現「選」之特色；黃省曾《詩言龍鳳集》、楊慎《選詩外編》已佚；黃廷鵠《詩冶》則屬彙編性質，故均不列入選本數量統計的討論中。

在文獻回顧與材料說明的基礎上，本書將以若干中古詩人和三個批評範疇作交叉觀察：首先根據文學史上留下來的若干資料設定出主題，復於各個主題下以一個個詩人為單位論述，而輔以詩評家之說，如此一來，在保有個別詩人的完整性之際，亦得清晰呈現詩學批評之流變；而這一個個詩人詩評的流變樣貌，又將共同證成三大主題；中古詩歌與明代中古詩評獨特的價值，將能因此得到較好的突顯。

在主題、詩人交叉觀察的基礎上，復可留意以下幾點：首先，關於詩人與主題的搭配，將盡可能均衡展現中古時期各朝代詩人之面貌，原則上會挑選不同的詩人說明各個主題，但終究需以實際的批評資料為準則，故像是陶、謝等人，因詩評對其有相當多元之探討，故在不同主題下將會多次觸及；又如詩歌審美中「清麗」論的部分，將以南朝詩人為主而略魏晉，原始風骨論的相關探討則集中在魏代等，都是以不扭曲史料為考量。

再者，處理每一個主題下的中古詩人，除了對詩人於該主題中所獲的批評作詳細分析，也會扼要說明該詩人於批評流脈中的總體詩評趨向，如此將有助於突顯詩人於某批評主題中的地位；其次，不光是留意曹植、陶謝等已受到較多矚目的大家，同時還著意那些詩評流變中有明顯起伏者，例如

張溥、陸時雍、王夫之等人對傅玄之「情」頗加注目[95]，然鍾嶸不過置其於下品，如此落差所呈現的意義，便值得探究；再如對繁欽、袁淑、柳惲、王微、王僧達等較少爲人留意的詩家，亦將有所駐足；這樣的處理應有助於我們對明代中古詩評更深入而全面的掌握。

　　至於細部的研究方法，既然是以詩人爲研究主體，即便詩評家不甚有名，然其觀點若頗具新意，亦有提出討論的必要；文學史上常有將詩人或朝代並稱的情形，這些狀況多可看出詩歌風尙的傾向或轉變，諸如在明朝人眼中，「魏晉」並稱的評價較「晉宋」合論爲高，而魏晉並稱多得格韻高妙之評；晉宋合論則傾向由工鍊、始拘對偶等形式面加以討論。諸如此類於並稱上可留意的情形，還可見於陶謝[96]、鮑謝、顏謝、陰何、梁陳、齊梁……等，當有納入觀察的價值。像這樣的研究方法將不一一列舉，擬於實際探討各主題時，視需要次第展現。

　　至於全書的進行步驟，將由詩教傳統、抒情觀、詩歌審美三個批評範疇順序而論。首先討論詩教，主要是基於其作爲詩學傳統源頭的考量；其次論述抒情之相關議題，是因爲

---

95 張溥評傅玄「獨爲詩篇，新溫婉麗，善言兒女，強直之士懷情正深，賦好色者何必宋玉哉。」（《漢魏六朝百三家集題辭注‧傅鶉觚集》）、陸時雍評其〈董逃行〉「描情寫色眇眇入神」、〈短歌行〉「情以物章，初無可擬」（古詩鏡 8）、王夫之視其〈古詩〉「用興大，入情真」（評選 3）……等，皆可見到明代對傅玄詩歌「抒情」面向之重視。

96 陶謝並稱的相關研究成果可參王文進〈陶謝並稱對其文學範型流變的影響 —— 兼論陶謝「田園」、「山水」詩類空間書寫的區別〉，《南朝山水與長城想像》（臺北：里仁書局，2008.6），頁 37-88。

此乃中古詩歌個體自覺一個很重要的表徵，而抒情又是先秦兩漢詩教蓬勃發展後，接續受到重視的議題；至於詩歌審美則是抒情主題外，對詩歌整體意境之進一步探討。統而言之，三大範疇又在這樣的次第上共同表現出中古詩評範疇或承續或流變的清晰脈絡。至於個別主題的探討，將會優先選擇一至二位極具代表性的詩人詩評作析論，其後探討之的詩人若無特殊理由，則按照時代先後順序而論。個別詩人之詩評，將會以明代以前的中古詩評爲比照，復針對個別議題之特殊性，例如詩教說的發展或詩歌審美如何受到重視……等問題，觀察明代中古詩評的情形，從而收束每一個主題。全書的最後一章，擬於對明代中古詩評有整體關照後，分別對清代以前中古詩人地位升降趨勢、明代中古詩歌研究的文學史意義，以及清代中古詩評在明代之後還有什麼樣的開創性……等問題作一交代，期能充分而完整地呈現本論題之跨度。

第五節　預期之新見與貢獻

以「明代中古詩歌批評析論」爲題，跳脫近現代學者以詩派、詩社爲主的論述模式，轉而析論三大核心範疇，並以個別詩人爲軸線觀看明代中古詩評的狀況，預期之新見與貢獻大致如下：

一、就中古詩歌本身而言，綜合前後朝代之諸多批評，因各人觀察視野不同，不論對中古詩歌評價如何，或者對詩人地位的看法有何異同，都能共同呈現出中古詩歌內涵的多

面性，可豐富我們觀看中古詩歌的視野。期望能因此細緻而具體地突顯中古詩歌的特殊性，使得「傳統美學對六朝詩評價不高」[97]的說法能夠獲得進一步的省思，從而更深刻地理解與展現中古詩歌之價值。

二、就明人之詩歌批評而言，不僅批評數量眾多，由質量觀之，不論是前後七子、公安、竟陵、胡應麟、許學夷等有名的詩派與詩評家，或者是馮復京、周履靖……等相對零散的評論，透過選詩作評、自立體系等方法，皆共同展現他們對中古詩歌的關懷。除了承續前代的說法，那些勇於突破與創新的評論也為我們開拓觀看詩歌更遼闊而深入的視野。總的來說，藉由對明人評論中古詩歌的具體觀察，可以發現明人評詩之觀點是極具研究價值的。

三、就詩教、抒情、詩歌審美三大批評主題而言，除了具體見到中古詩歌於前後歷時性評價演變的情形，更能由此評價中，再反過來觀察整個批評觀念和批評史的轉進狀況。而這樣的探索，當能對文學史上詩教、抒情、風骨、清、麗……等問題有更深刻的理解；詩學批評的豐富內涵，亦能由此得到進一步的體認。

處理「明代中古詩歌批評析論」這樣一個議題，實則不止牽涉到中古詩歌本身，也與量度中古詩歌的是哪一把「尺」有密切的關聯性。因此期望能在中古詩歌本身的研究之外，

---

[97] 像陳文新先生便以為傳統美學對六朝詩評價不高，主要是因為六朝詩注重辭藻而風骨不立，且偏離言志軌道。語見氏著《明代詩學的邏輯進程與主要理論問題》（武漢：武漢大學出版社，2007.8），頁 273。六朝詩所呈現的樣貌是否僅限於此？也是本書所欲檢討的。

將視野拓展至詩歌批評，從而在詩歌批評的探討上，再回過頭來豐富中古詩歌的內涵，盼能在中古與明代文學的相互參照中，達到對雙方面都能更為瞭解之目的；除此之外，亦期能在詩教、抒情、審美等批評範疇的層層辨析中，清楚見到明代中古詩評的具體樣態，而這樣的觀察，但願又能對文學批評史上的部分議題有更深刻而清晰的釐清。

第二章　詩教傳統的延續與轉換

第一節　前　言

　　關於詩教[1]傳統這個議題，學界研究成果頗為豐碩，乍看之下，詩歌是否合於詩教傳統，似乎只是一個古老、沉重而缺乏新意的問題，但若細細觀察明代詩評家於這部分的中古詩評，會發現它並非一成不變地延續道德教化的觀點，像是原本合於教化目的的「溫柔敦厚」，隨著漢代以降逐步的推展，其性質於明代詩評中已有藝術化的趨勢；再如「綺靡」一般予人的印象，常與「緣情」相涉而難以和「溫厚」相聯繫，然而明代詩評家卻開展出不同的思考面向，使得綺靡中有見到溫厚的可能。透過類似的觀察，向來予人緣情、重文觀感的中古詩歌，是否還蘊含著傳統儒家之精神？也讓我們有重新省思的機會；而緣情綺靡是否必然與詩教精神相衝突？也可以有不一樣的觀看角度。明人如何在此議題中開展出異於前朝的論點？此乃本章欲加以析論處。

1　「儒教」指的是儒家用以教化的種種主張；「詩教」則是以詩歌為媒介所進行的教化。前者範圍較廣，可涵蓋後者。然而本章既是以詩學批評為討論重心，因此若提及「儒教」，其涵蓋範圍基本與「詩教」相近。

　　本章所論可概分爲兩目，即第二節「詩教主流下的轉變訊息」，以及第三節「明代評論中的新思維」，後者又分爲「『溫柔敦厚』的藝術化」、「詩教精神與緣情綺靡的互涉」兩個部分。第二節主要探討唐代至明代對魏、晉、宋、齊、梁、陳等朝代詩歌的整體述評，如此將可概略掌握詩教體系的延續狀況，以及在此強大影響下，明人又透露出怎樣的轉變訊息。作爲全文三大主題的第一部分，於論述開端處便掌握中古各個朝代詩歌的總體樣貌實有其必要，除了可看出詩教體系影響之深遠，一般對中古詩歌的普遍印象，例如齊梁浮靡，主要亦由此而來。

　　第三節的論述將分析個別詩人之評，是在第二節朝代總論的基礎上衍生而來。這裡主要將焦點集中在明人的批評，可以發現本出於詩教傳統像是溫柔敦厚之類的特質，至明代詩評中，卻轉爲渾厚和美……等藝術層面，此情形尤以魏、晉詩人之評居多；而南朝之綺靡往往被批評爲「喪道」，到了明代卻有一股與詩教精神匯流的趨勢，如此特別的現象，自有探討的價值。透過對個別詩人述評的觀察，復與前一節的探討相較，將會發現：在明代詩評家眼中，對朝代整體與個別詩人的褒貶實不盡同調，其中差異將能看出明人評論突破前朝，從而於獨立眼光中所展現之特殊意義。至於由詩教倫理往藝術層面的轉向何以會聚焦在魏晉詩評？緣情綺靡與詩教精神的互涉，何以主要表現於南朝詩人而非魏晉？擬於每個主題的實際分析與探討中順勢說明。

　　至於名詞定義的問題，諸如「溫柔敦厚」、「中和」、「風雅」……等，都是與儒家詩教相關的基本概念，將依主

題不同個別析論，因為「任何詩學觀念的建立，往往並不依循定義的方式展開明確的界說或辯論，而是透過徵引的方式上將個別觀念擺放在歷史整體的脈絡中，藉以辨認其中的同異性、甚或是強調各自的獨特性。」[2]例如「溫柔敦厚」一辭，某些狀況下帶有道德、詩教性質；但在某些時候卻有藝術傾向，將依實際狀況作出判斷與調整，並非一提到「溫柔敦厚」，就毫不猶豫地認定其指向傳統詩教。是以在實際分析時，並不侷限於該詞彙本身，而是由詩評家的詩學觀點、該段詩評的前後脈絡以及詩歌內容……等綜合考量，從而決定詩學概念的傾向。

　　以下將依序探討「詩教主流下的轉變訊息」、「『溫柔敦厚』的藝術化」、「詩教精神與緣情綺靡的互涉」三個主題，透過對明代中古詩評的一系列觀察，期能於看似古舊的議題中覓得些許新意，從而再添詩教研究的價值。

第二節　詩教主流下的轉變訊息

　　若欲由合乎詩教與否的角度觀察唐代至明代對中古詩歌的看法，對於教化、溫柔敦厚、中和、雅正等與詩教相關的概念，應先有初步的掌握。首先需回到先秦兩漢，觀看詩教概念建立時，實際的運用情形及其欲達到之功效：

　　　〈關雎〉，后妃之德也，風之始也，所以風天下而正夫

---

2 蔡英俊：《中國古典詩論中「語言」與「意義」的論題 ── 「意在言外」的用言方式與「含蓄」的美典》（臺北：學生書局，2001.4），頁 220。

> 婦也。……風，風也，教也。風以動之，教以化之。……
> 上以風化下，下以風刺上，主文而譎諫，言之者無罪，
> 聞之者足以戒，故曰風。（〈毛詩序〉）[3]

> 樂也者，聖人之所樂也，而可以善民心。其感人深，其
> 移風易俗，故先王著其教焉。（〈樂記〉）[4]

> 孔子曰：「入其國，其教可知也。其為人也溫柔敦厚，
> 《詩》教也。」（禮記・經解 50/1368）[5]

　　首引〈毛詩序〉前半段，是站在主政者的立場，著眼於
「草上之風必偃」，透過后妃之「德」、「風」天下、「正」
夫婦、「教」以「化」之……等用語，明白展現欲藉詩歌對
普羅大眾進行倫理道德教化之用心；至於「上以風化下」以
下，則是在風教的基礎上，強調主政者與民之交互影響，不
只在上位者可以教化百姓，在下位者也可透過諷諫的方式，
使為政者能夠戒慎主政。〈樂記〉所言基本上與〈毛詩序〉
相近，除了以音樂為媒介乃〈毛詩序〉所未提及，希望達到
「善民心」、「移風易俗」的論點，同樣展現教化之用心。

　　何以詩歌能對社會倫理產生教化的作用？是否有什麼重
要的精神貫穿其間？此即《禮記・經解》中所提及的「溫柔
敦厚」。根據孔穎達的解說：

3　漢・毛亨傳，鄭玄箋，唐・孔穎達疏：《毛詩正義》（北京：北京大學
　　出版社，1999.12），卷 1，頁 4-13。以下凡引此本，僅於引文後簡單標
　　示篇名、卷、頁，不另附註。
4　漢・鄭玄注，唐・孔穎達疏：《禮記正義・樂記第十九》（北京：北京
　　大學出版社，1999.12），卷 38，頁 1103。以下凡引此本，亦僅於引文
　　後簡單標示篇名、卷、頁，不另附註。
5　這段話雖不見得為孔子所言，然其整體精神與儒家教化觀一致，故無
　　礙本題的討論。

溫，謂顏色溫潤；柔，謂性情和柔。《詩》依違諷諫，
不指切事情，故云「溫柔敦厚」，是《詩》教也。（禮
記.經解 50/1368）

則溫柔敦厚不只是內在性情的和厚，還包括了外在顏色
的溫婉。孔子曾言學詩「可以興，可以觀，可以羣，可以怨。」
[6]興觀羣怨都屬精神上的感蕩，但感蕩之餘，由於詩歌情感旨
趣之中正和平，學詩者最終都能在詩歌中涵養出美好的性
情，於是「邇之事父，遠之事君」，無所往而不可了。故「溫
柔敦厚」的確是對品格陶養的理想描述。朱自清先生曾言：
「溫柔敦厚是和、親、節、敬、適、中」[7]，這樣的歸納說之
更盡，明確點出詩歌對於人格修養、性情、言行所發生的種
種影響，使得倫理道德質素得以明確彰顯，而這也是詩教所
應具備的內涵與精神。

根據朱自清先生對溫柔敦厚的說明，「中」與「和」亦
是詩教體系中必須留意的概念[8]。「中」具備無所偏頗的特性，
而「和」則有融洽事物的意涵，故中和具有調節天地萬物位

---

6 魏・何晏注，宋・邢昺疏：《論語注疏・陽貨》（北京：北京大學出版
　社，1999.12），卷 17，頁 237。以下凡引《論語》者，皆據此本，但標
　篇名、卷、頁，不另附註。
7 朱自清：《朱自清中國文學批評研究講義》（天津：天津古籍出版社，
　2004.2），頁 24。
8 朱先生提及與溫柔敦厚相關的概念有六，此處何以只拈出中、和兩者
　討論？主要是考量到「中和」精神乃本章處理明代中古詩評時較密切
　出現者，為求焦點之集中，故親、節、敬、適四者暫置之不論。至於
　為什麼是中和，而非親、節、敬、適出現於詩評中的密度較高？這六
　個概念原屬人倫道德的範圍，移用至詩歌批評，自有人倫與詩歌屬性
　不同之別，而中和又是這六個概念裡，較具備橫跨人倫、詩歌兩範圍
　之性質者，因此何以中和是詩歌批評中較常出現者，也就可以理解了。

序的功能，兩者都與「禮」有密切的關聯，〈毛詩序〉所謂
「發乎情，止乎禮義」，便是中正和平精神的展現。這由下
列論述中當可清楚窺得：

> 喜怒哀樂之未發謂之中，發而皆中節謂之和。中也者，
> 天下之大本也；和也者，天下之達道也。致中和，天地
> 位焉，萬物育焉。（禮記・中庸 52/1422）
>
> 中正無邪，禮之質也。（禮記・樂記 37/1090）
>
> 禮之用，和為貴。（論語・學而 1/10）

　　情感之發皆能中節，自能動合於禮，無所不宜，而一歸
於中正和平。故「中和」與社會倫理運作的聯繫應是頗為明
顯的。《論語・八佾》記孔子言「《關雎》樂而不淫，哀而
不傷。」（3/41）何晏集解引孔安國注云：「樂不至淫，哀
不至傷，言其正樂之和也。」樂而不至於淫，哀而不至於傷，
在哀樂之間得一平衡，既是中節，也是和諧的表現。故和諧
也是詩教的內涵之一，而追求和諧與溫柔敦厚的精神亦相呼
應，儒家詩教傳統裡中和溫厚的觀點，在這層層相關的引論
中應顯得更加立體。

　　除了上述溫柔敦厚、中和等概念，「雅」亦是詩教體系
中不可忽視的概念。秦漢間與雅相關的論述，主要是從詩六
義而來：

> 吳公子札來聘，請觀於周樂……為之歌小雅。曰：「美
> 哉！思而不貳，怨而不言，其周德之衰乎！猶有先王之
> 遺民焉。」為之歌大雅。曰：「廣哉，熙熙乎！曲而有

直體，其文王之德乎！」(《左傳》)[9]

先王惡其亂也，故制雅頌之聲以道之，使其聲足以樂而不流，使其文足以辨而不諰，使其曲直繁省廉肉節奏，足以感動人之善心，使夫邪污之氣無由得接焉。(《荀子・樂論》)[10]

不論是季札從雅樂中觀民風，或者是先王以雅頌之聲規範社會秩序，俱可明確見到以儒家思想為指導，意欲端正道德人格之用心。「雅」帶有教化天下的目的極為明顯，尚可由下列論述窺得：

雅者，正也，言王政所由廢興也。(毛詩正義.序 1/17)

雅，正也，言今正者以為後世法。(毛詩正義.疏 1/11)

雅者，古正也。所以遠鄭聲。(《白虎通德論・禮樂》)[11]

「雅」的正統性頗為明顯，既是「正」者，亦為王政之重心、後世的典範，其中蘊含濃烈的政治效用誠可見一斑。

「雅」範疇中與詩教有所聯繫之名目，大體有典雅、雅正、風雅等。典雅者，「鎔式經誥，方軌儒門者也」(文心・體性 6/1014) 其所展現的，是作為儒家典範的風格，然而歷代對典雅的看法是否必然「方軌儒門」？恐不盡如此；雅正者，則有著純正、中正的意味；至於風雅的概念，《毛詩序》云：「是以一國之事，繫一人之本，謂之風。言天下之事，

9　周・左丘明傳，晉・杜預注，唐・孔穎達正義：《春秋左傳正義・襄公二十九年》(北京：北京大學出版社，1999.12)，卷 39，頁 1095-1102。
10　春秋戰國・荀況撰：《荀子・樂論》(合肥：黃山書社，2008，清抱經堂叢書本)，卷 14，頁 149。
11　漢・班固撰：《白虎通德論・禮樂》(合肥：黃山書社，2008，四部叢刊景元大德覆宋監本)，卷 2，頁 10。

形四方之風，謂之雅」（1/16）顯然與王政有密切的關係，其後關於風雅的論述，或可溯源至此，而不見得必然有德治的意味。要之，與「雅」相關的名目，典雅、雅正、風雅均有淡化儒教品格的可能，需視實際語脈而決定其傾向。

透過上述對溫柔敦厚、中和、雅正等概念的觀察可以發現：傳統詩教的義涵，大體而言多具溫柔敦厚、倫理道德的內在精神，又具中正溫雅、含蓄和婉的外在表徵，更帶有鮮明的政教實用性質。不僅先秦以孔子為主的相關論述有此傾向，兩漢因政治目的的考量，更有意強化傳統詩教的功能，例如鄭玄「詩者，弦歌諷諭之聲也。……故作詩者以誦其美而譏其過。」[12]、班固「古者諸侯卿大夫交接鄰國，以微言相感，當揖讓之時，必稱《詩》以諭其志，蓋以別賢不肖而觀盛衰焉。」[13]……等，俱可見此傾向。此乃詩教傳統之概況。

以下將針對唐代至明朝的中古斷代詩歌總評作一探討，除了分析歷朝中帶有倫理政教的評論；明朝批評所透露的轉變訊息，則是另一留意的重心。所以不憚繁瑣地列出那麼多傳統詩教的說法，正是為了突顯其強大的影響力，而明朝於此狀態下的轉變訊息，更能在反襯中顯得可貴。至於論述的進行方式，因考量到朝代詩風的相近與相兼性，復以表現形式質樸、華美的程度為依據，將區分為「魏（兼及漢、晉）」、「晉宋」、「齊梁陳」等三大部分，此亦歷朝以斷代評論中

---

12 漢・鄭玄：《六藝論・論詩》，見於〈詩譜序〉之疏，收於《毛詩正義》，頁 5。
13 漢・班固撰：《漢書・藝文志》（合肥：黃山書社，2008，清乾隆武英殿刻本），卷 30，頁 528。

古詩歌時普遍的劃分方式；於此區分上，再納入唐宋元明之評。以中古朝代爲主的論述模式，主要是考量到中古各個階段各有相異的特點，所對應的評論亦各自有別；更何況本節旨在突顯中古各朝總評的流變情形，故以被評論者（中古各朝）而非評論者（唐宋元明）爲主軸，應是較爲合宜的。

魏（兼及漢、晉）

首先是魏代的部分。就唐代至明代的詩評資料觀察，除了明代對「魏」的個別評論稍多，大體而言諸家評論多以「並稱」的樣貌出現，或者「漢魏」並稱，或者「魏晉」合論[14]。爲求論述軸線之清晰，原則上仍以唐宋元明等朝對魏代的評論爲中心，至於並稱詞彙間的差異性或傾向性，則視需要再作說明。唐人多合論「魏晉」[15]，以爲該階段背離風雅，其中所展現的詩教意識頗爲強烈，這從下列資料即可明確看出：

> 古之作者，因治亂而感哀樂，因哀樂而爲詠歌，因詠歌而成比興。……至於西漢，……風雅之文，變爲形似；比興之體，變爲飛動；禮義之情，變爲物色，詩之六義盡矣。何則？屈宋唱之，兩漢扇之，魏晉江左，隨波而不反矣。（柳冕）[16]

---

14 根據筆者的不完全統計，明代以前單論魏代者甚少，約莫 6 次，而明代則約有 21 次；明代以前合稱「漢魏」或「魏晉」，約各有 24、34 次，明代則分別約有 94、31 次。可見清代以前評「魏」，與「漢」或「晉」合論居多。

15 據筆者的不完全統計，唐代單論魏代約 2 次，漢魏合論約 5 次，而魏晉則有 9 次居勝。

16 唐・柳冕：〈謝杜相公論房杜二相書〉，收於《全唐文》，卷 527，頁 5343。

> 詩之美也，聞之足以勸乎功；詩之刺也，聞之足以戒乎
> 政。故周禮，太師之職掌教六詩。小師之職掌諷誦詩。
> 由是觀之，樂府之道大矣。今之所謂樂府者，唯以魏晉
> 之侈麗，陳梁之浮豔，謂之樂府詩，真不然矣！（皮日
> 休）[17]

透過古今對照，可見魏晉詩歌於文學史中的地位：古者，詠歌帶有風化、六義、美刺的內涵，能映現人心的哀樂，政治的治亂，而有勸戒的功能，明顯合於詩教之要求；今者，不外是雅道缺而六義盡。值得注意者在其受到批評之面向——形似、物色、侈麗等，都偏向外在形式，換言之，在唐人眼中，魏晉所以背離風雅，主要癥結之一在於重文輕質。皮日休認為魏晉以下頹波已成，柳冕甚至認為重文輕質的傾向自漢以來已漸顯著。像柳冕這般將王政興衰直接推溯至漢的說法，顏真卿「古之為文者，所以導達心志，發揮性靈，本乎詠歌，終乎雅頌。……漢魏已還，雅道微缺」[18]亦如是觀，足見不論是漢魏或魏晉（又以魏晉為尤），於唐人眼中恐皆以貶抑居多。

類似這般的論說於唐代實所在多有，其中亦有針對魏朝而發者：

> 昔者三代陳詩，以觀民風。詐信淫義，躁靜剛柔，於是
> 乎取之；喜怒哀樂，吉凶存亡，於是乎觀之……詩不可

---

17 唐‧皮日休：〈正樂府十篇序〉，《皮日休文集》（合肥：黃山書社，2008，四部叢刊景明本），卷 10，頁 51。
18 唐‧顏真卿：〈尚書刑部侍郎贈尚書右僕射孫逖文公集序〉，收於《全唐文》，卷 337，頁 3399。

以為偽，魏公子為南皮之游，以浮華相高，故其詩傲蕩
驕志，勝而專，勤而不安。（呂溫）[19]

《周語》之略曰：孝敬忠信仁義智勇教惠讓，皆文
也。……建安正始，洛下鄴中，吟咏風月，此其所以亂
文也。……唯大者配乾，至者配坤，幽者賾鬼神，明者
賾禮樂，不失於正，謂之為文。（顧況）[20]

　　由詐信淫義、孝敬忠信等品格道德，以及「觀民風」、
「頤禮樂」等政教實用的對比中，反襯建安之作「傲蕩驕志」
而「亂文」，同樣展現出唐人濃烈的詩教思維。

　　從上述探討可知：在劉勰眼中有著「慷慨以任氣，磊落
以使才」（文心・明詩 2/196）高度評價的建安文學，終究
無法脫身於唐人所認為「文學必須承擔為政教服務的使命」[21]
的大潮流之外，也因此會對魏代多所貶抑。之所以如此，或
許和唐人亟於導正南朝浮靡風氣的心態有關，連帶地也波及
到對魏朝詩風的看法。然而遽以近乎純粹教化的觀點對魏代
詩作加以批評，恐有過猶不及之虞，魏代儘管有部分詩作略
顯文采，然整體而言仍保有相當淳樸之風貌，唐人侈麗云云，
恐有過分誇大之嫌，其論自有再作省思的空間。

　　至於宋代，相較於唐代對詩教的嚴守，宋代雖仍保有這
樣的思維，卻相對寬鬆，且非侷限於六義美刺，如此一來，
看待魏代詩歌的態度便較顯客觀。此處或可扼要以張炎之論

19 唐・呂溫：〈裴氏海昏集序〉，收於《全唐文》，卷 628，頁 6322。
20 唐・顧況：〈文論〉，收於《全唐文》，卷 529，頁 5363-5364。
21 郝躍南：《道的承擔與逃逸　六朝與唐代文論差異及文化闡釋》（成
　　都：巴蜀書社，2000.1），頁 139。

爲例：「辛稼軒《祝英臺近》……若能屏去浮豔，樂而不淫，是亦漢、魏樂府之遺意。」[22]該論雖非直接評述魏代，卻能推見張炎對漢魏樂府的肯定，以爲漢魏樂府具備不浮豔、且能「樂而不淫」的特質。樂而不淫，源自孔子對〈關雎〉之評[23]，詩歌能夠有所節制而於表情達意時恰到好處，顯然合乎儒家「中和」的精神。漢魏以下的樂歌，大抵已少能達到這樣的境界。

　　元代對於漢魏晉等朝的看法亦較爲正面，主要集中在視其爲詩歌「宗祖」的地位[24]，關乎詩教範疇的論述甚少，故逕觀明人之論。明朝對魏代詩歌之批評，大體可區分爲「保守延續詩教」、「延續詩教卻有所突破」以及「於詩教體系下往藝術轉向」三大部分。首先談延續正統美刺教化觀的論述，其觀察視角基本同於唐代，也因此較難見出魏代於文學史上拓展性的貢獻。茲扼要摘列如下：

> 漢魏以來，六義不明，以興爲托物，以比爲借喻，以賦爲直陳。各不相屬，六義分裂，何可言詩？（藝圃 1/5900）
> 詩教之亡也，漢魏以降，率務爲俳優相說，而不顧其心之所安，至於誣善行私而莫知止也，又奚暇問其雕櫛字

22　宋・張炎：《詞源・賦情》（合肥：黃山書社，2008，清詞學叢書本），卷下，頁 14。

23　《論語・八佾》：子曰：「〈關雎〉，樂而不淫，哀而不傷。」

24　例如方回「古詩以漢、魏、晉爲宗而祖《三百五篇》、《離騷》。」（《桐江集卷 1・汪斗山〈識悔吟稿〉序》）、楊載「今之學者，倘有志乎詩，且須先將漢、魏、盛唐諸詩，日夕沉潛諷詠，熟其詞，究其旨，則又訪諸善詩之士，以講明之。」（《詩法家數・序》）、揭傒斯「……尤喜爲歌詩，以漢、魏、晉爲宗，下此惟陳子昂、李太白、韋應物以爲稍近於古。」（《揭文安公全集卷 13・蕭景能墓誌銘》）……等資料可參。

句、協比聲律之弊乎？（劉宗周）[25]

文章之敝也久矣。自魏晉以還，刻意藻飾，敦悅色澤，以故文士更相沿襲，摹纂往轍，遂使平淡凋傷，古雅淪隕，辭雖華繪，而天然之神鑿矣。況志不存乎道者其識陋，情不周於物者其論頗，學不經乎世者其旨細。由是而為文，乃於人也不足以訓，而況支贅淫巧，以垢蠟乎《風》《雅》《典》《謨》之正乎？（王廷相）[26]

在這群詩評家的眼中，漢魏（晉）處於六義分裂、詩教缺亡、古雅淪隕的初始階段，情志漸靡，文華漸盛，以下更不足為訓。據此可知，秦漢階段所建立的正統詩教觀至此仍存在相當之影響力。此外還可留意的是：第三筆資料由王廷相提出，王氏為前七子之成員，而對魏代詩作似不甚欣賞，足見前七子「古體宗漢魏」之說恐難一概而論，這也是在研讀古典文獻之際，或可對學界成說有所反思的例子。要之，這類論述展現出與唐人相同的侷限，而未能較好地評斷魏代詩作的價值。

其次，相較於唐人，同樣由詩教傳統的角度來看漢魏詩，明人卻能於藻飾的形式面外看到漢魏遙續詩教而值得肯定的一面，這恐怕是我們更須留意之處：

……雖然，作者非一人，人非一時，時不同而辭亦異，故漢、魏諸作猶存三百篇流風餘韻，及晉而跋涉玄虛，及宋而耽樂山水，及齊梁而崇尚綺靡，流連光景。……

---

25 明・劉宗周：《劉蕺山集・史雁峯詩集序》，卷 9，頁 141。

26 明・王廷相：《內臺集・杜研岡集序》，收於《明詩話全編》，卷 6，頁 2054。

於此可以觀世道之降，而大雅君子未嘗不為之痛惜而深悲也。（謝肅）[27]

自「觀」、「興」、「羣」、「怨」之教衰，而《三百篇》勸戒大義盡湮於聲律文詞之末。雖盛唐諸家，亦不出此。但視漢、魏以降，稍能和平雅澹，庶幾溫柔敦厚之遺意猶有存者耳。（張寧）[28]

予嘗觀漢魏間樂府歌辭，愛其質而不俚，腴而不豔，有古詩言志依永之遺意，播之鄉國，各有攸宜。（李東陽）[29]

讀漢魏以來歌詩及唐初四子者之所為，而反復之，則知漢魏固承《三百篇》之後，流風猶可徵焉。……漢魏作者，義關君臣、朋友，辭必託諸夫婦，以宣鬱而達情焉。其旨遠矣！（何景明）[30]

夫辭人輕偷，詩人忠厚。下訪漢、魏，古意猶存。……究其微旨，何殊經術？作者蹈古轍之嘉粹，刊佻靡之非經，豈直精詩，亦可以養德也。（談藝錄/3）

由上述諸多評論可以看出，漢魏詩歌獲認可為具有承《詩》三百流風的歷史地位，內涵上能「旨遠」，具備「溫柔敦厚之遺意」，並能使人「忠厚」而「養德」，且能達到「質而不俚，腴而不豔」此形質兼顧的中和面。明人這組論

---

27 明・謝肅：《密庵詩文藁・選詩補註序》（合肥：黃山書社，2008，四部叢刊三編景明洪武本），庚卷，頁 84。

28 明・張寧：《方洲集・學詩齋卷跋》（合肥：黃山書社，2008，清文淵閣四庫全書本），卷 21，頁 260。

29 明・李東陽：《李東陽集詩前稿・擬古樂府引》，收於《明詩話全編》，卷 1，頁 1651。

30 明・何景明：《何大復集・明月篇並序》（合肥：黃山書社，2008，清文淵閣四庫全書本），卷 14，頁 96。

述堪稱公允處，是以「猶」字展現對漢魏詩歌的定位。該階段作品雖或不如《詩》三百純粹，卻仍能保有古雅的精神；如此拿捏應是較合於實情的。至於最後兩筆資料出自七子派之手，則是印證七子派所予人「承續詩教道德禮義」的尋常印象[31]。

　　為什麼站在同樣的角度，唐人與明人對魏詩的觀感會有所差別？這主要牽涉到對魏詩定位的問題，或亦可由「並稱」的不同作為觀察點。唐人多以「魏晉」並稱，這組並稱有「開新」的傾向，對唐人而言，魏詩處於轉變漢詩之質樸，而開啟南朝綺靡的階段，南朝侈麗之一發不可收拾，正是導源於魏詩的新變，唐朝緊接於南朝之後，有著掃清麗靡頹風的急切性，故挾詩教正本溯源，對魏詩自多批評；明代一方面與中古詩歌有較大的時代距離，又處於唐宋等重要的詩歌階段之後，故對古典詩歌的起伏變化能有較為全盤的掌握；另一方面，少了唐代亟欲撇清浮靡詩風的實用目的，又多將「魏」定位於「漢魏」這個「承古」的階段[32]；這些因素都使明人在看待魏代詩歌的文學史地位時，展現出與唐人不同的視野。

　　這裡確實必須考慮「漢魏」或「魏晉」並稱，是否前者有傾「漢」而後者有傾「晉」的現象。「漢魏」合稱若傾漢，主要是就古樸之風而言，而魏朝確實有質樸近漢的一面，此

31 相關論述可參吳新苗：《屠隆研究》（北京：文化藝術出版社，2008.4），頁 102-103、趙志軍：〈明代後七子復古詩論的自然觀〉，收於徐中玉、郭豫適主編：《中國文論的我與他　　古代文學理論研究　　第二十七輯》（上海：華東師範大學出版社，2009.3），頁 266、陳斌/333。

32 明朝漢魏（約 94 次）並稱的狀況較魏晉（約 31 次）多出許多，可見此定位在明代具有相當之普遍性。

亦漢魏合稱之主因；同樣地，「魏晉」合稱若果真傾晉，殆
指其華美詩風的面向，魏代所展露的綺麗，復與此相近。就
文學史的發展流脈而言，魏代在保有如「人生處一世，去若
朝露晞」般質樸的描繪之際，於辭彩上確實也有像「驚風扶
輪轂，飛鳥翔我前。丹霞夾明月，華星出雲間」這類更形精
工的創作，其處於詩風轉換的階段，帶有質樸、綺麗之雙重
風格是頗明顯的，故即使並稱有所側重，亦應無礙上述之立論。

　　明人觀察魏詩，除了由傳統詩教的角度切入外，還有由
詩史脈絡的視野作評論者，具體內容乍看之下仍有詩教的影
子，然而若細細觀察，實可見到其往詩歌藝術轉向的痕跡，
而透露出擺落政教倫理的訊息。關於這部分，可以梁橋及許
學夷的說法為代表：

> 五言之興，源于漢，注于魏，汪洋乎兩晉，混濁乎梁、
> 陳。……朱子嘗欲取漢、魏五言，以盡乎郭景純、陶淵
> 明之詩，以為古詩之根本推則。五言古詩，或興起，或
> 比起，或賦起，須要寓意深遠，托辭溫厚，反覆優游，
> 雍容不迫。或感古懷今，或懷人傷己，或瀟灑閒適。寫
> 景要雅淡，推人心之至情，寫感慨之微意，悲歡含蓄而
> 不傷，美刺婉曲而不露，要有《三百篇》之遺意。觀之
> 漢、魏古詩，藹然有感動人處可知。（梁橋）[33]
>
> 漢、魏五言，委婉悠圓，於《國風》為近，此變之善者。
> （詩源辯 3/45）
>
> 漢、魏五言，深於興寄，故其體簡而委婉。（詩源辯 3/47）

---

[33] 明・梁橋：《冰川詩式・定體》，收於《明詩話全編》，卷1，頁5215。

　　梁橋之論似乎仍承傳統詩教而來，然除了「美刺婉曲而不露」一語較明顯有實用取向，其餘如寫景淡雅、表達至情，含蓄感慨，最後歸結於漢魏古詩能「藹然動人」，便少了濃厚的政教倫理意味，隱隱然可見轉向的樣態。關於這點，在許學夷的論述中可看得更為明確。許氏將五言詩的流變分為八個階段，基本上是以「雅正」傳統來討論正變等相關問題[34]，其中魏代屬於「初變」的階段。然而由上列引文觀之，所謂「委婉悠圓」、「深於興寄」等概念雖源於秦漢儒家，但不談美刺道德，詩歌藝術的純粹性實已漸漸透露，故云近於《國風》，而為「變之善者」。如此看待漢魏古詩的眼光，還可間接由明代評論時人或前人的作品中窺得，像是「渾厚典雅，有漢魏之風」[35]、「高古雅健，有漢魏之風」[36]、「簡之古雅，類漢魏人語」[37]、「寄托深長，有漢魏之委致」（詩鏡總/9）等語，所謂古雅、渾厚典雅的概念仍與儒家詩學觀有所聯繫，卻在承續中少了政教倫理的一面，而有往詩歌藝術轉進的傾向，此乃明人於詩教範疇中看待魏詩時異於前朝的貢獻。

　　綜而言之，唐代以正統而嚴格的詩教觀批評魏詩，明人除了直承其觀點外，復能於傳統詩教的眼界下，扭轉唐人之

---

34 相關論述可參方錫球：《許學夷詩學思想研究》（安徽：黃山書社，2006.12），頁 53、54。

35 明‧陳璉：《琴軒集‧書胡文穆〈北京八景詩文〉後》，收於《明詩話全編》，卷 7，頁 519。

36 明‧楊榮：《文敏集‧故盤洲李處士墓誌銘》（合肥：黃山書社，2008，清文淵閣四庫全書本），卷 24，頁 315。

37 明‧吳國倫：《甔甀洞續稿‧文部‧答張公觀孝廉書》（合肥：黃山書社，2008，明萬曆刻本），卷 14，頁 355。

批評，此乃明人這類評論突出之處。另一方面，明代尚有一系列論述，鬆動了政教倫理觀，而將古雅、渾厚、委婉等概念導向文學面，這其實已相當程度地展現出：即便與詩教傳統相涉，仍有文學自覺的可能；而明人如此闡釋，亦與魏代所開啓文學獨立的想法有某種程度的呼應。因此整體而言，明人之評可謂周全而客觀許多。

晉　宋

晉宋由於在明代以前合稱的情形極為普遍，因此本書擬將兩朝歸併探討。在唐人眼中，晉宋一段仍多得貶抑，主要批評其名教、六義微亡，茲扼要摘舉論述如下：

> ……晉、宋已還，得者蓋寡。以康樂之奧博，多溺於山水；以淵明之高古，偏放於田園。江鮑之流，又狹於此。如梁鴻《五噫》之例者，百無一二焉。於時六義寖微矣。（白居易）[38]

> ……聖人知之，所以畫八卦，垂淺教，令後人依焉。是知一生名，名生教，然後名教生焉。………從此之後，遞相祖述，經綸百代，識人虛薄，屬文於花草，失其古為。中有鮑照、謝康樂，縱逸相繼，成敗兼行。至晉、宋、齊、梁，皆悉頹毀。（王昌齡）[39]

在白居易看來，山水田園詩這些不帶實用性質的創作，只會使「六義寖微」；而專於花草，也只會與聖人名教越來越疏離，而走上「頹毀」一途。晉宋詩作在唐人道德教化的

---

38 唐・白居易：〈與元九書〉，收於《全唐文》，卷 675，頁 6873。
39 唐・王昌齡：〈論文意〉，收於文鏡.南卷.論文意，頁 1283。

眼光中不受青睞，韓愈「周詩三百篇，雅麗理訓誥。……透迤抵晉宋，氣象日凋耗。」[40]又是一例。他如柳冕評魏晉江左之教化「隨波而不反」[41]、柳宗元哀其「蕩而靡」[42]……等，都可看到這樣的趨向。這類評論若實際對照魏代的詩歌創作，所謂「造懷指事，不求纖密之巧」（文心・明詩 2/196），像曹丕、曹植雖有「丹霞夾明月，華星出雲間」（〈芙蓉池作詩〉）[43]、「白日曜青春，時雨靜飛塵」（〈侍太子作〉）等較為精工華麗的詩句，卻不乏「誰云江水廣，一葦可以航」（〈至廣陵於馬上作詩〉）、「蒼蠅間白黑，讒巧令親疏。欲還絕無蹊，攬轡止踟躕」（〈贈白馬王彪〉）、「吁嗟此轉蓬，居世何獨然」（〈吁嗟篇〉）等直抒胸臆而少雕琢之作，即便如此，尚且被唐人認為侈麗乏雅道，更何況晉宋諸如陸機、張協、顏延之……等人的作品於實際表現更為藻麗，故被唐人目為蕩靡而乏風雅也就不意外了。

　　至於宋代的評論狀況，其關注核心在於對晉宋風味、風流的讚賞[44]，詩教範疇非其主要著意處；再者，少數如孔仲武「風雅幾絕」[45]之論，與唐人觀點相去無幾，無甚新意，

---

40 唐・韓愈：〈薦士〉，收於《全唐詩》，卷 337，頁 2246。
41 唐・柳冕：〈謝杜相公論房杜二相書〉，收於《全唐文》，卷 527，頁 5343。
42 唐・柳宗元：〈柳宗直西漢文類序〉，收於《全唐文》，卷 577，頁 5818。
43 魏・曹丕著，魏宏燦校注：《曹丕集校注》，頁 61。
44 相關評論如汪藻「風度凝遠，如晉宋間人」（〈鮑吏部集序〉）、李彌遜「飄然有晉宋風味」（〈跋趙見獨詩後〉）、王十朋「清新雅健，有晉宋風味」（《梅溪後集卷 27・送喻叔奇尉廣德序》）、樓鑰「風流醞藉，如晉宋間人」（《攻媿集卷 52・酌古堂文集序》）……等。
45 孔氏之說如下：「自晉宋以來，詩人氣質萎敝，而風雅幾絕。……大抵哀元元之窮，憤盜賊之橫，褒善貶惡，尊君卑臣，不琢不鬐，暗與經會，蓋亦騷人之倫而風雅之亞也。」（〈讀杜子美哀江頭後〉）

故可談者甚少。而元代對晉宋的批評本已不多，更遑論觸及詩教相關主題，故將直接觀察明代的狀況。

明人於此範疇中對晉宋的評論，大體可區分為兩部分，一是延續詩教思維，如批評其失古雅、繁靡；二是於其中略見轉變，如淡化雅、善之倫理道德性質，或者探索風雅與縟彩的相容性。首先觀以較守舊方式延續詩教傳統者，這類想法與唐人思維如出一轍，都是從純正的教化角度來批判晉宋：

> 自夫王澤下衰，《雅》、《頌》不繼；王官失職，巡狩不陳，而詩樂之教不行於天下尚矣。東周以還，郢騷之怨慕，楊馬之浸衍，晉宋之蕩靡，古意彌失，而音節、體製亦與時下焉。在其能復古乎？（朱右）[46]

> 客論曰：傳云「王者之迹熄而詩亡」，蓋傷之也。降自桓、靈廢而禮樂崩，晉、宋王而新聲作，古風沉滯，蓋已甚焉。（談藝錄/5）

由「詩樂之教不行」、「古意彌失」、「禮樂崩」、「古風沉滯」等描述觀之，詩評家本有的詩教觀點頗為鮮明，由此角度出發，面對帶有綺靡風味的晉宋詩歌時，自然無法稱揚其美。評論觀點與詩歌表現間的巨大落差，當是造成貶抑的主要原因。

這個部分還可留意的，是胡應麟「體以代變」、「格以代降」（詩藪內 1/1）之詩學主張下對晉宋詩歌的評價。胡氏論詩講求以「本色」辨體，認為晉宋階段屬於古詩三等以外「無取焉」（詩藪外 1/79）者，與其華靡失樸有很大的關

---

46 明・朱右：《白雲稿・羽庭稿序》（合肥：黃山書社，2008，清文淵閣四庫全書本），卷 4，頁 33。

聯，這從下列論述中可清楚看見：

> 晉諸作者，浮慕《三百》，欲去文存質，而繁靡板垛，
> 無論古調，並工語失之。今觀二陸、潘、鄭諸集，連篇
> 累牘，絕無省發，雖多奚為！（詩藪內 1/5）
> 晉、宋之交，古今詩道升降之大限乎！……士衡、安仁
> 一變，而俳偶開矣。（詩藪外 2/80）

　　若配合王明輝先生的歸納：「胡氏遵循『尚古尊雅』的
基本原則來衡量詩歌的發展，他以『體』、『格』作為基本
理論範疇，認為後世詩歌發展偏離了正軌，得出『體以代變，
格以代降』的結論。」[47]體變代降所顯示的正是崇尚古雅的
想法，因此而詆綺靡、輕視屬於表現形式的俳偶。胡氏如此
觀點頗近於傳統儒家「重質輕文」的文學觀，也難怪他會無
取晉宋了。「晉宋」固然較「漢魏」更近「新聲」而愈重偶
麗，然是否真的一無可取？恐怕還有商討的空間。

　　上列的晉宋批評看似較無新意且有偏頗之虞，然而明人
的觀點並非僅止於此，如何在延續詩教觀點的同時又能有所
轉換，從而慧眼看出晉宋詩歌的價值？此乃明人另一值得注
目的成就。首先可觀察的是王夫之的評論。王夫之詩學的儒
教立場似乎已在學界形成共識，這從張少康先生「王夫之的
詩論重雅正，重溫柔敦厚，特別提倡詩的『興、觀、群、怨』」
[48]、宋緒連先生「王夫之……恪守溫柔敦厚的儒家詩教的立

---

47 王明輝：《胡應麟詩學研究》（北京：學苑出版社，2006.2），前言頁 7。
48 張少康：《文心與書畫樂論》（北京：北京大學出版社，2006.12），頁
　　235。

場是極其鮮明的」[49]等論述中可以看出。然而是否可以因此
而逕將夫之歸於傳統詩教派？恐不能如此簡單而論。其儒家
立場雖堅，論詩卻已走出狹隘的實用主義，而能就詩歌本身
考量，賦予某些詩教概念以新的生命力。關於這點，或可以
下列評述作具體說明：

> 道勝業茲遠，心閒地能隙。桂橑鬱初裁，蘭堀坦將闢。
> 虛檐對長嶼，高軒臨廣液。芳草列成行，嘉樹紛如積。
> 流風轉還逕，清烟泛喬石。日泪山照紅，松映水華碧。
> 暢哉人外賞，遲遲眷西夕。（王融〈棲玄寺聽講畢遊邸園七
> 韻應司徒教〉）

> 靜善不佻達，猶存晉、宋風旨。兩句後即一氣通下，至
> 末澹收。題煩，著筆簡，自是五言本色。（評選 5/764）

> 平原十日飲，中散千里遊。渤海方流滯，宜城誰獻酬？
> 君居南山下，臨此歲方秋。惜哉時不與，日暮無輕舟。
> （陸厥〈奉答內兄顧希叔〉）

> 命筆輕超，已開吳筠、柳惲一派。就此派中自有雅俗之
> 異：一往駛健中自有留勢，則雅；規恢大、結束不遽，
> 則雅。雅者猶存晉、宋風味，俗者則純乎唐矣。（評選
> 5/766）

　　王融之作由桂、蘭到流風、清烟等景致一路從容描繪，
即使「暢哉」卻非輕薄放蕩，在詩人「心閒」的提示中觀桂
之初裁、烟霧清而輕地籠罩喬石，乃至最末賞夕陽時眷戀而
安祥的情態，在在顯示出王夫之所謂的「靜善」與「澹」，

---

49 宋緒連：〈述評王夫之論謝靈運〉，收於葛曉音編選：《謝靈運研究論
　集》（桂林：廣西師範大學，1993.3），頁 313。

而澹、靜善所展現的，正是樸簡、和諧的氛圍，這其中隱隱然扣合傳統詩學精神，卻少了政教品德的羈絆，而使靜善澹簡更富文藝氣息。至於他對陸厥詩作之評，則可看出所謂晉宋風味應當含有「雅」的質素，而此「雅」的面貌乃在「駛健」、「規恢」的悠遊中不顯逼迫，這從「十日飲」、「千里遊」等描繪中正可感受到此氛圍；至於「留勢」、「不遽」則與詩末「日暮無輕舟」所帶出的淡淡哀傷恰可作一呼應。可見夫之在沿用若干詩教概念的同時，又能作出適度的調整，復由此回過頭來觀看所謂的晉宋風味，便能不侷於蕩靡之評，使得晉宋兩朝亦能於詩教體系中展露自身獨特的價值。

類似這般不囿於傳統的新觀點，尚有就辭彩與詩教關係加以探索者：風雅之教與縟彩並非必然處於對立的狀態，兩者仍有互相融涉的可能，此中所展現的，正是詩教的包容性。只是過分競彩確實容易掩蓋風雅內涵之展現，而這也是主流批評的重心。明人如何在詩教洪流下另闢蹊徑？或可以李時行的說法作一說明：

> 夫詩之道難言矣。黃、唐、虞、夏、商、周篇什，華實彬彬，遐哉邈追矣。暨漢始有五言。魏晉之交，諸體競彩，咸陶鑄性情，劘鑽文理。寫元黃之光魄，鏤卉物之景象。經緯茨穀，縟綵彪炳，吁可觀也。世歷緜曖，條流棼揉，泥蟠經史，飈駭煙雲。梁宋以來，綺騖風雅，推準三百之趣，圓備六義之旨，譬諸升堂，其亦庶乎？（李時行）[50]

50 明・李時行：《李駕部集・泰泉先生詩集序》，收於《明詩話全編》，頁 3484。

　　儘管從魏晉到南朝一路都有縟綵綺麗的創作，卻無礙於對風雅六義的追求，李氏的觀點誠爲傳統詩教開創出另一極具探討價值的面向。孔子雖曾言「文質彬彬，然後君子」（論語・雍也/78），卻也說過「辭達而已矣。」（論語・衛靈公/218）、「弟子入則孝，出則悌，謹而信，泛愛衆而親仁。行有餘力，則以學文」（論語・學而/7）。可見文辭旨在傳達文意，重點並非其中的藻飾；在文德之間，亦當以德爲先，文只是其次。這與李時行對縟綵的定位實已不同，縟綵於此當有獨立的地位，而非附屬於六義之下，如此縟綵卻能無礙風雅精神的展現，此乃李氏論點卓越之處。該論之特殊，在傳統儒家觀點的烘托中誠更形彰顯。李氏之論在明代並非孤立的現象，在接下來第三節的論述中，將可見到明人對南朝的詩評有不少擺脫傳統詩教之觀點，這類現象所呈現之意義，在於如何於延續傳統的同時，尚能略加調整而使其合於中古詩歌的特點，此亦這類詩評於詩學流脈中的重要貢獻。

　　就整體發展觀之，持傳統詩教觀點者，不論是唐代或明朝，對晉宋多爲貶抑。何以會有如此情形？與魏代相較，晉宋詩歌的發展確實更重詩歌本身之藝術特質，而更帶開新之趨勢，如此一來，評論者持「舊」（傳統詩教）眼光看晉宋詩歌之「新」，評論標準與創作表現不相合，導致評價不高也就可以理解了。至於對晉宋階段略予褒揚之論述，則是在傳統詩教的基礎上，能往詩歌藝術的方向調整，王夫之「靜善」與「雅」的評語便有如此趨向。這樣的評論角度在某個程度上與晉宋詩歌「開新」的事實相符，評論者眼光與實際創作方向較爲一致，遂使褒揚成爲可能。此外，李時行試圖

融合「綺」與「風雅六義」，欲調和乍看之下扞格的兩者，其中展現之思維誠不同於往昔。

齊梁陳

最後則是後代對齊、梁、陳三朝詩歌之批評。根據葛曉音先生的說法：「南朝齊、梁、陳雖是三代，詩歌風氣則大體不分。文學史家常合而論之，統稱為齊梁詩風。」[51]因此論及齊梁時，或可包含陳代；再者，就實際批評狀況觀察，齊梁並稱遠較宋齊為多，且梁陳並稱亦頗普遍[52]，正與上述葛氏「三朝風氣相近」之說呼應，加以唐至明代對齊梁陳的批評重心確也極為類似，故擬歸併三朝一起討論。

整體觀之，唐、宋、元、明由詩教出發的批評在面對這三個朝代時，評述角度頗為一致，不外乎以正統的風雅詩教觀，批其喪道或浮艷麗靡過甚。喪道之評大致如下：

> 齊、梁之後，正聲寖微，人不逮古。（文鏡·南卷·論文意/1447）
>
> 齊梁以降，國風雅頌之道委地。（牛希濟）[53]
>
> 梁自大同之後，雅道淪缺，漸乖典則，爭馳新巧。（魏徵）[54]

---

51 葛曉音：《八代詩史（修訂本）》（北京：中華書局，2007.3），頁 184。
52 根據筆者的不完全統計，唐至明朝合論「宋齊」約莫僅 10 次，「齊梁」最多，約有 121 次，「梁陳」亦有 47 次。
53 唐·牛希濟：〈文章論〉，收於《全唐文》，卷 845，頁 8866。
54 唐·魏徵：《隋書·文學傳序》（合肥：黃山書社，2008，清乾隆武英殿刻本），卷 76，頁 880。

　　齊梁之間，日趨浮偽，又惡知所謂王道者哉？（郝經）[55]

　　五言之興，源於漢，注於魏，汪洋乎兩晉，混濁乎梁陳，大雅之音幾於不振。（高棅）[56]

　　前三筆資料出自唐代，後兩筆則分別屬於元、明。若就評論數量加以觀察，此處隱約可以看出：從「背離風雅之道」這一點來作評論，基本上盛於唐代，宋元明較不熱衷於此，倒是對齊梁陳「浮艷麗靡」的批評，明代的數量似較前朝為多。換言之，從唐代到明朝，評論重心略有由「背離風雅」轉向「浮靡」的趨向，茲列舉浮靡的相關評論如下：

　　梁陳以來，艷薄斯極。（李白）[57]

　　陵遲至梁、陳，淫豔刻飾，佻巧小碎之極。（元稹）[58]

　　陳梁之浮豔。（皮日休）[59]

　　自齊、梁後，既拘以四聲，又限以音韻，故大率以偶儷聲響為工。文氣安得不卑弱乎？（蔡寬夫）[60]

　　東晉詩已不逮前人，齊梁益浮薄。（朱熹）[61]

　　及齊梁而崇尚綺靡，流連光景。（謝肅）[62]

---

55 元・郝經：《陵川集・一王雅序》（合肥：黃山書社，2008，清文淵閣四庫全書本），卷28，頁240。

56 明・高棅：《唐詩品彙・五言古詩敘目・正始》，收於《明詩話全編》，頁351。

57 唐・李白著，清・王琦注：《李太白詩集注・古風五十九首》（合肥：黃山書社，2008，清文淵閣四庫全書本），卷2，頁50。

58 元稹語，收於宋・胡仔：《苕溪漁隱叢話前集・杜子美四》（合肥：黃山書社，2008，清乾隆刻本），卷8，頁38。

59 唐・皮日休：〈正樂府十篇序〉，《皮日休文集》，卷10，頁51。

60 蔡寬夫語，收於宋・胡仔：《苕溪漁隱叢話前集・國風漢魏六朝上》，卷1，頁1。

61 宋・朱熹：《朱子全書》（合肥：黃山書社，2008，清康熙五十三年武英殿刻本），卷65，頁1298。

　　齊梁以後之詩，靡麗日甚，氣之降乃爾然。（陳沂）[63]

　　齊梁以後，綺靡纖麗之極，不得不流而為填詞也。（張
慎言）[64]

　　艷辭麗曲，莫盛於梁陳之季，而古詩遂亡。（陳子龍）[65]

　　上引九筆資料中，前三者屬唐，四、五屬宋，其餘則屬
明朝。明人以麗靡評齊梁陳詩的狀況遠不止如此[66]，其實已
暗指著時人批評眼光的轉換。

　　批判中古詩歌浮靡，值得注意的有兩點：首先，若仔細
觀察這類淫艷之評，會發現詩評家多由詩歌的表現而論，而
少牽涉倫理正統的問題，不若「喪道」之評，有較強烈的衛
道意識。從唐人言「雅道淪缺」到明人言「浮艷侈靡」，此
消彼長，隱約可見前者帶有較強的詩教倫理意識；相對而言，
後者似較能針對詩歌藝術的缺憾來談，當較符合齊梁陳等朝
重文藝的實情。

　　其次，儘管浮靡的評論角度由唐至明沒有太大的改變，
然而相對於唐人多簡單地一筆帶過，明人或者點出綺靡的具

---

62 明·謝肅：《密庵詩文藁·選詩補註序》（合肥：黃山書社，2008，四
　　部叢刊三編景明洪武本），庚卷，頁 84。

63 明·陳沂：《拘虛詩談》，收於《明詩話全編》，頁 1944。

64 明·張慎言：《泊水齋文鈔·萬子馨填詞序》，收於《明詩話全編》，
　　卷 1，頁 7794。

65 明·陳子龍：《安雅堂稿·三子詩餘序》（合肥：黃山書社，2008，明
　　末刻本），卷 3，頁 36。

66 類似評論尚有王洪：「及乎齊梁，而侈靡極矣。」（《毅齋集卷 5·胡祭
　　酒詩集序》）、王錫爵：「至于齊梁，其靡殆甚。」（《王文肅公文草卷 1·
　　唐詩會選序》）、馮復京：「梁陳浮艷於茲濫觴，滔滔莫返。」（說詩補
　　3）、許學夷：「梁、陳而下，調皆不純，語多綺豔，其體為變。」（詩
　　源辯 18）……等可參照。

體狀態爲「流連光景」，或者追究靡麗的原因乃「氣之降」，或者說明「纖麗之極」的結果將流於「塡詞」，雖然在陳述上仍屬簡要，但相較於前朝，僅蔡寬夫對齊梁文氣卑弱有所探究，整體而言，明人對齊梁陳詩麗靡的現象，實有相對細緻的觀察，這其實正意味著明人詩評有較前朝綿密的趨向。

　　對齊梁等朝一片撻伐聲中，皎然「以精、工爲詩道」與張溥欣賞「雅麗」的意見，則是相對突出而予齊梁較多肯定者。皎然對詩歌獨立的藝術本質相當重視，故於意境、「文外之旨」等皆有較多的探討。然而並不表示其對詩教全然揚棄，如何在「復古」的基底上加以「通變」，從而開創出觀看詩歌的新視野？應是其論得以站穩腳跟的重要關鍵。試觀其基本的「復」、「變」主張：

> 夫詩者，眾妙之華實，六經之菁英，雖非聖功，妙均於聖。……洎西漢以來，文體四變，將恐風雅寢泯，輒欲商較，以正其源。今從西漢已降，至於我唐，名篇麗句，凡若干人，命曰《詩式》，使無天機者坐致天機，若君子見知，庶有益於詩教矣。（詩式・序/1）
>
> 作者須知復、變之道，反古曰復，不滯曰變。若惟復不變，則陷於相似之格。（詩式・有事無事情格俱下第五格・復古通變體5/330）

　　由第一段引文中可明確看出：《詩式》寫作之宗旨仍不失傳統儒教之精神，而根據李壯鷹先生的考察，《詩式》中所提到的「四不」、「二要」、「六至」等，都屬於「詩家

之中道」，也與儒家提倡中和的精神相通[67]，然而這並不意味皎然的詩觀為食古而不化者，在第二段引言中，即知復變之道於其詩學觀中有相當之重要性。

　　那麼在正詩之源與復古風雅的精神下，皎然又是如何打破尋常對齊梁詩歌浮靡的刻板印象，從而突顯靡麗之外可能的價值？試觀下列引文：

> 夫五言之道，唯工惟精，論者雖欲降殺齊梁，未知其旨。若據時代，道喪幾之矣，詩人不用此論，何也？如謝吏部詩「大江流日夜，客心悲未央」；柳文暢詩「太液滄波起，長楊高樹秋」；王元長詩「霜氣下孟津，秋風度函谷」，亦何減於建安耶？若建安不用事，齊梁用事，以定優劣，亦請論之：如王筠詩「王生臨廣陌，潘子赴黃河」；庾肩吾詩「秦皇觀大海，魏帝逐飄風」；沈約詩「高樓切思婦，西園遊上才」；格雖弱，氣猶正，遠比建安，可言體變，不可言道喪。大曆中，詞人多在江外，皇甫冉、嚴維、張繼、劉長卿、李嘉祐、朱放，竊佔青山白雲、春風芳草以為己有，吾知詩道初喪，正在於此，何得推過齊梁作者？（詩式・有事無事第四格・齊梁詩 4/273）

　　即就上引詩歌觀察，謝朓、柳惲、王融之詩句都蘊含著開闊的氣度，俱可展現詩人胸襟之廣，並非偏於瑣碎之一隅，此當為不「減於建安」處。至於對齊梁詩歌用不用事之辨，王筠、沈約、庾肩吾在詩句對比、用典上稍嫌板正，流動性

---

67 唐・皎然著，李壯鷹校注：《詩式校注》（北京：人民文學出版社，2003.11），前言頁 10。

不足，故有「格弱」的問題；然而就內涵而言：王筠詩以懷歸爲主題；庾肩吾之作是在亂後經禹廟時，遙想秦皇、魏帝氣勢，引發古今幽思；沈約詩則是在詠月的同時，順勢帶出思婦之愁情，就立意取材而言，皆屬雅正，並非只限於「青山白雲、春風芳草」等物色。

　　皎然在這段話一開始即明言，所謂的「五言之道」在於工、精，此乃其對「詩道」之看法；對應至後頭「不可言道喪」一語，此處的「道喪」，所指當爲時人認爲齊梁詩歌因浮靡而內容貧乏、甚至遠離詩教傳統，但在皎然看來，形式轉爲工、精、用事，或有「格弱」之虞，並不意味著內涵必然貧乏，「氣」猶得「正」，這一點可從引文中所舉詩例得到印證。換言之，皎然對「道」的定義顯然與時人不同，諸如元稹、皮日休等人之「道」，侷限於有補風教且主張文應質直少修飾，而皎然之「道」卻在首重詩歌的精工上保有內涵之廣茂、氣正，其所謂之「詩教」已非倫理實用性者，而是傾向由詩歌本身的藝術性來談；也正因爲如此，方能有「齊梁詩歌並未道喪」之論述產生。皎然觀點的重要性在於：其思維誠已突破唐人普遍嚴守詩教傳統之侷限，可謂開啓後世重新看待齊梁詩歌之眼光，其於詩學批評史上的地位是不容忽視的。

　　至於張溥，其論詩基本上是以復古爲手段[68]，卻未因此而顯得眼光狹隘，對於向來予人浮靡印象的齊梁詩歌，反而

---

[68] 相關論述可參陳伯海：〈中國詩學觀念的流變論綱〉，收於蔣寅、張伯偉主編：《中國詩學　第六輯》（南京：南京大學出版社，1999.12），頁162、孫立：《明末清初詩論研究》（廣州：廣東高等教育出版社，2003.6），頁118。

能在賞其華麗與月露風雲的同時，見到齊梁詩歌雅而不俗的一面。其具體論述如下：

> 魏雖改元，承流未遠；晉尚清微；宋矜新巧；南齊雅麗擅長；蕭梁英華邁俗；總言其綮：椎輪大路，不廢雕幾，月露風雲，無傷骨氣，江左名流，得與漢朝大手同立天地者，未有不先質後文、吐華含實者也。（張溥）[69]

這裡並未因復古的主張而貶斥雕幾，亦即見到形式雕麗與源自詩教之雅正實有融合的可能。此與李時行評晉宋之論有異曲同工之妙，也是張溥觀齊梁詩歌異於多數前人之處。

整體而言，除了皎然、張溥外，詩評家對於齊梁陳的斷代總論，多不出侈靡、道亡之評，也因此難以看出三朝詩歌之特殊處。倒是若觀察明人對這三朝個別詩人的品評，會發現貶抑之論不見得多過賞愛之評，換言之，明人對「朝代整體」與「個別詩人」評論不盡一致，卻也因為深入個別詩人，方能在浮靡外另見齊梁陳詩歌的價值，該階段詩作的豐富性也因此能得較好的彰顯，這在接下來的論述中將會逐一揭示。

在逐步分析清代以前詩評家的中古詩評後，便可概括說明中古朝代並稱，以及由唐至明論者對中古詩歌總體印象的轉換狀況。中古涵蓋的朝代不少，論者將朝代並稱，一般都是以時尚相近為主要考量，而某個朝代若分別與兩個以上的朝代並稱，那麼該朝代便極有可能具備雙重的特質。大體而言，「漢魏」與「魏晉」合稱，前者有復古的傾向，後者相對有開新的性質，魏代處於漢晉之間，也確實兼具新舊雙面

---

69 明・張溥題辭，殷孟倫輯注：《漢魏六朝百三家集題辭注・原敘》（北京：中華書局，2007.5），頁 2。

的特質。相較於前朝之評，明代「漢魏」合論遠多於「魏晉」[70]，且由其議論內容觀之，可見在明人眼中，「漢魏」有較濃厚的延續傳統之性質[71]，而此與上述「漢魏較魏晉更有復古傾向」的觀察實相呼應；再者，從並稱數量之多則可看出：在明人眼中，「漢魏」所呈現的典範意義當高過「魏晉」。何以如此？或與明朝本身復古派聲勢浩大的提倡不無關聯。

　　至於「魏晉」與「晉宋」合稱的情形又是如何？相較於晉宋，魏晉終究更近古樸。至於晉宋合論，則集中在諸如工鍊、綺靡等形式面的關懷[72]。趙匡胤所建立的宋代對晉宋風流、風味有較多的讚美，是較不同於其他朝代者。而相較於前朝，明代則是更為明確地將漢魏、晉宋區分為兩個不同的詩學階段，漢魏在傳統詩教觀點下仍得褒揚，晉宋卻被目為蕩靡道亡[73]，兩組並稱屬性之別頗為明確。明人明白劃分漢魏、晉宋，就整個詩學流脈的發展前後相較，誠有其合理性，然部分對晉宋「道亡」的斷代總評，卻嫌嚴苛，而似有再作斟酌的必要。

　　最後關於齊梁的部分，兩者並稱在唐朝至明代的評論中

---

70 概略的統計數據可參註 32。

71 相關原典可參頁 53、54 謝薖……等人之論。

72 茲扼要以明人之論為例：馮復京「〈鮑照〉〈代淮南王〉氣較古勁，有魏晉遺風」（《說詩補遺卷 3》）、謝榛「魏晉古意猶存，而不泥聲韻。」（《四溟詩話卷 1》）……等論，可見魏晉有古樸的傾向；許學夷「晉、宋間詩，以俳偶雕刻為工」（《詩源辯體卷 6・晉》）、胡續宗「迨夫晉、宋，文始麗、詩始工矣」（《鳥鼠山人後集卷 2・陳思王集序》）……之評，則顯示出晉宋雕琢的特點。

73 此處純粹就魏晉、晉宋合稱的差異而論（原典可參頁 53、54、60 謝薖、朱右……等人之論），並不表示在明人眼中，晉宋詩作全為蕩靡道亡，詳細情形在個別詩人的探討中，還會有更清楚的展現。

乃常態之表現，主要異同則落在「道喪」與「浮靡」之評的消長，這點在上述的說明中已論之甚詳，故不贅言。

　　若專從詩教角度出發，清代以前各朝對中古詩歌的總體印象又是如何？唐代除了皎然有突出於該時代的眼光外[74]，唐人對中古詩歌總體不出「風雅失而道亡」的論點；然而中古詩歌前後跨越好幾百年，詩風亦有種種變化，若侷於傳統的道德教化觀，中古詩歌朝代特色的轉換便不容易彰顯，此乃唐人評論的特點，同時也是其局限處。宋、元兩朝於此主題下對中古各朝的批評，有零星延續舊說或轉變詩教傳統的觀點，然在數量與內涵上終究未能自成一格，需至明朝方有更顯著的發展。

　　明朝面對漢魏兩代，力主其遙續《三百》，並以為在倫理詩教傳統中，漢魏仍有其價值，且奠定漢魏作為「古」詩的重要地位，實突破了唐人的眼界；另一方面，在詩教主流的強大影響下，晉宋齊梁陳等朝之作，誠然也受到明人道喪的批評，然此非明代的特殊貢獻，倒是如何轉換傳統詩教面，而將雅、靜善等概念導向詩歌自身的藝術性質，並能看出風雅與縟彩間不相衝突的可能，這才是明人在解讀晉宋以降詩歌中詩教質素的同時，復能兼顧其文學藝術的重要觀點。

　　最後，就中古詩歌表現與詩歌批評的背景作一概括：中古詩歌處於唐詩高峰之前，對於詩歌（特別是五言詩）獨立於政教倫理之外的認知，處於多方嘗試的階段，為了展現詩歌的藝術性而戮力於此，時而太過，反而導致詩作表現浮靡，

---

74 此處乃就詩教範疇而言，若不設定批評範圍，杜甫、李白以及大歷詩　　人對南朝詩歌的推崇，亦有別出於時代的觀點。

此乃中古，特別是南朝詩歌予人的普遍印象；另一方面，即便中古詩歌已開始走向文學自覺，然而先秦所樹立的詩教傳統實有極大的影響力，使得詩評家們在相當程度上仍受此影響，卻也因此在某些時候，無法較好地彰顯中古詩歌文學自覺的特質。在這些背景下觀看清代以前對中古各朝的評論，因涵蓋範圍廣泛，斷代的總體述評相對粗疏，容易以普遍性的觀點作評，而無暇顧及細部的變化。明人對於中古詩歌的斷代總評，確實也相當程度地陷入如此侷限中；然其難能可貴之處，在於已有不少詩評家試圖省思前朝的說法，而透露出些許的轉變訊息；更多細膩的闡述，則需於逐一品評中古詩人詩作時方能更形突顯，此亦接下來一節中所欲討論的重心。

第三節　明代評論中的新思維

藉由上一節對中古各朝詩歌總評有概括的掌握後，本節將以此為基礎，細部探討個別詩人的評論情形。明人對此之述評實有特殊之處，且新開出的面向又多為前朝所無，因此本節將聚焦在明人的論說上，唐宋元等朝之評僅作為比對之用。

以下將區分為「『溫柔敦厚』的藝術化」、「詩教精神與緣情綺靡的互涉」兩大論題來談。兩個主題關注重心固然有別，然其共同精神，皆在於調和政教倫理與詩歌藝術兩大議題。明人於詩評中如何融合二者？關於第一個主題，明人多將溫柔敦厚與放誕、氣勢、瀟灑、淡、幽、樸、高、逸蕩……等屬於詩歌風格的概念相融或辨析，或者由詩歌意象的運用

來談溫厚的展現，如此既能保有溫柔敦厚的精神，又能在與其他詩學概念、詩歌結構安排的交互融涉中，消解其政教倫理的性質[75]；至於第二個主題，則是藉由與綺麗華靡等詩歌表現形式的結合，改變秦漢儒家的詩教正統觀。此乃明朝中古詩評於詩教範疇中所展現的新思維。

一、「溫柔敦厚」的藝術化

所謂「『溫柔敦厚』的藝術化」，指的是原本具有濃厚政教倫理實用取向的溫柔敦厚，在明人的闡釋中往往有轉向藝術性質的趨勢。在傳統詩教體系中，孔穎達《禮記正義》對「溫柔敦厚」的解說可謂最為簡潔而明確：「溫謂顏色溫潤，柔謂性情和柔。《詩》依違諷諫，不指切事情，故云『溫柔敦厚，《詩》教也』。」溫柔敦厚有內在性情和厚、外在顏色溫婉，以及政教上的實用目的，這在上一節的說明中已可看出。至於詩歌藝術範疇中的「溫柔敦厚」，又該如何定義？蔣凡先生則提供了簡潔而明瞭的概括：

> 「溫柔敦厚」的藝術原則，指的是充實、渾厚而深刻的
> 內容，通過溫潤柔和的藝術風貌，來加以委婉曲折地表
> 現。[76]

---

75 溫柔敦厚原有人倫道德的功能性，於唐代已零星可見詩歌藝術的傾向。然針對詩教範疇中中古詩歌藝術化的闡述，恐需遲至明代才能見到普遍性的論說。明人此觀點的重要性在於：開啓了觀看中古詩歌不一樣的眼光。明代以前對溫柔敦厚幾許詩歌藝術化的闡釋，或可視為是醞釀明人中古詩評的背景。

76 傅璇琮等：《中國詩學大辭典》（浙江：浙江教育出版社，1999.12），頁 4。

　　渾厚深刻、溫潤柔和、委婉是這段話的三個關鍵詞，渾厚深刻即是希望詩歌能於內涵上展現情感的豐厚度，如此才能提供讀者深入而反覆咀嚼的可能。至於溫潤柔和，則是在不極端直露的狀態下，展現詩歌和諧柔順的一面；而委婉則有含蓄蘊藉之意，含蓄者「意不淺露，語不窮盡，句中有餘味，篇中有餘意，其妙不外寄言而已。」[77]在表現不直促的同時，餘味繞樑所展現之深刻性又與渾厚相互呼應。因此，諸如渾厚、溫厚、厚、溫柔、和婉、婉轉、含蓄、蘊藉……等概念，皆與此範疇相涉。

　　從政教倫理走向詩歌藝術化，同樣名為「溫柔敦厚」，隨著時代與批評觀念的不同，致使內涵有所差異，此即所謂「漢魏之辭，有漢魏之『溫柔敦厚』；唐、宋、元之辭，有唐、宋、元之『溫柔敦厚』」[78]。至於在文學藝術的層面，各個相關詞彙之內涵有重疊的情形[79]，亦有向藝術傾斜而程度不一的狀況，然而並不妨礙「詩教傳統轉向」此事實的呈現。由於阮籍、曹丕、左思、陶淵明、鮑照等人之詩評，可以較清楚地窺得「溫柔敦厚」的概念如何轉向藝術化，故擬以這幾家為討論對象，具體觀看明代詩評家如何淡化「溫柔敦厚」倫理道德與政教實用性，從而拓展觀看傳統詩學的眼光。

77　沈祥龍：《論詞隨筆・「詞須含蓄」條》，收於唐圭璋：《詞話叢編》（北京：中華書局，1986.11），頁 4055。
78　清・葉燮著、霍松林校注：《原詩・內篇上》（北京：人民文學出版社，2005.12），頁 7。
79　例如「和婉」與「柔厚」等評論詞彙的使用，各個詩評家或有不同，然所指涉之內涵，卻有相當程度的重疊性。

阮　籍

阮籍（210-263AD）詩評於「『溫柔敦厚』的藝術化」此主題中，當是變化頗為鮮明而具代表性的，故首先以阮籍詩評作說明，期能對此主題有一迅速而初步的掌握。首先就唐、宋、元三朝的總體評論趨向而言：唐人對阮籍的評論不多，「閒」之面向是其中較顯著者[80]，宋人則傾向關懷其沖淡、清絕、放達等特色[81]，而金元人則較多提及其疏曠的一面[82]。唐宋元三朝留意的面向雖不盡相同，卻都傾向於疏、淡，對於阮詩中深沉、幽微的一面甚少著意，諸如元好問「沈鬱頓挫」[83]之評是零星而少見的。

然而如此批評樣態發展至明朝，卻有較大幅度的改變，

---

80 相關說法可參「秬興高邈，阮旨閒曠」（文鏡‧南卷‧論文意）、「嗣宗、孟陽、太沖之制，興殊增麗，風骨雅淡，音韻閒暢，其象簊也。」（皎然語，收於宋‧何溪汶《竹莊詩話卷 1‧品題》）……等。

81 秦觀「陶潛、阮籍之詩，長於沖淡」（語見宋‧謝維新編《事類備要前集卷 44‧儒業門‧詩律》）、謝逸「其（阮陶）為詩，雖汪洋澹泊，然秀傑之氣終不可沒」（《溪堂集卷 8‧黃君墓誌銘》）、李濤「顯允阮嗣宗，放達世所推」（《蒙泉詩稿‧讀阮籍詠懷十七首》）、劉克莊「古體淡泊簡遠，有陶、阮遺意」（《後村先生大全集卷 96‧吳歸父詩》）、張之翰「阮詩清絕處，江水上有楓」（《西巖集卷 1‧趙學士子昂畫〈選〉詩「湛湛長江水，上有楓樹林」扇頭見覎》）……等論可見宋人評述之傾向。

82 金人劉從益「有懷阮步兵，豪氣無檢束」（《中州集卷 6‧過尉氏懷阮籍》）、元人陸文圭「《選》詩唯陶、阮近古，神思清曠，意趣高遠，直寄興耳」（《牆東類彙卷 9‧跋袁靜春詩》）、袁易「秬阮情何曠，陶韋意未窮」（《靜春堂詩集卷 2‧杭州道中書懷四首之四》）、陳繹曾「天識清虛，禮法疏短」（《詩譜‧阮籍》）……等論，可證成金元人視阮之傾向性。

83 原文如下：「秉文，字周臣，……五言大詩，則沈鬱頓挫，學阮嗣宗。」（《中州集‧禮部閑閑趙公秉文》）

除了延續閒曠、疏淡等批評面向，阮詩文質與否、近古、蘊藉等主題則是明人討論較多或立論較特殊者。「文多質少」[84]的論調與《詩品》「無雕蟲之功」的評論相較，可以看出對阮籍詩歌評論的關注面有「由質向文」的發展趨向；另一方面，或質或文的評論觀點，正好顯示出阮籍詩歌所具備的雙重性質，亦即兼具魏詩的古樸與晉詩的綺麗，透過這兩種不同的評論觀點，恰可見到阮詩正處於詩歌風潮逐步轉向的年代。至於近古[85]的說法，則與漢魏詩歌作為古詩典範的特質相呼應。

聚焦至「溫厚蘊藉」的主題，除了阮籍本身思想中的儒家質素需加以考量，若由風雅傳統一路觀察下來，與明人論述形成重要對照的，當是《詩品》這段兼顧詩人憂國憂時之「志」與詩歌表現藝術性的論述：

> 其源出於《小雅》。無雕蟲之巧，而詠懷之作，可以陶性靈，發幽思，言在耳目之內，情寄八荒之表，洋洋乎會於《風雅》，使人忘其鄙近，自致遠大。頗多感慨之詞，厥旨淵放，歸趣難求。顏延年《注解》，怯言其志。
>
> （詩品・上/165）

何謂源出小雅？何謂會乎風雅？誠如廖蔚卿先生所言，

---

84 相關論述可參胡應麟「文多質少，詞衍意狹，東西京則不然，愈樸愈巧，愈淺愈深」（詩藪內 2）、馮復京「阮詩驟讀似質，反病其文多質少」（說詩補 2）……等。

85 明人相關論說有周敘「阮嗣宗之典古」（《詩學梯航・述作中・專論五言古詩》）、胡應麟「阮、左者，漢、魏之遺」（詩藪外 2）、張蔚然「典午以降，去古浸遠，惟子建華實茂舒，情文備至，允是此體宗匠。嗣宗《詠懷》，而饒致差足為羽」（《西園詩塵，古選則》）……等說可參。

應全面剖析《詩品》中以「雅」為評的諸例，方能更好地理解鍾嶸單獨將阮籍列於小雅體系的用心：

> 詩品中所見之「雅」……大致可分二類：一是從語文的藝術手法上強調宛轉興諭以託其溫厚悲怨之情……二是從語言取材上而言，凡取鎔經意，引書助文，指事殷勤者，也得稱雅才雅士……但鍾嶸獨將他（阮籍）孤立於一般雅致雅言之外，安置於《小雅》之流，應該在上兩層涵義外，另有高一層的旨意。……《小雅》詩人之志，是阮籍詩的精神主旨；換言之，阮籍詠懷詩純是憂國憂時的感情激射；而不僅是個人「窮賤」「幽居」之怨。[86]

由廖先生的歸納可以看出，《詩品》中品評阮詩時所提及的小雅與風雅，恐傾向傳統詩教，有較濃厚的政治氣息，此乃阮籍「志」之所在；而「厥旨淵放」以下這段，恐亦需搭配政治現實來理解會較為貼切，換言之，何以會認為「歸趣難求」且「怯言其志」，是因為無法具體指出阮詩中所影涉的政治現實。實際觀察阮詩：《詠懷》之三（「嘉樹下成蹊」）對於大時代誠有多少憔悴與無奈涵蓋其中，卻結以「凝霜被野草，歲暮亦云已」[87]，而未明點時事；同樣情懷亦見於《詠懷》之十四（「開秋兆涼氣」），對於外界險惡，但言「感物懷殷憂，悄悄令心悲。多言焉所告，繁辭將訴誰！」（頁263-264）亦未說明險惡的實情，此其「歸趣難求」處。

---

86 廖蔚卿：《六朝文論》（臺北：聯經出版事業公司，1978.4），頁308-309。
87 魏・阮籍著，陳伯君校注：《阮籍集校注》（北京：中華書局，2004.6），頁216。

然而另一方面，《詩品》中「發幽思」、「情寄八荒之表」、「自致遠大」等評，卻傾向由詩歌的藝術表現來談，儘管與政治仍有關聯，卻非重心所在，主要著眼於詠懷之作的深、廣、能夠寄託深遠。要之，鍾嶸對阮詩的政治與藝術面皆有所觸及。[88] 宋人朱弁云「阮籍詩出於《小雅》……去風雅猶未遠」[89]，即是承《詩品》之說而來，然論述簡單，僅此二語，難以見出其觀點有何特殊處。

發展至明朝，明人對阮詩「溫厚蘊藉」的探討乃其中之大宗。若粗觀這組論述，似乎與《詩品》所見相去無幾，然而評論重心已有所不同。首先，由合於《小雅》、風雅這一點即可看出，鍾嶸對阮籍詩中的政治之志還是有較多的留意，復配合評語最後所云詩旨之難求，點出此現象的背後，其實隱約透露著《詩品》對阮詩政治意涵（「志」）的重視，否則該評可逕止於「歸趣難求」，何需於此之後，還特別點出顏延年注解時怯言其「志」？而這一點又回過頭來與「其源出於《小雅》」的感時憂國精神相應。相對而言，明人溫厚蘊藉之評其實已更多就詩歌本身的藝術性質作考量。關於這點，透過下列論述將可更清楚地看見：

> 夫詩之有律，猶文之有駢儷，終是俳體，古人決不屑此。
> 未論《三百篇》，只如枚乘、阮籍、陶淵明，皆涵蓄有

---

88 廖先生行文的重心，主要是為了呈現阮籍詩歌整體的特色，故將《詩品》與明清等人的相關論述作一全盤討論；至於在時代推移中，政治倫理、藝術表現於比重或內涵上的變化，則不在其探討範圍，此乃本書接下來欲著重的部分。

89 宋·朱弁：《風月堂詩話》，收於吳文治主編：《宋詩話全編》（南京：鳳凰出版社，2006.10），卷上，頁2943。

餘味，亦可陶天真也。（魏校）[90]

何為取其詩？渾厚醞籍，洋洋充耳，雕鏤者失其奇，劇鉥者失其工矣。（胡纘宗）[91]

古詩降魏，雖加雄贍，溫厚漸衰。阮公起建安後，獨得遺響。（詩藪內 2/17）

嗣宗口不臧否人物，延之既稱其「識密鑒洞」，又謂其「埋照」、「淪跡」。七賢中，叔夜與嗣宗同一放誕，而為人疏密迥異如此。誰謂放誕中無蘊藉乎？詩中字字斟酌，可謂傳神。（詩筏/10401）

其〈詠懷〉十七首，神韻澹蕩，筆墨之外，俱含不盡之思，政以蘊藉勝人耳。然以擬古十九首，則淺薄甚矣。夫詩中之厚，皆從蘊藉而出，乃有同一蘊藉而厚薄深淺異者，此非知詩者不能別也。（詩筏/10401）

嗣宗慎言，詩中語都與世遠，繾綣悄深，憂危慮切，以此當窮途之哭矣。八十二首俱憂時閔亂，無一憤世嫉俗語。（古詩鏡 7/58）

開秋兆涼氣，蟋蟀鳴床帷。感物懷殷憂，悄悄令心悲。多言焉所告，繁辭將訴誰？微風吹羅袂，明月耀清輝。晨鷄鳴高樹，命駕起旋歸。

唯此窅窅搖搖之中，有一切真情在內，可興，可觀，可羣，可怨，是以有取於詩。然因此而詩，則又往往緣景，

---

90 明・魏校：《莊渠遺書・答陳元誠》（合肥：黃山書社，2008，清文淵閣四庫全書本），卷 4，頁 88-89。

91 明・胡纘宗：《鳥鼠山人小集・阮詩跋》（合肥：黃山書社，2008，明嘉靖刻本），卷 14，頁 198。

　　緣事，緣已往，緣未來，終年苦吟而不能自道。以追光
　　躡景之筆，寫通天盡人之懷，是詩家正法眼藏。鍾嶸「源
　　出《小雅》」之評，真鑒別也。（評選 4/680-681）

　　這幾段引文或言「含蓄」、「渾厚」、「醞籍」等等，直接點明阮詩之特色；或者如陸時雍言「無一憤世嫉俗語」，足見溫厚蘊含其中；或者如王夫之言「窅窅搖搖」，蘊藉之意隱然可見。除了陸時雍、王夫之之評仍有稍濃的詩教取向外，其他評論家溫厚蘊藉之評，恐怕更傾向由詩歌的藝術性來談。

　　具體觀之，這些評論多能針對阮詩溫厚蘊藉的特質，作出多元而深入的探討，而無涉政治面向：魏校以為正因含蓄的不說盡，反而能帶出富含餘味的效果，如此展現方式又可陶養詩人之天真，此乃就含蓄的功效而言；胡纘宗則是點出欲達渾厚蘊藉，必須把握整體，而非著眼於枝微末節的雕鏤，這是就渾厚之前提所作的探討；胡應麟將阮籍溫厚的特色置於詩史流脈中觀察，可看出阮詩獨立於時代且有所前承的特點；賀貽孫指出放誕與蘊藉並非矛盾對立的兩者，這有助於我們反思「蘊藉」與其他概念相融的問題；再者，因為蘊藉有含蓄不說盡的特點，容納度高，因此一般會予人「厚」的印象，賀氏卻能透過阮詩與古詩十九首的比較，析論蘊藉仍有「厚薄深淺」之別，對於蘊藉確實有更為細緻的辨析；至於陸時雍，「憤世嫉俗」云云雖有政治意味，但對個別詠懷詩作諸如〈夜中不能寐〉一首，論曰「起何彷徨，結何寥落，詩之致在意象而已。」（古詩鏡 7/58）則論及阮籍詩歌中的意象。具體審視該詩：薄帷於明月下飄蕩不定、孤鴻翔鳥於

林野間徘徊無依，這些意象看似直接，卻蘊含繁雜思緒於其中。意象之運用乃讀者閱詩時直觀接觸的部分，若與上列綜論詠懷詩之評合觀，便牽涉到如何透過表層意象，將底層溫厚風格展現出來的問題，對此部分的關懷，即是陸氏之評開拓出來的面向；王夫之亦略涉阮政治之「志」，卻不以此為重，而著眼於真情、景、事與蘊藉的搭配，則使蘊藉不只是表現含蓄而已，更牽涉到風格與內涵搭配的問題。凡此種種，都可看出明人於溫厚蘊藉的藝術性質，有更深刻而廣泛的思索，此其對阮詩批評的貢獻。

　　若就阮籍所處的時代背景加以考量，其於政治上的危殆感誠不容忽視；而阮籍本身所帶有的儒家性格，也使歷朝評論或多或少都有詩教傳統的影子。這麼看來，明人在乍看之下雷同於《詩品》的論述中，展現出相異的評論重心，透過效果、前提……等多種不同的角度，進一步彰顯溫厚蘊藉的藝術特點，誠有其可取之價值；而《詩品》對阮詩之「志」有更多的留意，亦不無貢獻。在見到詩評重心轉移的同時，更應合觀歷朝諸論，如此將可更為豐富我們對阮籍詩歌的理解。

曹　丕

　　同樣歸於溫柔敦厚的主題下，曹丕（187-226AD）詩評所呈現的又是另一番不同的風貌。曹丕詩歌的總體批評走向，在南朝主要為《文心雕龍》之「洋洋清綺」（文心·才略 10/1798）以及《詩品》「所計百許篇，率皆鄙質如偶語。惟〈西北有浮雲〉十餘首，殊美贍可翫，始見其工矣。」（詩品·中/214）兩段評論；唐宋元三朝對其詩歌的關照不多，

重點集中在《典論·論文》觀點的引用與提及；至於明代，俊逸、藻麗是較常見的論述面向[92]，而陸時雍、王夫之等人對其用「情」之深[93]以及詩歌展現之柔和蘊藉，亦有較多的探討。由整體的批評狀況觀之，曹詩清俊、綺麗的述評前朝已有觸及[94]，倒是陸、王所留意的面向異於前人，而有再深入探索的價值。

　　對於曹丕的詩歌創作，以儒家角度作評者，明代以前有零星的「非懿德之君」[95]之論，明代亦存在如「子桓篇什雖眾，雅頌則微」（詩藪內 1/5）此帶有正統觀的論述，然此卻非主流，而是以關注詩歌本身文藝傾向者，受到明人更多的青睞。明人多能闡發丕詩之含蓄婉約，指出詩人在不將一切說盡的情況下，反更能使情思綿延無窮，如此對曹丕詩歌溫厚和諧的理解，與秦漢溫柔敦厚說的重心已不相同。陸時雍曾明白指出曹丕詩作「和厚」（古詩鏡 6/52）的特點，那麼詩評家們如何闡述「和厚」的藝術精神？或可由〈燕歌行〉

---

92 具體評論如周履靖的「自然浮俊」（《騷壇秘語卷中·要第十三·體第十五》）、胡應麟言其「平調頗多，麗語錯出」（詩藪內 2）、許學夷評其樂府「小加藻麗」、〈善哉行〉「軼蕩自如」（詩源辯 4）……等，都是可以參照的資料。

93 例如陸時雍評〈於盟津作〉「托物淺而寄情深」（古詩鏡 4）、〈陌上桑〉「鬱屈悲壯，有淮南〈招隱〉之餘」（古詩鏡 4）、王夫之評〈孟津〉「但敘本事，含情自遠，其于吟詠，動以天矣」（評選 4）、〈猛虎行〉「端際密窅，微情正爾動人」（評選 1）……等皆是。抒情的部分將於第三章中再作討論。

94 南朝之論，可以劉勰「洋洋清綺」為代表；與清俊、綺麗相關之評尚有唐人皎然「風裁爽朗」（詩式·詩議）、徐鉉「子桓振建安之藻」（《文獻太子詩集序》）之說可供參考。

95 例如《顏氏家訓》中所言：「自昔天子而有才華者，唯漢武、魏太祖、文帝、明帝、宋孝武帝，皆負世議，非懿德之君也。」

及其相關評語作一具體的掌握：

> 秋風蕭瑟天氣涼，草木搖落露為霜。群燕辭歸雁南翔，
> 念君客遊多思腸。慊慊思歸戀故鄉，君何淹留寄他方？
> 賤妾煢煢守空房，憂來思君不敢忘，不覺淚下沾衣裳。
> 援琴鳴絃發清商，短歌微吟不能長。明月皎皎照我牀，
> 星漢西流夜未央。牽牛織女遙相望，爾獨何辜限河梁？
> （其一）別日何易會日難，山川悠遠路漫漫。鬱陶思君
> 未敢言，寄聲浮雲往不還。涕零雨面毀容顏，誰能懷憂
> 獨不歎？展詩清歌聊自寬，樂往哀來摧肺肝。耿耿伏枕
> 不能眠，被衣出戶步東西。仰看星月觀雲間，飛鶬晨鳴
> 聲可憐，留連顧懷不能存。（其二）

> 宛轉摧藏，一言一緒，居然漢始之音。「憂來思君不敢
> 忘」，何言之拳拳，「仰戴星月觀雲間，飛鳥晨鳴聲可
> 憐，留連顧懷不自存」，不覺形神俱往矣。（古詩鏡 4/33）
> 所思為何者，終篇求之不得。可性可情，乃《三百篇》
> 之妙用。蓋唯抒情在己，弗待於物，發思則雖在淫情，
> 亦如正志，物自分而己自合也。嗚呼！哭死而哀，非為
> 生者。聖化之通於凡心，不在斯乎？二首為七言初祖，
> 條達諧和，已自爾爾，始知蹇促拘轅如宋人七言，定為
> 魔業。（評選 1/504）

　　男女相思之情在香草美人的傳統中，往往易被視為是君臣關係之投影，然而上引兩段評論皆能保留詩歌之「情」味，而不作過度的闡釋。個別觀之：單就詩歌觀察，女子思君卻未敢言，只是暗自「涕零雨面毀容顏」，已可見思婦之厚道。陸時雍之評，則是著眼於第二首詩末飛鳥的形象，透過飛鶬

於聽覺上之哀鳴與視覺可見之徘徊，將詩人含蓄柔和的深情帶出，即使含有怨情卻不咄咄指責對方，而是寄託無限相思於物象中，如此溫厚，即所謂「宛轉摧藏」者。[96]

　　至於王夫之「正志」、「聖化」等論述，確實都有較濃厚的雅正取向，然而總評〈燕歌行〉為「條達諧和」，顯然並非只是指出該詩作為七言初祖於文字上的流暢，還應配合其中述情之溫婉和諧加以考量，更何況王氏於該段評論一開始即言其重點在於「性情」，這麼看來，王夫之對詩歌體情表現之關懷，當勝過對言志正統性之追求。王氏類似的論述，尚可以〈短歌行〉、〈清河見挽船士與妻別作〉之評為例：

　　　衛恒詩極不易下筆。子桓斯篇，乃欲與〈蓼莪〉並峙，靜約故也。悲者形必靜，哀者聲必約。（評選·短歌行 1/503）
　　　無窮其無窮，故動人不已。有度其有度，故含怨何終。乃知杜陵《三別》，傑厓灰頹，不足問津《風》《雅》。
　　　（評選·清河見挽船士與妻別作 4/663）

　　〈短歌行〉為曹丕思父之作，王氏評其「靜約」，該詩云「仰瞻帷幕，俯察几筵。其物如故，其人不存」，已可見景物之冷寂；「人亦有言，憂令人老。嗟我白髮，生一何早」（頁 7）則以白髮早冒之形象道盡無限哀思，凡此種種，都可見到儘管處於悲悼的氛圍，仍不忘以柔和蘊藉的方式表現。至於〈清河見挽船士與妻別作〉一首乃夫妻分別之作，得以「無窮其無窮」，實有賴以含蓄為基調，不將一切說盡；

96　陸時雍於《詩鏡總論》中尚言「子桓逸而近《風》，王粲莊而近《雅》。」乍看之下似乎又回到風雅的傳統中，然而這裡的重點在點出「逸」、「莊」的特色，是由風格上言，並未含有教化的意味。

又能「有度其有度」，足見該詩能和而不偏，不致於因悲怨而走向極端。凡此種種，都可見到王夫之以溫婉含蓄的角度評賞曹詩。

　　這兩首詩的解讀還可以留意的是：王氏於評語中分別提及〈蓼莪〉、《風》、《雅》，然而並不意味是對詩教傳統的全然回歸，此處評論扣回《詩經》，從實際的評論內涵觀之，有更高的比重是對和婉精神之嚮往，而無涉於政教。這一點或可參照楊松年先生的說法：

> 詩情倘若「真」、「正」，表達方式必為含蓄、中和，而不是驕矜激厲。
>
> 他（王夫之）講究情「正」，並非要在詩中歌功頌德，相反的，他明確指出歌功頌德是禮義文章的內容而不是詩的任務。他同意詩情應乎正，乃在於情正者其情之表達必定舒緩曲折，這正合於好詩的準繩。[97]

　　這麼看來，王氏對曹丕多首詩歌的評論，乍看之下似乎還有詩教的影子，實則已著重於對溫厚的藝術精神之追求。曹丕詩歌此面向之批評發展至清代，溫婉的特色更受重視，這從「媛娟之姿」[98]、「丰神婉合，掩映多姿」（采菽堂 5/136）、「婉而文，似兆晉、宋之風」[99]、「便娟婉約，能移人情」（古詩源 5/107）……等評語中即可看出。由此可見，明人對曹丕詩作此面向的闡釋，當有其合理性，故能得後代詩評

---

97 楊松年：《王夫之詩論研究》（臺北：文史哲出版社，1986.10），頁 77、165。

98 清・毛先舒：《詩辯坻・六朝》，收於《清詩話續編》，卷 2，頁 41。

99 清・葉矯然：《龍性堂詩話初集》，收於《清詩話續編》，頁 954。

家之呼應。

　　就曹丕詩評中「溫柔敦厚」的論述而言，上文逐言明朝詩評的藝術化傾向，與前朝評曹之論對照，似未見有何轉變。實則相較於秦漢視溫柔敦厚有德治之意味，曹丕之例正可見淵源於詩教傳統的含蓄婉約，發展至明人詩評中，已少倫理實用意涵，由此角度而言，仍合於本節談「詩教傳統轉換」的宗旨。

　　最後在結束曹丕詩評的討論前，還有兩點需提出說明。首先是曹丕詩學地位提升的問題。就選本選詩數量觀察，明人李攀龍、鍾惺一直到王夫之等人，選錄曹詩的數量都較《文選》的五首為多[100]，特別是陸時雍與王夫之，甚至選錄了十四首與二十二首，可見隨著時代的推進，曹丕詩歌有日受重視的趨向。為什麼會有此轉變？陸時雍、王夫之等人主要將關注焦點放在情、柔和蘊藉等面向，並對此有較多的襃揚，如此觀看曹詩的新視野為前朝少有，而曹詩確實於此面向有優秀的表現，詩作表現既合於詩評家的詩學主張，此乃曹詩地位提升的重要因素。使外，陸、王等人對「溫婉」面向的闡發，更可見詩教精神於曹詩評論中受重視的情形，明人對詩教範疇的關照由此可見一斑。

　　其次，透過對原始評論的觀察，學界目前的研究成果亦因此有進一步調整的可能。試觀王玫先生之論：

　　　　從我們對三曹詩歌批評範式的考察結果來看，以儒家經

100　明人選錄曹丕詩的數量分別是《古今詩刪》12 首、《古詩歸》7 首、《古詩解》9 首、《石倉歷代詩選》8 首、《古詩鏡》14 首、《古詩評選》22 首。

　　　　典作為評判詩作的標準通常導引出以正統道德觀念繩
　　　　人的做法，這也是三曹詩歌批評範式中最突出的一種，
　　　　對曹操的批評尤見如此，其次是曹丕。（王玫/157）

　　此處論述可以商榷處在於：王氏所舉之例，皆為宋代批評曹操品德之論，並未見貶抑曹丕者；而就清代以前之評論作全面性觀察，類似顏之推批曹丕「非懿德之君」[101]的論述比例甚低，亦不見得是針對詩歌而發；更重要的是，即便評曹丕之論帶有儒家道德觀點，然就文學史發展的意義而言，詩教範疇承轉後所展現之柔和蘊藉，其藝術價值當遠高於一成不變地延續正統倫理觀。這些應該是在王先生的研究上可再作區辨的。

左　思

　　左思（250-305AD）詩歌在唐宋元三朝的整體批評作何面目？唐代論述重心主要集中在「繁麗」的面向，但因多非單獨針對左思詩歌作評[102]，因此是否能明確視為左詩的特點，恐有保留的空間；宋元兩朝的評論更是零星，難以歸納出批評趨向；因此關於左詩批評樣態的觀察，主要落在南朝與明代。

　　明代對左思的整體批評趨勢，首要集中在氣骨雄高的陽

---

101 南北朝・顏之推撰：《顏氏家訓・文章篇九》（合肥：黃山書社，2008，四部叢刊景明本），卷上，頁 20。
102 具體評論如「太沖繁博」（文鏡・南卷・集論）、房玄齡「子安、太沖，遒文綺爛」（《晉書・文苑傳後論及贊》）、令狐德棻「潘、陸、張、左，擅侈麗之才，飾羽儀於鳳穴」（《周書・王褒庾信傳論》）、皎然「嗣宗、孟陽、太沖之制，興殊增麗，風骨雅淡，音韻閒暢，其象篪也」（收於宋・何溪汶《竹莊詩話卷 1・品題》）……等。

剛面[103]，這一點當是承《詩品》「風力」之論而來，特別是對《詠史》組詩的「風骨」之評，更是其中的代表[104]。至於源於詩教範疇的厚、蘊藉等概念，在述評左思詩歌時數量上雖不如談風力者眾多，然此面向之探討卻有其特殊處，並有助於對左思詩歌更全面性的掌握，故有提出討論的價值。

　　關於左詩與詩教相關的評論，仍有必要以《詩品》作為對照的基點，以現其轉變的情形。鍾嶸以為左思之作藉諷諭表達內心之怨時，仍不乏典厚蘊藉的特質。其論云：

　　其源出於公幹。文典以怨，頗為精切，得諷諭之致。（詩品‧上/190）

　　此處之「典」，大體包含二義：其作品行文乃博覽文史而來，所謂「卓犖觀羣書」者[105]，此乃「典」之首義，含有旁徵博引甚至用典之意；隨著此「典」義而來，文辭上復呈現典雅、典正的風味，則是「典」之另一意涵。而這樣的「典」，尚與「怨」相搭配，此處之「怨」，當有「怨而不怒」之意。

103　具體例證如何良俊「苟求風力遒迅，則十九首之後，便有劉楨、左思」（《四友齋叢說卷 24‧詩 1》）、孫鑛「張景陽、左太沖、鮑明遠於《詩選》中尤慷慨峭厲可喜」（《姚江孫月峰先生全集卷 9‧與呂甥玉繩論詩文書》）、胡應麟「公幹、太沖、越石、明遠，以氣勝者也」（詩藪內 2）、「太沖縱橫豪逸類子長」（詩藪內 2）、馮復京「左記室之氣骨雄高」（說詩補 4）……等。

104　例如胡應麟「骨力莽蒼；雖途轍稍歧，一代傑作也」（詩藪內 2）、許學夷「出於班孟堅、王仲宣，而氣力勝之」（詩源辯 5）、馮復京「直寫胸懷，自闢境界，磊砢傲兀之氣，悽切感慨之音，以擬古詩，雖發揚蹈厲，少傷和平，讀之能使志士伸眉，才人扼腕，抗逸志於雲表，榮人爵於鼠嚇」（說詩補 3）……等，都是針對《詠史》這組詩歌作評且傾向由風力面探討者。

105　許文雨：「太沖《詠史》云：『卓犖觀羣書。』則其『典』可知。」語見南朝梁‧鍾嶸著，王叔岷箋證：《鍾嶸詩品箋證稿》（北京：中華書局，2007.7），頁 191。

至於諷諭云云，亦明顯有詩教美刺的影子。因此整體而言，「左思的《詠史詩》、《招隱詩》等，以史實典事抒發胸臆，流露著對統治階級、對世族勢力的怨刺之情，頗得《詩經》諷諭之旨。」[106]這從「寂寂楊子宅，門無卿相輿。寥寥空宇中，所講在玄虛。言論準宣尼，辭賦擬相如。悠悠百世後，英名擅八區」（詠史之四）、「飲河期滿腹，貴足不願餘。巢林棲一枝，可爲達士模」（詠史之八）……等詩句中，便可明確見到此蘊藉卻不無諷諭的特色。鍾嶸品評還保留著傳統儒家溫厚蘊藉的意涵，應是明顯可見的。

　　明代於此相關的討論，則有零星的「近風雅」之評[107]；但相對而言，關於「厚」、「蘊藉」的論述則較有可觀處，且這部分正可與《詩品》作一對照，看看同樣有著渾厚蘊藉的意涵，在關注重心上會有何差異。首先可觀察許學夷「評直失敦厚」之評：

> 陸士衡聲多纍悍，左太沖語多評直。馮元成謂「詩至左陸而敦厚失」，信哉。（詩源辯 5/92）

　　許學夷的這段論述是明人評論左詩時，極少數給予負面

---

106 徐傳武：《左思左棻研究》（臺中：明目文化事業有限公司，1998.12），頁 344。

107 例如周敘「……於有以比仕而受祿於君，可得以己之私而怠其事耶。皆發乎情而止乎禮義者。此漢魏之詩，所以爲近風雅。漢魏而下，猶有取於晉，如陶淵明之自然，阮嗣宗之典古，則巨擘焉。下此，唯左太沖近之。」（《詩學梯航・述作中・專論五言古詩》）、顧璘「詩則《風》《雅》之後唯漢十九首及建安得其傳，兩晉若阮、陸、左、郭、靖節諸公猶有存者」（《憑几集續編卷 2・寄後渠》）……等。諸論與唐人李華「左思詩賦有《雅》、《頌》遺風」（〈揚州功曹蕭穎士文集序〉）之說頗近，或多少受到《詩品》之評的影響。

評價者。質言之，語言的表現若是過於訐直，便可能導致詩
歌在整體風格上予人不夠敦厚的感受，左詩中「世冑躡高位，
英俊沈下僚」（詠史之二）、「何世無奇才，遺之在草澤」
（詠史之七）……等語，確實可見過分直露的問題。[108]許學
夷和馮元成「訐直失敦厚」之評價，雖未認可左詩之敦厚，
然此評似淡化了《詩品》中傳統詩教的意味，而透露了更多
文藝之取向。

　　然而於此藝術化的主題中，明人更多的，是展現出對左
詩認可的評述。首先可觀《古詩歸》之論。竟陵派一個重要
的詩學主張，即是「詩以靜好柔厚爲教」[109]，延續儒家溫柔
敦厚的精神是頗爲明顯的。然值得留意的是：其「厚」的精
神雖源自傳統詩教，卻已轉指在真摯情感、人格境界上展現
渾厚蘊藉之美，這一點於評論左思詩作時可明確看出：

　　　（「任其孺子意，羞受長者責。」）極愛兒女之言，然
　　　極是父兄之言，氣厚而格高，意切而思遠。（古詩歸・嬌
　　　女詩 8/442）

　　　氣和語厚，所以為真隱。《詠史》在事，卻入情；《招

---

108 許學夷並非未見左詩淳樸渾成的一面，諸如「左太沖淳樸渾成，……
　　如『長嘯激清風，志若無東吳。鉛刀貴一割，夢想騁良圖』，『寂寂
　　楊子宅，門無卿相輿。寥寥空宇內，所講在玄虛』。『習習籠中鳥，
　　舉翮觸四隅。落落窮巷士，抱影守空廬』等句，皆淳樸渾成者」（詩
　　源辯 5）、「太沖渾成獨冠」、「太沖詩渾樸與靖節略相類」（詩源辯 6）
　　都可見許氏淳樸渾成的觀點。訐直有直接之意，與詩歌渾然一體的
　　表現基本上處於對立的狀態，然而許氏卻能同時見到左思「訐直失
　　敦厚」與「淳樸渾成」的雙重性質，實突顯出其在觀察左詩時之不
　　受拘囿。
109 明・鍾惺：《隱秀軒集・隱秀軒文戻集序又二・陪郎草序》（合肥：
　　黃山書社，2008，明天啓二年沈春澤刻本），卷 17，頁 101。

隱》在趣，卻入理：所以深妙而遠。（古詩歸‧招隱二首
8/441-442）

　　相較於《詠史》詩的備受矚目，《古詩歸》「黜落名家
詩篇」（陳斌/336）的選詩原則於左思詩歌也有所表現，正也
因爲如此，使我們可以見到左思《詠史》之外的面向，而使
詩人詩歌能夠更全方位地展現。就〈嬌女詩〉而言，上引雖
爲夾批，然其論述已可涵蓋全詩：對於女兒「馳騖翔園林，
果下皆生摘。紅葩掇紫蒂，萍實驟抵擲」的淘氣模樣，小大
人似地幫忙烹煮，卻弄得「脂膩漫白袖，煙薰染阿錫。衣被
皆重池，難與沈水碧。」自然易受長者斥責，然面對責難時
嬌女之「羞」，又隱約可見長輩平時對其人格養成之調教；
另一方面，因任其個性自由發展，才會有「執書愛綈素，誦
習矜所獲」、「顧眄屛風畫，如見已指擿」等表達自我見解
的情形出現。不論是對女兒淘氣的糾正，或者是不壓抑小孩
的本性，都可見爲人父者對嬌女之寵愛，溫厚之情、思慮之
深都在「任其孺子意，羞受長者責」中得到很好的概括，此
乃渾厚氣象之展現。至於《招隱》二首所展現的，乃詩人本
身經一番深思後悟得之理，不論是「非必絲與竹，山水有清
音」的領悟、「爵服無常玩，好惡有屈伸」對官場變幻的感
受，或者是「相與觀所尚，逍遙撰良辰」認爲人生貴在順適
己志的想法，都可看出入理之「深妙而遠」，如此「和厚」，
方能稱得上是「真隱」。汪湧豪先生認爲：

　　鍾、譚對古代詩人詩作的品評……「厚」除含有體現傳
　　統詩教那層意思外，主要是指詩歌因感情深摯言之有物

　　而體現出的蒼渾重拙的氣象。[110]

　　配合上引之詩評，可見「樸、深、渾、厚」作爲「厚」
之內容[111]，已有較濃厚的文藝傾向，溫柔敦厚轉向成爲藝術
風格之一，實清晰可見。

　　本論復可以王夫之對左詩之評語爲例。就選本擇詩觀
察，王氏所選，乍看之下似與《文選》以來重視《詠史》的
傳統相同，然其述評一方面明辨「溫厚」與「元氣」的內涵；
另一方面也指出溫厚蘊藉與氣勢高昂慷慨能同時兼具的可
能。這些論述在突破既定思維之際，也使原本富有政教意涵
的溫厚、風雅之道，轉向以詩歌的藝術本質爲重心。其具體
論述如下：

> 皓天舒白日，靈景耀神州。列宅紫宮裏，飛宇若雲浮。
> 峨峨高門內，藹藹皆王侯。自非攀龍客，何爲欻來游。
> 被褐出閶闔，高步追許由。振衣千仞岡，濯足萬里流。
> 似此方可云溫厚，可云元氣。近人以翁嫗囁嚅語爲溫
> 厚，謇訥莽撞語爲元氣，名惟其所自命，雖屈抑亦無可
> 如何也。（評選 4/684-685）

> 荊軻飲燕市，酒酣氣益震。哀歌和漸離，謂若旁無人。
> 雖無壯士節，與世亦殊倫。高盼邈四海，豪右何足陳！
> 貴者雖自貴，視之若埃塵。賤者雖自賤，重之若千鈞。
> 詠荊軻詩古今不下百首，屑屑鋪張，裹袖揎拳，皆浮氣
> 耳。惟此蘊藉舂容，偏令生色。……荊卿英氣，正在高

---

110 汪湧豪：《風骨的意味》（南昌：百花洲文藝出版社，2001.10），頁
　　186。
111 陳廣宏：《竟陵派研究》（上海：復旦大學出版社，2006.8），頁 356。

歌燕市時，到易水餞別，已自潦倒。詠史須具此眼，方
于古人有相料理處。「豪右何足陳」之下，復就意中平
敘四句，不更施論斷。風雅之道，言在而使人自動，則
無不動者。恃我動人，亦孰令動之哉？太沖一往，全以
結構養其深情。三國之降為西晉，文體大壞，古度古心
不絕于來茲者，非太沖其焉歸？（評選 4/685）

　　夫之對於時人視語氣囁嚅為溫厚這一點不能苟同，認為
需「意闊心遠」[112]、有「大氣象」[113]者，才稱得上是有厚度，
此非「浮氣」所能表現者。透過對荊軻形象的描述，夫之將
「蘊藉舂容」如何與「慷慨英氣」相融，作了頗為清晰的說
明：酒酣而旁若無人的描繪，重點在塑造出「高盼邈四海」
的雄豪氣勢，配合詩末四句，似乎已將一切說盡，卻又不然，
反是在「不更施論斷」中透露詩人之蘊藉；如此結構，卻足
深情動人，這才是風雅之道，才是古度古心。在王夫之對深
情、蘊藉、英氣的交互說明之下，荊軻形象既有了更活潑而
深刻的展現，左思詩作之溫厚也因此闡釋而更形突顯。同樣
展現出對溫厚蘊藉藝術化的關懷，王夫之明顯又開出不同於
許學夷、鍾惺、譚元春等人的關注面，而另有玩味的價值。

　　關於左思，最後還可一併探討的是：其於明代地位提升，

112　此品評左思語，原文如下：「詩有意闊心遠，以小納大之體。如『振
　　衣千仞岡，濯足萬里流』。古詩直言其事，不相映帶，此實高也。」
　　（文鏡・南卷・論文意）

113　此品評左思語，原文如下：「左太沖詩於曹氏兄弟，猶子昂于大令父
　　子，可謂逼真。第太沖詩末云『振衣千仞岡，濯足萬里流』，尚覺子
　　昂手腕間，乏此大氣象。」見於明・王世貞：《弇州山人四部稿・趙
　　子昂雜帖》，卷 136，頁 1481。按，「意闊心遠」、「大氣象」雖非夫
　　之之語，然夫之立論精神與之相近，姑且借用其詞彙。

以及陸機相對被貶抑的問題。關於左思之地位，儘管《詩品》列其爲上品，然相較於「陸機爲太康之英，安仁、景陽爲輔」，就鍾嶸而言，左思與同時期的詩人相較，其地位恐怕在陸機、潘岳、張協之下；然到了明人眼中，如此排序卻有大幅度的翻轉[114]：

> 古者賢士之詠歎，思婦之悲吟，莫不爲詩。情動於中而言以導之，所謂詩言志也。……余觀漢魏以逮六朝，作者蝟起，能道其中之所欲言者，阮步兵、左太沖、張景陽、陶靖節四人而已。（焦竑）[115]
>
> 安仁、景暘非太沖比。……平原氣骨遠非太沖比。（詩藪外 2/81）
>
> 士衡居晉，宜遜太沖。（詩藪外 2/86）
>
> 「振衣千仞岡，濯足萬里流。」「非必絲與竹，山水有清音。」直有纖芥宇宙，泥塗軒冕之意。「峭蒨青蔥間，竹柏得其真。」「明月出雲崖，皎皎流素光。」神襟高趣，天然寫出，每讀此公詩，眉宇間如有生色飛動。〈嬌女〉詩稍質直，殊得嬌癡之態。晉代詩人左爲第一。（說詩補 3/7209）
>
> 太沖筆舌靈動遠出潘、陸上。使潘、陸作〈三都賦〉，有其材，決不能有其情思。（古詩歸 8/441）

---

114 明代以前除了嚴羽「晉人舍陶淵明、阮嗣宗外，惟左太沖高出一時，陸士衡獨在諸公之下」(《滄浪詩話‧詩評》)之論明言左思勝過陸機，其餘甚少涉及左、陸優劣之辨，需至明代，方有較普遍的討論，故此處逕以明人之論作爲探討的對象。

115 明‧焦竑：《焦氏澹園集‧陶靖節先生集序》(合肥：黃山書社，2008，明萬曆三十四年刻本)，卷 16，頁 100。

　　焦竑所列四位詩人，左思名列其中，卻不見陸機；胡應麟認爲左思勝過陸、潘、張；馮復京以左詩既有「振衣」此氣勢雄渾之作，亦不乏繪景生動之詩[116]，更有〈嬌女〉此質直卻將女兒神態表露無遺的作品，題材多元而渾渾有氣，故逐將左思列爲晉代詩人第一；鍾惺亦認爲左思勝過潘陸[117]。換言之，在鍾嶸眼中排名第一的陸機，明人反而抑其在左思之下。

　　爲什麼兩代詩評家對左詩之評會有如此落差？若能比照明人對陸機之評，應能探得此問題之解答。而爲使比較基準點一致，以下僅列出明人由詩教角度觀看陸詩的評語：

> 孟子之言曰：「王者之迹熄而詩亡，詩亡然後《春秋》作。」夫詩豈易言哉？自三百篇古賦之下，漢之蘇、李，魏之曹、王、劉、應，去風雅未遠，始有以變之。晉初阮、陸、潘、左之徒，猶未湮墜。（張宇初）[118]
>
> 士衡五言，<u>俳偶雕刻</u>，漸失渾成之氣，而<u>聲韻麤悍</u>，復少溫厚之風。（詩源辯 5/89）
>
> 潘陸四言非特冐頭詞費諸章，皆六朝<u>排偶</u>，有韻之文，風雅道盡。（說詩補 3/7207）

116　馮氏所引「峭蒨青蔥間，竹柏得其真。」「明月出雲崖，皎皎流素光。」前兩句出自〈招隱詩〉第二首，該詩旨在闡釋詩人「各適其志」的主張；後二語則見於〈雜詩〉，此作旨在展現左思壯志不得用之慨歎。詩旨與馮氏截句中所見大自然輕盈流轉的狀態頗爲不同，如此雖有斷章取義之嫌，但馮氏爲了突顯左詩生色飛動之用心，也因此可見。

117　《古詩歸》之評乍看之下是指賦作而言，但既列於「古詩」品評的行列，因此這裡的地位排序，亦當包含詩歌在內。

118　明：張宇初：《峴泉集‧雲溪詩集序》（合肥：黃山書社，2008，清文淵閣四庫全書本），卷 2，頁 39。

士衡「目感隨氣草，耳悲詠時禽」，古體中更傷雅道。凡<u>妝點造作</u>，非稚即俚，縱得佳句，總不登大雅之堂矣。（古詩鏡.悲哉行 9/76）

<u>凡過飾則損真，好盡則傷雅</u>，故道貴中和，詩歸風雅。（古詩鏡.挽歌三首 9/78）

四言詩自《三百篇》後，絕無繼者，獨韋孟稍近之。漢魏而下，<u>詞既偶麗</u>，氣亦緩弱，至顏陸諸篇，大非風人之旨。……而五言古，必取材于漢魏。蓋建安諸子猶有古風，特華采過之，故渾厚不逮耳。若潘、陸、陶、謝，則去漢遠矣。（張萱）[119]

此吳歌之始唱也。為體雖纖俗，而居然蘊藉，不似〈子夜〉、〈讀曲〉等篇，一色佻薄，殆不復有詩理。雅人在戲而莊，有如此者。（評選・吳趨行 3/616）

入雒後思淺韻雜，下同二潘，競「江」「海」之譽，則有〈贈顧交趾〉、〈祖道畢劉〉一派諂腐庬猥之詩，幾令風雅道喪矣。（評選・贈弟士龍 4/695）

　　明人看待陸詩，除了張宇初將漢魏、六朝先後相較，而認為陸機屬於風雅「猶未湮墜」的階段，以及王夫之視〈吳趨行〉為莊而蘊藉之作外，不論是持傳統詩教觀者，或者是已傾向詩歌藝術的評論，基本上都視陸詩少溫厚而傷雅道。究其原因，與「聲韻龐悍」、「排偶」、「妝點造作」、「偶麗」……等過分著重詩歌形式的現象有關，而陸時雍尚由「好盡」易傷雅、王夫之更從內涵之「諂腐庬猥」來論陸詩不得

---

119 明・張萱：《疑耀・詩法》（合肥：黃山書社，2008，明萬曆三十六年刻本），卷 5，頁 60。

風雅。要之，透過對陸機詩評的觀察，可以看出明人認為溫厚風雅與否，和詩歌的表現形式有密切關聯。

回到何以明人認為左詩勝過陸詩的問題上：上述鍾惺、譚元春、王夫之等人論及左詩之溫厚蘊藉，基本上都是由詩歌的整體風格來談；至於明人評陸機失風雅溫厚，則是著眼於詩歌形式過分雕琢而言。左思情不為辭所隱、「生色飛動」、「靈動」而自然的展現，當勝過陸詩之冗縟綺繡。這麼看來，左思詩歌之所以能夠得到較多溫厚蘊藉的肯認，除了整體風格有此傾向，其詩歌形式上異於陸詩之俳麗，應該也是較合於詩教精神處。明人如此評斷左陸優劣，應是合宜的，特別是陸詩雕琢中又有不少殆同書抄的用典，從後代讀者的角度而言，恐有礙對其情感的體悟。相較之下，左詩即顯得靈動圓潤許多，且能較好地展現溫厚的一面。

相較於《詩品》「諷諭」時事之說，明人更傾向由文學藝術的角度來看待左詩之溫厚蘊藉。具體而言，儘管許學夷對左詩略有微詞，然其「失敦厚」之論似已少政教意味；鍾、譚把歷來普遍集中於《詠史》的關懷轉移至《招隱》、〈嬌女〉，指出其中人格境界、父愛之渾厚；王夫之則是試圖融涉溫厚蘊藉與雄豪英氣，可謂呈現出另一面向。而這些詩評又共同豐富了我們對左詩溫厚蘊藉的理解。再者，透過與陸機詩評的比對，尚可見到左詩溫厚蘊藉的表現應不僅止於風格，尚應納入詩歌形式來談。凡此種種，都有助於我們對左思詩歌更全方位的認識。

陶淵明

　　就原始批評文獻觀之，陶淵明（365-424AD）乃中古詩
人中最受關注者；就近現代學者的研究論述而言，陶也是中
古詩人研究的最大熱點。由此可見，陶詩留予後人的批評材
料必然是多元而複雜的，基於輕重的考量，此處對清代以前
各朝的批評狀況，僅作扼要概括；而對明代一系列與溫柔敦
厚相關的論述，方作詳細的分析。

　　南朝與陶詩相關的評論，主要集中在《詩品》，鍾嶸點
出陶詩「協左思風力」、「省淨」、「真古」等特色，雖僅
列陶於中品，但相對於時風對陶詩的不重視，或者是以美其
人德爲主[120]，《詩品》可說是較早掌握陶詩價值者。發展至
唐，劉中文先生指出初唐主要標榜陶之高情雅道，盛唐以山
水田園諸家對陶詩藝術之汲取爲重心，中唐則以陶之人生
觀、生活態度爲接受重點，至晚唐則轉以隱逸爲重心[121]；可
見唐代仍是由人品視陶居多，雖有仿效陶詩的田園之作，但
針對其詩歌藝術之評述終究少見；加上杜甫「陶潛避俗翁，

---

120 關於東晉南朝人如何美陶之人德，可參王國瓔先生：《古今隱逸詩人
　　之宗　陶淵明論析》（臺北：允晨出版社，1999.9），頁 29-38。王先生
　　根據《宋書》、《晉書》、《南史》、蕭統〈陶淵明傳〉，指出陶潛「形
　　象平扁片面，彷彿天生就要作隱士，言行始終一致，內心從無波瀾，
　　展現的只是其高潔不群，曠達逍遙的人格特質」（〈史傳中的陶淵
　　明〉，收於《臺大中文學報》第 12 期（2000.5），頁 198），雖是由史
　　傳中來看陶之形象，實則此乃該階段對淵明之普遍看法，亦即多由
　　人品角度視陶。

121 劉中文：《唐代陶淵明接受研究》（北京：中國社會科學出版社，
　　2006.7），緒論頁 4。

未必能達道」[122]、白居易「以淵明之高古，偏放於田園」[123]……
等略帶微詞的評論，可以看出唐人對陶詩之欣賞似仍有限。

　　然而到了宋朝，觀看陶詩的眼光有頗大幅度的調升，不
僅觀察視角多元，且多褒揚。總體而言，宋人主要由詩歌意
味、淡泊、自然、理趣[124]……等面向來論陶詩之優點；此外，
像是姜夔「其詩散而莊、澹而腴」[125]、李復「雕刻雖云工，
真風在平澹」、[126]蘇軾「質而實綺，癯而實腴」[127]、范溫「初
若散緩不收，反復不已，乃識其奇處」[128]……等評，都能恰
當指出陶詩所具備的雙面性，陶詩此特點若非經一番細細斟

---

122 唐・杜甫：《杜工部集・遣興五首之三》（合肥：黃山書社，2008，
　　續古逸叢書景宋本配毛氏汲古閣本），卷 3，頁 25。

123 唐・白居易：〈與元九書〉，收於《全唐文》，卷 675，頁 6873。

124 由意味作評者，像是慕容彥逢「秀氣如可掬，妙理不可名，辭中有
　　餘意，此致尤更精」（《摛堂文集卷 1・讀陶淵明集》）、張戒「其情真，
　　其味長，其氣勝」（《歲寒堂詩話卷上》）、楊萬里「五言古詩，句雅
　　淡而味深長者」（《誠齋詩話》）等論；由淡泊作評者則有「沖澹深粹，
　　出於自然」（《龜山語錄》）、謝逸「其為詩，雖汪洋澹泊，然秀傑之
　　氣終不可沒」（〈黃君墓誌銘〉）、蔡條「意趣真古，清淡之宗」（《西
　　清詩話》）；評其自然者如李塗「渾然天成，無斧鑿痕」（《文章精義》）、
　　白玉蟾「湛然無營，泊然不謀」（《玉隆集・心遠堂記》）、嚴羽「詩
　　質而自然」（《滄浪詩話・詩評》）；談其理趣者如袁燮「不煩雕琢，
　　理趣深長」（《絜齋集卷 8・題魏丞相詩序》）、葛立方「淵明落世紛深
　　入理窟，但見萬象森羅，莫非真境，故因見南山而真意具焉」（《韻
　　語陽秋卷 4》）……等。

125 宋・姜夔：《白石道人詩說》（合肥：黃山書社，2008，清刻歷代詩
　　話本），頁 1。

126 宋・李復：《潏水集・讀陶淵明詩》（合肥：黃山書社，2008，清文
　　淵閣四庫全書本），卷 9，頁 73。

127 宋・蘇軾《蘇文忠公全集・東坡續集》（合肥：黃山書社，2008，明
　　成化本），卷 3，頁 1052。

128 宋・蘇軾《蘇文忠公全集・東坡集・書唐氏六家書後》（合肥：黃山
　　書社，2008，明成化本），卷 23，頁 250。

酌，恐難以體察。宋人詩話大體有「以資閒談」的特色，反映在對中古詩人的批評中，常顯得簡單而不夠深入，然而陶淵明卻是中古詩人中極少數在宋代就談得頗爲深入者，由這點也可看出宋人對陶詩之推崇。至於元人眼中的陶詩，除了承續宋代而多予褒揚外，沖淡、深味等觀察面向亦承宋而來，似未有什麼新的見解，倒是對陶詩中悲憤的面向有較多的留意[129]，可說是在延續宋人「以平淡閒雅論陶詩」的主流外別開生面，同時也豐富了對陶詩的闡釋。

　　至於明人對陶詩的批評又是如何？目前學界對陶淵明在明代之接受研究，以鍾優民先生的說法較爲全面，其云：「明人論陶，多以古爲准繩，強調其對古代儒家詩教傳統的繼承。」[130]然實際繼承狀況如何？僅點到爲止；更重要的是：明人於詩教角度評陶的論述，亦非只是一成不變地延續舊說，除了繼承儒家道統外，更有加以轉換者，這些都是在鍾先生的論述基礎上可再深入探討的。

　　或許與陶淵明本身帶有濃厚的儒家情結[131]有關，明人也多由此角度看待陶詩。[132]而與上述評阮籍、曹丕、左思等人

---

129 例如袁桷「思深辭悲，學陶靖節其得之」（《清容居士集卷 28・靜清處士史君墓志銘》）、吳澄「其憤悶之情，往往發見於詩」（《吳文正集卷 21・陶詩註序》）、吳師道「陶公胸次沖淡和平，而忠憤激烈，時發其間，得無交戰之累乎？」（《吳禮部詩話》第二則）……等，皆指出陶詩之悲憤。

130 鍾優民：《陶學發展史》（長春：吉林教育出版社，2000.8），頁 159。

131 相關論述可參王國瓔先生：〈陶淵明的儒家情結〉，《古今隱逸詩人之宗 陶淵明論析》（臺北：允晨出版社，1999.9），頁 267-296。

132 從上述對各朝評陶的概括即可看出：明代以前論陶詩而觸及詩教範疇者實頗零星，諸如楊萬里「句雅淡而味深長者」（《誠齋詩話》）、陳造「古雅仍深醇」（《江湖長翁集卷 2・和陶淵明二十首之二十》）、

的較大不同處在於：明人主要由「溫婉含蓄」的角度看待丕詩，評阮籍、左思詩作則集中在「溫厚蘊藉」，探討議題相對單純，而對陶詩之批評則相對多元，大體可區分為雅正、與時政結合、溫厚等類別。由於前兩部分基本乃延續傳統之說[133]，觀點並不突出，故下文仍以溫厚為主要焦點。在此主題中，除了隱約可見明人以較傳統的眼光看待陶詩外，尚能透過對溫厚、「厚」等概念的多元探討，呈現詩教精神藝術化的傾向。以下將就這些論題一一說明。

明人何以會對陶詩的溫厚特質投以較多關懷的目光？除了陶詩本身的儒家特質外，亦不當忽視明人對陶詩觀察的敏銳眼光。從宋代以來，清淡閒逸便一直是評述陶詩的重要面向，這固然可以看出後代批評家對此特點之青睞，但於此同

元好問「五言以來，六朝之陶謝……最為近風雅」（《遺山先生文集卷36・東坡詩雅引》）……等，其中所提及之雅或風雅，似已淡化了實用性，而展現出藝術傾向。然相較於閒淡之評，此類論述甚少，需至明代，方對陶詩中的儒教範疇有較多討論，故此處逕由明朝論起。

133 論陶詩雅正者，諸如楊士奇：「古今以詩名者多矣，然三百篇後得風人之旨者，獨推陶靖節，由其冲和雅澹，得性情之正，若無意於詩，而千古能詩者卒莫過焉。」（《畦樂詩集・卷首原序》）、羅倫：「王迹既熄，風雅道喪，……陶彭澤之冲澹，皆本乎性情之真，庶乎禮義之正，關於民彝物則之大」（《一峰文集・蕭冰崖詩集序》）……等，強調陶詩上承詩教傳統的用心頗為明顯。至於與時政結合，突顯陶詩有補風化的評論，或可以何喬新之說為代表：「自己刪之後，詩雅蕭條，如蘇、李之高妙，嵇、阮之冲澹，曹、劉之豪逸，謝、鮑之峻潔，其詩非不工也，然嘲詠風月，亡裨風教，求其有補風化者，晉之淵明而已。其自晉以前，皆書年號，自宋以後，惟書甲子，是豈可與刻繪者例論耶？」（《椒丘文集・論詩》）這類評論模式或可溯自蕭統「嘗謂有能觀淵明之文者，……豈止仁義可蹈，抑乃爵祿可辭，不必傍游泰華，遠求柱史，此亦有助於風教也。」（〈陶淵明集序〉）大體是由陶詩暗諷政治的特點來論其有補風化，雖不無附會之虞，然明人以此角度評陶仍有一定數量，故於此聊備一格。

時，也可能忽略陶詩甚至是陶淵明本人思緒幽微的一面，而此正是明人展現其精微觀點之所在。試觀鄒元標與安磐之論：

> 淵明田園《飲酒》詩曰：「悽悽失羣鳥，日暮猶獨飛。勁風無榮木，此蔭獨不衰。」世皆以淵明閒淡絕物，散誕自居。公謂其正雅操堅持苦心獨復處。（鄒元標）[134]
>
> 陶淵明詩，沖澹深粹，出於自然，人皆知之；至其有志聖賢之學，人或不能知也。（安磐）[135]

像鄒氏特別強調陶詩雅正堅持苦心，非只「閒淡絕物」而已，確實深化了看似閒適之田居生活；安磐也在「沖澹深粹」外見到陶「有志聖賢」的一面，這類論述共同反映出明人在延續宋代清淡閒逸之評外，尚能另闢途徑，挖掘陶詩不同面向之價值；也正因如此，方開啓了明人對陶詩溫柔敦厚更多元而深入的關懷。

正因陶詩所蘊含的儒家情懷，因此明人由溫厚角度看待陶詩，仍有若干評述隱隱然點出陶對政治實用的留意。這些評論或多或少揭示陶潛「有志事功」之心，透過「溫厚雅順」與「慷慨發憤」兩大特質的並列，突顯詩人憤而不怒的溫厚精神。試觀以下諸評：

> 《詩》自聖人刪後，有正始風氣，成一家言，其惟陶淵明乎。蓋靖節乃晉室大臣之後，豪壯廓達，有志事功，遭時易代，遂蕭然遠引，守拙園田，故其賦詠多忠義所

---

134 明・鄒元標：《願學集・太子少保禮部尚書兼翰林院學士平泉諡文定陸公傳》（合肥：黃山書社，2008，清文淵閣四庫全書補配清文津閣四庫全書本），卷 6 下，頁 229-230。

135 明・安磐：《頤山詩話》（合肥：黃山書社，2008，清文淵閣四庫全書本），頁 9-10。

發，激烈慷慨，若《讀山海經》諸篇，有屈大夫〈遠遊〉之志；〈詠荊軻〉一首，有豫國士吞炭之心。其他未易悉數也。第其尋常措辭雅順，而人不覺焉。（謝肅）[136]

陶元亮結撰平淡，雖發憤於〈荊軻〉諸詩，而大體溫柔。（宋愷）[137]

陶靖節詩，音調雅淡沖融，內藏英雄之志。錢魯南與予談詩，指一友（疑為「文」）曰：「讀司馬《史記》，文雖雄，每抱不平之憤，靖節則否。」予曰：「非知靖節者也。觀《咏荊軻》曰：『蕭蕭哀風逝，淡淡寒波生。商音更流涕，羽奏壯士驚。』結句曰：『千載有餘情。』可想見矣。《擬古》曰：『榮榮窗下蘭，密密堂前柳。初與君別時，不謂行當久。』又曰：『蘭枯柳亦衰，遂令此言負。』傷哉！不知此言何言也。曰：『露淒暄風至，氣徹天象明。』曰：『白日掩荊扉，虛室絕塵想。』曰：『露凝無游氛，天高風景徹。』曰：『寒氣冒山澤，游雲倏無依。』曰：『流塵集虛坐，宿草旅前庭。』曰：『崩浪聒天響，長風無息時。』曰：『涼風起將夕，夜景湛虛明。昭昭天宇闊，晶晶川上平。』曰：『微雨洗高林，清飆矯雲翮。』曰：『清風澄餘滓，杳然天界高。』曰：『欲言無予和，揮杯勸孤影。日月擲人去，有志不獲騁。』觀此則胸中浩蕩，氣橫八荒，達順自怡，憤而

---

136 明・謝肅：《密庵詩文藁・和陶詩集序》（合肥：黃山書社，2008，四部叢刊三編景明洪武本），庚卷，頁 86。

137 明・宋愷：《髻山文鈔・書周夏尹詩後》，收於《明詩話全編》，卷上，頁 10780。

不怒。」（王文祿）[138]

　　以上引文的主要論點，當由朱熹的說法發展而來：「陶淵明詩人皆說是平淡。據某看，他自豪放，但豪放得來不覺耳。其露出本相者是〈詠荊軻〉一篇，平淡底人如何說得這樣言語出來！」[139]朱熹的創見在於點出陶詩之豪放面，而如此關懷至明人又有所發展，以爲慷慨豪放更可反襯陶之溫厚。然而這些論述的重心仍有些微之區別：謝肅與宋惕認爲淵明儘管有〈詠荊軻〉等慷慨發憤的詩章，卻無礙其整體詩風的溫柔雅順，基本上是將發憤之作與「大體」、「尋常」之作置於對立面加以比較；王文祿則非如此區分兩者，而是認爲發憤與雅淡可在同一首詩作中兼融，這一點透過王氏所舉詩例，與「音調雅淡沖融，內藏英雄之志」、「達順自怡，憤而不怒」等評的搭配可以看出。陶之溫厚在如此辯證中似乎又得到了更深刻的闡釋。

　　這裡值得特別留意的，是最後一筆王文祿之評。王氏之論可見其兼融「發憤」與「雅淡」的看法，但若具體分析所引詩例，似有更強調沖融不怒的傾向[140]。何以要不憚繁瑣地將王氏之評整段引出，主要是想探討其如何「塑造」淵明「達順自怡，憤而不怒」的形象：王氏略過〈詠荊軻〉中「雄髮

138　明・王文祿：《詩的》，收於《明詩話全編》，頁 8979。

139　宋・朱熹：《朱子全書》（合肥：黃山書社，2008，清康熙五十三年武英殿刻本），卷 65，頁 1299。

140　引文中錢魯南以爲淵明不會抱「不平之憤」，王文祿駁其說，乍看之下會以爲王氏欲強調的，是陶詩也有「憤」的特質。但配合前此「沖融」、後此「達順自怡」的主張，其重點應是要突顯陶詩之憤所帶有的「不怒」性質，而非純粹指向「憤」者。

指危冠，猛氣衝長纓」[141]的慷慨描繪，而特別指出別離之哀
與「千載有餘情」，似有將重心放在雅淡的用心；擷取〈擬
古〉中前後兩段加以並列，暗諷「君」今昔之別的用意明白
可見，卻未見氣憤之情；接下來引用的十組詩句，更值得討
論：若單看引文，前九組基本上都屬於繪景之句，其中之氛
圍或有淡淡的無奈或哀傷，然整體而言，都展現出「雅淡沖
融」、「達順自怡」的形象。但是若逐句尋回原作，將會發
現陶詩的整體情調與王氏所引實有相當之落差！僅簡單看幾
個例子：〈九日閒居〉乃陶無酒可飲、慨光陰虛度之作，此
處但引「露淒暄風至，氣澈天象明」（頁 72），一副天清氣
爽之貌，然該詩歸結於「棲遲固多娛，淹留豈無成」，憤懣
之氣實隱然可見；〈悲從弟仲德〉乃悼堂弟之作，最末歸結
於「遲遲將回步，惻惻悲襟盈」（頁 175），亦非如此處引
文「流塵集虛坐，宿草旅前庭」所呈現的隱而不顯的淡寂之
情，兩組詩句所展現出的悲悼之情，於力道上是有所差距的；
再如《雜詩》第二首「日月擲人去，有志不獲騁」（頁 342），
已是較顯露地見到詩人憤慨者，但相較於該詩末語「念此懷
悲悽，終曉不能靜」，結語本身恐更具備詩情延續的功能，
或許比王氏所引之句更能彰顯淵明無法平復的思緒。凡此種
種，俱可看出王文祿透過選擇性的摘句，刻意塑造陶「不怒」
的形象，以符合儒家傳統之要求，因爲所謂「憤而不怒」者，
雖同時提及「憤」與「不怒」，但恐怕更強調後者，實因「不
怒」才能貼合溫厚的精神。王氏之評固然有詩評家刻意詮釋

---

141 晉・陶潛著，袁行霈撰：《陶淵明集箋注》（北京：中華書局，2003.4），
　　頁 388。

的問題，但於此同時，實可見到其為了展現陶溫厚形象之用心。

　　在點出陶潛儒家情結的同時，有更多明代詩評家既見到陶詩之承續風雅，更強調其詩作本身之風格，如許學夷云：「（陶詩）四言，章法雖本風雅，而語自己出，初不欲範古求工耳。」（詩源辯 6/98）、「五言自漢魏至六朝，皆自一源流出，而其體漸降。惟陶靖節不宗古體，不習新語，而真率自然，則自為一源也。」（詩源辯 6/98）可謂頗為恰當地指出陶詩既「同」復「異」於古的觀察，相較於單純主張陶淵明承續詩教的評論，這類觀點當更為深切，此亦明人評陶之重要亮點。

　　那麼明人實際上又是如何將陶之「自為一源」融入溫厚中？首先可參趙士喆的評論。趙氏試圖將「瀟灑」帶入「溫厚」中，從而展現出更多屬於詩歌藝術的風味：

> 今之為四言詩者，學風雅則難成，學晉宋則易厭，惟學漢魏人樂府可耳。予每讀陶之《榮木》、《停雲》，雖不能純乎風雅，而瀟灑中猶存溫厚。（趙士喆）[142]

　　該評主要集中在《榮木》、《停雲》兩組詩歌，所謂「不能純乎風雅」者，已有陶詩承風雅卻有所變化的意味。具體觀看詩歌，《榮木》乃歎時飛逝之作，但陶卻未怪罪外在環境，而是反求諸己，以先師遺訓自我勉勵收束，此其溫厚所在；《停雲》則是悵不能與友相聚，卻未將悲思無盡綿延，反而是表現出「有酒有酒，閒飲東窗」、「競用新好，以招余情」（頁 1）的瀟灑。趙氏評論中之「溫厚」，當有延續

---

142 明・趙士喆：《石室談詩・論各體》，收於《明詩話全編》，卷下，頁10558。

詩教精神之意[143]，而「瀟灑」則是添入溫厚之質素，使看似古老的溫厚概念能有新的活力。在這裡，趙氏對「不能純乎風雅」非持全然貶抑的態度，而是慮及若執著於對《詩三百》的回歸，反會陷入一味模仿的泥淖，陶詩於承續中的價值恐怕更在能自創一格。此論眼界當比純粹言陶續古、承風雅更為廣泛，而這正是該類述評對陶詩之貢獻。

　　此外，尚有另一組評論，則是試圖由各個角度對「厚」的概念深入探討，或者辨析渾厚與滯重之別、或者指出「淡」與「厚」之間的相融性、或者論及幽、樸、高、厚等風格間交互的關係，凡此種種，可謂將陶詩中的「厚」談得更為深入，並使原本屬於儒教敦厚的品格導向藝術層面，論陶的視野也因此轉換而更顯開闊。如此情形，可由下列述評看出：

> 僕嘗見虞應奉論詩曰：陶淵明詩穩重，句句用意作出。予則難之曰：他曷嘗用意作？蓋淵明高出一世，標格虛明，胸襟沖澹，自然流出肺腑。他不會作，句語有渾厚氣象。學者失之滯重。（楊慎）[144]

> 陶元亮詩淡而不厭。何以不厭？厚為之也。詩固有濃而薄，淡而厚者矣。（詩筏/10383）

> 坡公謂陶詩外枯中腴，似未讀儲光羲、王昌齡古詩耳。儲、王古詩極深厚處，方能彷彿陶詩。知此，則「枯」、「腴」二字俱說不著矣。古人論詩文曰朴茂，曰清深，

---

143 但這裡的溫厚其實也已不像傳統詩教帶有濃厚的功利性質，此乃需稍作區辨處。

144 收於明・謝天瑞輯：《詩法・名公雅論》（合肥：黃山書社，2008，明復古齋刻本），卷3，頁20。

> 曰渾雄，曰積厚流光，不朴不茂，不深不清，不渾不雄，
> 不厚不光。了此可讀陶詩。陶詩閒遠，自其本色。一段
> 淵永淹潤之氣，其妙全在不枯。（古詩歸 9/448）
> 幽厚之氣，有似樂府。儲、王田園詩妙處出此。浩然非
> 不近陶，而似不能為此一派，曰清而微，遜其朴。（古
> 詩歸・歸園田居 9/452）
> 幽生於朴，清出於老，高本於厚，逸原於細。此陶詩也。
> 讀此等作，當自得之。（古詩歸・癸卯歲始春懷古田舍
> 二首之一 9/453）

　　前三筆關於陶詩「厚」之特質的討論，俱建立在對前人
或歷來說法之辨析上：楊慎不認同陶詩因用意而顯得穩重的
說法，認為其詩歌風格之渾厚，正是源於自然不刻意。後之
學者何以會淪為滯重？關鍵點恐怕在於胸襟不夠沖澹，故有
作意學習之虞，渾厚與滯重因此有了明確的區辨。再者陶詩
之「淡」，為宋人以來普遍的看法，純粹清淡乍看之下清爽，
但恐有輕浮、單調而不耐咀嚼之虞，賀貽孫即是對前人「淡」
的評論作進一步深究，尋求陶詩能不令人厭之因，關鍵當在
於「厚」，從而帶出「淡而厚」此相反卻相成的評論，使得
陶詩「厚」的特質能得更深刻的彰顯；至於鍾惺對東坡著名
的「外枯中腴」之評則頗有微言，認為陶詩即使清、樸，也
絕非是枯，外在的展現與內在的意蘊應是相輔相成的，在樸
茂、清深……等特質的相互配合下，陶詩當能圓融地展現「淵
永淹潤之氣」，言下之意認為東坡之「枯」評，未能恰切掌
握陶詩之深厚。《古詩歸》之論或被部分清人視為旁門左道，
實則此處之評頗為中肯；而東坡「質而實綺，癯而實腴」的

名論，也容有微調的空間。要之，透過對滯重、枯、淡、用意與否等種種概念之辨析，明人已相當程度將帶有倫理性質的溫柔敦厚導向富於藝術性的渾厚範疇，當是清晰可見的。

　　此處還可留意的，是最後兩筆《古詩歸》之論。鍾、譚二人重視「厚」的特質，並將此導向詩歌藝術，而非單純指其承續傳統詩教，已在上文分析左思的評論時提及；然而評左、陶詩之「厚」，具體指涉內涵卻不盡相同：鍾、譚點出左思作品之「厚」，是由父親看待女兒以及人生追求等部分論之；而談及陶詩之「厚」，則傾向以田居之作中的質樸悠然作為關注點。茲簡單以《歸園田居》之一為例：「曖曖遠人村，依依墟里煙。狗吠深巷中，雞鳴桑樹巔」（頁76）此淳樸真實之景在淵明眼中並不簡陋，如此貼近生活之靜好反倒是心境安穩的根源，此即《古詩歸》所謂「厚」者。該評還細緻地聯繫幽、樸、高、厚，這對陶詩之「厚」的豐碩闡釋無疑是有所助益的。要之，認為陶詩能在多種風格相輔相成中營造出豐厚的意境，當是鍾、譚大美其作之因。《古詩歸》選錄陶詩三十五首，為全書之冠，自與鍾、譚讚其幽厚有關；再者，同樣評曹操、左思、陶潛詩歌有「厚」的特質，然透過對具體評論、選詩數量的交叉觀察，仍當以陶詩在歸園田居中所展現之質樸幽厚最得鍾、譚之賞識。原本屬於人倫之敦厚，於此轉而有意境幽厚之意，關注重心有別實不言可喻。

　　最後在結束陶淵明的討論前，還有一點可以留意的是：上述對曹丕、阮籍、左思等人的討論，王夫之都不曾缺席，這正好驗證了學界普遍認為「王氏論詩含有儒家詩教立場」

的看法。既然淵明之作於多處流露儒家情懷，上文何以未見夫之之評？關於這點，其實還可與陶詩在明代受到較多貶抑的情形一併來談，以下將以王夫之、馮復京之論為代表加以說明。

首先可從選詩數量窺得端倪：《古詩評選》選錄陶詩二十首，乍看似乎不少，但就王氏本身的選詩數量而言，陶淵明還在曹丕、阮籍、謝靈運、鮑照、謝朓、江淹等人之下；與其他詩歌選本相較，王選陶詩亦是唐代至明朝詩歌選本中數量最少者，這其實已隱約可見王夫之對陶詩似有不滿。具體觀其評論，以為陶詩「媚世」當是主要癥結之所在：

> 〈停雲〉、〈歸鳥〉，四言之佳唱，亦柴桑之絕調也。〈時運〉謀篇大雅，而言句猶諧俗耳。他如〈責子〉、〈勸農〉，謀篇亟為淺人之所稱賞，蓋以庸躁之心求之，則彼諸篇者正如軟美之酒，令人易下咽耳。陶詩往往令人可喜；可喜一分，則減一分身分耳。抑此不但陶詩為然，凡才情用事者，皆以闇然媚世為大病。（評選‧歸鳥2/606）

這裡明白指出陶詩之所以得世人青睞，在其沒有距離容易接近，此固然為陶詩易親近處，卻也因此有不夠雅而諧俗的毛病。在儒家思想體系中，「俗」非值得讚賞者，「雅」才能代表典正，夫之既然認為陶詩有俗而媚世的毛病，故不同於其他詩評家大力美陶，似乎也就可以理解了。

事實上，在王夫之之前，馮復京已具體詳論陶詩之「俗」。南朝人對陶詩質直之評，主要著眼於辭彩之不足；馮、王二氏所言之鄙俗，則不只是「空負頭上巾」、「三皇大聖人」

這類於詩歌表現形式上率易之句，還牽涉到內容、選題的問題。試合觀馮氏之論如下：

> 彭澤四言，正如其五言，漢魏晉之外，別構一體，樸直自遂，斤兩太輕，「濁酒半壺」之類，拙於句。「民生在勤」之類，俗於境。（說詩補 3/7212）

> 集中語有太率易者，如「終日無一欣」、「草屋八九間」、「隻雞招近局」、「空負頭上巾」、「春興豈自免」、「相知不忠厚」、「三皇大聖人」、「區區諸老翁」、「哀哉亦可傷」、「理也可奈何」之類是也。有太凡鄙者，「銜戢知何謝，冥報以相詒」、「人生歸有道，衣食固其端」、「衣食當須紀，力耕不吾欺」之類是也。有太戲劇者，〈止酒〉、〈責子〉之類是也。（說詩補 3/7213）

姑且不論〈乞食〉是否真有其事，或者另有象徵意涵，在馮氏看來，「銜戢知何謝，冥報以相詒」之語直露到顯得鄙俗，其實也呈現出選材之卑微；〈責子〉中點出兒子「懶惰故無匹」、「但覓梨與栗」的形象，在世俗看來覺得貼切，但王、馮兩人顯然不能欣賞如此之戲謔，而在「媚世」、「戲劇」之評中，共同表現出對陶詩之不以為然。

乍看之下王、馮兩人的評論似有偏頗之嫌，例如云「人生歸有道，衣食固其端」過於「凡鄙」，實則柴米油鹽不正是最貼近尋常生活者？是否凡反映日常生活者皆為鄙俗？誠有商討的空間，畢竟這類描繪，自有其平凡而雋永之處。然而王、馮之說，亦不無幾分道理，「三皇大聖人」云云是否合於詩體？是否因過於淺白而對後世習詩產生若干不良的影

響？恐亦需納入考量。評價是否公允，還得考慮詩評家們如何定義雅俗質直，以及標準之寬鬆，很難截然論定是非。然不可否認的是，在宋代以來幾乎一面倒地高聲讚揚陶詩之際，能夠留意到不同面向並提出異議，而非在眾人讚美聲中喪失對陶詩多角度且細部的觀察，亦不失為是這些評論的貢獻。其他貶抑之論像是胡應麟嫌「淵明太淡」為「偏門」、僅為「一家語」（詩藪內 1/6），許學夷「小偏」（詩源辯 6/99）之評，也提供我們重新思索陶詩在文學史中影響力，以及哪些朝代受到的影響較多等種種問題，可見這類述評並非無足可觀者。

　　要之，儘管前輩學者對陶詩之評已有不少研究，但就詩教傳統的承轉以觀，仍有新的思考空間。特別是溫厚範疇，明人除了揭示陶詩本身的儒家特質，尚能將瀟灑融入溫厚，或指出「厚」與淡、幽等概念的交互關係，從而展現出轉向藝術化的新風貌，使我們對陶詩的儒家性質能有更深刻而廣泛的理解；於此同時，亦能重新省思陶詩的價值與不足，此乃明人對陶詩闡釋的種種貢獻。

鮑　照

　　本主題最後將以鮑照（414-466AD）為探討對象。就斷代的批評重心觀之，南朝對鮑照之評主要集中在險俗、靡豔[145]

---

145 相關評語可見鍾嶸「善製形狀寫物之詞。得景陽之諔詭，含茂先之靡嫚，骨節強於謝混，驅邁疾於顏延。……然貴尚巧似，不避危仄，頗傷清雅之調。故言險俗者，多以附照。」（詩品中）、蕭子顯「發唱驚挺，操調險急。雕藻淫豔，傾炫心魂。亦猶五色之有紅紫；八音之有鄭衛。斯鮑照之遺烈也。」（《南齊書卷 52》）……等。

上；唐朝則以杜甫「俊逸」之評最具標竿性[146]，此亦後人最常提及之評論，另外則是於「清」面向受到較多矚目[147]；至於宋代，以清新峻潔之評爲多，主要集中在鮑謝合稱上[148]。由上述簡要概括已可看出：南朝與唐宋的關照面向不盡相同，前者傾向貶抑，至於後者，在杜甫登高一呼之後，則有往褒揚發展的趨勢。鮑照詩評到了明代，則呈現多元而紛雜的樣態，除了延續前朝的批評面向，對於情[149]、韻[150]、氣骨[151]以及樂府古詩與五七言之辨[152]……等問題，都有較多的關懷。

---

146 原文見於〈春日憶李白〉：「白也詩無敵，飄然思不群。清新庾開府，俊逸鮑參軍。」

147 例如韓愈「中間數鮑謝，比近最清奧」（〈薦士〉）、劉昫「至潘、陸情致之文，鮑、謝清便之作，迨于徐、庾，踵麗增華，纂組成而耀以珠璣，瑤台構而間之金碧。」（《舊唐書・元稹、白居易傳後論及贊》）……等，都屬於由「清」面向作評論者。

148 如秦觀「謝靈運、鮑照之詩，長於峻潔」（《淮海集卷22・韓愈論》）、張戒「中間鮑照雖有此作，然僅稱俊快，未至高古。」（《歲寒堂詩話》）、胡仔「秦君之詩，清新婉麗，鮑、謝似之。」（《苕溪漁隱叢話卷50・秦少遊》）、林希逸「而〈西軒〉一首，自爲態度，又與鮑、謝爭幽潔焉。」（《鬳齋續集卷12・陳西軒集序》）……等。

149 關於「情」之評論，主要集中在個別詩篇，例如陸時雍評〈代東門行〉：「『居人掩閨臥，行子夜中飯。野風吹草木，行子心腸斷』。苦情密調，吐露無餘矣」（古詩鏡14）、王夫之評〈擬行路難（雒陽名工）〉：「但一物事，說得恁相經緯，立體益孤，含情益博也。」（評選1）、鍾惺評〈秋詠〉「寄情必深，造語必秀。」（古詩歸12）……等。

150 相關評語如郝敬「鮑明遠有風情逸韻，是樂府當家。」（藝圃1）、陸時雍「鮑照快爽莫當，麗藻時見，所未足者韻耳。」（古詩鏡14）、王夫之「《行路難》諸篇，一以天才天韻吹宕而成，獨唱千秋，更無和者。」（評選1）……等。

151 相關評語可參宋濂「明遠則效景陽，而氣骨淵然，駸駸有西漢風……」（《宋學士文集卷28・答章秀才論詩書》）、謝肇淛「齊梁顓尚綺麗，鮑明遠風骨凌競，挺然獨秀」（《小草齋詩話卷2・外篇上》）、賀貽孫「明遠既有逸氣，又饒清骨」（詩筏）……等。

152 像是許學夷「明遠樂府五言，步驟軼蕩，正合歌行之體。然其才自

　　若就傳統詩學精神而論，明代以前評鮑觸及此面向者甚少，或可以白居易之論爲代表：

> ……「歸花先委露，別葉乍辭風」（按：此為鮑照〈翫月城西門廨中〉之句）之什，麗則麗矣，吾不知其所諷焉。故僕所謂嘲風雪、弄花草而已。於時六義盡去矣。（白居易）[153]

　　此處可見白氏提倡新樂府運動一貫的諷喻精神，以濃厚的政教實用觀看待鮑詩，自難見其價值。

　　如此論點延續至明初詩論。明初於詩史流脈中談論鮑詩，試圖透過比對概括掌握鮑詩之地位。其中「格以代降」的觀點，則將鮑照歸屬於渾厚缺、風雅漓的代表：

> 古今詩道之變非一也。氣運有升降，而文章與之為盛衰，蓋其來久矣。……宋元嘉以還，三謝、顏、鮑者作，似復有漢、魏風。然其間或傷藻刻，而渾厚之意缺焉，視太康不相及矣。（王禕）[154]
>
> 孟子之言曰：「王者之迹熄而詩亡，詩亡然後《春秋》作。」夫詩豈易言哉？自三百篇古賦之下，漢之蘇、李，

軼蕩耳，故其詩亦如之」、「明遠五言四句，聲漸入律，語多華藻，然格韻猶勝。」（詩源辯 7）、鍾惺「鮑參軍靈心妙舌，樂府第一手。五言古卻又沉至。鮑照能以古詩聲格作樂府，以五言性情入七言，別有奇響異趣。」（古詩歸 12）、王夫之「明遠樂府，自是七言至極，顧於五言歌行，亦以七言手筆行之，句疏氣迫，未免失五言風軌。」（評選・鮑照・代結客少年場行 1）、「鮑樂府故以駘宕動人，五言深秀如靜女。」（評選.鮑照.登黃鶴磯 5）……等評，都可見到對樂府、古詩、五、七言辨體的留意。

153　唐・白居易：〈與元九書〉，收於《全唐文》，卷 675，頁 6873。
154　明・王禕：《王忠文公集・練伯上詩序》（合肥：黃山書社，2008，清文淵閣四庫全書補配清文津閣四庫全書本），卷 5，頁 82。

> 魏之曹、王、劉、應，去風雅未遠，始有以變之。晉初
> 阮、陸、潘、左之徒，猶未湮墜。逮六朝鮑、謝、顏、
> 張出，而音韻柔嫚，體格綺麗，則風雅之淳日灕矣。（張
> 宇初）[155]

何以鮑詩在詩史流脈中評價不高？藻刻綺麗當是遮蔽風雅渾厚的主因，這一點與前此對左思、陸機的觀察相符。其中還可留意的，是「柔嫚」之作看似溫柔，卻不見得合於風雅，若一味陰柔，特別是在音韻形式上追求纖柔之調，因而忽略詩歌內涵，恐有傷風雅之正。整體而言，此類評論主要指出鮑照文而傷質的一面，此觀點與「文勝質則史」的概念一脈相承，而張宇初從孟子之言論起，風雅正統的意味又較王褘「詩道」之論來得濃烈。

那麼在明人眼中，鮑詩是否被排除於風雅傳統外，被定調為失渾厚者？並不盡然。鮑詩雖未能逕稱為溫柔敦厚，然亦非不厚，明人談鮑詩之「厚」，有不少論述即是由風格的角度出發，而可見轉至詩歌藝術的傾向。其中一個值得留意的評述，即是賀貽孫認為鮑詩兼有「逸蕩」與「厚實」的觀點。一提及鮑照，極易聯想到「俊逸」之評，此與「厚」的特點是否衝突？賀氏之論即提供了進一步思索的空間：

> 杜子美以「清新」、「俊逸」分稱庾子山、鮑明遠二人，
> 可謂定評矣。但六朝人為清新易，為俊逸難。詩家清境
> 最難，六朝雖有清才，未免字字求新，則清新尚兼入巧。
> 而俊逸純是天分，清新而不俊逸者有矣，未有俊逸而不

---

155 明：張宇初：《峴泉集・雲溪詩集序》（合肥：黃山書社，2008，清文淵閣四庫全書本），卷2，頁39。

> 清新者也。子美雖兩人並稱，然大半為明遠左袒耳。及
> 取兩人詩讀之，明遠既有逸氣，又饒清骨……且俊逸易
> 涉於佻，而明遠則厚……明遠與顏、謝同時，而能獨運
> 靈腕，盡脫顏、謝板滯之習。（詩筏/10404）

鮑照所處的時代詩風，既有清新的風格，也有傾向板滯者。「清」者通常會在字句上爭新求巧，如此雖可得輕巧清新，卻也容易走向浮佻，而有厚實不足的毛病；至於板滯如顏謝者，固然避免了清新的毛病，但同時也因字句的堆疊、典故過分運用……等種種因素，而使詩歌無法靈動展現。杜甫「俊逸」之評因「易涉於佻」，乍看之下較易與「清新」歸為同類，而走向板重的對立面，然而賀氏於此卻點出鮑詩如何兼有俊逸與厚實的面向，這除了標明鮑照突出於時代的特點外，相較於多數評論家，往往只是單純地承續杜甫的觀點[156]，賀貽孫確實獨具隻眼地點出鮑詩的豐富性。而鮑詩「厚」之文藝性也在此層層辨析中展現無遺。

此外還可留意的，是針對鮑照個別詩歌作評論者：如《古詩歸》、王夫之評鮑詩婉厚風雅，已無詩教意涵，而是傾向以詩歌本身作為關注點，「溫柔敦厚」之藝術化於此亦可見一斑。首先觀《古詩歸》之論：

> 極悲涼，極柔厚。婉調幽衷，似晉〈白紵〉、〈杯盤〉
> 二歌。全副蘇、李、《十九首》性情，從七言中脫出。

---

156 該類論述可參黃庭堅「庾信止於清新，鮑照止於俊逸，不能兼互。」（見於方以智《通雅詩說》）、周敘「鮑參軍之俊逸，如綠竹之迎風」（《詩學梯航・品藻》）、孫承宗「庾開府之清新，鮑參軍之俊逸，合以支道入神駿，無亦其致乎？」（《高陽文集卷 1・姜抑若起秀亭集序》）、馮復京「文通……擬鮑參軍，輸其俊逸」（說詩補 4）……等。

（古詩歸.擬行路難「瀉水」、「剉蘗」、「春禽」三首總評 12/479）

「瀉水」一首,「心非木石豈無感?吞聲躑躅不敢言」[157]但見主人翁對命運無奈之慨歎,然全詩純粹描述愁悲之情,卻未明指實事,此其敦厚不說破之所在;「剉蘗」（頁 235）始於女子與君相合,待女子「顏色衰」時,察覺對方情意之變化,竟主動「還君金釵瑇瑁簪,不忍見之益愁思」,而無任何怨懟之辭,一意為男方考量之際,卻也反襯出女子之悲涼,詩情之柔婉於此實充分展現;〈春禽〉一首,由意氣干雲的「我」談起,轉至主人翁於榮志殆盡之際,忽見家鄉之客,這裡一改許多傳統詩歌中由故鄉人捎信給遊子的模式,而是由離家已久的「我」告知同樣在外流浪多時的家鄉客:多年前曾見汝妻憔悴的模樣,那麼多年後的今天,汝妻又是如何?自易引人聯想。主人翁與故鄉客之妻的悲怨,就在這層層轉折中迴盪。在《古詩歸》看來,這三首詩儘管悲緒不絕卻不訐直,其溫柔敦厚已轉向藝術精神層次,而無涉政教道德。

至於王夫之之評,亦與《古詩歸》有同樣的精神意旨:

躑躅城上羊,攀隅食玄草。俱共日月輝,昏明獨何早!
夕風飄野籜,飛塵被長道。親愛難重陳,懷憂坐空老。
（〈贈故人馬子喬〉）

重用興比,恰緊處顧以平語出之,非但漢人遺旨,亦《三百篇》之流風也。 （評選 5/754）

容華不待年,何為客遊梁?九月寒雲合,悲風斷君腸。

---

157 鮑照著,錢仲聯增補集說校:《鮑參軍集注》（上海:上海古籍出版社,2005.5）,頁 229。

歎息空房婦，幽思坐自傷。勞心結遠路，惆悵獨未央。
（〈古辭〉）

純合淨暢。參軍短章，固有此不失古道者。過八十字，
即不能爾矣。（評選 5/757）

簾委蘭蕙露，帳含桃李風。攬帶昔何道？坐令芳節終。
（〈幽蘭〉）

風雅絕世。（評選 3/620）

　　〈贈故人馬子喬〉前六句但以繪景，後兩句稍稍言情隨
即收束，反倒能透過孤羊、夕風、飛塵的烘托，帶出對故人
深婉的思念之情，「恰緊處顧以平語出之」，實可見該詩不
促迫之溫厚；〈古辭〉簡短潔淨，卻能在悲風、歎婦等簡單
的意象中展現深厚的餘韻，此所謂「不失古道」處；最後〈幽
蘭〉一首，蘭蕙隨時光變易而不再芬芳，看似情淡，卻在「芳
節終」的同時，將慨歎之感無限綿延，王氏此處所謂之「風雅」，
當有蘊藉溫厚的成分存在其中，而傾向由文藝層面來談。

　　要之，明人於本論題中對鮑詩的評論，就時間先後而言，
明初王禕、張宇初傾向貶抑；明末鍾惺、譚元春、王夫之、
賀貽孫等人則予以正面評價。何以會有如此轉變？這和詩評
家所處時代有密切關係：明初甫光復異族的統治，對於正統
有濃烈的追求，其中格以代降所展現出的「貴古」思想，自
然與傳統詩教觀較為接近；在經歷了明代中期陽明心學的洗
禮後，乃更看重詩歌本身的藝術性質，這從俊逸與厚的探討，
以及婉調幽衷的闡釋裡，當可看出溫厚與傳統詩教的鈎連已
相對疏離。在詩教眼界逐步轉換的情形下，遂較能看出鮑詩
正向的價值，而此亦與鮑詩本身新變的特質相互呼應。

　　最後在收束「溫柔敦厚的藝術化」之討論前，對於本節所涉及的明代詩評家以及中古詩人，當可作一歸納。就詩評家的部分觀之，諸如王夫之、鍾惺等人，因其本身之詩學主張，使其評論中古詩作時，明顯有由「溫柔敦厚」視角出發的傾向；但是透過對明代總體詩評的觀察可以發現：著意於中古詩作溫厚蘊藉之特色者，並未集中在某些特定的詩評家，可見此觀看視野於明代當具備相當之普遍性。

　　至於本節所探討之中古詩人，主要集中在魏晉兩朝。何以會有如此情形？當可由上一節朝代總評之趨勢中得到線索。魏晉作為古詩典範、在帶有傳統詩教影子的同時，又有著朝藝術面向發展的種種性質；與南朝得到較多浮靡、喪道的批評相較，魏晉確實更合於「由傳統詩教觀轉向詩歌藝術」的主題。

　　透過上述對阮籍、曹丕……等人一系列的分析，可以明確見到：溫婉含蓄等概念，原本是附加於詩歌本質以外的政教品德觀，卻在明人的闡釋中，逐漸地轉向風格、藝術……等屬於詩歌本質的部分，此實為「讀詩，為一美感經驗；讀之而得溫柔敦厚焉。溫柔敦厚的詩教，遂不得不成為美的境界之實現。」[158]說法的具體明證。再者，探討溫柔敦厚範疇的同時，對於明人如何看待中古詩人的地位、不同詩學概念間是否相容……等問題，也有較好的釐清。對於詩教傳統發展流脈的討論，不僅可清晰地呈現中古詩人批評重心的轉變，亦可見到詩教觀念本身的流轉，而此藝術化的現象，復

158　龔鵬程：《中國文學批評史論》（北京：北京大學出版社，2008.6），
　　頁 103。

為明代以前中古詩評少見之觀點，明人評論之深刻性，正可由此窺得。

二、詩教精神與緣情綺靡的互涉

　　中古詩歌予人之普遍印象，即是由曹丕「詩賦欲麗」、陸機「詩緣情而綺靡」為代表所展現的「詩歌獨立於儒家實用性外」之觀點，這就回歸到詩歌本身，重視形式之表現，使「綺靡」有了獨立的地位。儘管儒家的語言文字並非全然質樸無華，然「文」終究需以「質」為根本；對於詩歌表現並非無所留意，但文學還是要以實用為重，由此可見傳統儒家給予「文」之定位，與中古詩評家們是很不相同的。如此一來，綺靡的表現形式似乎便與詩教溫厚、雅正等質素處於對立的狀態，若予前者獨立之地位，似乎便易損耗後者，兩者往往無法相容。除了唐代普遍有此看法，宋人張戒「潘、陸以後，專意詠物，雕鐫刻鏤之工日以增。而詩人之本旨掃地盡矣。」[159]、元人袁易「應劉淪落詞人少，徐庾雕鐫雅道微」[160]，甚至部份明人如王禕「三謝、顏、鮑者作，似復有漢、魏風。然其間或傷藻刻，而渾厚之意缺焉，視太康不相及矣。」[161]……等，都共同指出綺麗藻刻易傷渾厚雅道。而這確實也是歷來評述中古詩歌（特別是南朝詩歌）常見的觀點。

159　宋・張戒著，陳應鸞校箋：《歲寒堂詩話校箋》（成都：巴蜀書社，2000.3），卷上，頁1。
160　元・袁易：《靜春堂詩集・題趙明仲鄱陽行藁後》（合肥：黃山書社，2008，清知不足齋叢書本），卷4，頁20。
161　明・王禕：《王忠文公集・練伯上詩序》，卷5，頁82。

　　然而面對傳統儒家先質後文，以及中古階段對綺靡獨立藝術性的越發重視，明人有了一些不一樣的思考：所謂的綺靡之作，難道就只有開新而無襲舊之成分？是否能在保有綺靡獨立性質的同時，而不流失諸如溫厚、雅正等儒家質素？再者，又該如何看待六朝詩歌之綺靡方稱公允？諸如此類的問題，在明人評論中古詩歌的話語中，誠有異於前朝之觀點，而有一探究竟的價值[162]。

　　詩教精神基本上乃源自儒家「言志」的傳統，就詩歌史的發展脈絡而言，狹義的「緣情」接續於狹義的「言志」之後；但若就廣義的角度而言，「志」作為傳統儒家所重視的內涵，乃一種情感的特殊表現，這麼說來，「情」、「志」之間實有著密切的關係。「緣情綺靡」與「詩教精神」間何以能夠互涉？「情」、「志」間難以切斷的聯繫當是重要的背景因素。另一方面，關於「詩教精神與緣情綺靡的互涉」的探討，或許因明人試圖反思長久以來「重視表現形式易礙言志」的觀點，使得綺靡與儒教精神如何互涉的思考更形浮顯，因此下文擬以此為探討中心，並以「情」、「志」作為本主題探討的背景基礎。

---

162 類似的評論在明代以前並非沒有，像元人趙汸提及「雍郡虞公……獨愛陰、何、徐、庾氏作者，和而有莊，思而有止，華不至靡，約不至陋，淺而不浮，深而能著；其音清以醇，其節舒以亮，有承平之遺風焉。」（《東山存稿卷 3・郭子章望雲集序》）差可視為一例。「和」、「莊」乃源於儒教之質素，卻與「華」不相妨礙。然此「華」較「靡」更近於雅正，在性質上應與和、莊更為接近，這和接下來論及明人「靡麗與溫厚相容」的觀點，仍有程度之別。再則該類評論在明代以前頗為零星，具備一定數量成為論述風潮，恐怕仍有待明朝。

　　在具體分析此範疇之相關詩評前，對於詩教精神所涵蓋的範圍，當作一界定。詩教精神所指，凡與儒教相關者皆屬之，不論是保有傳統觀點者，或已展現藝術傾向，俱涵攝其中，具體而言，諸如溫柔敦厚、古質、古雅、比興、婉約、蘊藉……等概念皆是。

　　再者，若與上一點「『溫柔敦厚』的藝術化」之探討相較，「詩教精神與緣情綺靡的互涉」主題下的詩評數量相對較少；從對個別詩人的批評加以觀察，緣情綺靡與詩教精神互涉的相關詩評，亦不見得是對該詩人的主要評論面向。然而整體而言，此主題的討論仍具備一定數目，而且並非只是少數詩評家的觀點，更重要的是，這類評論不論是就中古詩歌的批評，或者是從批評史的角度觀之，皆俱獨特之價值，故有特立一目討論的必要。以下首先觀察對六朝整體之評論，如前一節所言，像這般涵蓋大範圍之評，或有粗糙之虞，但明人確實也在其中透顯出新思維，並可由此概括掌握面對「六朝緣情綺靡」的普遍印象時，明人如何闡釋其與詩教精神互涉的狀態；再者，由於蕭綱詩作本身明顯予人情靈搖蕩而綺靡的觀感，明人怎麼將此與詩教精神聯繫？或可作爲本主題個別詩人詩評探討的主要代表，故先論之；接著方順序探討謝靈運、江淹、《玉臺新詠》等詩評，期能具體而微地呈現明人於此主題中的獨特觀點。

六　朝

　　唐人以來對六朝詩歌浮靡纖弱的批評未曾斷絕，而這也

是一般人對六朝最普遍的整體印象[163]。儘管如此，唐宋其實都有詩評家不顧流俗地爲六朝發聲[164]，唯數量與深刻度有限，爲六朝開啓更深入的正向觀察，仍有待於明朝。

　　明人對六朝整體有不少褒揚，其中像是風華氣韻自佳[165]、爲唐詩濫觴[166]……等論，都具有相當之數量；而認爲六朝詩作延續傳統溫厚蘊藉等特質，復與麗靡不相衝突的評論，亦是其中一個突出之觀點。何以突出？乃因歷代持傳統詩教觀點者，多對六朝詩歌之麗靡大加批評，這在唐人的評論中即甚常見；明人雖不乏貶抑之論，卻有一派觀點能突破此思維，其中郝敬「靡麗不失溫柔」之論尤具代表性，使我們對綺靡與傳統詩教是否絕不相容的問題，有了重新省思的空間：

> 三百篇經聖人考訂，其志中正，其氣和平，其詞溫柔敦
> 厚。此之謂雅。……漢魏未遠風雅，六朝靡麗，亦不失

---

163 具體論述可參費袞「自六朝詩人以來，古淡之風衰，流爲綺靡」（《梁溪漫志卷 7・孟東野詩》）、周敍「綺靡雕錯，誇誕矜驕」（《詩學梯航・述作上・總論諸體》）、王嗣奭「風雲月露巧相取媚」（《杜臆・杜詩箋選舊序》）、徐獻忠「既靡而不返」（《唐詩品・蘇拯》）……等論。

164 例如許顗「六朝詩人之詩，不可不熟讀」（《彥周詩話》）、朱熹「作詩不學六朝，又不學李、杜，只學那嶢嶬底，今便學得十分好，後把作甚麼用！」（收於《詩人玉屑卷 5・初學蹊徑》）……等，都是擺脫時代成見，認爲六朝詩歌有其價值者。然而只言六朝詩需熟讀、學習，卻未探討六朝詩究竟好在哪裡，深刻度仍較欠缺。

165 例如楊愼「大率六朝人詩，風華情致」（《詞品卷 1・王筠楚妃吟》）、陸時雍「六朝氣韻高迥，故不琢而工，不飾而麗。唐人專求物象，所以去之愈遠」（古詩鏡 16）、「六朝五言絕，意致既深，風華復絢」（《唐詩鏡卷 20・盛唐第 12》）……等例可參。

166 認爲六朝詩歌有啓唐之功者，可見胡應麟「六代居唐前，故唐風先兆」（詩藪內 1）、馮復京「本六朝之藻贍，而加之以雅飭者，初唐之法也」（說詩補 5）……等評。

溫柔。至唐人四韻近體興，古意遂亡矣。（藝圃 1/5898）
六朝靡曼，無傷於溫柔……大雅變而為唐體，唐體不如
六朝愈遠矣，好古者不知也。（藝圃 1/5909）
六朝質漸微矣，麗而不駢，猶有溫柔之意。至近體峻刻，
使人意苦。腐毫閣筆，得一語駢麗，滿志矣。其實綺靡
過於六朝。毀六朝，譽唐人，豈公平之論。（藝圃 1/5910）
詩本溫柔敦厚……詩者，性情中和之道。三百篇尚
矣。……六朝浸淫俳偶，然猶無方板直突之病。惟唐人
近體興，峭屬刻削，狂心傲氣，皆托於詩。與聖人可言
之意相戾矣。故詩人溫厚之氣，浮曼於六朝，斲喪於唐。
（藝圃 1/5902）

　　從第一、四筆資料可以看出郝敬論詩，乃承續傳統詩教
溫柔敦厚之觀念而來，卻未因此而排斥六朝詩歌，反而對其
麗靡不失溫柔持肯定態度。儒家傳統的想法常認為「文」盛
容易礙「質」，而這確實是文學表現之普遍傾向，然而麗靡
並不必然導致徒具形式，而無內涵可言。郝敬的論點即是由
此「不必然」的縫隙中展開，也因此打破靡麗與傳統詩學觀
壁壘分明的界線，而使文學概念間有更多相容的可能。

　　儘管郝敬對詩教範疇中的六朝詩歌有較多褒揚，但並非
全無微辭，這由「溫柔」與「溫厚」間的差異可以看出。上
引四筆資料的論調雖大體一致，然而前三筆以「溫柔」言之，
較為正向；最後一筆以「溫厚」論之，「浮曼」已有不滿之
意。由此差異當可推斷：郝敬認為六朝詩歌所保有的是「柔」
的特質，但相較於詩三百，深厚度上恐怕已逐漸流失，而有
流於表面「浮曼」的可能，逐步喪失詩教溫厚的特質可由此

窺得，但相較於唐代並非「斲喪」，仍「存溫厚體」[167]。

　　此外，郝敬的論述還帶出另一個重點，亦即六朝詩歌與唐詩高下的問題。一般來講，唐詩被視爲是古典詩歌的高峰，幾乎已是歷來詩評家普遍之共識。然而明人對此並非完全贊同，遂出現不少逆轉的論點，郝敬即是其中之一。由溫柔敦厚這一系概念出發，郝氏認爲唐詩「峭厲刻削」稜角多；相對而言，六朝詩歌儘管浮曼，卻未陷入「方板直突」之中。從這樣的角度來看，失溫柔、溫厚者反而是唐詩，六朝詩歌尚能保有柔厚之意。

　　那麼如何看待六朝詩作方稱公允？郝氏指出品評基準的問題；至於爲什麼認爲唐詩流失柔厚？則與氣格有關。具體論述可參看下列引文：

> 以近體爲氣格，則不得不以六朝爲衰颯。（藝圃 1/5910）
> 言詩多方，總之不離溫柔敦厚。唐人拘聲偶，自不得不落近體。說者詭稱氣格掩其失。絀六朝伸唐，非公論也。凡詩爲氣格易，爲溫柔難。既近體矣，何患不氣格。正爲氣格損溫柔。雖欲如六朝靡曼，不可得耳。六朝靡曼，祇是爲文氣弱。詩靡曼，猶近之。（藝圃 1/5905）

　　第一筆資料中所謂的「近體」，指涉對象爲唐詩。這裡明確點出若以唐詩之氣格爲評詩標準，自易對六朝詩歌有所貶抑，如此以唐詩之強項品評六朝詩歌之弱項是否公允，就有了檢討的空間。第二筆資料則是指出靡曼文氣弱並不妨礙溫柔，反倒是氣格有損溫柔。參看此論並配合上一段引文的

---

167 明・郝敬：《似穀吟 61 首》其 49，收於《明詩話全編》，頁 5946。

第三筆資料，謂六朝「麗而不駢，猶有溫柔之意」，乃相對於唐詩之「峻刻」、「駢麗」而言，可見氣格之建立，恐怕是以聲律、駢偶之規格和峻峭之風氣為基礎，在郝氏看來，過分拘限於這些質素都易導致溫柔流失；倒是六朝詩歌「麗而不駢」，「浸淫俳偶」卻能做到「無方板直突」之病，而尚能保留溫柔的特質。因此若以詩教綿延久遠的溫柔敦厚為標準，唐詩恐不如六朝詩歌，故郝敬才會有「六朝尚旖旎，旖旎不須嫌。但存溫厚體，何用氣格偏。唐人豔聲偶，溪刻不足觀」[168]之論。

　　平心而論，郝敬以為唐詩峭厲刻削而乏溫厚，是否真是如此，還有商討的空間，畢竟唐詩中確實有許多高華而不露稜角的傑作；倒是點出以唐詩之優勢評判六朝詩歌實有不公，而能回到六朝詩歌本身，重新審視其價值，並能見其傳承詩教精神處，此乃郝氏論述的貢獻。至於何以會出現這類論點？與七子派普遍推崇唐詩氣格高大雄渾的背景恐不無關聯，郝敬之論所展現的，正是對此風尚之反思。

　　除了郝敬外，對於六朝詩歌能不一味以淫靡貶之，而能賞其綺麗復融合詩教精神者，尚可參下列論述：

> 六朝、初唐，雖稱靡麗，然于詩人比興之義，尚千百而什一也。（張佳胤）[169]
>
> 漢魏去古未遠，朴勝其華。六朝蒸麗相承，艷多于素。漢魏于淳簡中悠遊曲折，盡情入紗。六朝於風華中蘊藉

168　同前註。

169　明・張佳胤：《居來先生集・復友人論時學》，收於《明詩話全編》，卷 54，頁 4630。

周廻，坦平和藹。（費經虞）[170]

　　張氏指出詩人比興之義並未因靡麗而消弭殆盡，卻也坦承比興之義所存比例並不甚高，此其評論客觀之處；費氏點出六朝詩歌「艷多於素」的同時，也認為艷麗的形式不盡然會破壞蘊藉和藹之風華，都與郝敬的論點相仿。

　　明代以此觀點評論六朝詩歌者，數量上並非極多，卻有其重要性：首先，對於詩歌華麗之形式不再如唐人般盡持貶抑，這其實是比較接近中古詩評家對綺靡所持的態度，例如陸機「詩緣情而綺靡」、蕭繹「綺縠紛披，宮徵靡曼」[171]等論，俱可見對綺麗的賞愛，故就回歸中古之時代風尚而言，肯定麗靡是較合乎實情的。其次，在詩歌流變史上，從先秦至南朝確實有由傳統詩教走向緣情綺靡的發展趨向，卻也因為如此，常予人傳統詩教與緣情綺靡不相容的印象，綺靡妨礙詩教溫厚質素的觀點，更是普遍充斥於歷代批評六朝詩歌的論述中。郝敬等人卻能突破此慣性思維，點出溫柔蘊藉與綺靡相容之可能性，無疑提供我們重新審視某些既定看法的空間；於此同時，對於逐步走向文學自覺的中古詩歌，是否已全然揚棄詩教精神？也有再作思考的可能。

蕭　綱

　　提及梁簡文帝蕭綱（503-551AD），後人對他的第一印

170　明・費經虞：《雅倫・瑣語》（合肥：黃山書社，2008，清康熙 49 年刻本），卷 22，頁 418。

171　南朝梁・蕭繹：《金樓子・立言》（合肥：黃山書社，2008，清知不足齋叢書本），卷 4，頁 48。

象多為宮體輕靡，觀察南朝至明代的評論，確實以輕浮綺靡、妖艷等為主流論述[172]。然而王夫之卻於此之外見到其「高華雄渾」的面向，其說實饒可深思：

> 簡文為宮體渠帥，談藝者莫不置之卑不足數，乃取此等詩置初唐近體中，高華雄渾又在沈、宋之上。（評選・長安道 6/835）

像這般指出蕭綱宮體綺靡以外價值的論述，在明代佔有一定之數量，例如田藝蘅以為〈夜夜曲〉「曲體人意，且以夜之短長繫於愁之多少，非親知其味者不能道也」[173]，胡應麟認為《烏棲曲》四首「奇麗精工，齊、梁短古，當為絕唱」（詩藪內 6/60），王夫之美〈行雨〉「高勁深遠」（評選 3/629）……等，都分別點出了蕭綱詩歌值得肯認處。除此之外，明人評論更提出了唐體之祖[174]、風韻[175]、婉麗交融[176]等面向，使得蕭綱詩歌得以有更全面而立體的呈現。

聚焦至緣情綺靡與詩教精神互涉的主題上，在明代之

---

172 例如《南史》言「帝文傷於輕靡，時號『宮體』」、唐人杜確「梁簡文帝及庾肩吾之屬，始為輕浮綺靡之詞」（〈岑嘉州集序〉）、宋人嚴羽「宮體梁簡文傷於輕靡」（《滄浪詩話・詩體》）、明人何良俊評蕭「頹然風靡」（《四友齋叢說卷 24・詩 1》）、許學夷「簡文語更入妖豔」（詩源辯 9）……等，俱可見浮靡實為普遍對蕭綱詩歌的印象。

173 明・田藝蘅：《留青日札》（合肥：黃山書社，2008，明萬曆重刻本），卷 5，頁 36。

174 該類詩評有胡應麟「簡文《烏棲曲》，妙於用短，……并唐體之祖也」（詩藪內 3）、許學夷「五言至梁簡文而古聲盡亡。然五、七言律、絕之體於此而備，此古律興衰之幾也」（詩源辯 9）……等。

175 例如陸時雍評〈晚春〉「風味得佳」、〈晚景出行〉「三、四語有風韻」（古詩鏡 18）、王夫之評〈詠單鳧〉「韻」（評選 3）……等，俱可見明人對蕭詩此面向的留意。

176 婉麗之評將見於下列論述，故不另行舉例說明。

前，似僅宋人周紫芝有此類論述。在時人評論極力貶抑簡文詩歌「麗甚」之際，周氏獨排眾議，由麗與深婉不相衝突的角度看待蕭綱之作，正是其論突出之處：

> ……然而歌詞之麗，如梁簡文、陳叔寶輩皆以風流婉媚之言，而文以閨房脂澤之氣，婉而深，情而有味，亦大有可人意者。（周紫芝）[177]

「麗」者，乃就詩歌的形式而論；「婉」者，則不失詩教含蓄婉約的精神，正因為婉之不道盡，而使情思在積蘊中更顯深厚有味，此所謂「婉而深」者。此處之含蓄婉約，已淡化了言志、教化的實用性質，轉而成為較不帶功利色彩的人情，而此與「歌詞之麗」亦不相妨。周紫芝之論可謂別具隻眼地起了一個開端。

蕭綱詩歌此面向需至明代才受到較多的矚目。相較於周紫芝概括性的論述，明人對此主題的探討，採取結合詩歌說明的方式，故相對顯得細緻。在楊慎與陸時雍等人的評述中，莊重古雅、含蓄蘊藉之「婉」約精神，實可與詩歌綺麗之形式恰當相融：

> 「菱綠映葭青，疏紅分浪白。落葉灑行舟，仍持送遠客。」此詩二十字，而用彩色四字，在宋人則以為忌矣。以為彩色字多，不莊重，不古雅，如此詩何嘗不莊重古雅耶？（楊慎）[178]

---

177 宋・周紫芝：《太倉稊米集・古今諸家樂府序》（合肥：黃山書社，2008，清文淵閣四庫全書補配清文津閣四庫全書本），卷51，頁296。
178 明・楊慎：《千里面譚・梁簡文詠楓葉詩》，收於《明詩話全編》，卷下，頁2733。

帝有〈卦名詩〉云：「櫛比園花滿，徑復水流新。離禽時入岫，旅谷乍依蘋。豐壺要上客，鵠鼎命嘉賓。車由秦夏闊，馬散咸陽塵。連舟雖未濟，分密已同人。」又有〈楓葉詩〉云：「萎綠映霞青，疏紅分浪白。落葉灑行舟，仍持送遠客。」造句情景婉麗。（王昌會）[179]

《烏栖曲》宛轉深至，唐人所無。唐人虛撰，六朝實寫。「芙蓉作船絲作絆」，是可渡也。「北斗橫天月將落」，時已過也。「采蓮渡頭擬黃河，郎今欲渡畏風波」，怪不至也。「浮雲如帳月如鉤」，擬所思也。「那能夜夜南陌頭」，嘆失處也。「宜城投泊今行熟，停鞍繫馬暫栖宿」，所為彷徨而無已也。「羅緯翠帳向君低」，「低」字最有情，不覺喜氣孜孜，令人嬋娜。「相看意氣望君憐，誰能含羞不自前」，到此覺一身多盡。（古詩鏡18/191-192）

　　〈詠楓葉詩〉短短二十字內用了綠、青、紅、白四個彩色字，明顯可見蕭綱對辭彩的著意，楊慎認為「彩色字多」所展現的形式之麗，不必然與莊重古雅相衝突；就詩歌本身觀察確實也是如此，在大自然多彩繽紛的烘托下，反而更能襯托出別情之孤寂，而此孤寂豈不雅重？楊氏之論尚指出宋人普遍認為彩色字多易礙古雅莊重的觀點，由此可見周紫芝之論雖觸碰到綺麗與詩教精神的主題，然欲成較普遍的論述，終究有待於明人。

---

179 明·王昌會：《詩話類編·帝王上附后妃外戚》，收於《明詩話全編》，卷 4，頁 8029。然根據黃廷鵠於《詩冶卷 16·詩人詩·梁》之引用，〈楓葉詩〉以下之言當為楊慎語。

　　再如〈卦名詩〉，一般總視此類作品爲遊戲之作，不值
一提。然而透過景緻的次第鋪陳，帶出淡而綿延之情思，與
〈詠楓葉詩〉都在表現形式「麗」的同時，蘊含委「婉」之
幽情。至於《烏棲曲》四首，就字面觀察，不乏綺麗的成分，
卻在星月浮雲等自然景觀的流轉，以及採蓮、停鞍繫馬等看
似尋常的動作背後，蘊含女子細微而無盡的情思，此乃在一
番費心酌量的形式安排下所展現之「宛轉深至」。蕭綱詩歌
多以兒女柔情爲題材，或許因氣象視野不夠開闊，故於詩歌
史上評價不高，然而若細讀其詩，其中人情、事物的搭配，
以及綿延的韻味，皆不乏可取之處，而這也是明人在前朝一
片浮靡之評中突破性的觀點。

　　透過上述分析，還可一併探討的是：明人眼中蕭綱詩歌
的樣貌，與蕭綱本身的詩歌觀有何異同？在蕭綱看來，著意
於女子深閨之情感，與展現作品新變的特色，乃其詩歌創作
的兩大主張：

> ……垂示三首，風雲吐於行間，珠玉生於字裏，跨躡曹、
> 左，含超潘、陸。雙鬟向光，風流已絕。九梁插花，步
> 搖爲古。高樓懷怨，結眉表色，長門下泣，破粉成痕。
> 復有影裏細腰，今與眞類；鏡中好面，還將畫等。此皆
> 性情卓絕，新致英奇。[180]

　　蕭綱認爲詩作的重點應在展現懷怨、女子姿態……等閨
婦之情；而所謂「新致英奇」，則明顯帶有新變的特質。這
與明人觀看蕭詩的重心似不盡相同。同樣指向對抒情的關

---

180 清・嚴可均輯：《全上古三代秦漢三國六朝文・全梁文・答新喻侯和
　　詩書》（合肥：黃山書社，2008），卷 11，頁 4559。

懷，明人似乎不全然將焦點放在兒女之情的「題材」上，而是關注此情之「表現」是否婉轉蘊藉，這與蕭氏個人的認定是有出入的。再者，蕭綱本身所重視的新變觀，到了明人眼中，往往得形式纖巧而無足觀之評。透過這些現象可以看出：詩人本身所重，不盡然與後世所賞完全相應。儘管如此，卻因明人對於蕭詩柔婉蘊藉的著意闡發，而使其即使有部分作品流於新淺，卻無礙其擁有深厚之作的事實。雖然後世對蕭作的整體評價終究不高，但也因明人的細細挖掘，而使我們在面對蕭綱作品時，能另有思量，而非僅止於新致浮靡的理解。

　　再者，其著名的「立身之道，與文章異，立身先須謹重，文章且須放蕩」[181]之說，認為寫作毋須如立身般嚴守種種規範，或許正如學者所言：「『文章且須放蕩』之說是與傳統的強調文學政教作用的觀點相悖逆的」[182]。然由此所引發的思索是：是否文章放蕩，就沒有詩教精神存在的可能？放蕩者，是要人無所拘束地創作，並不妨礙將某些詩教精神如婉約含蓄等自然地納入詩歌中，故「放蕩」恣意於文學藝術的創作，與詩教精神間還是有互涉的可能。

　　要之，從明人對蕭綱詩歌此一面向的評論可以看出：緣情綺麗與詩教傳統下的委婉、古雅等精神，誠有互涉的可能；再者，隨著明人目光的開放，也有助於我們更全面地掌握梁簡文帝之創作；於此同時，也得以重新審視其詩之價值。

181　同前註，〈誡當陽公大心書〉，頁 4557。
182　胡德懷：《齊梁文壇與四蕭研究》（江蘇：南京大學出版社，1997.7），頁 173。

謝靈運

從南朝至明代，與大謝（385-433AD）詩相關的批評數量之夥僅次於陶淵明，特別是明代，對其詩歌觀察面向之廣遠勝於前朝，其中像是大謝詩中所表現的情感、情景交融、神韻……等問題，都有一系列的探討[183]；至於辭彩之麗與詩教精神互涉的討論，數量上雖不算多，卻有突出前人之處。此處僅簡單徵引兩筆元人「藻澤工而古意失」之論，作爲後文之比對：

> 今人以一草木取以點綴篇翰，極于雕鏤之工，詩道喪矣。談興趣者猶以靈運語出於經辭直指，如「高臺多悲風」、「明月照積雪」，無俟雕刻而大巧存焉，猶為去古未遠也。（楊維楨）[184]
>
> 潘、陸、顏、謝，鼓吹格力，復加藻澤，而古意衰矣。（郝經）[185]

楊氏以爲謝詩妙者「無俟雕刻」，故「去古未遠」；郝經則以爲其詩「藻澤」過多而導致「古意衰」。何者更接近謝詩之原貌暫且不論，然上述資料皆認爲雕飾之工只會造成古意衰微，「雕琢」與「詩道喪」的因果關係頗爲明顯，而這也是普遍之認知。

---

183 關於這些論題，擬於下一章「景外情韻的著意闡發」的主題中再作說明。

184 元‧楊維楨：《東維子文集‧春草軒記》（合肥：黃山書社，2008，四部叢刊景舊鈔本），卷 15，頁 118。

185 元‧郝經：《陵川集‧和陶詩序》（合肥：黃山書社，2008，清文淵閣四庫全書本），卷 6，頁 44。

　　發展至明代，類似觀點尚可見於許學夷之論中[186]，然此說畢竟延續前人為多，少有突破處。倒是鍾惺、陳子龍……等人，俱有綺麗與詩教精神互涉的觀點，而有多加留意的價值。首先觀《古詩歸》之論，其旨在闡釋謝詩之麗、厚如何相融：

> 凡麗密詩薄不得，濁不得。康樂氣清而厚，所以能麗、能密。（古詩歸・登永嘉綠嶂山詩 11/473）

　　一般而言，詩歌表現若有麗、密等特質，容易使形式掩蓋內涵，而有內容單薄之虞；另一方面，麗、密若未能鋪展得宜，也容易淪為繁雜而有混濁的毛病。《古詩歸》於此點出謝詩能恰當拿捏清、厚、麗、密等質素，故能有相反卻相成的表現。對照該詩，「澹瀲結寒姿，團欒潤霜質。澗委水屢迷，林迴巖逾密」（頁 84）不光只是麗密而已，「恬如既已交，繾性自此出」（頁 84）的興情悟理，則又回過頭來增添繪景之深蘊。與傳統詩教觀相較，謝詩固然延續了詩教厚實不浮的精神，然此「厚」已非人倫之厚，而是轉至藝術風格的範疇。表層形式之麗密若能不失藝術風格之深厚，將能在麗與厚的相互交融中，展現詩歌更豐富的價值。

　　謝詩綺麗與傳統交合的特色，尚可參看陳子龍之論。重視詩歌的政治諷諫作用乃陳子龍予人的一般印象[187]，然下列

186　原始論述如下：「……至謝靈運諸公，則風氣益漓，其習盡移，故其體盡俳偶，語盡雕刻，而古體遂亡矣，此五言之三變也。」（詩源辯體 7）。

187　由陳氏「詩之本……蓋憂時託志者之所作也。苟比興道備而褒刺義合，雖塗歌巷語，猶有取焉。」（〈六子詩稿序〉）之論，可見其對詩歌致治輔化的主張。

論述卻未展現刻板的詩教觀，反而指出謝詩有新麗與古質並容的特質：

> ……若綺情繁采，已隱開太康之漸。自後至康樂而大變矣。然而新麗之中，尚存古質，巧密之內，猶徵平典。……在其當時，鍾記室之品詩也，於鮑則曰：「險俗之士多附之」，於謝則曰：「為後進所嗟慕」，固已知其流漸矣。夫文采日富，清音更邈，聲響愈雄，雅奏彌失，此唐以後古詩所以益離也。（陳子龍）[188]

從《文心雕龍》評宋詩「宋初文詠，體有因革。莊老告退，而山水方滋；儷采百字之偶，爭價一句之奇，情必極貌以寫物，辭必窮力而追新，此近世之所競也。」以及《詩品》評謝「麗典新聲，絡繹奔會」中可以看出，因為謝詩正式開啟山水這一塊書寫領域，並戮力於辭彩的表現，是以從南朝以降，對其關注之焦點多放在「啟新」，歷代對謝詩山水物色、繁彩綿延不絕的討論，基本上都是承續《文心》、《詩品》「開新」的論調；至於對謝詩「存古」面向的討論並非沒有，然相對而言，遠較開新為少。而陳子龍的特殊之處即在於：在肯認大潮流對謝詩「開新」評價的同時，尚能見到其詩歌中古質的一面，可見「綺情繁采」之新麗與傳統儒家重視的古樸典雅並非必然衝突，仍容有互涉的可能。[189]

---

188 明・陳子龍：《安雅堂稿・宣城蔡大美古詩序》（合肥：黃山書社，2008，明末刻本），卷2，頁22。

189 述評背後，尚牽涉到詩評家如何定義文采過盛、怎麼樣的表現才算失古雅……等種種複雜的問題，像陳子龍認為唐以後古詩文采日富卻失雅奏，而大謝詩尚能新麗、古質兼具；但是許學夷「靈運詩極雕刻，故拙句自多」（詩源辯 8）、「六朝五言，謝靈運俳偶雕刻，正

要之，對謝詩綺藻的定位，有由「妨礙詩道」至「可與厚、古質等詩教精神互涉」的發展趨向，於此除了可見批評觀點的演變，觀看詩歌的視角也因此更形開闊。

江　淹

從《詩品》言江淹（444-505AD）「善於摹擬」、《文選》又全錄其雜體三十首起，江淹擬作便成為歷代評論關注的焦點。就各代評論狀況概括論之：唐人對江淹詩歌談論不多，觀點亦較零星，於擬作幾乎沒有探討；宋元兩朝則對擬作頗有微辭[190]，因其為「擬」，故多得獨創性不高之評；明人亦對擬作多所貶抑，卻較能針對個別詩歌作較清楚的討論[191]，深入程度甚於前朝；另有讚賞之論，更能不侷於「模擬」這一點，而能對其風韻[192]、抒情[193]……等面向有較多的觀照，

非流麗」（詩源辯 23）……等論卻認為謝詩雕刻過甚。此實難簡單論斷孰是孰非，必須回到個別詩評家所建立的詩學體系中加以觀察，才能有較好的理解。然而這並不妨礙此處對於綺靡與詩教精神兼容的觀察，畢竟此觀點仍具有相當之普遍性，又有異於前朝評論之思量，故有提出之價值。

190 相關批評如劉克莊「江文通有《擬雜體》三十首，名曰『擬古』，往往奪真」（《後村詩話前集卷 1》）、馬端臨「江淹擬陶淵明詩，其詞浮淺」（《文獻通考卷 217・《冷齋夜話》六卷》條》）、陳繹曾「善觀古作，曲盡心手之妙，其自作乃不能爾。故君子貴自立，不可隨流俗也。」（《詩譜・江淹》）……等可供參考。

191 例如謝榛「江淹擬劉琨，用韻整齊，造語沉著，不如越石吐出心肺」（四溟 1）、趙南星「江淹《雜擬》往往逼真，至『種苗在東皋』、『蠶月得紡績』，無乃婦人，『開逕望三益』，學究語耳。淹浮華之士，去陶詩自遠」（《趙忠毅公文集卷 2・三溪先生詩序》）……等論，都能較具體地指出江淹擬作之不足。

192 例如許學夷言「江文通雜體擬其大略，不仿形似，則情興駘蕩，神韻自超」（詩源辯 3）、鄧雲霄評江淹「桂水日千里，因之平生懷」為

使得觀察江淹詩歌的視野能更形開闊，這一點從歷朝詩歌選本擇詩之變化也可看出[194]。

明人的江淹詩評，既能不侷於模擬，目光便顯得廣遠，其中關於綺麗與含蓄婉約相容的情形，即是於此廣遠目光下開展的面向之一。此處僅扼要以馮惟訥和許學夷之說法為代表。兩人評論觀點極為接近，都認為江淹詩作之詞麗卻不顯得浮靡，而能兼顧委婉蘊藉，非徒具形式而已：

> 江淹清婉秀麗，才思有餘。（馮惟訥）[195]
>
> 淹五言，調婉而詞麗，然不能如沈謝之工，以全集觀，當自見矣。……如「玉柱空掩露，金樽坐含霜」，「昔我別楚水，秋月麗秋天；今君客吳坂，春色縹春泉」，「愁生白露日，思起秋風年」，「松氣鑑青靄，霞光鑠丹英」，「絳氣下縈薄，白雲上杳冥」，「電至烟流綺，水綠桂含丹」，「涼靄漂虛座，清香盪空琴」等句，皆

「約而味長」（《冷邸小言》）、孫鑛評〈孫廷尉綽雜述〉「渾成一片，風致有餘」（見黃廷鵠《詩冶卷 16・詩人詩・梁樂府并詩》）……等，都可見對風韻的討論，此面向為明代以前幾乎未曾觸及者。

193 例如許學夷言「文通五言《擬古》三十首，多近古人，而他作每每任情」、王夫之評其〈無錫縣歷山集〉「深思遠情」（評選 5）、陸時雍以為其「饒於體料而乏於性情」（古詩鏡 20）……等，皆是由抒情面所作的觀察，前代少見此面向之探討，此亦明人對江淹詩歌討論的重要開展之一。

194 《文選》擇江詩 32 首，雜擬即佔了 30 首；明人擇詩雖仍多選雜擬中的〈陶徵君潛田居〉、〈休上人怨別〉、〈古離別〉等作，但像是曹學佺《石倉歷代詩選》與王夫之《古詩評選》，便多溢出《雜體》之外，王夫之甚至未選《雜體》之任何一首，雖不無偏頗之虞，卻有助於我們了解《雜體》以外的作品，建構出江淹詩歌更為完整的圖像。

195 明・馮惟訥：《古詩紀・別集第六》（合肥：黃山書社，2008，清文淵閣四庫全書本），卷 150，頁 1115。

　　調婉而詞麗者也。（詩源辯 8/120）

　　許氏於此條列了不少詩句，提供婉約、綺麗如何具體互涉的觀察點。這些詩句多爲描繪大自然景象或人文界之物象者，然而詩人卻能藉由巧妙的嵌字，恰當地蘊情於象中。像是第一例乃羈旅愁苦之作，以「空」、「坐」此具有「徒然」之意的辭彙聯繫玉柱與露、金樽與霜，乍看指物，卻已有詩人的情懷投射其中；最後一例悼妻之作中所運用的「漂」字、「盪」字，亦以相同的造句模式營造哀悽的氛圍；第四例出自〈渡西塞望江上諸山〉，此爲遊仙之作，整體情調較爲愉悅，詩句中鑲以「鑑」、「鑠」此帶有輝映之意的字彙，輔以「青」、「丹」等繽紛的色彩，詩人輕鬆之神態亦於此描景之句中自然展現。由此可見，表現形式之「新麗」[196]若得到妥善的安排，亦能與合乎詩教精神之委婉蘊藉恰當相融。

　　要之，明人能在歷來所關懷的模擬主題外，更全面地探討江詩之優劣，此乃其詩歌批評進步的表現。對於詩歌用字遣辭之綺「麗」與遙承詩教之「婉」約含蓄互涉之觀點，亦是觀看江詩的重要視角之一。此處尚可與前此蕭綱詩評一併留意的是：明人如何在詩歌景象華麗的描繪中看到詩人細微之情懷，從而歸納出所謂的「婉麗」之評。這般透過詩句舉證的方式，不僅可見詩評家細膩的閱讀樣貌；如此所得之風格歸結，亦顯得深刻而易服人。

---

[196] 此乃借用張溥評江淹「詩文新麗頓挫」之語。見明・張溥題辭，殷孟倫輯注：《漢魏六朝百三家集題辭注》（北京：中華書局，2007.5），頁 279。

《玉臺新詠》

　　最後本節收束前，復簡要觀察一筆明人評論《玉臺新詠》的資料。歷朝對《玉臺新詠》多所貶抑，諸如宋人周紫芝「肆帷幄之言，瀆君臣之分，此謂害教之大者」[197]、明人姚希孟「鷲鏤冰刻玉之詞，競分香鬭豔之巧，⋯⋯正雅亡，偽雅盛」[198]⋯⋯等由傳統詩教觀出發大加批評的論述，更是尋常可見的觀點；也因此批評聲浪，而使何良俊「柔曼婉孌」與「風人之致」不相衝突的說法更形特別：

> 徐孝穆所編《玉臺新詠》，雖則過於綺麗，然柔曼婉孌，深於閨情，殊有風人之致，校之《香奩集》與《彤管遺編》之類，奚啻天壤。（何良俊）[199]

　　按照何氏的說法，「過於綺麗」雖不無遺憾，然「柔曼婉孌」中所展現的閨情，卻非一無可取；根據《說文》的定義：「孌者，繁采色也」[200]，實不無綺麗之意，換言之，表現形式之麗若能與溫柔婉約的內在情調恰當融合，自能展現屬於《玉臺新詠》的「風人之致」。何氏在試圖調和「繁孌」與「柔婉」的同時，也將貶抑形式之麗的觀點，作了相當程度的扭轉；再者，又透過與詩教精神的互涉，使綺麗之形式

197　宋・周紫芝：《太倉稊米集・古今諸家樂府序》（合肥：黃山書社，2008，清文淵閣四庫全書補配清文津閣四庫全書本），卷 51，頁 296。
198　明・姚希孟：《響玉集・合刻中晚名家集序》（合肥：黃山書社，2008，明清閣全集本），卷 7，頁 64-65。
199　明・何良俊：《四友齋叢說》，卷 24，頁 134。
200　漢・許慎撰，清・段玉裁注：《說文解字注》（臺北：天工書局，1998.8），頁 652。

有被重新審視的可能，此乃明人由此主題討論六朝詩歌的重要貢獻之一。

　　「婉」、「麗」同論在明代以前已有[201]，概念似不新穎。然明人對蕭綱、《玉臺新詠》作出的婉麗之論，其特殊處在於突破前人對這幾家的浮艷之評，從而展現出對詩教婉約含蓄精神的重視，由此視角觀之，明人這組評論在文學批評史上實有其重要性。

　　透過上述對明人評論之種種探討後可以發現：詩教精神與緣情綺靡互涉的論述主要集中在南朝詩人，何以會有此情形？當與歷來詩評家對南朝多綺靡、甚至浮靡之評有關：明代以前對魏晉的批評傾向承古，也少言綺靡；對南朝則頗多麗靡之評，此亦南朝詩歌本身之特點。是以若要探討緣情綺靡與詩教精神間的問題，南朝詩歌顯然提供較大的發展空間。

　　那麼明人於此主題之探討，究竟有何獨到之處？首先，就明人觀察中古詩歌的視野而論，「詩教精神與緣情綺靡互涉」的主題，似非歷來評論這些詩人的主要面向，卻是明人在批評範疇中異於前人之拓展。由此可見，明代除了繼承前人的觀點外，尚能將觸角延伸並多方思考，如此對於較全面地展現中古詩人詩歌之面貌，無疑是有所助益的。

　　其次，就綺靡的部分而言，從唐代以降便常以此作為批評中古，特別是南朝詩歌的尋常論述，明人於此雖也有不少承續前朝的說法，但透過本節列舉之例證可以看出：明代實

201　例如唐人芮挺章云：「陸平原……『詩緣情而綺靡。』……風流婉麗之謂也。」（〈國秀集序〉）、陳子良言：「法師……篇章婉麗」（〈辯正論注序〉）……等，皆已觸及「婉麗」的概念。

有不少評論，已能肯認中古詩歌綺靡之價值，配合南朝時風之重「麗」，或可將此看作是對南朝本身觀點的一種「回歸」。

唐代以來由詩教傳統抨擊六朝詩歌的論述，到了明朝確實有所改變，其中楊慎「以藝論之」的論述頗爲著名，改從藝術層面來談六朝詩歌的貢獻，確實相當程度地提升其價值，此亦近現代學者觀看六朝詩歌價值之主要角度。但除此之外，是否還有其他的觀察視角？關於這個問題，當先細讀楊氏之說後再作討論：

> 詩自黃初正始之後，謝客以俳章偶句，倡于永嘉；隱侯以切響浮聲，傳於永明，操觚輕才，靡然從之。雖蕭統所收，齋梁之間，固已有不純於古法者。是編起漢迄梁，皆《選》之棄餘，北朝陳隋，則《選》所未及。詳其旨趣，究其體裁，世代相沿，風流日下，填括音節，漸成律體。蓋緣情綺靡之說勝，而溫柔敦厚之意荒矣，大雅君子宜無所取。然以藝論之，杜陵詩宗也，固已賞夫人之清新俊逸，而戒後生之指點流傳。乃知六代之作，其旨趣雖不足以影響大雅，而其體裁實景雲垂拱之先驅，天寶開元之濫觴也。（升庵集.選詩外編序 2/18）

楊慎此處所謂的「藝」，當包括屬於體裁之音節、律體，以及屬於風格之清新俊逸。配合「溫柔敦厚之意荒」、「其旨趣雖不足以影響大雅」等語可看出，基本上楊慎認爲六朝詩作的價值主要在於藝術層面，整體而言，他對此面向的欣賞似有勉強、退而求其次之意，而以爲其於詩教傳統之保存恐怕無所貢獻。然而透過本節的分析可以發現：除了陽氏之觀點，明代尚有不少詩評家提出六朝詩歌之價值，應還有延

續傳統詩教，或者在延續中有所轉換等部分。如此關照面向，除了使探索六朝詩歌的視野更形開闊；對於如何扭轉前朝貶抑的眼光，更提供了「以藝論之」外的可能。

第四節 小 結

在具體探討明人對中古詩歌的評論後，關於目前學界認為「前後七子多依循傳統詩教說」[202]的看法，似有再作補充的空間。此說固然不錯，然就詩評家而言，從本章第二節的論述中即可清楚看出：明人由傳統詩教的角度對中古詩人所作之批評，並非只出諸前後七子，儒教其實是一個更為廣泛而普遍的論述觀點；而此普遍之論述，亦非僅止於延續，更重要的是，如何在延續中開創新局。此乃在前輩學者研究的基礎上，還能再作拓展處。

觀察歷來對中古斷代詩歌之批評總論，會發現唐代至明朝的傳統詩教觀未曾斷絕，足見其強大的影響力。明人卻能

---

202 相關論述可參吳新苗：「前七子……復古派所稱『性情』則是繼承了〈毛詩序〉『止乎禮義』的『性情』之含義，因此這種『情』更多的情況下不是指人的個性真情，而是指受到道德禮義規範的道德性情感，是一種站在群體、社會的立場上的情感。」(《屠隆研究》，頁 102)、陳斌：「前七子依託於傳統儒家詩教觀，較注重漢魏詩歌中的情志人格。」(頁 42)、趙志軍：「在後七子那裡，大多數詩人所遵循的還是儒家溫柔敦厚的詩教傳統，主張『樂而不淫，哀而不傷』，主張『發乎情，止乎禮義』。」(〈明代後七子復古詩論的自然觀〉，收於徐中玉、郭豫適主編：《中國文論的我與他 古代文學理論研究 第二十七輯》，頁 266。)。

於此詩教主流下反思：是否有鬆動詩歌倫理正統性的可能？
而在中古朝代總論中隱約透露出轉變的訊息。

聚焦至中古各個詩人，明代詩評家出入於詩教範疇中所
展現的新思維，則有頗為清晰的表露，最明顯的變化有二：
其一是將原本帶有濃厚人倫道德性質的「溫柔敦厚」納入詩
歌藝術的範疇，沖淡了實用目的，而突顯其在詩歌中所展現
的柔厚、含蓄之美；其二則是反思緣情綺靡與詩教精神的關
係，特別是綺麗的表現形式是否必然與詩教精神衝突？明人
試圖調和兩者，在尊重中古詩歌朝文學獨立自覺發展的實情
中，闡釋遺留於其中的詩教精神。

何以明代的中古詩評，會將原本帶有道德目的性的溫柔
敦厚轉向藝術化？為什麼緣情綺靡可與詩教精神互涉的看
法，在明代方有較普遍的表現？歷史積累的影響、明代本身
的時代背景，都是可能的因素。由唐代皎然、司空圖，一直
到宋嚴羽，對於文學如何展現獨立的藝術風貌已有相當的討
論，像這般鮮少涉及文學政教功用的純粹詩歌觀，對於詩歌
藝術的推進無疑有極大的影響，明人於詩論中多次提及皎
然、司空圖、嚴羽的觀點，受其之潤澤可見一斑[203]。另一方

---

203 例如皎然重視「文外之旨」的主張，對陸時雍之神韻說實有啟發。
　　許學夷在《詩源辯體》卷 17、35 等多處援引司空圖「梅止於酸」之
　　論，楊慎於卷 3 特別對「司空圖論詩」作了一系列的討論，俱可見
　　對司空圖之重視。都穆稱美嚴羽之論為「詩家之至寶」（《滄浪吟卷・
　　序》）；胡應麟「漢、唐以後談詩者，吾於宋嚴羽卿得一『悟』字，
　　於明李獻吉得一『法』字，皆千古詞場大關鍵。」（詩藪內 5）云云，
　　足見對嚴羽的重視；清人馮班更直指前後七子之論「詳其詩法，盡
　　本於嚴滄浪」（《鈍吟雜錄》卷 5）。皎然、司空圖、嚴羽對明人詩評、
　　理論深遠之影響，由此可見一斑。

面，就明朝的時代背景而言，不論是七子派反對程朱理學的主張，或者是明代中期以後陽明心學的影響，皆使明人對詩歌的藝術本質有更深切的反思，這些都是其觀點轉向藝術，或者是不全然反對綺靡的可能原因。更何況如此觀點也確實符合中古階段看重詩歌藝術的實情。然而秦漢儒家所建立的詩教體系終究有極大的影響力，傳統文人很難不受此影響，更何況明朝接續於元代之後，在回歸漢族統治之際，欲接續雅正道統也是可以理解的。在如此氛圍下，明人一方面見到中古階段對詩歌藝術的追求，另一方面又試圖指出或闡釋其中的儒教精神或質素，也就可有較圓融的理解。

那麼明人於此主題的探索，其價值與意義為何？正面看待並恰當地挖掘中古詩歌裡的儒教精神，是明人評論突出於前朝之處。在南朝的詩歌評論裡，儘管如《文心雕龍》仍保有儒家色彩，然更多的是像陸機「詩緣情而綺靡」、《詩品》等，已傾向詩歌藝術的探討；就具體創作而言，從〈詩品序〉「辭不貴奇，竟須新事」以及《文心・明詩》「辭必窮力而追新」的描繪中可以看出，中古詩歌的實際創作看似更重視「新」的一面，這與傳統詩教的概念是不相接的。到了唐代，面對這樣的創作表現，多由綺靡喪道的觀點作評，影響力之大，甚至成為後代對中古詩歌的普遍印象。如此一來，中古詩歌價值之彰顯不得不受到妨礙。明代相較於前朝，反而能在傳統詩教體系籠罩下闡發中古詩歌的正面價值，這除了扭轉歷來的貶抑之評；其重要性還在於：重新思索中古詩歌中詩教精神的影子。中古詩歌即便大張旗鼓地往文學藝術發展，且一向予人緣情而綺靡的觀感，然詩教的影響終究未曾

斷絕，在明人的詩學闡釋裡，反而能對此加以保持，或者挖掘詩歌中傳統詩教的特點，或者於消解政教倫理之際，朝詩歌藝術本質轉換，或者見到緣情綺靡與詩教精神互涉的可能。如此一來，諸如溫厚、婉約……等源自傳統詩教的概念，如何於中古詩歌中持續延展，便能有較爲清晰的展現。

　　要之，明人在肯認中古詩歌特具文學自覺、追求藝術的同時，尙能由詩教角度出發闡釋其價值，是明朝異於前代評論所展現出的獨特眼光。

第三章　抒情的重視及其傾向的轉換

第一節　前　言

　　相對於先秦兩漢帶有較濃厚倫理實用性質的言志傳統，中古詩歌屬於另一個嶄新的階段，其著力於文學本質即抒情的追求，儼然已成學界之共識；另一方面，誠如蔡鎮楚先生所歸納，明人的詩歌批評對於抒情亦相當看重：

> 明代詩話，不論門派之別，不論風格之異，在對詩歌的藝術本質和審美特性的認識上，卻有驚人的相似之處，這就是詩歌的本質特徵在於抒情。從李東陽到前後七子，從李贄到公安、竟陵，論詩主「童心說」和「性靈說」者，尚且不休說了，即便是擬古派的首要人物，也都認為「詩以道性情」。[1]

　　詩歌創作（中古時期）與詩歌批評（明代）兩方，都關注抒情本質的問題[2]：前者具備自我抒情意識覺醒的地位，後

1　蔡鎮楚：《中國詩話史（修訂本）》（長沙：湖南文藝出版社，2001.1），頁 218-219。
2　明代詩評家對於抒情的體認當然各有不同，詩派所著意的抒情主題也有所異同，細部論述將於下列探討中逐一帶出，此處僅就大方向認同蔡先生的說法。

者則對詩歌情感有極爲深刻的探索。然而由中古至明代，爲
時已久，即便雙方同樣重視詩歌之情，隨著文學觀念的轉變，
彼此側重的面向必然有所不同，由此引發一連串可供思索的
問題，諸如明人所重視的情與中古詩人有何不同？造成不同
的原因爲何？抒情相關議題於唐宋元等朝又如何流變，從而
轉換至明人所側重的面向？凡此種種，都是本章處理抒情主
題時欲深究的問題。

　　抒情主題下的明代中古詩評，大致可歸納出「對緣情的
批評與欣賞」、「對艷俗之情的肯認」、「對婉約之情的青
睞」、「景外情韻的著意闡發」等四大討論範疇。緣情屬於
詩歌抒情本質的討論，必需以此爲基礎，方能對抒情的內涵
與表現面貌（俗艷、婉約、情景）有較好的掌握，此乃本章
分立及排序這幾個主題的考量。

　　個別觀之：第一個範疇擬以陸機所提出的「緣情綺靡」
爲核心，觀看晉至明代諸家對此說法的認同情形，並透過明
人對陸機詩歌的評論，探討中古詩評家與明代論者對抒情掌
握的基本差異。關於第二點男女艷俗之情的部分，清代以前
詩歌批評對此有由不甚重視轉至多加肯認的趨勢，何以會如
此轉變？實有一探究竟的必要。至於第三點「婉約之情的青
睞」，像是曹丕「便娟婉約，能移人情」（古詩源 5/107）
所予人的普遍印象，在明代以前實未得詩評家們的留意，需
至明朝，丕詩婉約之情的特點方得以突顯。像這般看重婉約
之情的現象，於明人的評論中是頗爲普遍的，明朝如何轉換
前朝相對不重婉約的眼光，乃此主題欲著意探討的。至於最
後一個討論重心「景外情韻的著意闡發」，則指出前後朝詩

歌批評確有從留意「形似」、情景分論到重視「景外情韻」
的趨向，一開始南朝的形似批評較無抒情成分，但在後代中
古詩評的發展中，論者已逐步於形（景）之上增添對情感、
韻味、意境的重視，對抒情有更多的推衍，亦可歸屬於抒情
主題下探討。

　　誠如蔡英俊先生所言：

　　「抒情」此一理念所指涉的不只是一種特定的詩體或文
　　體，更可以是整個文化史中某一群人具體表現其「價
　　值」、「理想」的方式。[3]

　　就詩學批評而言亦是如此，觀看詩評家們對抒情不同面
向探索的同時，也可見其詩學價值觀之別。凡此種種，又可
回過頭來豐富對中古詩歌的理解。這些都是探索抒情主題
時，期待能有所斬獲者。

第二節　對緣情的批評與欣賞

　　中古時期乃文學自覺的起始階段，陸機提出之「緣情說」
實爲彰顯詩歌本質的重要主張，且對整體中古詩歌的走向有
極大的影響。觀察清代以前對緣情的看法，將使我們能初步
掌握各時代對詩歌抒情的基本觀點；對於明代中古詩評中各
個抒情面向的理解，此亦不可或缺之基礎。

　　另一方面，目前學界的研究成果，多指出明清對緣情綺

3　蔡英俊：〈抒情美典與經驗觀照：沉鬱與神韻〉，收於林明德策畫：《中
　國文學新境界反思與關照》（臺北：立緒文化，2005.3），頁177。

靡說的否定，然而實際上明清人對緣情、綺靡各自的看法爲
何？是否果真對兩者都有微言？誠有待釐清。試觀學界較具
代表性的歸納與說明：

> 宋元以後尤其是在明清時期，隨著程朱理學的發展，「緣
> 情綺靡」說被誤讀，受到了嚴厲的指責……被徹底否
> 定。[4]

> 陸機的「詩緣情而綺靡」說……在明清兩代，受時代語
> 境所限，誤讀和貶斥之風尤爲嚴重。[5]

> （詩緣情而綺靡）到了明代為什麼竟有如此之人進行如
> 此的排斥或否定呢？[6]

> 「詩緣情而綺靡」的觀念在明清時期終於受到了清算。[7]

　　實際觀察原典，豈果真如上所云？單就明代而言，學界
所引述者幾乎都集中在徐禎卿、楊愼、謝榛等人的貶抑之論
上；而提到褒揚之說，卻只簡單觸及顧起元之論述，或者列
出宋濂、胡應麟、顧起元[8]等評論者之名，提及他們在看待緣
情說時較爲「公正、合理」[9]，而未作進一步論析。事實上，

---

4 趙靜：〈「緣情綺靡」說百年研究述評〉，收於陳飛主編：《中國古典文
　學與文獻學研究（第 2 輯）》（北京：學苑出版社，2003.12），頁 355、
　363。

5 管仁福：〈「詩緣情而綺靡」說的歷代接受與誤讀〉，《東南大學學報（哲
　學社會科學版）》第 7 卷第 5 期（2005.9），頁 82。

6 劉忠惠：《文賦研究新論》（長春：東北師範大學出版社，1993.6），頁
　153。

7 趙泰靖：〈論歷代對「詩緣情而綺靡」的誤讀〉，《河南電大學報》第 4
　期（1996.4），頁 4。

8 明代這些詩評家之論，將於下文中依次援引，並視論述必要再作分析。

9 劉忠惠：《文賦研究新論》（長春：東北師範大學出版社，1993.6），頁
　151-152。

諸如屠隆、趙南星、黃汝亨等人，對於緣情綺靡都有獨到而正面的見解，然而研究者幾乎未曾提及。如此情形不論是在個別詩評闡釋的精確度上，或者是對明人整體評論資料的掌握上，都有所疏漏。因此以下將較全面地比較由唐至明對緣情綺靡的看法。儘管在論述上不免「緣情」、「綺靡」兩個概念都會觸及，然而本章重心既在探討詩歌的抒情，故基本上仍以「緣情」為主。唯有將此問題加以釐清，方能以此為基礎，進一步探討明人對中古詩歌抒情的種種側重樣態。

　　首先談唐代的部分。唐人與緣情綺靡相關的論述，或者可見對綺靡的認同，或者觸及緣情與婉麗、緣情與體物的關係，整體而言，對於緣情綺靡多持肯定的態度：

> 有唐吳興開士釋皎然……極於緣情綺靡，故辭多芳澤；師古興制，故律尚清壯。（于頔）[10]
>
> 昔陸平原之論文曰：「詩緣情而綺靡。」是彩色相宣，煙霞交映，風流婉麗之謂也。（芮挺章）[11]
>
> ……王中書「霜氣下孟津」，及「游禽暮知返」，前篇則使氣飛動，後篇則緣情宛密，可謂五言之警策，六義之眉首。（元兢）[12]
>
> 法師應真人之祥，稟黃裳之吉，內該三藏，外綜九流，既善緣情，尤工體物，篇章婉麗，理致遒華，鬱鬱間縟錦之文，飄飄竦淩雲之氣。（陳子良）[13]

10　唐・于頔：〈釋皎然杼山集序〉，收於《全唐文》，卷 544，頁 5509。
11　唐・芮挺章：〈國秀集序〉，收於《全唐文》，卷 357，頁 3604。
12　唐・元兢：〈古今詩人秀句序〉，收於蕭占鵬主編：《隋唐五代文藝理論匯編評注》（天津：南開大學出版社，2002.12），頁 192-193。
13　唐・陳子良：〈辯正論注序〉，收於《全唐文》，卷 134，頁 1331。

　　首先值得留意的，是一、二筆資料對綺靡之關照。二文雖同列出緣情與綺靡兩個概念，然配合下文，不論是「彩色相宣」，或者是「辭多芳澤」，均明顯將重心擺在綺靡一方，誠所謂「僅從語言形式美著眼，……熱心綺靡而不注意感情表現」[14]。

　　其次，則是緣情與婉麗關係之闡述。從後三筆資料可以看出，評論者在論及緣情的概念時，往往伴有婉麗或婉密的質素於其中。「麗」者，當可對應至「綺靡」；而「婉」者，則是在陸機「緣情綺靡」主張之外所附加的性質，如此現象或可看出唐人對陸機主張的發展，亦即對詩歌的整體關照除了緣情綺靡外，還加入了「婉」的質素，而使觀看視野更為遼闊。

　　第三，則是對緣情與體物關係的述評。這可藉由最後一筆資料作觀察，並配合下列原典一併說明：

> 既而中州版蕩，戎狄交侵，僭偽相屬，士民塗炭，故文章黜焉。……競奏符檄，則粲然可觀；<u>體物緣情</u>，則寂寥於世。[15]

> 常與諸學士覽小謝詩……觀夫「落日飛鳥還，憂來不可極」，謂捫心罕屬，而舉目增思，結意惟人，而<u>緣情寄鳥</u>。落日低照，即隨望斷，暮禽還集，則憂共飛來。[16]

這幾筆資料都非單論緣情，而有情物合論的痕跡，這就

14　趙泰靖：〈論歷代對「詩緣情而綺靡」的誤讀〉，頁 2。

15　唐・令狐德棻：《周書・王褒庾信傳論》（合肥：黃山書社，2008，清乾隆武英殿刻本），卷 41，頁 279。

16　唐・元兢：〈古今詩人秀句序〉，收於蕭占鵬主編：《隋唐五代文藝理論匯編評注》，頁 193。

牽涉到是因情託物，或者是見物興情等情物範疇的討論。陸機在〈文賦〉中雖亦有「遵四時以歎逝，瞻萬物而思紛」[17]的相關論述，然在文體的分類上，主要將「體物」的特點歸之於「賦」（「賦體物而瀏亮」）。事實上，若觀察魏晉南朝詩歌，其中緣情兼體物的表現誠所在多有；唐人於此，似乎將情物關係做了簡潔而明確的聯繫，元兢甚至將此特點明確指向詩歌一體，這與陸機對文體特性的分類，是不盡相同的。

　　透過與體物、婉麗的聯繫可以發現：唐人對於與緣情綺靡相關的種種探討，基本多持肯認態度[18]。這和本書第二章提及唐人多批評中古詩歌侈麗、浮艷的觀點，是否有所衝突？應當說，就緣情的部分而言，唐代詩歌能夠達到古典詩歌的巔峰，對於詩作抒情本質自有深切的認識，因此多能肯定「緣情」；至於對綺靡的表現形式，他們亦非一味反對，有微言處主要集中在「侈」、「淫」等過度溢出的部分。故整體而言，唐人對於詩歌內容、形式的本質掌握，仍有相當之客觀性。至於第二章提及唐人之論述，多係帶有傳統儒教觀，甚至傾向政教實用性質者，故對中古詩歌確實有先入為主之偏見，相對於純粹觀看緣情綺靡時所保有之客觀，實有偏頗恐

---

17 晉・陸機著，張少康集釋：《文賦集釋》（北京：人民文學出版社，2002.9），頁 20。

18 儘管如此，確實有極少數之異聲如王勃云：「《易》稱觀乎天文，以察時變；《傳》稱言而無文，行之不遠。故文章經國之大業，不朽之能事；而君子所役心勞神，宜於大者遠者，非緣情體物，雕蟲小技而已。」（《平臺祕略論十首・文藝三》）其出發點明顯有正統功利的色彩，蔑視文藝的獨立性，因此認為個人之情遠不如君子役心勞神所欲傳達的遠大志向。此與唐人視中古詩歌喪道的觀點相近。這類想法對後代緣情概念的推進貢獻甚少，於此僅聊備一格，以現唐人批評的另一發聲。

怕是很明顯的。

至於宋元兩朝，對陸機主張的討論相對薄弱許多，除了宋人王正德但引陸機之論，而未加任何闡釋[19]，約略可見對緣情之看法者，殆僅元人陳基這段趨於簡要之論：

> 陸機之論詩，則曰：「緣情而綺麗」，而文中子亦云：「詩者，民之情性也」。故詩無情性不得名為詩。其卓然可得於後世者，皆其善言情性者也。（陳基）[20]

這裡明白可見對陸機緣情說之肯認，然而陸說於此似乎僅作為陳基「情性」說佐證之用，而未有進一步的闡發，因此整體而言，宋、元人對陸機主張之理解並未有推進之功。

時至明朝，對於緣情綺麗的探討則明顯增多。首先可觀察的，是目前學界引之作為「明人大加排斥緣情綺麗說」之立論依據的相關原典。具體分析這些評論，會發現明人貶抑的對象幾乎都指向「綺麗」，而非「緣情」：

> 「詩緣情而綺麗。」則陸生之所知，固魏詩之渣穢耳。嗟夫！文勝質衰，本同末異，此聖哲所以感歎，翟、朱所以興哀者也。……由文求質，晉格所以為衰。（談藝錄/2）

> 蘇、李諸詩，和平簡易，傾寫肺肝，何有于綺麗？自綺麗言出，而徐、庾兆端矣。馬、楊諸賦，古奧雄奇，贅澀牙頰，何有于溜亮？自溜亮體興，而江、謝接迹矣。（詩藪外 2/82）

---

19 論述可參《餘師錄》卷 4「陸士衡」條。
20 元・陳基：《麟原文集・前集・魏松墅吟藁集序》（合肥：黃山書社，2008，清文淵閣四庫全書本），卷 5，頁 29。

陸士衡《文賦》曰：「詩緣情而綺靡，賦體物而瀏亮。」
此兩語已占六朝風氣矣。詩尚綺靡故不能玄遠，賦惟體
物故不復溫贍。魏文帝亦曰：「詩賦欲麗。」賦麗可也；
詩而求麗，何啻千里！（謝肇淛）[21]

其謂「詩緣情而綺靡」，即此「綺靡」二字，便非知詩
者。（詩筏/10404）

　　徐禎卿認為陸機之言為渣穢，似對「緣情」不表認同，
然其整段論述的重心在文質的探討，主要不滿者為「由文求
質」，也就是「綺靡」的部分。謝榛、馮復京援引徐氏之論
而加以贊同[22]，其著眼點殆同於徐氏。胡應麟乍看之下似未
提及緣情的概念，然由其「綺靡」、「瀏亮」的評述中，明
顯可見是針對陸機「詩緣情而綺靡，賦體物而瀏亮」而發，
而胡氏不滿者在於綺靡，仍不及緣情；謝肇淛、賀貽孫之批
評亦僅指向綺靡與麗，無涉於緣情。凡此種種，足見明人對
於緣情綺靡的主張並非一概反對，而是將矛頭指向綺靡；對
於緣情，幾乎未見批評[23]。由此回過頭來觀看學界目前的研

---

21 明・謝肇淛：《小草齋詩話・外篇上》，收於《明詩話全編》，卷2，頁
　6673。
22 謝、馮二氏之論述分別如下：「陸機《文賦》曰：『詩緣情而綺靡，賦
　體物而瀏亮。』夫『綺靡』重六朝之弊，『瀏亮』非兩漢之體。徐昌
　穀曰：『詩緣情而綺靡。』則陸生之所知，固魏詩之渣穢耳。」（四溟
　1）、「魏文云『詩賦欲麗』。陸機云『詩緣情而綺靡』。此二家所知，
　固漢詩之渣穢耳。」（說詩補2）
23 明清兩朝確實有極少數像楊慎「蓋緣情綺靡之說勝，而溫柔敦厚之意
　荒矣。大雅君子宜無所取。」（升庵集・選詩外編序2）、清人陳玉璂
　「陸機曰：『詩緣情而綺靡。』夫詩發乎情，止乎禮義，乃機以綺靡
　為情，此詩之所以亡也。」（《學文堂文集卷15・倪闇公詩序》）、沈德
　潛「詩緣情而綺靡，殊非詩人之旨」（古詩源7）……等將緣情綺靡與

究成果，似未對明人之論抽絲剝繭，只是大略看過並斷章取義，實有誤讀之虞。這麼看來所謂「明人否定緣情綺靡」的說法，實有調整的空間。

　　那麼何以明人會如此批判陸機「綺靡」之主張？這牽涉到對「綺靡」的認知問題。《文選》李善注乃最早對陸機「綺靡」作定義者：「綺靡，精妙之言。」[24]其中並未有浮侈之意；回到〈文賦〉本身觀察，陸機雖重視「藻思」、「清麗」，同時也反對「寄辭於瘁音，徒靡言而弗華」、「言寡情而鮮愛，辭浮漂而不歸」[25]，足見陸機所謂「綺靡」者，乃對語言應當有所修飾的基本要求，並未有過分文飾之意。然而末流作品流入浮侈者多，多少影響明人對於綺靡的認知，以為其多偏向奢浮、徒文而無質，如此一來會對綺靡有所批判，也就可以理解了。

　　那麼明人對緣情綺靡的相關論述，是否僅止於上述這些貶抑之論？實則褒揚之說在數量與內涵上，恐怕更值得留意。像是屠隆與趙南星，屢在緣情與綺靡的層層論述中，主張兩者能夠兼得、從而使詩歌表現的提升成為可能，而這樣的看法正是對陸機主張之認同：

> 魏騁鶊爽，則曹劉之步絕工；晉尚風標，則潘陸之聲特俊。六朝綺靡，詩道隨之，江、鮑、徐、庾，則其雄傑。雕繪滿眼，論者或置瑕瑜；然聲華爛然，而神骨自具。

儒教傳統對立的說法，然比例不高，未如學界所言緣情是被「徹底否定」的。

24 梁・蕭統選編，唐・李善等註：《六臣註文選・文賦》（浙江：浙江古籍出版社，1999.3），卷 17，頁 293。

25 晉・陸機著，張少康集釋：《文賦集釋》，頁 183。

譬如蕣英芍藥，何嘗無質？驪姬南威，何嘗無情？固與
剪綵貌影者異矣。（屠隆）[26]

陸士衡之論文也，以「詩緣情而綺靡」，或者譏之，以
為綺靡自六朝詩耳。詩三百篇具在，不綺靡耶？亦三百
篇有三百篇之綺靡，六朝有六朝之綺靡耳。故詩非徒才
也，必與情兼妙而後能之。才與情合而成趣，成趣之謂
能言，諳趣之謂知言。（趙南星）[27]

　　屠隆之論牽涉到一些乍看乎似無法相容、實則不妨相合
的概念之辨析，譬如聲華綺靡並無礙神骨的存在；「蕣英芍
藥」此外在之「妍」，亦不必然導致實質之困乏；「驪姬南
威」之綺艷，亦不盡然會掩蓋情感之展現。至於趙南星之論，
在一連串肯定六朝綺靡的討論後，又強調有「情」之重要，
如此著意於「緣情」、「綺靡」的論述，為陸機辯護的意圖
是很明顯的。

　　屠、趙兩人已能較好地理解陸機主張之用心，而黃汝亨、
顧起元可謂更進一步地推導陸氏之說，除了展現出為緣情綺
靡辯護的明顯用心，尚以「綺自情生者」、「綺靡者，情之
所自溢」作為立足點，將綺靡與緣情間密切的關係表述得更
為明確：

陸士衡有云：「詩緣情而綺靡。」綺自情生者也。萬物
之色，艷冶心目，無之非綺。惟名花名姝二者，來香國，

26　明・屠隆：《白榆集・馮咸甫詩草序》（合肥：黃山書社，2008，明萬
　　曆龔堯惠刻本），卷1，頁109。

27　明・趙南星：《趙忠毅公文集・蘇杏石先生詩集序》（合肥：黃山書社，
　　2008，明崇禎十一年范景文等刻本），卷7，頁118。

呈媚姿，令人飄飄搖搖而不自禁，則情為之縈然，明有情人也。……作者謂「綺傷大雅，濫觴六朝」，不知應物稱體，斯二者為宜，何厭綺乎？況乎芳菲易謝，美麗不常，古人逢落花而興悲，歎佳人之難得，然明有心，諒同之也，豈以我輩鍾情目之為惑，《國風》好色比之於淫乎哉！（黃汝亨）[28]

昔士衡《文賦》有曰：「詩緣情而綺靡。」而「綺靡」玷斯語者，謂為六代之濫觴，不知作者內激于志，外蕩于物，志與物泊然相遭于標舉興會之時，而旖旎佚麗之形出焉。綺靡者，情之所自溢也，不綺靡不可以言情。彼欲飾情而為綺靡者，或謂必汰綺靡而致其情，皆非工于緣情者矣。……余讀愚公鄭君之詩，恍然更有悟于士衡之旨也。（顧起元）[29]

　　黃氏以為寓目皆綺，言語之綺靡甚至能將瞬息萬變的外界化為永恆，而這樣的體物，更無時無刻不牽動著情意的感發。這裡突破了一般論述常執著於「綺」的弊端，卻因此忽視了綺靡之價值，連帶地也就疏於探究綺靡對緣情的貢獻。陳述緣情、綺靡間密切關聯的同時，黃氏對「綺傷大雅，濫觴六朝」的成說也作了一番反思：所謂「六朝綺靡」的看法是否出於一種偏見？若以相同的標準衡量，何以不認為《國風》是好色而淫呢？如此追究問題的根本，並詳論「綺」、

28　明・黃汝亨：《寓林集・綺詠小序》（合肥：黃山書社，2008，明天啟四年刻本），卷3，頁43-44。

29　明・顧起元：〈錦研齋次草序〉，收於清・黃宗羲：《明文海》（合肥：黃山書社，2008，清鈔本），卷267，頁2631。

「情」兩者如何聯繫，乃黃汝亨對此問題的主要貢獻。

　　黃汝亨該論還可留意的，是其創作的歷史背景。晚明富商汪汝謙雖未參加科考，然能詩能文，喜好舉行文藝聚會，黃氏的〈綺詠小序〉，即汪汝謙登高一呼，與名流才女王修微等人的酬唱之作。此吟詠美人之作明顯有宮體的意味，可說是對六朝宮體創作的回應。黃汝亨該論，除了展現出對緣情綺靡的體悟，另一方面亦可見對俗艷之情的關懷。明人何以會對俗艷有較多的賞愛，與其整體時代風尚誠脫離不了關係，「綺詠」即透露出如此訊息，關於這部分，將於下一節中另題探討。

　　至於顧起元之論，除了點出情物交會自然而然會產生「旖旎佚麗之形」外，更有意思的，是關於何謂真正緣情的析論。他明確指出：若為了修飾情感而強作綺靡，或者認為若不擺脫綺靡便無法展露真情，都不能算是真正的緣情，因為兩者都帶有刻意的成分；綺靡的表現乃情與物接自然而然產生的現象。要之，黃、顧兩人或者透過體物密切結合緣情與綺靡，或者細密辨析如何才算是真實地表露情感，皆能對緣情綺靡有另一番深刻的認知，其中論述或有其獨特的時代烙印，然能較好的闡釋緣情綺靡，誠明人對詩歌本質體悟之深的具體表現。

　　以上乃針對陸機詩論所作的進一步探究；除此之外，明人肯定中古詩歌緣情綺靡之表現者實所在多有，例如郝敬以為「六朝人以辭彩為詩，多艷麗。雖艷麗而文生於情。」（藝圃 1/5907）六朝詩歌之艷麗並非只顧形式表現，而是以「情」

為根基，郝敬對緣情綺靡的肯定可見一斑[30]；馮復京評唐人王灣〈搗衣篇〉「六朝麗情繁綺，餘風未絕」（說詩補 6/7263），亦指明六朝詩歌情、綺相兼的形象；再如何良俊引唐寅所作之〈悵悵詞〉，評其「才情富麗，亦何必減六朝人耶？」[31]雖非直接評論六朝詩歌，卻可見對六朝詩作「才情富麗」之肯認。由此諸多例證觀之，明人對陸機緣情綺靡說並非多持反對的態度。目前學界對明人論點之歸納，實有再作調整的必要。

與唐代的批評相較，部分明人對綺靡的認知與陸機不同，確實導致緣情在某個程度上也受到負面的牽連；然明代對緣情綺靡的正面肯認，卻較唐人有更進一步的推展：仔細觀察唐人之評，「緣情」基本上都是在「敘述」中連帶提及，對緣情本身並未有太多的討論；明人則是將緣情的概念當成「討論對象」，或者辨析緣情與綺靡的關係、二者如何相融，或者探討怎麼樣才算是真正的緣情，其中之探討或有溢出陸機主張之外的情形，卻也因此展現出明人本身之思辨，明人對於緣情的理解誠更為深刻，正可由此窺得。

在對緣情大體肯認的基礎上，若落實至個別詩人的探討，明人眼中中古詩歌抒情的表達，與中古詩評家的看法有何異同？或可以陸機詩評為觀察對象，概略掌握評論的大致趨向。為什麼選擇陸機作為討論對象？主要考量到其身為文學批評者以及詩人的雙重身分。「詩緣情而綺靡」之論，於

---

30 此處需與郝敬在第二章中的論述稍作區辨的是：在詩教主題裡引用其說，重心在闡明源自詩教的溫厚觀念如何與詩歌展現之靡曼不相衝突；而此處則是著意於對「緣情綺靡」說之肯定。換言之，溫厚、綺靡與緣情在郝敬看來是具備兼容性的，兩處立論並不衝突。

31 明・何良俊：《四友齋叢說・詩三》，卷 26，頁 151。

文學批評史上具有重大的標竿意義，而陸機於實際的詩歌創作上，也試圖在感物、生命慨歎中流露個人之情懷。然而陸詩緣情之展現在明代並未如其主張般受到普遍的認同。明人對陸氏理論與創作間看法的落差，將可帶領我們更深刻地掌握明人的詩歌抒情觀。

陸　機

首先觀看南朝對陸詩的評論情形。《詩品》將陸機（261-303AD）列爲上品，並譽其爲太康之英。儘管評論內涵似未直接牽涉對抒情的討論，但總體而言，對陸詩是持肯定的態度。至於《文心》對陸詩抒情相關之評，主要爲「情繁而辭隱」一語，劉勰尙於該論中總結賈誼、王粲、陸機……等諸人作品之表現，稱此爲「自然之恆資，才氣之大略」（文心·體性 6/1025）[32]，認爲陸詩情思繁富乃其自然才氣的表現。然鍾、劉兩位對於陸詩抒情面之看法，似乎也僅止於此，而未有更多的說明。這與鍾、劉主要著意探討陸詩的文采，恐怕是脫離不了關係的[33]。

至於唐宋兩朝，對陸詩基本上還是持肯定的態度：

> 陸機、陸雲……文藻宏麗，獨步當時；言論慷慨，冠乎
> 終古。高詞迴映，如朗月之懸光；疊意迴舒，若重巖之

---

32 劉勰之論應理解爲是對陸機整體文學表現的看法，如此一來，雖非針對詩歌而論，卻不礙由其中略窺對陸詩歌的可能觀點。下列李世民之評語亦同作此解。

33 例如《文心·明詩》中「采縟」之評、《詩品》「辭贍」、「華美」、「綺錯」等一系列的討論，都是將焦點放在辭彩的討論上。

積秀。（李世民）[34]

潘、陸情致之文，鮑、謝清便之作，迫于徐、庾，踵麗增
華，纂組成而耀以珠璣，瑤臺構而間之金碧。（劉昫）[35]

劉賓客《柳枝詞》，雖乏曹、劉、陸機、左思之豪壯，
自為齊梁樂府之將帥也。（黃庭堅）[36]

班固、張華、郭璞、機、雲、嵇康、潘岳、謝靈運輩，
嘗讀其詩，感愴之言，近似鬼語。（張端義）[37]

相對於南朝之評，唐宋人對陸詩抒情的關懷已有所推
進：從「慷慨」、「豪壯」、「感愴」等評可以看出，他們
對陸詩的關照顯得更為具體，而非只是簡單地點出「情」，
卻未交代究竟是怎麼樣的情；再者，從「感愴」……等評論
辭彙可以發現：在說明陸詩抒情樣態時，他們似乎較關心其
力道強烈的部分，此與陸詩本身喜用「慷慨」一詞或有相當
程度的呼應[38]。唯這些評論皆非單獨針對陸詩而言，在貼切
度上容或有商討的空間。

然而對陸詩的讚揚，到了明代卻有極大程度的翻轉，單

---

34 李世民語。見於唐・房玄齡：《晉書・列傳第二十四・陸機傳後論》（合
　肥：黃山書社，2008，清乾隆武英殿刻本），卷 54，頁 699。
35 五代・劉昫撰：《舊唐書・列傳第 116・元稹、白居易傳後論及贊》，
　卷 166，頁 2185。
36 宋・黃庭堅：《山谷別集・跋柳枝詞書紙扇》（合肥：黃山書社，2008，
　清文淵閣四庫全書本），卷 12，頁 102。
37 宋・張端義：《貴耳集》，收於《宋詩話全編》，卷中，頁 8016。
38 例如〈長歌行〉「慷慨亦焉訴，天道良自然」、〈折揚柳行〉「慷慨惟昔
　人，興此千載懷」、〈門有車馬客行〉「慷慨惟平生，俛仰獨悲傷」、〈梁
　甫吟〉「慷慨臨川響，非此孰為興。哀吟梁甫巔，慷慨獨拊膺」……
　等，皆用到「慷慨」一詞。

從選本選錄數目之降，就可略窺端倪[39]；實際觀察評論更可發現：詩評家對陸詩之抒情不甚欣賞的原因是多方面的。首先，是批其文辭冗縟易礙抒情。如此看法普遍為明人所認同，茲扼要摘舉相關論述如下：

> 士衡情苦恬繁，下筆蕪雜，古人已病之。如云「沈歡滯不起」，曰沈曰滯曰不起，贅之甚矣……。[40]（說詩補 3/7207）
>
> 潘、陸而後，雖為四言詩，聯比牽合，蕩然無情。（王世懋）[41]
>
> 陸、潘之病，在情為辭沒而不能自出。（古詩歸・潘岳・悼亡詩 8/441）

「下筆蕪雜」、「聯比牽合」等評，若配合詩例當可看出：陸詩並非無情，然而在抒情展現上似乎失於簡單化及機械化之際[42]，又費了這麼多功夫經營辭彩，恐易使情、彩失

---

39 據逯欽立先生《先秦魏晉南北朝詩》的收錄情形，陸機現存詩作有 109 首，《文選》就選錄了 52 首，接近半數之多；然明人選錄數量大幅下降，最多為《石倉歷代詩選》，雖有 22 首，卻不及《文選》的一半，甚至《古詩歸》僅選 2 首，《古詩解》只錄 5 首，即便如陸時雍於《古詩鏡》中選錄了 18 首，貶抑卻所在多有。從這些現象觀察，已可見陸詩地位之下滑。

40 刪節處馮氏舉了大量詩例，說明陸詩詞藻之雜蕪。為精簡篇幅，僅列出「沈歡滯不起」作為代表。

41 明・王世懋：《藝圃擷餘》（合肥：黃山書社，2008，清刻說郛續本），卷，頁 1。

42 例如陸詩中多歡逝的題材，然而《古詩十九首》已將此展現得淋漓盡致；其贈別之作亦佔相當之數量，但是否勝過建安？也還有商討的空間。與陸詩表現形式之多變相較，誠如廖蔚卿先生所言：「陸機在中國文學發展史上的成就僅在於修辭方面的時代性及創建性，而非人生觀及精神意識的開拓，或意志抱負及感情的爆發。」（《中古詩人研究》（臺北：里仁書局，2005.3），頁 80。）從清人的評論當中，或許可見陸詩抒情上較多的變化（關於這點，將於第五章中再舉例說明），然相對而言，其情之表現遜於形式的展演，則是不爭的事實。

衡，而出現「情爲辭沒」的現象。茲簡單以〈又赴洛道中〉之二[43]爲例：羈旅思鄉之情乃古典詩歌常見之題材，其中輾轉難眠、抱影獨歎俱爲尋常的意象；「振策陟崇丘」、「頓轡倚嵩巖」此行旅跋涉的描繪又不免疊沓，雖云「銜思」、「悲風」，似難見真切之抒情，所謂「蕩然無情」、「情爲辭沒」，或如是乎！

此處尙可透過與劉勰相較，突顯明人對抒情的進一步要求。馮氏所指之「古人」，殆爲劉勰。劉氏確實有「情繁而辭隱」之評，然劉以爲此乃陸機之才性，並未因此而貶抑陸作；相對而言，馮氏等人卻是明顯不滿陸詩辭彩之冗縟，並由此批其情感之薄弱；足見詩歌之抒情，並非只要有「情」即可，唯有抒情與表現形式兩者搭配妥當，詩情方得受到肯認。

此外，《擬古》[44]作爲陸機有名的組詩，明人對此的看法如何？明人之評除了再次表明「辭冗縟易礙抒情」之觀點，還觸及另一個對抒情的要求，亦即光有抒情仍然不足，尙需留有餘味、含蘊無窮，方能稱爲佳作。

回溯至南朝：鍾嶸將陸機《擬古》列爲五言警策，並在

43　全詩如下：「遠遊越山川，山川修且廣。振策陟崇丘，安轡遵平莽。夕息抱影寐，朝徂銜思往。頓轡倚嵩巖，側聽悲風響。清露墜素輝，明月一何朗。撫枕不能寐，振衣獨長想。」見於晉‧陸機著，金濤聲點校：《陸機集》（北京：中華書局，1982.1），頁 41。

44　如何看出《擬古》中的抒情展現，近代學者已有頗爲精闢的探討，相關論文可參何寄澎、許銘全：〈模擬與經典之形成、詮釋 —— 以陸機〈擬古詩〉爲對象之探討〉，《成大中文學報》11 期（2003.11）；朱曉海：〈論陸機〈擬古詩〉十二首〉，《臺大中文學報》第 19 期（2003.12）。此處僅針對南朝與明人間的評論作一析論，至於《擬古》本身究竟有無情感、是否值得肯定？暫且略而不談。

上品中評「古詩」一條時提及此作，「如果不是認爲陸機的
《擬古》價值很高，大可不必提及」[45]。於具體評論中，鍾
嶸雖未明白點出《擬古》佳處何在，然若由其總體詩學觀推
測，鍾嶸應當是認爲《擬古》有情感動人、辭彩華美等特質。
至於《文選》更是選錄了擬作十四首中的十二首[46]，比例之
高足見蕭統對這組詩歌的贊賞。然而在鍾、蕭眼中評價這麼
高的作品，在明人看來，卻普遍認爲其幾無可取。首先是對
《擬古》逐句摹仿感到不滿，因爲此型態容易陷入辭語之雕
琢，從而妨礙抒情的展現。即使如王夫之曾美陸機之《擬古》
[47]，仍不免要說陸氏這組創作「苦爲繁雜詔曲之詞所掩」（評
選.擬庭中有奇樹 4/698）；再者，抒情與韻味是否搭配得當，
更是其中一個不容忽視的焦點。試參下列論述：

> 擬古皆逐句摹倣，則情興窘縛，神韻未揚，故陸士衡〈擬
> 行行重行行〉等，皆不得其妙，如今人摹古帖是也。（詩
> 源辯 3/52）

> 擬古詩須彷彿古人神思所在，庶幾近之。陸士衡擬古，
> 將古人機軸語意，自起至訖，句句蹈襲，然去古人神思
> 遠矣。〈擬行行重行行〉……不惟語句板滯，不如古人

---

45 黃坤堯：〈詩緣情而綺靡 ── 陸機《擬古》的美學意義〉，收於香港中
　文大學中文系主編：《魏晉南北朝文學論集》（臺北：文史哲出版社，
　1994.11），頁 627。

46 何以得知陸機擬作共有十四首？乃根據《詩品》評古詩時提到「陸機
　所擬十四首」一語所作的判斷。

47 王夫之是明人中對《擬古》例外持襃揚者，其言：「平原擬古，步趨
　如一，然當其一致順成，便爾獨舒高調。一致則淨，淨則文，不問創
　守，皆成獨搆也。」（〈擬明月何皎皎〉之評）然而此評牽涉詩歌抒情
　處少，故暫不列入討論的範圍。而此評賞亦不礙明人多所貶抑的事實。

之輕宕……〈擬今日良宴會〉……申上文歡娛而已，何其薄也！〈擬迢迢牽牛星〉篇，結云：「引領望大川，雙涕如霑露」，即「盈盈一水間，脈脈不得語」意也。……古今情人千言萬語，總從此出，被士衡一說破，遂無味矣。〈擬青青陵上柏〉……士衡自「置酒」以下，句句作繁麗語，無復回味，如飲蔗漿，一嚥而已。〈擬西北有高樓〉……不過聲色豪華，奚啻雅俗懸絕已哉！〈擬東城高且長〉……士衡一氣直說，全無生動。（詩筏/10397-10399）

「逐句摹倣」、「句句蹈襲」礙情之弊病固不待言；此處不憚繁瑣地援引賀貽孫對多首擬作之評，則是為了突顯抒情與韻味間的關係。僅以〈擬迢迢牽牛星〉之結語「引領望大川，雙涕如霑露」作具體說明：「雙涕如霑露」明顯可見主人翁傷悲之情，然而賀氏以為詩歌光是抒情仍不足夠，尚需考慮是否留有餘韻。在賀氏看來，原詩以「盈盈一水間，脈脈不得語」作結，因未說破而顯得含情無限，誠所謂「筆墨之外，俱含不盡之思」（詩筏/10401），合於賀貽孫「詩以蘊藉為主」（詩筏/10381）的準則，而此乃陸機《擬古》所缺乏者。許學夷「神韻未揚」之評，亦當有此意旨。他如陸時雍評〈門有車馬客行〉「驚心事，刻意語，所少者氣韻流動。」（古詩鏡9/76）雖非針對《擬古》，亦展現同樣的眼光。詩歌之抒情何以會缺乏餘韻？其實還牽涉到自然與否的問題。不論是王夫之美陸機〈擬西北有高樓〉「自然千里」（評選4/697），或者是王世貞以貶抑的眼光說到「陸病不在多而在模擬，寡自然之致」（藝苑3/80），俱指出摹擬若得自然生動，情韻

當能較好地舒展開來。要之，詩歌創作中即便帶有情感，若未能生動有味，恐亦難得到肯定。

何以對陸機《擬古》的看法，南朝與明人會有這麼大的落差？南朝詩評家雖多主張情彩兼重，然相對而言，更重辭彩是不爭的事實，因此在評論詩人創作時，多將焦點放在形式的展現上，對於抒情似乎只是點到為止；至於明代，這些探討《擬古》抒情表現的詩評家，主張格調的傾向不甚濃厚，故對抒情能有更多的重視，對此關懷愈多，審視情感的眼光就顯得愈加細膩，因此對於如何抒情、怎麼樣的抒情才能算是佳作等問題，都會有相對深刻的討論。陸時雍辨析「哭慟」與「悲」、「情」不同之論，即是一個明證：

> 長哭大慟，然而不悲，無情故也。更病太甚。凡過飾則損真，好盡則傷雅。（古詩鏡・挽歌詩 9/78）

即使如詩中所云「含言言哽咽，揮涕涕流離」、「拊心痛荼毒，永歎莫為陳」般長哭大慟，卻不見得能使人深切體悟其中之悲情，足見對情感的要求，不能只是觀看表面用語，尚需深入底蘊，探討詩歌之描繪是否能牽動人心。事實上，明人並非一味反對摹擬，方弘靜即云「曹王之作近《十九首》，非擬也，士衡擬之，而去頗遠」[48]，若擬作能夠較好地展現情感、調配辭彩，誠不無可取。關於陸詩《擬古》的探討，正可見明人是如何認可或貶抑摹擬；而擬古與抒情、餘味間的種種論述，則再次說明明人於抒情的辨析上是頗為細緻的。

行文至此，讀者心中或許會產生疑惑：明人「不是有抒

---

48 明・方弘靜：《客談》，收於《明詩話全編》，頁 3840。

情展現即是佳作」的觀點，難道南朝詩評家未曾留意？此處僅簡單以《文心雕龍》與《詩品》作說明：如〈情采〉一篇已提及抒情與形式表現搭配的問題，《詩品·序》亦論及情與物之關係、抒情展現需妥善配合賦比興等，對於佳作之展現，亦非僅就「有無情感」作簡單的考量。然而南朝相關之評，多是就詩歌創作的大方向加以提點，接近詩學理論，不像明人著眼於實際詩歌，並能對此作細緻的分析[49]；再者，兩朝於這部分的關注面向亦不盡相同，故明人之述評仍有其獨立的貢獻。

何以明人會對抒情多所肯認而有更細緻的辨析？誠有其時代背景。程朱理學言理、臺閣體又重格律，對於情感的抒發恐有窒礙，故七子派如李夢陽稱詩為「情之自鳴」[50]、何景明言「夫詩，本性情之發也」[51]、徐禎卿云「深情素氣，激而成言，詩之權例也」（談藝錄/3）⋯⋯等，俱特別標舉對抒情的重視；然七子派儘管意識到抒情的重要性，卻又在創作上落入摹擬的圈圃，使得後此之詩評家不得不再次疾呼抒情，屠隆主性靈說、公安提倡「獨抒性靈」[52]、竟陵派稱詩為「性情之言」[53]⋯⋯等，都是此背景下的呼聲，其中又夾

---

49 即使《詩品》區分上、中、下三品對個別詩人加以品評，然不可否認的是：其中對於抒情議題的觸及終究有限。此處不一一列舉，將於下列論述中隨文揭示。

50 明·李夢陽：《空同集·鳴春集序》（合肥：黃山書社，2008，清文淵閣四庫全書補配清文津閣四庫全書本），卷 51，頁 393。

51 明·何景明：《何大復集·明月篇并序》，卷 14，頁 96。

52 明·袁宏道：《袁中郎全集·敘小修詩》（合肥：黃山書社，2008，明崇禎刊本），卷 1，頁 1。

53 明·鍾惺：《隱秀軒集·隱秀軒文戠集序又二·陪郎草序》，卷 17，頁 101。

雜著陽明心學的推波助瀾。在這一次又一次的省思中，對抒情之探討自易走向深刻細緻，而開展出異於前朝之新境界。

　　要之，透過對陸詩抒情面的觀察，除了呈現明人異於前朝詩評家的觀點，對於抒情之作的好壞會受哪些因素影響，亦有更多的探究，此乃明人對陸詩抒情批判之際附帶而有的貢獻。對於陸詩詩學主張與實際創作的一褒一貶，正可見明人對詩歌之抒情實有頗爲細膩的區辨，這一點在下列各個抒情主題的探索中，還會次第展現。

第三節　對俗艷之情的肯認

　　所謂「艷」者，杜預以爲「色美曰艷」，孔穎達則言「美者言其形貌美，艷者言其顏色好。」[54]艷當有美好之意，然而若冠上「浮」、「淫」等辭彙，便容易帶有貶意，像劉勰云：「若夫艷歌婉孌，怨志詄絕，淫辭在曲，正響焉生！」（文心.樂府 2/253）艷歌、怨志中的淫辭容易妨礙正聲，在「淫辭」、「正響」一偏一正的對照中，褒貶之意不言可喻。文學史上所謂艷歌的題材往往以兒女之情爲主，然對此是抑是揚，必須據實際論述作判斷，未可一概而論。

　　至於「俗」者，主要指語言文字之通俗直白，但若文辭「過分雕飾，喪失天真，恰恰是對典雅趣味的敗壞，它也被

---

54 周・左丘明傳，晉・杜預注，唐・孔穎達正義：《春秋左傳正義・桓公元年》（北京：北京大學出版社，1999.12），卷 5，頁 133。

視爲一種俗氣」[55]。再者，「俗」之內容則有庸俗、大眾化
的趨勢。具有通俗特點之作，雖不全然以兒女之情爲題材，
然而絕大部分的艷詩都有「俗」的傾向，由此可見艷、俗之
間確實有密切關聯；加以兩者一般而言都屬於雅正之對立
面，故將俗艷一併論述。

　　中古至明代的詩評，對俗艷之情大致有由「貶抑」轉向
「肯認」的趨勢：試看在文學批評史上頗具地位的《文心雕
龍》、《詩品》，以及《昭明文選》，均對俗艷之情頗有微
詞[56]；相較之下，明人對俗艷之情則有較多的讚賞。但這並
不表示明代對此一概贊許，同時期仍有詩評家表示否定。下
文將對無名氏樂府、傅玄、湯惠休、蕭衍展開探討，說明俗
艷之情漸受肯認的情形；諸家詩評或有傾俗情、傾艷情、或
者俗、艷兩者兼具之別，卻無礙共同形成「俗艷之情」此主
題之討論；其中明人對於無名氏樂府之探討，又明顯兼具俗
艷兩者，當是本主題中相對具代表性之例證，故擬由無名氏

---

55 康正果：《風騷與艷情》（上海：上海文藝出版社，2001.8），頁 278。
56 例如劉勰在〈宗經〉言：「楚艷漢侈，流弊不還，正末歸本，不其懲
　　歟」，以爲「艷」之「流弊不還」，貶抑之意頗爲明顯；〈樂府〉篇末
　　則云：「《韶》響難追，鄭聲易啓。豈惟觀樂，於焉識禮」，顯見對俗
　　情並不賞識；至於《詩品》賞「士大夫之雅致」，而斥鮑、休「險俗」、
　　「動俗」，亦可見對俗情之貶抑；再如蕭統視陶潛之〈閒情賦〉「白璧
　　微瑕」，對艷情之不滿溢於言表。此外，根據張伯偉先生的歸納，《文
　　選》未選錄任何一首情詩（少數因標題正經而混入）、《詩品》明顯不
　　滿艷情詩作（語見氏著：《鍾嶸詩品研究》（南京：南京大學出版社，
　　2000.3），頁 402-412），凡此種種，俱可明顯看出中古階段對俗艷之情
　　的大致看法。同時期之蕭子顯雖批評謝靈運一派「典正可采，酷不入
　　情」，卻不意味對俗艷的全然推崇，蕭氏的理想當是「不雅不俗」；《玉
　　臺新詠》編入大量宮體詩、樂府民歌，應可見其肯定世俗、綺艷之情
　　的趨向，然該書選而不注的體例，實難見出對俗艷之情更多的看法。

樂府談起。

無名氏樂府

　　樂府主要可區分為雅樂與俗樂兩大類別，雅樂者，包括郊廟、大射等用於廟堂祭祀的雅正之作；而「漢魏六朝時代，主要的俗樂名叫清商樂，簡稱清樂。吳聲與西曲，便是六朝清樂的主要部分。」[57]此處所欲討論的對象，正是這些出於無名氏之「俗樂」。

　　南朝人對這些俗樂的看法如何？儘管時風崇尚俗謠之創作，然就詩歌批評的實況而言，對此恐以貶抑居多：王僧虔以為此等「多違正典」[58]；《文選》雖錄樂府一類，然除了〈飲馬長城窟行〉為無名氏的作品外，其餘俱為文人之作，雖非用於高堂之上，但雅化的狀況頗為明顯，正表現出《文選》崇雅之傾向；《文心雕龍》雖立樂府一篇，然其崇雅斥俗的態度鮮明，是以民間樂府自然不在其欣賞的範圍內；至於《詩品》主要以五言古詩為觀察對象，無名氏樂府受到忽略也是可以理解的。《玉臺新詠》雖然選錄十八首民間無名氏之作，但因選本體例所限，而未曾作解；蕭子顯「不雅不俗，獨中胸懷」之論，似有為「俗」爭地位的意圖[59]，然整

57　王運熙：〈論吳聲與西曲〉，《樂府詩述論（增補本）》（上海：上海古籍出版社，2006.7），頁 452。

58　王僧虔之主張及當時之創作情形，可參《南齊書》：「僧虔好文史，解音律，以朝廷禮樂多違正典，民間競造新聲雜曲……上表曰：『……自頃家競新哇，人尚謠俗，務在噍殺，不顧音紀，流宕無崖，未知所極，排斥正曲，崇長煩淫。……』」（卷 33）。

59　相關論述可參陳橋生：《劉宋詩歌研究》（北京：中華書局，2007.3），頁 224-225。

體而言，這些流行於民間的「庸音」，在當時終究未受到足夠的賞識與重視。

　　至於唐代至元朝的狀況：北宋郭茂倩的《樂府詩集》雖負盛名，然以蒐集全備為主，加上「錄而不釋」的性質，較難見出郭氏的詩學觀點。至於元代對中古俗樂的看法，則可由黃仁生先生之歸納一窺大略：

> 楊維禎所作七言四句體、五言四句體小樂府，明顯受到
> 了南朝樂府的影響，甚至贊賞「南朝宮體」，認為「自
> 是玉臺新句好」；李孝光《五峰集》卷二所收古樂府中，
> 有《夜夜曲》等作明確標舉為「效玉臺體」，可見他們
> 並不否定六朝樂府。[60]

　　儘管元人似乎不否定六朝樂府，卻只能由其作品中間接證得，至於對中古俗樂直接而具體作評，從而較好地彰顯其價值，恐仍有待於明人。

　　明人詩評展現出異於前朝的眼界，這一點可先由選本的選錄數量作粗淺的觀察：七子派主張古詩承漢魏，「刻意追求藝術風格的古雅」[61]，似乎與中古俗樂之「俗」處於對立的狀態。然其重要的代表人物李攀龍，卻在編選《古今詩刪》時，選錄中古無名氏樂府多達 103 首，此現象的意義在於：即使七子尚古雅，卻未全然忽略俗樂；而沉寂多時的中古民間樂府，其價值亦因此有被重新探究的可能。像李攀龍這般

---

60 黃仁生：《楊維禎與元末明初文學思潮》（上海：東方出版中心，2005.9），頁 174。
61 蔣鵬舉：《復古與求真 李攀龍研究》（北京：中國社會科學出版社，2008.9），頁 186。

大量選錄中古民間樂府的做法，在明代並非孤例，諸如鍾惺、譚元春的《古詩歸》選錄 108 首、唐汝諤《古詩解》選錄 64 首、陸時雍《古詩鏡》錄了 237 首等，都可看出中古俗樂於明代受到重視的情形。

那麼明人述評的具體情形又是如何？在明人眼中，中古俗樂的主要特色，即是以刻畫入微、語淺而深的方式表現俗艷之情。試參下列諸論：

> 讀晉宋以後《子夜》、《讀曲》諸歌，想六朝人終日無一事，只覺一副精神、時日於「情艷」二字上，體貼料理，參微入妙。其發為聲詩，去宋元填詞途徑甚近甚易。讀者當知其深妙處，有高於唐人一格者。（古詩歸 10/468）
>
> 假物攄情，流連無盡，故多以淺淺語作深深意。（古詩鏡・清商曲辭 11/99）

要之，這些以兒女情長為主要題材的俗艷之作，常會透過對形象的細緻刻畫，以直接卻深刻的方式展現情意。接下來擬觀察個別詩歌之評論，反覆印證這一特點。

首先，明人評論這些樂府俗曲時，往往能揭示其中細微深密的情感：

> 詞響意邈，語綺思新，然漢魏之質調一變。（馮時可）[62]
>
> 聲情搖曳而紆回，不纖不碎，太白妙派。（古詩歸・西洲曲 10/467）
>
> 一曲中拆開分看，有多少絕句，然相續相生，音節幽亮，雖其下愈盡，而其上愈含蓄可味，何情緒之多也。（古

---

[62] 收於明・黃廷鵠：《詩冶・詩人詩・晉樂府并詩》，收於《明詩話全編》，卷 12，頁 7726。

詩歸‧西洲曲 10/467）

> 「何處宿行還，衣被有霜露」，冷而雋。古詩情深，多
> 是不曾説破。（古詩鏡‧讀曲歌 15/156）

〈西洲曲〉乃女子思郎之作，全詩共五言三十二句，運
用連珠體環環相扣，從折梅、望西洲、見伯勞飛舞、採蓮、
望鴻、上樓一路書寫，莫不扣合思君之情思，「日暮伯勞飛，
風吹烏臼樹。樹下即門前，門中露翠鈿」[63]，伯勞性喜單棲，
日夕時分鳥之孤飛與風中飄搖之臼樹，更烘托出門中女子的
孤寂；「置蓮懷袖中，蓮心徹底紅」，特地將蓮置於懷袖，
珍重憐惜之情已明白展露，蓮心赤紅的描繪，恐亦有己心赤
誠之投影。凡此種種，俱在細膩的描繪中見到「語綺思新」
的特色；而迂迴含蓄之情意，亦在形物的層層鋪陳中展露無
遺，此其「意遠」處。再如〈讀曲歌〉，男子究竟於「何處
宿行還」？詩中未作正面回應，僅簡單以「衣被有霜露」一
語作結，卻啓人無限遐想，女子細微的幽怨之情亦於此恰當
展現，此所謂「冷雋」而「情深」處。明人對於這些兒女情
懷的貼切闡述，除了有助於詩情之理解，也彰顯了中古民歌
特有之價值。

其次，明人對於中古樂府裡直接、俚俗的抒情，亦有較
多的關照，並由此導出「抒情是否必然以含蓄為佳」的思索。
試觀以下諸評：

> 黃葛生爛漫，誰能斷葛根，寧斷嬌兒乳，不斷郎殷勤。
> （〈前溪歌〉）

---

63 宋‧郭茂倩編：《樂府詩集‧雜曲歌辭 12》（北京：中華書局，1998.11），
卷 72，頁 1027。

俚而旨，快痛欲絕。（古詩鏡 11/104）

快馬常苦瘦，剿兒常苦貧；黃禾起羸馬，有錢始做人。
（〈幽州馬客飲歌〉）

「做人」用俗語妙。（古詩歸 14/507）

鎪臂飲清血，牛羊持祭天，沒命成灰土，終不罷相憐。
（〈歡聞變歌〉）

「沒命成灰土，終不罷相憐。」情語到至處，不含蓄亦
妙。（古詩歸 10/465）

望歡四五年，實情將懊惱。願得無人處，回身與郎抱。
（〈孟珠其二〉）

太妖矣，然既已有情，何必諱其妖。妙在不故作羞態。
（古詩歸 10/467）

前兩首詩中「寧斷嬌兒乳」對愛情的熱烈追求、「有錢
始做人」的忿忿無奈，立意用語確實都十分俚俗，卻也可見
詩人直接痛快的想法；至於後兩則評語直指「不含蓄亦妙」、
「不故作羞態」，可謂相當程度地顛覆了傳統詩教含蓄委婉
的詩歌美學觀。《古詩歸》這樣的評論，除了展現出讚許「直
接抒情」的眼光外，更由此開拓了欣賞詩歌的視野，亦即雅
正委婉之作固佳，通俗直截之作亦自有其妙處，後人對於中
古詩歌的掌握，也因這類的評論而更顯遼闊。[64]

再者，明人闡釋中古俗曲中之艷情，還有一點可留意者，

---

[64] 若按照明代詩派的發展而言，公安派因走向淺俗刻露，而使竟陵派欲
以幽深孤峭矯之。然此乃公安、竟陵相對而言，並不表示鍾惺等人即
是反對俗情，這從上述評〈幽州馬客飲歌〉即可明確看出。可見對於
詩評家主張的理解，很多時候恐難一概而論，仍有細部辨析之必要。

是對「歡情」有較多的說明。此與中國詩歌以傷春悲秋爲抒
情傳統主流的看法，是很不相同的。茲以陸時雍評《子夜四
時歌》之〈春歌〉爲例：

> 朱光照綠苑，丹華粲羅星，那能閨中繡，獨無懷春情。
> 羅裳迕紅袖，玉釵明月璫，冶遊步春露，艷覓同心郎。
> 「艷覓同心郎」，「艷」字佳絕，覺情致奕奕勃溢。（古
> 詩鏡 11/101）

這裡明顯可見女子出遊覓郎之歡情，「艷」者除有艷遇
之意，亦隱含盼能驚艷「同心郎」的期待，此「艷」之對象
當包括男女雙方，而歡樂洋溢的情致即在其中流淌開來。像
這般著意點出歡情之評論，尙可見於陸氏評〈讀曲歌〉（芳
萱初生時）「恁地欣喜自在，歡情入手，樂極忘憂，任意從
容描畫」（古詩鏡 15/155）、論〈西烏夜飛〉中陽春之景「妙
麗之極，情色兩絕」（古詩鏡 15/158）、《古詩歸》評〈子夜
歌其六〉男女相悅之歡「狎昵纏綿，俱在言外」（12/484）……
等。這些評論著實開展了觀看俗艷之作的另一視野。

　　儘管從選詩數量以及實際評論等種種觀察中可以看出：
相對於前朝，明人對中古俗曲確實有較多的關懷，然而並不
意味明代詩評家都欣賞這類作品。最明顯的例子，就是王夫
之以尊崇雅正的角度來看這些俗曲，似乎又回到《文選》、
《文心雕龍》的觀看視野：

> 《子夜》、《讀曲》等篇，舊刻樂府，既不可登諸管絃，
> 雖下里或謳吟之，亦小詩而已。晉、宋以還，傳者幾至
> 百篇。歷代藝林，莫之或采。自竟陵乘閏位以登壇，獎
> 之使廁於風雅，乃其可讀者二一篇而已。其他媒者如青

樓啞謎，點者如市井局話，塞者如閩夷鳥語，惡者如酒
肆拇聲，澀陋穢惡，稍有鬚眉人見欲噉。而竟陵唱之，
文士之無行者相與龢之，誣上行私，以成亡國之音，而
國遂亡矣。竟陵滅裂風雅、登進淫靡之罪，誠為戎首。
（評選 3/617）

　　夫之直指竟陵派選錄這麼多樂府之作，實為「滅裂風
雅」。如此批評是否允當，當有商榷的空間：觀察明代諸選
本即可發現，鍾、譚等人並非注意中古民間俗樂的始作俑者，
前此至少就有李攀龍的《古今詩刪》，亦是大規模地採錄這
類作品，因此即便真有「淫靡之罪」，全由竟陵派承擔似乎
不盡合理；更何況這些俗樂是否真是「澀陋穢惡」、毫無價
值可言？也還有討論的餘地。王氏以風雅正統的角度品評這
些作品固然有其立場，然忽略詩歌主流外的閃閃亮點，卻是
不爭的事實。

　　要之，中古民間樂府如何以淺顯的語彙蘊含深深的情
意，如何透過對外在景物或者人物形象的描繪，一展細膩之
情懷，又如何將俗艷之情的價值彰顯出來，確實都有賴明代
詩評家的闡釋。清人對中古俗曲亦有較多的留意，從陳祚明
《采菽堂古詩選》、沈德潛《古詩源》……等選本俱可看出，
明人對此實有先導之功。

傅　玄

　　傅玄（217-278AD）在南朝受到的重視極為有限，只略見
於《詩品》與《文心雕龍》：

　　長虞父子，繁富可嘉。（詩品・下/335）

應傅三張之徒，孫摯成公之屬，并結藻清英，流韻綺靡。
（文心・時序 9/1702）

鍾嶸僅將傅玄置於下品，《文選》亦僅錄其〈雜詩〉一
首，俱可見對傅詩的評價並不甚高；再者，鍾、劉兩位詩評
家在論及傅玄之作時，主要集中於辭彩（繁、結藻、綺靡）
的討論上，對於其詩之抒情如何表現，似未多作著墨。

唐、宋、元等朝，對傅詩評價幾乎付之闕如，這般現象
誠可理解，畢竟就整個中古詩人加以觀察，傅玄確實稱不上
是一流的詩人，卻也因為唐宋元對傅詩之忽視，反倒更能烘
托出明人不捐細流之獨到眼光。明人評論傅玄作品最醒目的
特色，即是由各個不同的觀察點，大量展現對傅詩中兒女情
懷的肯定與闡發：

髣髴懽感，如在目前。經緯情感，若探衷曲。（馮惟訥評
〈董逃行〉）[65]

結構精奧，描情寫色，眇眇入神，當屬西漢第一妙手。
（古詩鏡・董逃行 8/69）

纏絲搖蕩，驚悸惑溺，盡此十三字。（古詩歸・雜言 8/439）

西漢情曲，鄴中語致，所以華而婉，魏人徑情直往，無
此委折稠疊。（古詩鏡・飲馬長城窟行 8/67）

秋蘭蔭玉池，池水清且芳。芙蓉隨風發，中有雙鴛鴦。
雙魚自踊躍，兩鳥時迴翔。君其歷九秋，與妾同衣裳。
（〈秋蘭篇〉）

〈短歌行〉怨甚矣，尚有怨容。此無怨容，其怨益切。

65 明・馮惟訥：《古詩紀・晉第二》，卷 32，頁 237。

（評選 1/516）

> 休奕天性峻急，正色白簡，臺閣生風。獨為詩篇，新溫
> 婉麗，善言兒女，強直之士懷情正深，賦好色者何必宋
> 玉哉。（張溥）[66]

　　上列諸論俱是對傅詩兒女柔情的揭揚：或者言其抒情生
動；或者明指其情感具備真切委婉之特質。對應至〈董逃行〉：
「顧繡領兮含輝，皎日迴光則微。朱華忽爾漸衰，影欲捨形
高飛。誰言往思可追。」女子顧盼哀怨之姿確實「如在目前」、
「眇眇入神」；以形影比擬，殆所謂於含蓄中「探衷曲」。
《古詩歸》、《古詩鏡》對〈雜言〉、〈飲馬長城窟行〉之
評，亦著眼於其抒情之婉轉（「委折稠疊」）、生動（「纏
緜搖蕩」）。再如〈秋蘭篇〉，詩中鴛鴦、魚、鳥等成雙成
對的意象，配和玉池、芙蓉清芳的氛圍，末但言女子之期待，
幾「無怨容」，然透過與動物恩愛清和的對比，反而更使「怨
益切」，從而彰顯詩歌表現與情感傳達間看似相反、卻更形
激盪的震撼力。至於張溥之評，則指出詩人政治性格與詩歌
展現不完全一致的特點。凡此種種，實共同展現對傅玄筆下
兒女之情體認之深刻與細緻。

　　通盤觀看現存六十首傅詩，以兒女柔情為題材之作就佔
了二十三首之多；細部觀其詩歌，諸如「素手尋繁枝，落葉
不盈筐。羅衣翳玉體，迴目流采章」（〈秋胡行〉）、「文袍
綴藻黼，玉體映羅裳」（〈有女篇〉）、「珠汗洽玉體……素
粉隨手凝」（〈雜詩〉）……等，已隱約可見艷詩的傾向；然

---

66 明・張溥題辭，殷孟倫輯注：《漢魏六朝百三家集題辭注・傅鶉觚集》，
　頁 138。

而相較於後文將提及的湯惠休、蕭衍……等人之評，明人對
傅玄詩作恐怕還不以「艷」爲主要視角，而是對其多申兒女
柔「俗」之情有較多的關懷。

　　與南朝相較，何以明代對傅詩抒情會有較多的闡釋？這
與詩評家對雅俗的偏好以及關注詩體之異，是有關聯的：

> 劉勰肯定的是傅玄入晉後寫出的大量廟堂樂府詩以及
> 奏疏類文章，……但是，後來人們討論傅玄的文學成
> 就，轉而注意到他的其他樂府詩作，其實大多是入晉之
> 前的早期作品。

> 《詩品》……將傅玄列入下品……按照鍾嶸的標準，是
> 有道理的。……傅玄的主要成就在樂府詩創作上。他「吟
> 詠性情」之作，無論是通過樂府詩寄託，還是用其他詩作
> 直抒，「有滋味」的作品多不在五言詩，而在雜言詩。[67]

　　《文心》與明人關注重心有一「雅」一「俗」之別。從
《文心・樂府》評傅玄「逮於晉世，則傅玄曉音，創定雅歌，
以詠祖宗」（2/246），以及篇末「《韶》響難追，鄭聲易啓。
豈惟觀樂，於焉識禮」（2/267）之論，已可見劉勰賞傅玄雅
歌以及「崇雅斥鄭」[68]的傾向。雅正的廟堂樂府不能說全無
情感，然此種樂府體裁之重心在歌功頌德，對於個人情感之
抒發自難兼顧。而明人闡發傅玄詩歌情感的題材幾乎不見廟
堂之屬，反而集中在兒女情懷的內涵上，相對而言，乃傾向

---

67 魏明安、趙以武：《傅玄評傳　附楊泉評傳》（南京：南京大學出版社，
　　2006.4），頁 353-355。
68 劉勰著，周振甫注：《文心雕龍注釋》（臺北：里仁書局，1998.9），頁
　　129。

通俗的一方。評論重心如此轉變，不僅可看出明人對普羅的兒女柔情確實有較多關懷，長久以來傅玄在這部分創作所受到的冷落，亦有待明人方得較好之彰顯[69]。

　　至於《詩品》與明人評論的對照，主要落差則在於關注詩體的不同。《詩品》所評以五言詩為主，雖已能涵蓋中古詩歌之主要變化，然而像是傅玄這樣不以五言詩為創作重心的作家，便易受忽視；而明人對其詩歌相對全方位的關懷，實有挖掘傅詩抒情面向並重定其價值之功[70]。

　　要之，從詩情之不受重視，到留意其詩歌抒情之展現，可以看出傅詩特出之價值，此實有待明人方彰顯之。另外，由傅玄的例子還可看出：在抒情的主題中，尚牽涉到詩評家雅俗喜好之偏向、關注詩歌體裁之不同等種種問題，透過比對，可明確看出兩朝詩學觀之差別，而這也是文學批評轉換中值得留意之處。

69　《玉臺新詠》雖亦擇錄傅玄一定數量的俗艷詩作，然礙於該書「選而不註」之體例，故對傅詩兒女柔情有較好的闡述，仍有待於明人。

70　但這不表示明人對傅詩全無負評，例如王世貞「平子〈四愁〉，千古絕唱，傅玄擬之，致不足言，大是笑資耳。玄又有〈日出東南隅〉一篇，汰去精英，竊其常語，尤有可厭者。本詞：『使君自有婦，羅敷自有夫。』於意已足，綽有餘味。今復益以天地正位之語，正如低措大記舊文不全，時以己意續貂，罰飲墨水一斗可也。」（增補藝苑 2）對其詩之常語乏餘味不甚欣賞；胡應麟「休弈龐烈婦雜言，繼躅東京，〈董逃行〉六言，獨暢典午。〈鐃歌〉諸作，亦在繆襲、韋昭間。惟五言剿襲雷同，絕少天趣，聲價不競，職此之由。」（詩藪內 3）之評，則扼要勾勒出詩作之優劣；再如馮復京，在一連串辨明傅詩腐儒荒陋、不如古詩意趣之後，總結出「史評其文云綺麗不足言成，規鑒允矣。父子梴幹實材，總之詩非長技。」（說詩補 3），俱可看出傅詩仍存在若干缺陷。

湯惠休

　　湯惠休詩好言俗情，聲價不高，然後世對其言情有從貶抑轉至欣賞的情形[71]，箇中變化曲折，亦有值得駐足處。現今可見之湯詩共十一首，除了〈贈鮑侍郎詩〉為贈答之作，其餘俱為兒女柔情之作。就選本部分觀察，明代以前湯詩未有任何一首被選本選錄，其受漠視的情形是很明顯的。然而到了明朝，《古今詩刪》、《古詩解》與《古詩評選》雖僅零星選錄一兩首，但《古詩歸》擇錄五首，《石倉歷代詩選》八首、《古詩鏡》七首，就比例而言已頗高，與明代以前的狀況有很大的落差。透過數量的概略觀察，已可見風評轉換的趨勢，至於這背後所呈現的，是什麼樣的批評意義？需由實際評語加以釐清。

　　首先觀察南朝部分的評論。鍾嶸、顏延之等人對湯詩俗而淫靡的表現頗為不滿：

> 惠休淫靡，情過其才。世遂匹之鮑照，恐商、周矣。（詩品・下/368）

> 檀、謝七君，並祖襲顏延，欣欣不倦，得士大夫之雅致乎！余從祖正員嘗云：「大明、泰始中，鮑、休美文，殊已動俗。」惟此諸人，傳顏、陸體，用固執不如顏。諸暨最荷家聲。（詩品・下/376）

> 延之每薄湯惠休詩，謂人曰：「惠休製作，委巷中歌謠

明代確實仍有如馮復京「惠休在宋著名淫靡，然詩少才思」（《說詩補遺》卷 3）般貶抑之論，然此基本乃延續前朝之觀點，與本書著意於「流變」的觀察並不相妨。

耳。方當誤後生。」（李延壽）⁷²

　　《詩品》將湯惠休列入下品，並對其形式上之「美文」
與抒情內容上之「淫靡」不甚欣賞。此外，這裡還牽涉到雅
俗的問題，所謂「動俗」者，除了點出湯惠休引發當時普遍
之風尚外，並認為這與顏延之一系之「雅致」是相對的，此
「俗」之委巷歌謠只會誤導後生晚輩，貶抑之意頗為明顯。

　　繼南朝之後，長達八百多年的唐宋元三朝對湯詩幾乎未
曾著意，這與湯詩所涉及之題材面過於狹隘恐怕是脫離不了
關係的。如此狀態直至明末鍾惺、譚元春，才有所轉變。一
般而言，「艷」者總予人俗氣之感，既然俗艷，似乎理所當
然地會推測其情必然淺薄而無足觀。然而鍾、譚卻一反常說，
對湯詩之艷情持肯定態度，並以為「風流艷情」與「幽深」
實不相妨：

> 余嘗謂情艷詩到入微處，非禪寂習靜人不能理會。此右
> 丞〈西施詠〉所以妙也，于惠休亦云。（古詩歸 12/482）
> 無一毫比丘氣。安知艷逸幽媚之致，不是真禪？（古詩
> 歸 12/482）
> 妍而深，幽而動，艷情三昧。（古詩歸・怨詩行 12/482）
> 若驕若恨，非驕非恨，別有深情，風流而不輕薄。（古
> 詩歸.贈鮑侍郎 12/483）

　　具體觀察惠休之作，會發現《古詩歸》所論似不無道理：
〈怨詩行〉開頭言「明月照高樓，含君千里光。巷中情思滿，
斷絕孤妾腸」，將原屬於大自然的月光歸為君之所有，以月

72　唐・李延壽撰：《南史・列傳第二十四・顏延之傳》（合肥：黃山書社，
　　2008，清乾隆武英殿刻本），卷 34，頁 386。

光之遍照巷弄，比擬情思之溢滿，然光照雖無所遺漏，卻又摸不著觸不得，反而更爲烘托出孤妾之愁腸；又〈江南思〉乃僅有二十字之短作：「幽客海陰路，留戍淮陽津。垂情向春草，知是故鄉人。」馮復京讚後二語爲「佳致」（說詩補3/7220），將春草視爲是故鄉人誠爲奇想，卻也可見旅人思鄉之強烈，竟將隨處可見之春草當成投影情思之對象；再如〈白苧歌〉之二，所繪乃舞女之姿，最後收束於「爲君嬌凝復遷延，流目送笑不敢言。長袖拂面心自煎，願君流光及盛年。」末語實有雙重意涵：此盛年者，可以是對男子的祝願，亦可是舞女爲自身的祈禱，唯有雙方都能「流光及盛年」，當下這美好的歡宴時光才有重現之可能；即便無法再現，以永恆的祝禱收束，亦可見舞女之一往情深。是以《古詩歸》認爲湯詩之艷情深切實不無道理，這除了使我們得以重新看待湯氏之作，對於幽深與艷媚之情的關係，亦有重新思索的空間。

　　鍾、譚之評確實如當今學者所言，有「黜落名家詩篇」（陳斌/336）的趨勢，那麼上列僅以《古詩歸》之論爲例，說明湯詩俗艷之情於明朝受重視的狀況，是否有普遍性不足的疑慮？首先，於詩歌選本選錄的變化中，已透露湯詩日受關注的傾向，湯詩幾乎全爲俗艷之作，明朝選本選錄增多，當意味著對這類作品的重視，此與《古詩歸》之論實相互呼應。再者，認爲艷情不盡然一無可取，隱然有不斥「庸俗」之意，這一點與明人評論傅玄詩歌的角度，亦有相似之處。復次，對中古詩人艷情的肯認，並非只有鍾惺、譚元春如此，在本節對其他中古詩人的探討中，此觀點亦可明顯窺得；若延伸

至清代詩評，亦可見清人對湯詩俗艷之情的重視[73]，《古詩歸》由此角度所展開之述評，誠有其合理之處。因此整體而言，《古詩歸》之論與明人對抒情的看法誠有一致之處，而非孤例。

要之，湯詩情多俗艷，題材狹隘，應是《詩品》對其評價不高之因[74]。明人卻對此轉出正面的關懷，像是《古詩歸》點出其艷情之價值，並另闢觀察之面向（即幽深與艷情之聯繫），仍不無可取。平心而論，若置於詩歌史的脈絡中加以評斷，恐以《詩品》之論更趨於公允；但《古詩歸》的闡釋，則使我們能夠洞察小家詩人之可取處；而這些評論實共同建構出對湯詩更為全面的理解。

蕭　衍

梁武帝蕭衍（464-549AD）在明代以前，或者因其詩作表現偏向艷麗，加上現今可見的一百零六首作品中，幾乎都以女性為題材，有視野狹小之弊，故唐宋元等朝對蕭詩討論甚少，僅於其詩為疊韻之始，長於麗詞[75]……等面向有零星的

---

73 茲簡單以〈怨詩行〉之評為例：沈德潛言「禪寂人作情語，轉覺入微，微處亦可證禪也」（《古詩源》卷 11）、張玉穀云其「言情婉至如此，固宜其出家仍還俗也。顏延之乃謂其制作為『委巷間歌謠，方當誤後生』，抑知己詩板重，正不能作是語也。」（《古詩賞析》卷 17）……等，俱可見對湯俗艷之情的欣賞。

74 張伯偉先生即認為《詩品》視艷情詩為詩的五大缺點之一。語見氏著：《鍾嶸詩品研究》，頁 412。

75 相關原文可以下列為代表：唐人陸龜蒙〈詩序〉曰：「疊韻起自梁武帝云『後牖有朽柳』。」（語見葛立方《韻語陽秋卷 4》）；宋人許顗言：「梁武帝作〈白紵舞詞〉四句，……詞云：『朱絃玉柱羅象筵，飛管促節舞少年，短歌留目未肯前，含笑一轉私自憐。』嗟乎麗矣！古今當為第一也。」（《彥周詩話》）

論述。及至明朝,方由風神、意象、抒情等種種面向[76]加以探討,對蕭詩之關懷明顯變多。

明人對蕭詩之艷情確曾著力探討[77],並能客觀地指出其可取之處。其中較具代表性的例子,首先可觀許學夷之說。許氏評論詩歌時,基本是抱持著中和雅正的觀點,其「正變」之說以「正」為上,卻未因此而一味排斥艷麗,可見對「變」仍有相當的包容性。試觀下列之論:

> 梁武帝樂府五言,情雖麗而未甚靡,齊梁間樂府,惟武帝稍為有致。他如「金風徂清夜,明月懸洞房」,乃齊梁佳句。樂府七言〈河中之水歌〉,語雖妖艷,而調猶渾成。〈東飛伯勞歌〉,則詞益艷而聲益漓矣。(詩源辯 9/125)

許氏認為梁武之作情雖麗而未甚靡,尚稱有致,亦有格局。相較於歷來對齊梁詩風普遍之批評,許氏對部分「益艷」之蕭詩雖略有微辭,但從稱許兒女艷情之作仍有「佳句」,以及妖艷中仍得渾成等論還是可以看出:許氏對於蕭詩艷情的表現仍可接受,而未到大加批斥的地步。

除了許學夷,王夫之對蕭衍詩歌中所展現之艷情,亦有深入的探討。誠如第二章所言,王氏基本上有推崇詩教精神的趨向,卻不因此而一味排斥艷情,並能看出蕭詩之長,同

---

76 明人對這些面向的留意,將於下文中逐步呈現,故此不贅引評述之原文。

77 林大志先生「明清論詩諸家多以蕭衍為齊梁間雅正一體的代表,……大多有意將這類淺麗之作拈除集外」(《四蕭研究 —— 以文學為中心》(北京:中華書局,2007.2),頁 129-130)云云,所見未周,實有再商討的空間。

時探討艷情與風神、忼慨相容的可能性，而將對蕭詩的理解帶向更深廣的層次。茲以下列諸論為例：

> 推含不測，就事逼真，忼慨流連，引古今人於無盡，逼真漢人樂府。皮相人以齊梁薄之，且道此詩，云何作底許語？（評選・河中之水歌 1/545）

> 與〈河中之水歌〉足為雙絕。……託體雖艷，其風神音旨英英遙遙，固已籠罩百代。後來擬此者車載斗量，何能分渠少許？（評選・紹古歌 1/545）

> 高臺半行雲，望望高不極。草樹無參差，山河同一色。髣髴雒陽道，道遠難別識。玉階故情人，情來共相憶。
> （〈臨高臺〉）

> 胍胍條條，森森束束，詎可以輕艷目之！（評選 1/544）

〈河中之水歌〉與〈紹古歌〉俱為七言歌行，前者敘莫愁之生平與其姿態，後者則言女子之窈窕無雙，卻仍待字閨中。從「盧家蘭室桂為梁，中有鬱金蘇合香。頭上金釵十二行，足下絲履五文章」、「開顏發豔照里閭」、「羅帷綺帳脂粉香」等語，俱為典型的艷情描繪，而王夫之評前作「忼慨流連」，殆指「人生富貴何所望？恨不嫁與東家王」這般婚後雖富足安逸，卻不得與心上人結為連理的慨歎；至於「風神音旨英英遙遙」所指，當為「三春已暮花從風，空留可憐與誰同」這類於時光流逝中飄搖的情懷，全詩以此作結，更顯風神縣長。王夫之如此評語，可謂於認可艷情之際，指出其不必然流於輕浮。[78]〈臨高臺〉則由遼闊之氣勢聚焦至思

---

[78] 此處之〈紹古歌〉即許學夷所提及之〈東飛伯勞歌〉。對照兩人評論即可看出：王、許二氏對於蕭詩艷情的接受度畢竟有程度之別，此處

念之情，除了打破一般艷情之作格局狹隘之感，亦突顯艷情誠可「胍條森束」而不「輕」。足見夫之評蕭，誠能大開大闔，幾乎已否定了艷即輕浮單薄的片面印象。王氏實開啓艷情與其他詩學概念交融的大門，而非僅限於聲色狹隘之一隅，此其評之重要貢獻。

此外，「皮相人以齊梁薄之」之論亦值得留意，王氏明確點出：若執著於齊梁之總體印象，未多作思索便逕將蕭衍詩歌歸入其中，不僅容易有所偏頗，亦無法切實呈現蕭詩之價值。誠如本書第二章所言：對於南朝詩歌特別是齊梁以後，後代評論家往往多所批評；然而若觀察個別詩人的具體評論，便會發現詩評家（特別是明清兩朝）或又不吝提出懇切之讚美。王夫之稱美蕭詩，即是「朝代總體」與「個別詩人」評價常有落差的明證。

最後還可觀看陸時雍之評。這其中涉及風格、意象、古、素等概念，亦將蕭詩之艷情推闡到相當之高度：

> 梁人多妖艷之音，武帝啟齒揚芬，其臭如幽蘭之噴，詩中得此，亦所稱絕代之佳人矣。「東飛伯勞西飛燕」（筆者按：即〈紹古歌〉），〈河中之水歌〉，亦古亦新，亦華亦素，此最艷詞也。所難能者，在風格渾成，意象獨出。（詩鏡總/6）

陸氏結合風格、意象來觀察蕭之艷情，從而突顯此情並非僅止於表面華靡，更能在「珊瑚挂鏡爛生光」、「南牕北牖桂月光」等意象的烘托中，帶出女子柔婉之情思；且其「艷」

雖著力指出明人對中古詩歌艷情的肯認，然為求盡可能回歸明人評論之原貌，對於如此差別，亦當明指而不應忽視。

尚能容受「古、素」等質素，而非一味「新、華」，如此一來蕭衍艷詩之形象，實顯得高華而豐富。[79]

　　明人對蕭詩之評，大致可歸納為兩點：首先，就蕭詩本身而言，蕭衍貴為帝王卻在詩歌中展現相當程度的通俗性，其辭彙運用確實更形華麗，但並不高高在上難以親近，部分靡艷之辭反而更顯俗氣；其情懷則更近市井小民，這些特色於明人的闡釋中屢屢可見。其次，明人對其艷情詩之肯定，代表的意義有三：第一，正因未對艷情一概排斥，反而能夠更深刻地思考其價值，諸如艷情與風神、慷慨、意象的聯繫，皆可見明人獨到之眼光；第二，齊梁等朝詩作，普遍予人負面之印象，然而若分析個別詩人之評，便會對此刻板印象有相當程度的扭轉，此亦明人評論細緻而深入之處；第三，則可呼應本書一開始提出的問題：若要談南朝詩人的貢獻，是否只能集中在對偶、用字精細等部分？明人對蕭詩艷情的肯認，正好說明南朝詩歌之價值並非僅止於形式。

　　總括上述的分析，明代詩評家的貢獻大致如下：中古無名氏樂府在明人的闡釋中，得以較好地展現俗艷之情細緻深刻的價值；相對於廟堂「雅」製，明人則指出傅玄詩歌善言兒女，亦即「俗」的表現；湯惠休的部分，則是點出艷情與

---

79 《古詩鏡》選錄蕭詩的數量，乃清代以前詩歌選本中最多者，共錄 39 首，約佔蕭衍詩歌的 40%。可見陸氏對蕭詩之評當頗有所見。唯其論述尚包括風格、詩歌之「清」等特質，如「梁武〈西洲曲〉，絕似〈子夜歌〉，累疊而成，語語渾稱，風格最老，擬〈青青河畔草〉亦然」（詩鏡總）、「讀五言詩，絕愛其清響絕出」（古詩鏡·登北顧樓·籍田·擣衣 17）、「清音遠韻，世外奇賞，絕不類步虛詞所為」（古詩鏡.上雲樂 17）……等，本節所述僅其中一部分。

幽深情懷不相衝突，同時對其艷情之細膩也有較好的闡釋；至於蕭衍，主要透過艷情與風神、忼慨、意象……等概念的相容，揭示艷情並不必然爲輕浮。明人對傅詩「艷」的闡釋較爲薄弱，而對「俗」有較多的分析；這與對湯惠休、蕭衍……等人的探索，側重面似不盡相同，卻共同指出明人普遍賞識俗艷之情的特點；如此評論趨勢，有助於扭轉前此各朝對中古詩歌之俗艷不甚看重的態度。

　　最後在結束本主題的討論前，對於原始批評材料之總體傾向、明代詩評家之時代背景，理應作一交代。本節對中古詩評的討論，除了明朝外，多只取南朝本身的評論爲對照，唐宋元等朝於此部分的述評很少，此乃目前可見原典所呈現之樣貌；而南朝詩評家對俗艷又多所貶抑，這些現象恰可說明：對中古詩歌俗艷之情的肯認，確是明代詩評家的新獻。

　　至於這些詩評家，多集中於明代中後期，何以會有如此傾向？當與大環境的氛圍脫離不了關係。明代中後期隨著商業經濟的發展，市井文學也隨之興盛，而這些通俗文藝所展現的，正是對理學思想桎梏人性的反撲，這從李開先在〈市井艷辭序〉裡肯定民歌的審美價值、馮夢龍認爲通俗文學乃「民間性情之響」[80]、李夢陽〈詩集自序〉中肯認「真詩乃在民間」[81]、徐渭評〈題崑崙奴雜劇後〉「越俗越雅」[82]……

80　明・馮夢龍編纂，劉瑞明注解：《馮夢龍民歌集三種注解・敘山歌》（北京：中華書局，2005.8），頁 317。

81　收於明・鄧元錫撰：《皇明書》（合肥：黃山書社，2008，明萬曆刻本），卷 38，頁 467。

82　明・徐渭：《徐渭集・徐文長佚草》（北京：中華書局，1983.4），卷 1，頁 1093。

等論述中，即可看出當時文壇崇尚俗艷之趨向；這些論述雖非全部集中於詩歌這個體裁上，然對該階段詩評家著意於艷俗之情的表現，實不無影響。

若論中古（主要集中在南朝）時期俗艷之作的創作背景，或可以廖蔚卿先生的說法作一概括：

> 由於江南商業都市繁榮，吳歌、西曲不能不以婉曼的情調，如實地去反映那商業都市的形貌。在那些城市中，有豪守、官僚、富商、及寄生於這商業經濟生活中的遊邪子弟、倡優藝伎，這一般人的普遍心理是安逸與快樂的追尋。過著這樣逸樂淫侈的生活的群眾，自然唱出那些男女相悅或千金買笑的情調的歌曲，這種情調便成了吳歌、西曲的特色。[83]

其實不僅吳歌、西曲，像是湯惠休、蕭衍等人之作，亦多為貼近民間日常生活之尋常體驗；故知南朝所以作出這些俗艷之詩，明人所以欣賞這些俗艷之詩，其中自有相通同的背景，並非偶然。

儘管如此，誠如本節一開始所言，這並不表示明人對中古詩歌中的俗艷之情乃一概肯認，例如陸時雍批蕭綱詩「滯色膩情」（詩鏡總/6）、「絕無氣格，纖詞縟語，堆疊成篇，則流於輕靡之習矣」（古詩鏡 18/184）即是一例。然而明人即便對此有所不滿，亦非如唐人，逕以詩教立場加以貶斥，而是能回歸文學本身，透過總體印象、個別詩作的分析，對詩歌短長作更深入的探討，而非一概貶抑。這是明人在闡述中

---

83 廖蔚卿：《中古樂舞研究》（臺北：里仁書局，2006.5），頁 297。

古詩歌俗艷之情之際，不失客觀的一面。

第四節　對婉約之情的青睞

　　明人評論中古詩歌時，對婉約之情感情懷有較多的留意，此乃與前朝之評相較而來。而因前朝之評著眼點有別，本主題尚可約略區分成兩種型態：魏代是中古詩歌表現最盛氣慷慨的時期，然隨著詩評品好的轉變，明人所重亦有所不同，故對魏代詩人的欣賞，漸有由「慷慨任氣」轉至「深婉之情」的傾向，曹植詩評可謂此主題中最具代表性者，故先論之；其後順序析論曹丕、張華之評；繁欽、任昉之評的流變情形亦可歸入此類，唯其論主要集中在單一詩作，故置於後。其次，南朝詩歌的形式表現極為突出，南朝詩評家對此亦有較多的賞愛，因而有意無意忽視抒情之內涵。及至明朝，方轉向「多加闡釋柔婉抒情」，而使這些詩歌的價值得以於抒情面向中突顯，柳惲詩評當是這組流變中較具代表性者，次論蕭繹、王筠之詩評，王筠置末論述之理由同繁欽、任昉，殆因討論僅集中於單一詩作之故。以上乃就流變的大趨向加以歸納，並不表示魏朝詩人全屬於第一種流變模式，而南朝詩人即都隸屬第二種類型，張華、任昉歸入前者即是最好的例證，足見時代風尚固然相當程度地影響詩人詩風，仍需就個別狀況觀察，不可一概而論。下列將透過對此主題實際評論之觀察，釐清明朝詩評是如何轉至對婉約之情的重視，並探討為什麼其與中古時期的觀點會有如此之落差。

　　在正式展開對中古詩人具體評論的觀察前，尚需說明的，是前後兩章涉及之相關論題與此章所論有何不同：首先，在第二章中議及溫柔敦厚，其中亦含有婉約的指述，然彼處所論，主要是以詩教傳統之承轉爲探討重心；而此處之婉約，則是著意於抒情之表現，兩者聚焦並不相同。其次，對於婉約之情的青睞，還牽涉到對剛健之氣的探討，然爲求焦點集中，此處主要處理中古詩評裡涉及婉約之情的部分，至於風骨氣力的評價流變、明人對此如何取捨……等問題，則留至第四章「風骨論」中再作析論。

曹　植

　　曹植（192-232AD）是中古詩人中，少數在詩歌批評史上受到較多矚目的對象，近人著述如王巍先生的《建安文學研究史論》及王玫先生的《建安文學接受史論》，已對曹詩的批評有所探討。然誠如第一章所言，前者是以條列各個詩評家的方式作說明，論述較爲鬆散；王玫先生之作可謂後出轉精，不論操作方式或論述觀點，都有較多可取之處，特別是其中〈作家個案舉隅〉，已專章討論曹植及其作品的效果史、闡釋史、影響史（王玫/217-263），對本書探討曹植詩評的轉換，實有比對之價值。然這其中不無再作商討的空間，例如認爲唐代以後「理論闡釋比較集中在對曹詩音律、辭彩、體式等方面的探討。」（王玫/233）如此歸納傾向形式面，易有忽視內涵之虞，況且是否真的集中在這些面向？也還有疑議；該文亦論及「歷代評論家對曹植作品的文體、風格、地位的評價」（王玫/237-243），便較接近由內涵面來談，然而

一來未專門針對詩歌，尚包含其他體式，二來探討曹植創作
之總體特點、文學地位的確定……等議題時，幾乎都由歷朝
論述之相同處著眼，至於觀察視野如何變化則甚少提及，這
些都是本書論述還可再作拓展之處。

　　曹植詩歌在清代以前的批評，對於風骨氣力的關照可謂
綿延不絕，歷朝都曾觸及。就個別朝代而言，南朝主要著意
於詞麗[84]、並給予其詩歌極高的評價；唐代則多論及其深廣
的特質[85]；至於宋元兩朝，除了集中於風骨面的探討，宋代
尚對曹詩是否保有韻味有所探討[86]，其餘評論則顯得零星；
倒是明朝，不僅評論曹詩之數量為清代以前之最，關照面向
亦頗多元，其中以骨氣、風雅、辭藻[87]的探討最多：對於風
骨氣力的觀察，是探討明人對其婉約之情的闡發時，會附帶
觸及的主題；至於曹詩中的風雅表現，在明代以前述評零星，
並傾向貶抑[88]，然而明人對此主題之討論不但數量眾多，且

84　例如《文心雕龍・才略》言：「子建思捷而才俊，詩麗而表逸」、《詩
　　品》美其「詞彩華茂」……等。

85　例如王通於《中說・事君篇》言「君子哉！思王也。其文深以典」、
　　令狐德棻言「曹、王、陳、阮，負宏衍之思，挺棟幹於鄧林」（《周書・
　　王褒庾信傳論》）、李華美「曹植豐贍」（〈揚州功曹蕭穎士文集序〉）……
　　等，俱可看出對曹作深廣面的留意。

86　關於曹詩韻味的問題，下文探討婉約之情時會順帶論及，故此處暫不
　　援引原典。

87　例如胡應麟美「陳思藻麗，絕世無雙」（詩藪續編 1）、許學夷言「子
　　建、仲宣則才思逸發，華藻爛然，自是詞人手筆」（詩源辯 4）、何良
　　俊「選詩之中，若論華藻綺麗，則稱陳思、潘、陸」（《四友齋叢說卷
　　24・詩 1》）……等。

88　主要集中在唐人的評論，例如盧藏用言「其後班、張、崔、蔡、曹、
　　劉、潘、陸，隨波而作，雖大雅不足，然其遺風餘烈，尚有典刑。」
　　（〈右拾遺陳子昂文集序〉）、楊炯「曹、王傑起，更失於風騷」（〈王
　　勃集序〉）、賈至「曹王潘陸，揚波扇颺，大變風雅。」（〈工部侍郎李

多褒揚，這與明人對婉約之情的青睞不無關聯，將視情況順
勢討論。[89]此外，從《詩品》大大稱美曹詩以後，歷代對曹
植的讚美不絕，然明人卻一反常說，提出不少微詞，這些微
言是以什麼樣的角度觀看曹詩？是否公允？又代表什麼樣的
詩學意義？於婉約之情的探討後當可再加剖析。

　　明人對曹詩婉約之情的關注，必須比對前朝之評，方能
更爲突顯。如上所云，風骨氣盛是歷朝對曹詩的主要觀感，
《文心》「文帝、陳思……慷慨以任氣，磊落以使才」（文
心・明詩 2/196）之評，開啓後代評論曹詩的主要基調；而
《詩品》「其源出於國風。骨氣奇高，詞采華茂」（詩品・
上/149）之論，在交代曹詩「源出」之後，接著就馬上提及
「骨氣奇高」，足見對此之強調與重視。此後唐宋金元等朝
對曹詩多骨氣之評[90]，大抵不出《文心》、《詩品》的見解。

　　時至明朝，以此角度觀看曹詩者，仍佔有相當之比例，
唯其論述幾無異於前朝[91]，故不細論。值得留意的，是那些

公集序〉）……等，多由文學史的流變來談，明顯有伸正黜變之意，
曹植作爲流脈中之「變」者，自易受到貶斥。

89 既然明人對此主題探討甚多，何以在第二章不另闢一段討論曹詩，而
　僅於此視需要提及？就清代以前對曹詩詩教相關評論的觀察可以發
　現：在該主題下唐人多予貶抑，明人則多論及其「近風雅之功」，流
　變狀況與清代以前評論魏朝的情形相仿，而魏代整體評述既已作過交
　代，故於詩教傳統的主題裡，似未有獨立論述曹詩的必要。

90 例如唐人裴延翰：「……聳曹劉之骨氣」（〈樊川文集後序〉）、宋人秦
　觀「曹植劉公幹之詩長於豪逸」（〈韓愈論〉）、金人元好問「曹劉坐嘯
　虎生風，四海無人角兩雄」（〈論詩三十首之二〉）、元人陳繹曾「斫削
　精潔，自然沈建」（《詩譜》）……等論，俱爲對曹詩骨氣之評。

91 可參唐時升：「……或如曹劉，遒壯縱橫。」（《三易集卷 13・祭文・
　祭大司寇王弇州先生文》）、王文祿「魏、晉以來，詩多矣，獨稱陶詩。
　陶辭過淡，不及曹、劉之雄。」（《文脉卷 2・文脉雜論》）……等論。

對此定評展開之反思。首先，是對盛氣本身有更細密的辨析；其次則是進一步指出：若氣骨過於壯盛，恐有礙抒情表達之柔婉和順，並有乏餘情之弊。如此觀點在明代具備相當之普遍性，茲摘舉如下：

> 陳思之〈黃雀〉，公幹之〈青松〉，<u>格剛才勁</u>，而並長於諷諭。（文心・隱秀 8/1498）[92]
>
> <u>氣本尚壯，亦忌銳逸</u>。魏祖云：「老驥伏櫪，志在千里。烈士暮年，壯心不已。」猶曖曖也。思王〈野田黃雀行〉，譬如錐出囊中，<u>大索露矣</u>。（談藝錄/4）
>
> 漢人五言，得於偶然，故其篇章，人不越四五；至建安諸子，始專力為之，而篇什乃繁矣。……子建如「將騁萬里途，東路安足由？江介多悲風，淮泗馳急流。」「烈士多悲心，小人媮自閒。國讎亮不塞，甘心思喪元。」「滔蕩固大節，時俗多所拘。君子通大道，無願為世儒。」「丈夫志四海，萬里猶比鄰。恩愛苟不虧，在遠分日親。」「驚風飄白日，光影馳西流。<u>盛時不可再，百年忽我遒</u>。」……等句，皆慷慨以任氣，磊落以使才者也。胡元瑞云：「<u>魏之氣雄於漢，然不及漢者，以其氣也</u>。」馮元成亦言「<u>詩至建安而溫柔乖</u>」，其以是夫。（詩源

又，歷代評曹時，並稱情形主要表現為「曹王」或「曹劉」合論，曹植可分別與此二人合稱，意味著其詩當兼具劉楨、王粲之風格，劉楨「仗氣愛奇」的剛健性格頗為明顯，王粲則以「文秀質羸」的陰柔面為主要表現。而曹劉合論的數量遠遠勝過曹王並稱，表示在後人看來，曹劉的同質性當勝過曹王，可見曹劉於剛健面受到較多的留意，而此觀察正與歷代評曹著意風骨的情形相符。

92　此乃本段引文中唯一非明人之論者，條列於此，是為了方便與徐禎卿之評相比對。

辯 4/78）

　　子建……〈送應氏〉、〈贈王粲〉等篇，全法蘇、李，
　　詞藻氣骨有餘，而清和婉順不足。（詩藪內 2/17）
　　子建任氣憑材，一往不制，是以有過中之病。（詩鏡總/4）
　　劉楨骨幹自饒，風華殊乏。蘇子瞻謂曹、劉挺勁，須知
　　詩之所貴，不專挺勁。（古詩鏡 6/52）

　　諸論可歸納出如下之重點：首先，是對「盛氣」本身的
反思。劉勰與徐禎卿的評論對象俱爲〈野田黃雀行〉，且皆
著意於剛健面，卻有一褒一貶之別，足見兩人對氣力有不同
的看法：劉勰的觀點似較簡單，對於這類慷慨任氣之作基本
上持肯認的態度，至於怎麼樣的剛健之氣爲佳？則未作進一
步探求；相對而言，徐禎卿就作了較詳細的辨析：壯氣固然
不錯，然必須不銳逸索露，否則稜角過多，即便氣盛也是徒
然。對應至〈野田黃雀行〉之內涵以及該詩創作的背景，曹
植以少年救雀爲喻，說明己欲救人於患難之情懷[93]，其中雖
不乏盛氣，然比喻過於淺顯，諸如「拔劍捎羅網，黃雀得飛
飛。飛飛摩蒼天，來下謝少年」（頁 206）云云，確實有直露
之嫌。

　　其次，則是對氣骨與婉順情懷之探討。許學夷、胡應麟、
馮時可、陸時雍等人俱認爲子建雖長於慷慨任氣，然任氣過
中，反而易損氣原有之優點，而有「過雄」之虞，且易導致

---

[93] 據《三國志・曹植傳》記載：「植既以才見異，而丁儀、丁廙、楊脩
等爲之羽翼。太祖狐疑，幾爲太子者數矣。……太祖既慮終始之變，
以楊脩頗有才策，而又袁氏之甥也，於是以罪誅脩。植益內不自
安。……文帝即王位，誅丁儀、丁廙并其男口。」該詩當是作於丁儀、
丁廙、楊脩等人被誅之際。

「溫柔乖」。就詩歌史的發展流脈而言，這也是許、胡等人認爲魏代何以不及漢朝之重要原因。對照至詩歌內涵，〈送應氏〉第一首以「念我平生親，氣結不能言」（頁3）作結，慷慨之氣有之，卻也顯得直接少含蓄；〈贈王粲〉「中有孤鴛鴦，哀鳴求匹儔。我願執此鳥，惜哉無輕舟。……悲風鳴我側，羲和逝不留。重陰潤萬物，何懼澤不周？」（頁29）之語，讀來確實氣骨激昂，但也因其氣之憤憤不平，而顯得「婉順不足」。

　　最後，則是陸時雍對風華韻味的思索。陸氏將「骨幹自饒」與「風華」對舉[94]，具體而言，「風華」所指爲何？專於挺勁除了柔婉不足，還有什麼缺失？對照陸氏其他論述，當可看得更爲明確：

> 贈徐幹、丁儀、王粲諸詩，興言成詠，<u>病一往意盡，苦無餘情</u>。〈贈王粲〉詩「中有孤鴛鴦，哀鳴求匹儔。我願執此鳥，惜哉無輕舟」。此中正好致款，卻又率然過去。（古詩鏡5/46）

> 曹子建、李太白皆不羈之才，每恃才之為病。其不足處，皆在於率，<u>率則意味遂淺</u>。（陸時雍）[95]

　　根據陳伯海先生的歸納，「氣」屬於剛健之美，有壯盛、富含詩性生命活力的特質；「韻」者則屬陰柔之美，欲求含

---

94 骨幹、風華對舉的討論對象雖爲劉楨，然言「不專挺勁」時又曹劉並提，因此該論認爲骨氣過盛恐妨礙抒情之風華展現，指涉對象當包括曹植。

95 明・陸時雍選評，任文京、趙東嵐點校：《唐詩鏡・盛唐第九》（保定：河北大學出版社，2010.3），卷17，頁607。

蓄不露[96]，可見此二概念在很多時候是處於相對的狀態。氣若過盛，容易有說盡之病，抒情表現不夠婉約，少了迴旋往復的空間，連帶地也會有韻味不足的問題。專於挺勁的缺失，正在不夠含蓄而少餘情，而意味、餘情實爲展現風華的關鍵。王夫之言「孟德樂府固卓犖驚人，而意抱淵永，動人以聲不以言。……陳思氣短，尤不堪瞠望阿翁。」（評選・曹操・碣石篇　1/502）將「意抱淵永」所投射的深情與「氣短」相對比，和陸氏之論可謂不謀而合。事實上，關於曹植詩作韻味之探討，宋朝人已經有所留意；然諸如范溫「盡發其美，無復餘蘊，皆難以韻與之」、張戒「其味長，其氣勝」[97]，不論是認爲植詩有無餘韻，論述上都顯得簡略，對於其作何以「無復餘蘊」或「味長」？並未有進一步的探討。因此關於子建詩中柔婉餘情的論述，宋代詩評或可視爲是一個開端，但需至明朝，方得更深刻的論述。

　　從慷慨任氣與溫柔、氣骨與婉順、挺勁與風華的對舉中可以看出：明人對於南朝甚至唐人都頗爲推崇的剛健風骨，不再給予無可挑剔的極高評價，而是在點出氣骨過盛之可能弊端的同時，轉而欣賞婉約之情、委婉韻致。品好偏向不同，是曹詩評價抑揚相左的重要原因。

---

96 陳伯海：《中國詩學之現代觀》（上海：上海古籍出版社，2006.11），頁 210-211。
97 范溫、張戒之論，茲援引較完整的前後論述如下：范溫：「自曹、劉、沈、謝、徐、庾諸人，割據一奇，臻於極致，盡發其美，無復餘蘊，皆難以韻與之。」（《潛溪詩眼》）；張戒：「古詩、蘇、李、曹、劉、陶、阮，本不期於詠物，而詠物之工，卓然天成，不可復及。其情真，其味長，其氣勝，視《三百篇》幾於無愧，凡以得詩人之本意也。」（《歲寒堂詩話》卷上）。

　　以上關於曹詩之討論，主要是由反面立說，透過對氣盛的不滿，帶出對柔婉抒情之偏愛。如此以反差方式展現之評論，確實頗引人矚目。然而明人尚有不少由正面立說，對曹詩婉約抒情表示欣賞之論。如此關注視野亦富含詩評眼光轉變之意義：

> 子建「謁帝承明廬」、「明月照高樓」……悲婉宏壯，情事理境，無所不有。（藝苑 3/16）
> 憂虞之感，離別之情，見之骨肉，此中最多隱衷惋緒。今讀其詩，猶覺慷慨之氣勝於綢繆。披衷展愫，一豁所意，不假絲毫緣飾而成，謂之宗匠以此。（古詩鏡・贈白馬彪七章 5/46）

　　明人並非一概排斥盛氣，盛氣之中若能恰當蘊含深衷婉緒，亦可稱為佳作，然盛氣與婉情間如何搭配得當，便是需費盡心思處。由此處引文可知：王世貞認為傾向陰柔之「悲婉」與帶有剛健意味之「宏壯」，實不無兼容的可能；至於陸時雍，雖多次批評曹植任氣過中，卻還能留意其詩抒情婉轉纏綿的一面，其中更可見到「慷慨之氣」若能恰當搭配「隱衷惋緒」，亦有可取之處。具體配合詩作，諸如「霖雨泥我塗，流潦浩縱橫。中逵絕無軌，改轍登高岡」（頁 296），藉荒野遼闊之景烘托身心之煎熬，確實在展露慷慨之氣的同時，溫婉地呈現詩人之情。這組評論呈現的重要意義在於：除了對曹詩骨氣仍有相當之肯認，更著意闡發曹詩之婉約情懷[98]，相較於明代以前多僅重風骨之評，明人眼光的流轉當

98　王、陸之評相較，世貞兼及「婉」、「壯」兩者；然陸氏「覺慷慨之氣，勝於綢繆」之論，似更側重於慷慨之氣。兩人之評雖有「傾壯氣」或

可窺見。

　　此外，尚有一類評論，專以柔婉之情作爲關注曹詩的焦點，此乃明代以前甚少見到的述評角度[99]，明人詩評的傾向實更形顯著：

> 妾薄命……語意含蓄可尚。（徐獻忠）[100]
>
> 子建柔情麗質，不減文帝。（古詩歸 7/429）
>
> ……蘊藉優柔，《三百篇》、《十九首》、李陵、蘇武、曹植、陶潛，上下同流，後先一揆。（盧世㴐）[101]

　　除上列引文，其他尚有許學夷以「委婉悠圓」作爲判斷曹植等人詩作優劣的標準[102]，足見對明人而言，以此面向關懷曹詩，是探討子建詩歌的重要焦點之一。該說不無道理，諸如《雜詩》之三收束於「願爲南流景，馳光見我君」（〈西北有織婦〉），可見織婦思情之含蓄蘊藉；「吁嗟此轉蓬，居世何獨然！長去本根逝，宿夜無休閒。」（〈吁嗟篇〉）則是透過轉蓬的飄蕩無依，影射詩人之不得安身立命。明人如此闡釋的意義與重要性在於：以盛氣之作震撼人心的曹植，於婉約之情的表現亦不乏熠熠光彩，由此除了可見詩評重心的轉變，更拓展了我們觀看曹詩之視野。曹植所以能得詩歌大

「悲婉宏壯兼及」的差別，但相對於前朝之評，皆展現出對婉約之情有更多的關懷。

99　明代以前的詩評資料，除了《文鏡秘府論‧南卷‧集論》中曾評「子建婉潤」外，幾乎未見其他資料由婉約角度評論曹詩。

100　明‧徐獻忠：《樂府原‧雜曲歌辭》，收於《明詩話全編》，卷 14，頁 3079-3080。

101　明‧盧世㴐：《尊水園集略‧論五言古詩》（合肥：黃山書社，2008，清順治刻十七年盧孝餘增修本），卷 6，頁 68。

102　許學夷之論詳見《詩源辯體‧漢魏辯　魏》，卷 4 第 3 條，頁 72。

家之地位，與其多元的風格是脫離不了關係的。

　　至於為什麼明人會更著意於曹詩中的婉順之情，而非慷慨之氣？其中一個因素應是多少受到儒家詩教溫厚觀念的影響。除了上列之論，其他像是陸時雍〈朔風詩〉「婉致多風雅，得風人遺教」（古詩鏡 5/39）、鍾惺評〈聖皇篇〉「深婉柔厚」（古詩歸 7/429）……等評，俱顯示出儒家婉厚的精神，盧世㴼云曹詩與《三百篇》「後先一揆」，已點明其中關鍵。本書第二章曾指出明人評論中古詩歌時，有揭示其中溫婉精神的趨勢，子建詩歌雖帶有建安時代的風力色彩，卻仍不自外於傳統詩學的溫柔敦厚精神，此實為曹詩獨步古今的重要原因。

　　除此之外，審美視野的轉變，亦是造成南朝至明代對曹詩評論如此不同的原因。關於這點，本節第四章另有關於風骨評價轉換之相關論述，在此僅以毛宣國先生之論作扼要的概括：

> 有人說，唐以前，中國古代審美理想是壯美，到中晚唐，降轉為優美。我以為，這種轉折，實際上是到了宋代，由於「韻」的推重才得以完成。……「韻」以淡泊含蓄、清新自然取勝，雖少激揚壯闊之情，卻多搖曳不斷之意，使人能進入更為細膩的藝術感受和體驗之中。[103]

　　文學史流變由重視激昂壯闊，轉至對柔婉綿延之情的著意，誠為不容否認之事實，然此乃一推進的過程，很難明確指出在哪一個時間點後便走向「優美」，著意婉順之情的理

103　毛宣國：《中國美學詩學研究》（長沙：湖南師範大學出版社，2003.7），
　　頁 258。

論主張或許在宋代即已提出，然大量運用於實際詩歌批評，應至明代才有較突出的表現，曹詩之評即是明證，這在接下來幾位中古詩人評論的分析中，亦可清楚窺得。

最後在結束曹詩之討論前可附帶說明的，是關於明人對曹詩之貶抑。《文心雕龍》美子建能兼善四、五言[104]，《詩品》更譽其為建安之傑，其地位勝過陸機、大謝，儼然坐五言詩之第一把交椅；唐宋元等朝對其微言亦少；然至明朝，貶抑驟然增多，除了批其氣盛而乏婉致之情外，主要便是集中在對其詩歌語言表現形式的詬病。關於這點，可參下列論述：

> 曹公莽莽，古直悲涼。子桓小藻，自是樂府本色。子建天才流麗，雖譽冠千古，而實遜父兄。何以故？<u>材太高，辭太華</u>。（藝苑 3/16）
>
> ……學說官話，便作腔子……若陳思王「遊魚潛綠水，翔鳥薄天飛。始出嚴霜結，今來白露晞」是也。此作平仄妥帖，聲調鏗鏘，誦之<u>不免腔子出焉</u>。……官話使力，家常話省力；官話勉然，家常話自然。（四溟 3/67）
>
> 子建詩<u>排當沓合，了無生氣</u>，……〈應詔〉、〈責躬〉、〈矯志〉、〈元會〉，如注水漏卮，不竭不止，陋矣。（評選·朔風詩 2/575）
>
> 曹子建<u>鋪排整飾</u>，立階級以賺人升堂，用此致諸趨赴之客，容易成名，伸紙揮毫，雷同一律。子桓精思逸韻，以絕人攀躋，故人不樂從，反為所掩。子建以是壓倒阿

104　《文心雕龍·明詩》：「夫四言正體，則雅潤為本；五言流調，則清麗居宗；華實異用，惟才所安。……兼善則子建仲宣，偏美則太沖公幹。」

　　兄，奪其名譽。實則子桓天才駿發，豈子建所能壓倒耶？
（王夫之）[105]

　　平心而論，諸評不無道理，像「遊魚潛綠水，翔鳥薄天飛」便顯得刻意安排，無怪乎謝榛會評其「造語太工」（四溟 4/100）；再如王夫之所舉〈應詔〉、〈責躬〉……等四言詩，交際意味濃厚，又顯得疊沓，可讀性不高；至於許學夷之評於此雖未列出，然其論〈名都篇〉、〈白馬篇〉「體皆敷敘，而語皆構結，益見作用之跡」（詩源辯 4/72），與上評的著意點相仿。最後一筆王夫之分析曹詩何以易得人青睞之論，亦有可取之處：姑且不論曹丕詩作的價值是否真在曹植之上，然曹植因為表現形式的「鋪排整飾」，有跡可尋，相較於曹丕「精思逸韻」的難以掌握，子建之作因此較受人喜愛，似乎也是可以理解的[106]。

　　這些批評曹詩形式表現之評論，在打破《詩品》「辭彩華茂」美譽的同時，亦提供我們重新審視曹詩的機會：子建詩作固然有〈贈白馬王彪〉這般圓融渾成者，卻仍有些許疊沓作用之作，明人這類論述之貢獻，正在提醒我們細細辨析曹植詩的盛美與不足；再者，就詩評家隸屬的派別作觀察，謝榛、王世貞等人俱為七子派成員，七子派素來予人古詩學漢魏的印象，然而並不表示對漢魏詩歌便是絕對地認同，其中還有可細細分辨處，曹詩之評即是明顯的一例。[107]

---

105 明・王夫之著，舒蕪教點：《薑齋詩話》（北京：人民文學出版社，2006.8），卷 2，頁 156。
106 此處僅就王夫之立論所提供的視野作探討，至於子建之作受人青睞之因，當不僅止於此。
107 透過上述辨析，對於目前學界較具代表性的研究成果，便有了再作

要之，對於曹植詩褒貶評論的種種觀察，可以看出歷朝
對其盛氣讚美不已的評論，到了明代有了較大幅度的變化，
其中除了透過對盛氣太過的批評，看出明人對婉約抒情有更
多的關懷外，更由正面觀照那些被前朝疏漏的溫婉之作，看
出明代抒情傾向異於前朝之處。明代批評獨到之眼光，亦於
此展現。

曹　丕

在第二章的論述中，雖已涉及曹丕詩歌之柔和蘊藉面，
然彼是由儒家溫柔敦厚傳統出發所作的討論；此處則是以抒
情展現之婉約細膩爲探索重心，兩處聚焦不同。爲避免重複，
此處將摘舉不同之詩評作分析。

討論的空間：「六朝之前，對曹植的評價褒者居多，唐宋以後則貶者
不少。褒者多贊其詞彩華贍，有創制；貶者多譏其有乖風雅之道，
有露才過中之病。其差異實即中國社會思想文化發展變化之反映。
六朝是歷史上思想觀念解放的時期，也是審美意識覺醒的時期，因
此對曹植文本中求美意識能夠接受，曹植創作所具有的典範性意義
對這時期創作也有實際的指導作用。唐宋時期封建專制集權達到極
爲成熟的階段，隨後也開始走向腐朽衰落。封建思想性加強，正統
意識濃厚，使得一些讀者以正統思想作爲評判尺度，主張繼承儒家
傳統，必然提倡風雅之道。」（王玫/242-243）比對原始評論資料，
這段論述有多處容可再作修正：首先，對於曹植作品有較多貶抑，
當集中於明代，唐宋等朝仍以褒揚居多；其次，明人貶抑主要集中
在「氣過盛而乏婉約之情」與「詩歌表現形式」兩部分，「譏其有乖
風雅之道」云云，僅於唐代可見零星的一兩筆資料，恐不能構成貶
抑曹植的主要面向；再者，即便唐代以後「主張繼承儒家傳統」，而
明代確實有不少評論是從風雅的角度觀看曹作，卻未如此處所云，
是「多譏其有乖風雅之道」，反而是多美曹去風雅未遠。由此可見，
對於批評文本的重新蒐集與閱讀，實爲再次審視當前研究成果的重
要基礎。

　　曹丕詩歌抒情之婉約細膩，並非一開始就受到詩評家關注，南朝批評家最早仍從建安的慷慨爽氣面來看待之：

> 暨建安之初，五言騰踊，文帝、陳思，縱轡以騁節；王、徐、應、劉，望路而爭驅；并憐風月，狎池苑，述恩榮，敘酣宴；慷慨以任氣，磊落以使才，造懷指事，不求纖密之巧；驅辭逐貌，唯取昭晰之能；此其所同也。（文心・明詩 2/196）
>
> 魏之三祖，氣爽才麗，宰割辭調，音靡節平。（文心・樂府 2/243）

　　劉勰除了於〈才略〉篇曾言曹丕「洋洋清綺」，基本上仍是將其置於建安的時代氛圍中來談，主要闡發其爽朗慷慨的一面。然而一般論及曹丕詩作，沈德潛「子桓詩有文士氣，一變乃父悲壯之習矣。要其便娟婉約，能移人情。」（古詩源 5/107）之評，似乎是最具代表性的，這也是丕詩普遍予人之印象。然而劉勰卻以為曹丕詩仍是「不求纖密」而慷慨任氣，與沈德潛婉約之評截然不同。如此現象引發的思索在於：曹丕是否亦有為數不少的剛健之作？而其詩作予人柔婉印象，又是始於何時？關於第一個問題，若全面觀察曹丕的詩作將會發現：展現雄渾氣勢之作誠不在少數，像〈於譙作〉「餘音赴迅節，慷慨時激揚」（頁 57）、〈至廣陵於馬上作〉「猛將懷暴怒，膽氣正縱橫。誰云江水廣，一葦可以航」（頁65）、〈夏日詩〉「棋局縱橫陳，博弈合雙揚」（頁 83）、〈善哉行〉「比翼翔雲漢，羅者安所羈」（頁 25）……等，俱可讓人清楚感受到慷慨激昂之氣。如此一來，後人以柔婉之情作為對曹詩風貌的普遍認知，實未能恰當涵蓋其詩之全貌。

　　至於其詩予人柔婉的印象，主要形成於何時？具體論述
又是如何？則仍不得不推至明朝。在展開對柔婉之情的探討
之前，皎然由陽剛角度觀看曹詩之論，仍有先行提出的必要：

> 建安三祖、七子，五言始盛，風裁爽朗，莫之與京，然
> 終傷用氣使才，違於天真，雖忘松容，而露造跡。（詩
> 式・詩議/373）

　　此處由慷慨任氣觀看曹詩的角度，與劉勰相去無幾，然
態度明顯由欣賞轉向微言，足見對用氣的看法，已隨時代推
進而有所轉換。皎然之評於唐代雖未得普遍的認同，然而明
代之所以會對曹詩婉約細膩之抒情有不少的留意，皎然之論
可說是扮演著南朝至明代間重要的過渡角色。

　　至於明人，對曹丕詩柔婉之情確有頗多的闡釋，足見曹
丕予人之柔婉印象，在明代已經完全建立。首先可觀察陸時
雍之論：

> 此詩境不必異，語不必奇，獨以其氣韻綿綿，神情眇眇，
> 一歎一味，大足會心耳。（古詩鏡・雜詩二首 4/36）

> 「遙遙山上亭，皎皎雲間星。遠望使心懷，遊子戀所
> 生」。隨境自成，不煩專設。「凱風吹長棘，夭夭枝葉
> 傾。黃鳥飛相追，咬咬弄音聲。佇立望西河，泣下沾羅
> 纓」。此其托物淺而寄情深矣。漢魏詩無佳句，以所佳
> 不在句也。（古詩鏡・於盟津作 4/36）

　　〈雜詩〉、〈於盟津作〉皆為遊子思鄉之作，〈雜詩〉
之一所繪，乃客子秋夜難以入眠之所見所感，從北風、白露、
明月、草蟲、孤雁一路寫來，透過觸覺、視覺、聽覺……等
各種感官的交涉，實可清楚感受到旅人情思不斷湧出，卻又

顯得婉而不迫。陸氏所評,大抵是將重心放在由整體意境(「詩境」、「所佳不在句」)所帶出的綿延而柔婉之情思(「神情眇眇」、「寄情深」),「展轉不能寐,披衣起徬徨」(頁67)、「凱風吹長棘」(頁 79)……等詩境看似尋常,反倒更能貼近旅人普遍之情懷。陸氏所見曹詩之婉情,大抵如此。

其次,王夫之對曹詩如何展現柔婉之情,亦有一番精闢的闡釋:

> 良辰啟初節,高會攜歡娛。通天拂景雲,俛臨四達衢。羽爵浮象尊,珍膳盈豆區。清歌發妙曲,樂正奏笙竽。曜靈忽西邁,炎燭繼望舒。翊日浮黃河,長驅旋鄴都。(〈孟津〉)

> 本為將歸讌客,豈無惜別之情,於「樂正奏笙竽」之後忽爾帶出,但敘本事,含情自遠,其于吟詠,動以天矣。(評選 4/660-661)

> 上山采薇,薄暮苦飢。溪谷多風,霜露霑衣。野雉群雛,猿猴相追。還望故鄉,鬱何壘壘。高山有崖,林木有枝。憂來無方,人莫之知。人生如寄,多憂何為?今我不樂,歲月如馳。湯湯川流,中有行舟。隨波轉薄,有似客遊。策我良馬,被我輕裘。載馳載驅,聊以忘憂。(〈善哉行〉其一)

> 藉以此篇所命之意假手植、蔡,窮酸極苦、磔毛豎角之色,一引氣而早已不禁。微風遠韻,映帶人心於哀樂,非子桓其孰得哉?(評選 1/505)

〈孟津〉乃曹丕辭別友人之作,始讀該作,便可明顯感受到宴會歡樂的氣氛,頗符合劉勰「敘酣宴」、「任氣」、

「使才」之評。然而王氏之重心不在此，而是點出該詩抒情轉折之妙，正在「曜靈忽西邁」一語，夫之以為最後四句表面上只言事境，卻在與宴會歡娛的對比張力下，突顯別離情懷之深遠，如此「以事代情」的寫法，不直接言情而轉寫外景，反而有助於含蘊深婉含蓄之情。至於〈善哉行〉所述，則為旅客懷鄉之情，王夫之評此有「微風遠韻」，當指該詩多能借外物烘托旅人的情懷，像是「群雛」、「猿猴」成群，更烘托己身之孤獨；連林木都「有枝」有根，己卻飄蕩無依；再者，透過諸如「隨波轉薄」、「載馳載驅」此空間的流轉，拉開與憂（「忘憂」）的距離，如此含蓄不直接的描繪，反而使情感韻味更形綿延。王夫之於此隱然已將「礫毛豎角」之氣與「微風遠韻」之情置於相對的位置上，正好說明稜角畢露即便氣魄雄偉，恐不如搖曳柔婉之情之動人，而此亦明人之普遍觀點。

　　最後，透過《古詩歸》之論將可明白看出：沈德潛那頗具代表性的「文士氣」、「便娟婉約」之評，明顯是承鍾、譚之說而來，故對曹詩此面向的挖掘與評論的建立，明人實有首創之功：

　　文帝詩便婉孌細秀，有公子氣，有文士氣，不及老瞞遠矣，然其風雅蘊藉，又非六朝人主所及。（古詩歸 7/426）

　　此評對曹詩婉約細膩之情的闡發是頗為明顯的。《古詩歸》後來雖受到錢謙益、毛先舒等人的諸多批評，然而其評詩之獨到眼光卻不容否認。在明人論述的基礎上，清人方得更進一步，有更為詳盡的解說。

　　至於曹丕詩歌何以會日漸受到青睞？王玫先生曾透過對

曹丕、曹植歷史地位抑揚的比較，歸納出「道德倫理取向」，
「《詩品》、《文心雕龍》等經典所樹立的權威說法」，以
及「審美標準轉換」等三大因素（王玫/173-176）；其中當以
第三點最具說服力，亦與本節之討論相關，茲摘要如下：

> 宋代則是中國文化上的一個轉捩期，期待視野發生明顯
> 變化，唐代尚有的英雄主義激情消失了，審美經驗則更
> 加成熟，對美的領悟更加精細入微。曹丕詩歌細膩深微
> 的表情方式逐漸為人所注意，曹植作品卻時受貶抑。（王
> 玫/175）

正是因為期待視野的轉變，而使丕詩之情得以受到較好
的關注。然而抑揚的時間點是否在唐宋之交？當有商討空
間，至少就二曹的詩評觀察，對柔婉餘韻多所留意，當至明
代才有較全面的展現。此於曹植之探討中已作過說明，故不
贅論。

透過對詩評的一一爬梳，不僅可明確見到明代詩評家論
情的傾向，更能正本溯源地釐清對曹丕詩歌普遍柔婉印象建
立的時間點，不讓沈德潛獨佔風光，這對明人獨到眼光的認
識，無疑是重要的線索；再者，除了此一面向，曹丕仍有盛
氣高昂的作品，兩相比照，實有助於對曹丕詩歌更全面的理
解與掌握。

張　華

《詩品》對張華（232-300AD）略帶貶意的「兒女情多」
之評，則是另一個觀察明人重視婉約之情傾向的起點。鍾嶸
之評如下：

其源出於王粲。其體華豔，興託不奇，巧用文字，務為妍冶。雖名高曩代，而疏亮之士，猶恨其兒女情多，風雲氣少。謝康樂云：「張公雖復千篇，猶一體耳。」今置之中品疑弱，處之下科恨少，在季、孟之間矣。（詩品‧中/225）[108]

　　鍾氏「兒女情多，風雲氣少」[109]之評，遺憾之意可謂溢於言表，然此觀點在後代似未得普遍之認同，元好問首先對此提出異議；明朝詩評家則往往據此提出相左的意見。

　　元好問以為張華詩並非風雲氣少，仍相當程度地延續鄴下以來的壯懷，其所展現之抒情並非只有柔婉一面：

　　鄴下風流在晉多，壯懷猶見鐵壺歌。風雲若恨張華少，溫李新聲奈爾何？[110]

　　然而該論頗為簡單，對於張華詩究竟是如何帶有風雲氣？風雲氣是否必然與兒女柔情衝突……等問題，並未能詳論，而容明人有進一步發展的空間。

---

108 文辭華艷、妍冶乃此後對張詩常見之看法，例如唐人房玄齡言其「辭藻溫麗朗贍」（《晉書》）、宋人黃徹評其「率多美句，但綺麗太勝」（《䂬溪詩話》）、王夫之美其「寄意榮麗」（評選‧情詩 4）……等，俱可見其文辭華麗的特色。該說之源正可溯自《詩品》。

109 「風雲氣少」大體有「力柔」、「少風骨豪氣」之意。「力柔」的解釋可見王鍾陵：《中國中古詩歌史》（北京：人民出版社，2005.8），頁 235。至於「少風骨豪氣」，則可見梁‧鍾嶸著，徐達譯注：《詩品全譯（修訂版）》（貴陽：貴州人民出版社，2008.9），頁 38、張少康：〈六朝文學的發展和「風骨」論的文化意蘊〉，收於東海大學中文系、中國古典文學研究會主編：《第三屆魏晉南北朝文學國際學術研討會論文集》（臺北：文史哲出版社，1998.8），頁 447。

110 金‧元好問撰，清‧施國祁箋注：《元遺山詩集箋注‧論詩三十首之二》（合肥：黃山書社，2008，清道光二年南潯瑞松堂蔣氏刻本），卷 11，頁 270。

　　明人相關論述可區分成兩個部分：首先，是對兒女柔情的認同；其二，則是相對忽視風雲氣中的剛健氣勢，而著意其中柔婉的氣息。關於第一部分，實可看出明人對抒情的品好已不同於昔時。試觀下列諸論：

> 茂先情麗，……如「朱火清無光，蘭膏坐自凝」，「佳人處遐遠，蘭室無容光」，「巢居知風寒，穴處識陰雨。不曾遠別離，安知慕儔侶」等句，其情甚麗。（詩源辯 5/94）
> 君居北海陽，妾在江南陰。懸邈極脩途，山川阻且深。承歡注隆愛，結分投所欽。銜恩篤守義，萬里託微心。但起二句，頗傷輕俊；終篇靜善不溢，自然作者不入流俗矣。茂先著眼高大，不食建安殘瀋。（評選·情詩「君居北海陽」4/689）

　　許學夷對張華情麗之說明，所舉詩句皆爲兒女柔情之作，未如鍾嶸「恨其兒女情多」，反倒認爲該類作品實「體固應爾」（詩源辯 5/93）；至於王氏之評，則認爲該詩以「靜善」的方式表達兒女柔情，未因相思之情濃厚，而使情感橫溢無法控制，此由該詩以「銜恩篤守義，萬里託微心」收束，即可見用情之溫婉柔和。故即使是兒女情多，亦不見得不佳。

　　其次，明人亦未因對張詩柔婉之情的肯定，而完全否定其風雲氣，然此風雲氣卻別具風調風格，殊有文外餘情，此乃需特別留意處。關於這點，可由下列評論窺得一二：

> 張茂先五言，得風人之致，題曰《雜詩》、《情詩》，體固應爾。或疑其調弱，非也。觀其《答何劭》二作，其調自別矣。（詩源辯 5/93）
> 張華清緒濯濯，第風格不老。昔人謂兒女情多，風雲氣

少，此言復過。「死聞俠骨香」，語足百代。（古詩鏡.
博陵王宮俠曲 8/63）

張茂先《贈何劭》二首，翩翩清綺，未失高流，「屬耳
聽鶯鳴，流目玩儵魚」、「不曾遠別離，安知慕儔侶」、
「朱火青無光，蘭膏坐自凝」、「慷慨成素霓，嘯吒起
清風」並佳句也。評者乃云「兒女情多，風雲氣少」，
得無過於排擊乎。（說詩補 3/7205）

　　上列諸說俱認為張詩不乏風雲氣：例如《贈（答）何劭》
之作，第一首言吏道迫促、與友同遊之心境，其中「穆如灑
清風，煥若春華敷。……散髮重陰下，抱杖臨清渠」等遊娛
之描繪，實非「調弱」者；第二首重心則在自我心志之表述，
從「洪鈞陶萬類，大塊稟羣生」中亦可見相當之氣勢。其他
像是《博陵王宮俠曲》，為描繪俠客慷慨激昂之作；馮氏所
引佳句如「慷慨成素霓，嘯吒起清風」，亦出於與《情詩》
全然不同的壯士題材。然而詩評家們舉例說明張華詩有風雲
氣的作品，如《贈何劭》二首，並非全為慷慨激昂之作；即
便是像《博陵王宮俠曲》這般讀來頗為激昂的作品，陸時雍
亦能從濯濯清新的角度來釋其風雲之氣，且列舉之詩句，亦
非「吳刀鳴手中，利劍嚴秋霜」、「奮擊當手決，交屍自縱
橫」等極為陽剛者，反倒美其「死聞俠骨香」所帶出的裊裊
餘情。對風雲氣作如此闡釋，似乎與鍾嶸所定義的慷慨風力、
風骨有所不同，而帶有柔婉之情的傾向。這一方面除了可見
明人對抒情的偏好異於前朝；更在反思《詩品》之說的同時，
而將張華詩歌的特質作了更細膩的區辨。

　　透過《詩品》與明人對「兒女情多，風雲氣少」的種種

討論，可以發現：明人對兒女情懷中所展露的婉約，確實有更多的肯定，但不意味對剛健氣勢的全然排斥，可見明人眼界之廣大；另一方面，縱使認可剛健，亦非一意走向激昂，而是冀求其中能隱約蘊含柔婉之質素。凡此種種，俱展現明人對婉約之情的青睞。

　　除了上列論述，尚有一類詩評主要集中在詩人的某特定詩篇，對中古詩人的婉約之情進行闡釋。雖較單薄，但仍然可以明顯證見評論傾向的轉變，茲論述如下。

繁　欽

　　繁欽（？-218AD）《詩品》未作評論，《文選》亦未選錄其詩作，歷朝對其評論甚少，於文學史上受忽視的情形可以想見。然其〈定情詩〉卻為諸多明代詩評家所留意，可見明人評詩盡可能不留遺珠之全面性，亦能由此窺得該朝對抒情的偏好。相關評論大體集中在對〈定情詩〉婉轉纏綿之情的闡述：

> 繁欽〈定情〉，氣骨稍弱陳思，而整贍都雅，<u>宛篤有情</u>，〈同聲〉之後，此作為最。（詩藪內 1/10）
> 樂府五言〈定情〉詩，才思逸發而<u>情態橫生</u>，中用一法數轉，可為長篇之式。馮元成云：「休伯〈定情〉詩<u>何其蔓繞</u>，然有倫有趣，頗得國風之體。」（詩源辯 4/84）
> 繁休伯〈定情〉，有絕工到之語，<u>柔情宛轉</u>，綺思芊眠，國風之鄭衛也。（說詩補 2/7203）
> 連用十一「何以」，又連用「與我期何所」四段，格奇甚！而中間瑣瑣屑屑，使人不厭；<u>繾繾綣綣，使人代為</u>

之愁。非情思深細人不能為此。（古詩歸 7/433）

〈定情詩〉乃男女相悅，後來男子負心，獨留女子私自惆悵之作。上述諸評所謂情思深婉纏綿者，就內涵而言，當指女子雖失戀，卻只是自哀自憐，「逍遙莫誰覯，望君愁我腸」、「自傷失所欲，淚下如連絲」，而未責怪男方，由此更顯其情之深厚婉轉；就形式表現而言，連用十一次「何以」與四次「與我期何所」，使得抒情樣貌在迴還往復中更形纏綿。《文心雕龍》僅云「文蔚、休伯之儔，……傲雅觴豆之前，雍容衽席之上，灑筆以成酣歌，和墨以藉談笑。」（文心.時序 9/1692）基本上仍是將繁欽置於建安的時代風尚中討論；相較之下，胡、許、馮、譚等人之評論，觀察繁欽的角度就顯得很不相同，主要著眼於抒情之深婉，前此受到忽視的〈定情詩〉，實至明朝方得較好之突顯。[111]

任　昉

或許因任昉（460-508AD）擅長應用文、以及「沈詩任筆」予人的既定印象，加上《詩品》兩度批評其詩好用典故[112]，因此在明代以前，任詩受到的關注甚少。明人對其詩之關照

111　《文心雕龍》的重心在探討建安之整體時風，而明人諸評僅聚焦於〈定情詩〉，評論範圍固然有所差異，卻不妨由此一窺批評取向從慷慨往柔婉發展的趨勢，因為只將繁欽視為是大時代的一環，或者是揀選出最具代表性的詩作加以品評，如此詩人定位的差異，所展現的正是評述眼光之別。

112　即《詩品・序》言「近任昉、王元長等，詞不貴奇，競須新事。爾來作者，寖以成俗。遂乃句無虛語，語無虛字，拘攣補衲，蠹文已甚。但自然英旨，罕直其人。」以及《詩品・卷中》評其「昉既博物，動輒用事，所以詩不得奇」兩處。

確實較前朝多，除了少數零星詩評[113]外，鍾嶸批其好用事，仍爲明人的觀察角度之一[114]。用典過多，易有堆疊之虞，且不利抒情之展現。然而明人卻能在好用典之外察見其情，雖然數量不多，卻因異於《詩品》以來延續不變之論述，故仍有留意的價值。如此評論主要集中在〈出郡傳舍哭范僕射〉一首，其中特別值得注意處在於：如何在直述情事之作中表現婉約之情：

> 情辭宛至，幾與「生平年少日」一首同妙。然覺沈詩是全副做到極妙處，此詩是逐句做到極妙處。（古詩歸 14/500）此詩多促數聲，是哀悼語致。一撫一訣，如對平生。「情」字三用，「生」字二用，何妨古道。風人尚多疊語，何況於韻？韻，其詩之末節耳。「一朝萬化盡，猶我故人情」，「不忍一辰意，千齡萬恨生」，言之莫宣，痛有餘恨。「寧知安歌日，非君撤瑟晨」，纏綿悽惻，追感無已。（古詩鏡 20/212）

此乃任昉與范雲分別不久，得范驟逝消息時寫下的血淚之作。基本上直述情事，幾未借用外在景致烘托，如何在此直白的表述方式中見到抒情之含蓄縣延，恐怕是更具難度的。然陸時雍等人仍能恰當闡釋其婉致之情意，例如「一朝萬化盡，猶我故人情」，范雲雖逝，然彼此的情感卻未因此

---

113 例如張溥「求其儷體行文，無傷逸氣者，江文通、任彥昇，庶幾近之。」（《漢魏六朝百三家集·任彥昇集》）、陸時雍「昉詩清素，嫌於幅窘。」（古詩鏡 20）……等。

114 例如龍膺「王儉、任昉約以則，深以典」（《淪隱文集卷 3·江籬館詩序》）、胡應麟「延之、儉、昉所以遠卻謝、鮑諸人，正以典質有餘，風神不足耳」（詩藪外 2）……等。

盡逝，道出此言的同時，實帶有無限悵惘，此所謂「痛有餘恨」者；「寧知安歌日，非君撤瑟晨」，自己安然的當下恐正爲故人離世之時，透過回想，其中的情懷更顯得不堪，此乃「纏綿悽惻」者。後此清人如沈德潛評此詩「情辭極爲深宛」（古詩源 13/307），陳祚明甚至評任昉詩作整體具備「思旨之曲，情懷之真，筆調之蒼，章法之異，每一篇如構一迷樓」（采菽堂 25/783）之特色，皆可見此視角延伸之痕跡。

　　明清人對任詩傾向婉約情懷之闡釋，若與《詩品》比照，品好之傾向性當更形突顯。鍾嶸除了評其好用典，亦曾美任昉「晚節愛好既篤，文亦遒變，善銓事理，拓體淵雅，得國士之風，故擢居中品。」（詩品・中/306）關於「文亦遒變」，據學者考證，「『遒』字在鍾嶸《詩品》中全解作『勁健』」，因此「任昉條的『遒變』亦應包涵了指其變化『勁健有力』的含義」[115]。換言之，鍾嶸對任昉晚年詩風的認知，有一部分是著意在其剛健的表現。〈出郡傳舍哭范僕射〉作於天監二年（503AD），亦爲任昉晚年之作[116]，而鍾、陸、沈、陳等人俱留意其婉約之情。雖然《詩品》爲整體論述，與鍾、陸……等人只單獨針對一首詩歌作評，在涵蓋度上有差距，然而闡發詩歌抒情的重心隱約有由剛健走向柔婉的趨勢，實再次證成詩評史上抒情取向之轉換。

---

115 唐梓彬：〈論鍾嶸《詩品》對任昉詩歌的評價〉，《許昌學院學報》第29卷第1期（2010年），頁26。

116 任昉生於宋孝武帝大明四年（460AD），卒於梁武帝天監七年（508AD）。

柳　惲

　　清朝以前的中古詩評，婉約之情有由「忽視」轉趨「重
視」的變化，柳惲（465-517AD）詩評或可作爲該流變類型的
重要代表。就總體的詩評觀察而言，明代以前對柳惲詩作關
注有限，主要集中在「亭皋木葉下，隴首秋雲飛」、「太液
滄波起，長楊高樹秋」這兩組詩句上[117]，此亦明人論柳詩的
主要面向之一[118]；此外，明朝對柳詩之著意，便是集中在深
婉之情上。首先可觀察的，是陸時雍盛道柳詩的婉約之情，
並結合「外景」、「韻致」加以闡析：

> 代馬秋不歸，緇紈無復緒。迎寒理衣縫，映月抽纖縷。
> 的皪愁睇光，連娟思眉聚。清露下羅衣，秋風吹玉柱。

117　例如李延壽云：「柳……少工篇什，爲詩云：『亭皋木葉下，隴首秋
　　雲飛』，琅邪王融見而嗟賞，因書齋壁及所執白團扇。……嘗和武帝
　　〈登景陽樓篇〉云：『太液滄波起，長楊高樹秋。翠華承漢遠，雕輦
　　逐風游。』深見賞美。」（《南史卷 38・柳元景》）、皎然於「詩有八
　　種對」條舉柳惲詩云：「『亭皋木葉下，隴首秋雲飛。』全其文采，
　　不求至切，得非作者變通之意乎？」（《詩議》）再如宋人張戒舉柳惲
　　「亭皋木葉下」，以爲「就其一篇之中，稍免雕鎪，矗足意味，便稱
　　佳句，然比之陶、阮以前蘇、李、古詩、曹、劉之作，九牛一毛也。」
　　（《歲寒堂詩話卷上》）……等。此亦明代以前提及柳詩的主要資料，
　　足見對其作重視之有限。

118　例如王世貞美「吳興：『庭皋木葉下，隴首秋雲飛。』又：『太液滄
　　波起，長楊高樹秋。』置之齊梁月露間，矯矯有氣，上可以當康樂
　　而不足，下可以凌子安而有餘。」（藝苑 3）、胡應麟將此兩組詩句列
　　入晉人以還之佳句（詩藪內 2）、費經虞列「庭皋木葉下，隴首秋雲
　　飛」爲六朝名句（《雅倫卷 12・製作・六朝名句》）、許學夷則讚此數
　　語「永明以後，矯矯獨勝」（詩源辯 9）。要之，明人於此面向之論述，
　　多承前朝而來，觀察視角較無獨到之處，故欲見其對柳詩之評相對
　　特出處，則需留意「深婉之情」的相關評論。

流陰稍已多，餘光欲誰與？（〈七夕穿針〉）

冷冷疏疏，叮叮喁喁，含情不言，撫景欲絕。「流陰稍
已多，餘光欲誰與」，此中悵然無限。（古詩鏡 20/216）

惲詩冷而韻，姿態嫣然。（古詩鏡 20/215）

梁時柳惲、何遜皆擅寫本素，遠却世氛，可謂獨立之士。
然柳依依婉致，時欲憐人；何隱隱孤哀，俯首獨語。（古
詩鏡 22/239）

　　〈七夕穿針〉前面六句，尚有「無復緒」、「愁睇光」、
「思眉聚」等描述女子情懷之語，然最末四語「清露下羅衣，
秋風吹玉柱」寫得冷疏，似不著悲緒；「流陰稍已多，餘光
欲誰與」亦不正面言悲，而無奈之問語已使悵然情懷無限延
伸。詩歌結語不明白言情，而採用「以景代情」此看似與抒
情拉開距離的方式收束，反而更能造成情思綿延不斷的效
果，陸時雍已充分留意到如此特點；再者，陸氏其他評語如
「冷而韻」，「冷」亦當指涉詩中情緒之隱而未露，如此「姿
態嫣然」、「依依婉致」，反倒能使餘韻無窮。陸氏評詩宗
神韻，該類作品正合其詩學觀，故能深得陸之賞識。

　　其次，王夫之「思致特遠，斂束特深」（評選 5/811）的
評斷，與陸氏同樣著意柳詩中婉約含蓄之抒情樣態。其論云：

前不作虛籠起，後不作曳尾結，只此高人百倍。著眼大，
入情遠，須此乃紹《風雅》之宗。（評選‧擣衣 5/812）

汀洲采白蘋，日落江南春。洞庭有歸客，瀟湘逢故人。
故人久不返，春花復應晚。不道新知樂，空言行路遠。
（〈江南曲〉）

含吐曲直，流連輝映，足為千古風流之祖。（評選 1/554）

　　〈擣衣〉有多處言情，然稍言情感，隨即轉至自然景觀，諸如「孤衾引思緒，獨枕愴憂端。深庭秋草綠，高門白露寒」、「行役滯風波，遊人淹不歸。亭皋木葉下，隴首秋雲飛」都是如此。如此抒情方式，亦能不滯於情且使情思綿延，誠如王氏所言，具備「入情遠」之特點。此外，「紹《風雅》之宗」之評，則又再次點出抒情縣遠的表現，其精神遠源於傳統詩學，可見即便漢代以後對詩歌抒情本質有了更深刻的認知，亦未因此而全然否棄儒家精神。

　　至於〈江南曲〉一首，「故人久不返」、「不道新知樂，空言行路遠」不直接言怨，而怨情已明見其中，如此「含吐曲直」，反而更能得「流連輝映」之效。王昌會於「緣境不盡曰『情』」的詩例中，即列了柳惲的〈江南曲〉[119]，其觀看〈江南曲〉之視角與夫之頗爲相近。再者，若由詩歌選錄情形作一觀察，上述已作過討論的〈七夕穿針〉與此處之〈江南曲〉，於明代中葉以前皆未有選本載錄，直至唐汝諤《古詩解》、曹學佺《石倉歷代詩選》、陸時雍《古詩鏡》、王夫之《古詩評選》始予以收錄，且詩評家們收錄後又給予佳評，由此當可看出：對於詩情之挖掘，明代中後期師心派的詩評家恐怕比格調派的重情又更進一步。

　　柳惲既未爲《詩品》所品評，《文選》亦未錄其詩作，儘管獲得王融與梁武帝的欣賞[120]，然其深婉之抒情表現受到較多的重視，仍有待於明人，此亦明人有別於前朝之拓展；

---

119 明・王昌會：《詩話類編・品評》，收於《明詩話全編》，卷 20，頁8547。
120 具體評論可參註 117 中《南史》的記載。

於此同時，明人對中古小家詩人闡釋的貢獻，亦可由此窺得。

蕭　繹

　　梁元帝蕭繹（508-554AD）除了以《金樓子》這本代表作著名外，其詩歌成就似乎不及父兄，故明代以前，對其詩歌關注甚少[121]，亦未有深入的探析，評價幾近闕如。然而明人對梁元帝詩歌的探討明顯增多，主要討論面向除了云其開啓唐風或與唐作相較[122]外，便是對其詩歌抒情的探討。

　　明人一反前朝對蕭詩的忽略，而對其婉約之情有相當之留意，茲以下列諸評為例：

> 帝不好聲色，頗有高名，獨為詩賦，婉而多情。妾怨迴文、君思出塞，非好色者不能言。（張溥）[123]

> 松風侵曉哀，霜霧當夜來。寂寥千載後，誰畏軒轅臺？
> （〈幽逼詩〉）

> 沉著有餘意。（評選 3/634）

> 新鶯隱葉囀，新燕向窗飛。柳絮時依酒，梅花乍入衣。

121　明代以前對蕭繹僅零星提及，如宋人王楙云「梁元帝所作為多，不但鳥名也，如獸名、歌曲名、龜兆名、鍼穴名、將軍名、宮殿名、屋名、車名、船名、樹名、草名，率皆有作。」（《野客叢書卷 17・鳥名詩》）、宋人呂祖謙云「梁元帝〈贈別〉詩云：『昆明夜月光如練，上林朝花色如霰。……』故月練花霰，後人多倣此。」（《詩律武庫卷 13・遊賞門》）……等，然這些評語於詩學批評的價值似不甚高。
122　　具體評論例如胡應麟「簡文〈烏棲曲〉，妙於用短，元帝〈燕歌行〉，巧於用長；並唐體之祖也。」（詩藪內 3）、馮復京「梁元燕歌『戴嵩度關山』，為唐世歌行開山祖。」（說詩補 3）、陸時雍「梁元〈折楊柳〉：『楊柳非花樹，依樓自覺春』，唐人無此神情。」（詩鏡總）……等。
123　明・張溥題辭，殷孟倫輯注：《漢魏六朝百三家集題辭注・梁元帝集》，頁 275。

> 玉珂隨風度，金鞍照日暉。無令春色晚，獨望行人歸。
>（〈春日和劉上黃〉）

> 六句客，兩句主，返映生情。（評選6/849-850）

　　張溥之評是就詩歌的整體表現而言；王夫之則是透過對詩作的簡單評論，指出其中蘊含的深婉之情：〈幽逼詩〉乃蕭繹為西魏所破，性命即將不保之際的作品，首二語景中帶情，復以問句作結，此實結而未結，情意似未道盡，而予人綿延之想像，乃所謂「沉著有餘意」者；至於〈春日和劉上黃〉之評，「客」者乃春日之景，「主」為隨之引發而來之情。柳絮依酒、梅花入衣看似悠然，然與「獨望」相襯，似更生無盡寂寥之情。情景問題誠為王夫之詩學理論關注的焦點之一，相較於直接表情，王氏顯然更欣賞婉轉抒情，「認為詩的表現要求曲折委宛以加深感情的『凝注集中』。」[124]外在景致的描繪，乍看之下似乎與主觀情感拉開距離，然而隨著外在景物的逐步鋪陳，情感亦於其中綿延醞釀，不直接而迴還無窮，如此婉約的表情方式，反而更能加深抒情的深刻性。

　　蕭繹本身確實有為數不少的艷詩及遊戲之作，這些作品往往不耐咀嚼，當是明代以前忽視其詩的主因。明人對蕭詩雖亦有所貶抑，然而整體而言尚稱客觀[125]；並能於開啟唐風

---

124 蔡英俊：《比興、物色與情景交融》（臺北：大安出版社，1986.5），頁306。

125 例如陸時雍云「梁元學曲初成，遂自嬌音滿耳，含情一粲，蕊氣撲人。」（詩鏡總）此言其嬌媚處；卻又批其「輕帖近人，綺色麗情，不逮簡文甚遠。」（古詩鏡19）。再如馮復京云「元帝詩，予取其〈烏栖曲・沙棠作船〉、〈燕歌行〉、〈望春〉共三首。『望江中月影』，曲寫形模，其調太輕。『賦得竹』填砌故實，其格太板。句如『柳條恒拂岸，花氣盡熏舟』，可以比肩簡文。『落星依遠戍，斜月半平林。』在沈宋集中當為絕唱。」（說詩補4）皆能客觀地分析元帝詩之優劣。

之外，見到其柔婉之情，就某個程度而言，與蕭繹本人「吟詠風謠，流連哀思」、「情靈搖蕩」[126]的主張正可相互呼應；另一方面，亦可看出南朝詩歌的價值，不只是在表現方法上作為唐詩的先鋒，尚有獨特之抒情風味值得賞玩。此乃明人對蕭詩闡釋之貢獻。

王　筠

歷代對王筠（481-549AD）的評論零星，且多非針對其個人詩歌單獨論述，可見王筠的詩壇地位不高。然明人終究還是能在詩學界普遍忽視其作的狀態下，對王筠投以些微關懷的目光，實再次映證明人的不捐細流。此處僅就〈行路難〉一首之評作一說明，以現明人論情之趨向：

> 曲折如出縫婦之口，可謂細密。（楊慎）[127]

> 從憂苦中釀出一段精細，從深密中發出一片風趣，其巧妙微透處，鮑參軍不暇，然亦不必。若吳均，則直不能矣。此三人〈行路難〉之大致也。（古詩歸・行路難 14/502）

該詩乃思婦為遊子縫製衣裳之作。評論中所謂曲折深密者，當指「裲襠雙心共一袜，袙複兩邊作八襇。襻帶雖安不忍縫，開孔裁穿猶未達」等描繪，亦即透過縫製衣裳的一舉一動，深刻而細膩地寄託婦人之情。此處對王筠的論述，大致同於對繁欽、任昉等人之評，亦即於個別詩歌的分析中，突顯明人對深婉之情的留意。

---

126 南朝梁・蕭繹：《金樓子》，卷 4，頁 48。

127 語見明・黃廷鵠：《詩冶・詩人詩・梁樂府并詩》，收於《明詩話全編》，卷 17，頁 7733。

　　具體分析諸多中古詩人之評論後，可以發現由南朝至明代，詩歌評論確實有更重深婉之情的趨勢。在結束本節論述以前，尚有幾點歸納說明。首先，明人對中古詩歌婉約之情的留意是不分詩派的，該抒情取向於明朝具備相當程度的普遍性。儘管「前七子追求漢魏詩歌氣格高渾、風力健朗的審美風範」（陳斌/217），且此一審美取向「大抵還是沿襲『建安風骨』的基本內涵」（陳斌/255），如此觀察固然不錯，然而若與明代整體的批評趨向相較，專主風骨健朗之論者畢竟有限，屬於前後七子派的徐禎卿、謝榛，帶有格調主張的胡應麟，都已或多或少展現出對婉約之情的欣賞；更不用提有「調和格調與性情」[128]傾向的許學夷，以及對抒情有更多關懷的陸時雍、竟陵派、王夫之了。

　　儘管七子派已透露出對婉約之情的青睞，然其重視朗健亦是事實，甚至因過分追求朗健，而有嶔崟尖露之弊。其後之明代詩評家何以會對婉約之情有更為深入的闡釋，與反思此詩壇弊端是脫離不了關係的。是以除了傳統詩教精神欲人溫婉的潛在影響，明人何以會對婉約之情特加青睞，此詩壇風尚的時代背景亦需納入考量。

　　其次，中古詩歌（特別是晉代以降）因其形式表現突出，故歷代評論多著眼於此，這也是一般認為六朝詩歌為唐詩前驅的主要貢獻。然而誠如本書在第一章所提出的疑惑：六朝詩歌的價值，是否只侷限於藝術形式的表現上？恐怕不盡如此。明人對婉約之情的多所挖掘，使中古詩歌的價值得以更

128　方錫球：《許學夷詩學思想研究》，頁 48。

多元地彰顯，且不必然要由「附屬」於唐詩的地位出發，專就中古詩歌自身探討，亦可見耀眼的光芒。

　　要之，明人評論中古詩歌時的抒情傾向，其重要的詩學意義在於：在風骨氣力之外猶能見到柔婉之情，可使我們對中古詩人的了解更為全面；能夠恰當揭示某些詩人婉約的特質，使得原本不受重視的抒情面向能得較好之突顯，無疑有助於彰顯中古詩作的價值。

第五節　景外情韻的著意闡發

　　情景主題在中古時期的詩歌理論中已頗為常見，例如陸機〈文賦〉「遵四時以歎逝，瞻萬物而思紛。悲落葉於勁秋，喜柔條於芳春。心懍懍以懷霜，志眇眇而臨雲」[129]、《文心雕龍‧物色》「春秋代序，陰陽慘舒；物色之動，心亦搖焉」（10/1728）、「歲有其物，物有其容；情以物遷，辭以情發」（10/1732）、《詩品‧序》「若乃春風春鳥，秋月秋蟬，夏雲暑雨，冬月祁寒，斯四候之感諸詩者也。……凡斯種種，感蕩心靈，非陳詩何以展其義，非長歌何以騁其情。」（頁76-77）俱已觸及個人情感與外界景物的關係。明代詩論於此主題中亦有不少述說，諸如王世貞「情景妙合，風格自上，不為古役，不墮蹊逕者，最也」（藝苑 5/69）、謝榛「作詩本乎情景，孤不自成，兩不相背……景乃詩之媒，情乃詩之

---

129 晉‧陸機著，張少康集釋：《文賦集釋》，頁 20。

胚」（四溟 3/69）等論，俱可見對情景議題之重視。落實至
詩評家對中古詩歌的評論，從中古到明朝，關於情景主題的
探討，其流變情形如何？聚焦至明代，述評內涵又有什麼樣
的表現？是否有異於前朝的貢獻？於詩學史上的意義爲何？
關於這些問題，將有待對詩評一一爬梳後，方得釐清。

　　明人對情景的論述，大抵可區分爲兩種類型：首先乃評
論內涵由重「形似」走向「情景交融」。物色與形似的概念
同時出現在六朝的批評文獻中[130]，可見當時詩評家對於詩歌
描繪外在景致的部分有較多留意[131]，像是謝靈運、謝朓、何
遜……等人的詩歌，於形似面即引起不少關懷；其後唐宋元
等朝或情景分論，或初步涉及情景相交之議題；發展至明朝，
詩評家方普遍闡發詩歌中情景交融的成就，而明確突破「形
似」之論的眼界，這對這組中古詩家詩作，或者是情景之詩
學議題而言，都因此推闡而達另一高度。

　　至於第二種類型，則是「詩歌意境」由未受重視到多加
闡釋。所謂意境，必須在情景交融的基礎上，展現言有盡而
意無窮的藝術效果，餘味繚繞是其中不可或缺者[132]。明代對

---

130 最明顯的例子即《文心雕龍》有〈物色〉篇，而《詩品》則是以「形
　　似」品評張協、謝靈運、鮑照……等多位詩人。
131 關於物色、形似等詞彙的定義，當傾向於純粹外景或對景物之描繪。
　　可參鄭毓瑜先生之說：「所謂『物色』一詞，既與『心』相對，明顯
　　是指邊作家情性、爲情性所託寓的自然景物。換言之，『物色』是
　　創作活動共通的素材，本身並不因爲創作者情志類型或描摹技法的
　　差異，而有質性上的個別變化、甚至優劣分判。」（語見氏著〈再評
　　蔡英俊《比興、物色與情景交融》〉，收於呂正惠、蔡英俊主編：《中
　　國文學批評　第一集》（臺北：學生書局，1992.8），頁 313-314。）
132 可參考張少康：《古典文藝美學論稿》（臺北：淑馨出版社，1989.11），
　　頁 26-30。

此部分闡發之深入，顯然爲中古詩評家所無，最明顯的述評對象即是陶淵明。該類型涉及之探討對象雖僅陶潛一人，卻正好突顯出陶詩在景外情韻的主題上，確實有更高於大小謝、何遜等人的成就。另外需特別留意的是：這兩種類型之間並非壁壘分明，諸如大小謝詩作，亦有明代詩評家點出其具備韻味之特點，只是在普遍性上較爲不足。謹於此說明，期不以文害意。

謝靈運

首先由謝靈運談起。誠如第二章所言，就原始批評資料觀之，大謝詩評之數量乃中古詩人中僅次於陶淵明者，然而學界對這部分的研究仍然有限，主要有王芳〈李夢陽及前七子派對謝靈運的接受〉[133]、楊鑒生、王芳〈劉履對謝靈運詩歌的接受與評價〉[134]、陳斌的部分論述（陳斌/215-220、255-258、316-325），以及宋緒連的〈述評王夫之論謝靈運〉[135]。王芳先生之論，主要側重在李夢陽、何景明、黃省增三人創作上對大謝的接受；楊、王之文旨在說明劉履「對謝詩描繪景物的藝術特色，反倒不大關注」，重點在「勾勒出一個基本符合儒家倫理道德規範的謝靈運形象」[136]；陳斌先生主要則從

---

133 王芳：〈李夢陽及前七子派對謝靈運的接受〉，徐中玉、郭豫適主編：《中國文論的常與變 古代文學理論研究 第二十四輯》（上海：華東師範大學出版社，2006.12），頁 158-179。

134 楊鑒生、王芳：〈劉履對謝靈運詩歌的接受與評價〉，《合肥師範學院學報》第 26 卷第 2 期（2008.3），頁 98-100。

135 宋緒連：〈述評王夫之論謝靈運〉，收於葛曉音編選：《謝靈運研究論集》，頁 302-315。

136 同前註，頁 98-99。

辨體的角度來談謝詩。這些論述對大謝詩中情景問題的探討
均少；至於宋先生之論，對情景雖有較多的涉及，然而在王
夫之之前，大謝之評如何演變？如何走向對情景交融的關
懷？除了王夫之以外，是否亦有詩評家由此角度看待謝詩？
諸如此類的問題，都還有可以探討的空間。

　　南朝階段對大謝之評價頗高，而自然、辭彩佳[137]，則是
較主要的關注面向；至若與情、景相關的評論則不多，主要
著意於山水創作的巧似、綺辭上，至於大謝詩作之抒情、抒
情與山水題材交融之可能性……等相關問題，於此階段中皆
未觸及。相關論述如下：

> 宋初文詠，體有因革。莊老告退，而山水方滋，儷采百
> 字之偶，爭價一句之奇，情必極貌以寫物，辭必窮力而
> 追新，此近世之所競也。（文心・明詩 2/208）
>
> 雜有景陽之體，故尚巧似，而逸蕩過之。頗以繁蕪為累。
> 嶸謂若人，興多才高，寓目輒書，內無乏思，外無遺物，
> 其繁富宜哉！然名章迴句，處處間起，麗典新聲，絡繹
> 奔會。（詩品・上/196）
>
> ……一則啟心閑繹，託辭華曠，雖存巧綺，終致迂回，
> 宜登公宴，本非準的，而疎慢闡緩，膏肓之病，典正可
> 採，酷不入情。此體之源，出靈運而成也。（蕭子顯）[138]

---

137 例如鮑照美謝五言詩「如初發芙蓉，自然可愛」、蕭綱「吐言天拔，
　　出於自然」（〈與湘東王書〉）……等，是就自然面向所發的評論；至
　　於劉勰「顏謝重葉以鳳采」（文心・時序）、鍾嶸「才高詞盛，富豔
　　難蹤」（詩品・序）……等，則是針對辭彩作評。
138 南朝梁・蕭子顯：《南齊書・列傳第三十三》（合肥：黃山書社，2008，
　　清乾隆武英殿刻本），卷 52，頁 372。

　　劉勰點出南朝宋初期山水盛行的風貌，雖未直指大謝，然就謝靈運所開啓的時代風尚觀之，此處所言，無疑有相當程度是針對大謝。值得留意的是：「情必極貌以寫物」一語雖有「情」字，然所指當是詩人意欲追求刻劃外景的願望，重點仍擺在寫物、詩歌偶麗、新奇的表現上，而未涉及情景交融；至於盛讚大謝爲元嘉之雄的鍾嶸，細觀其評論，主要集中在巧似與才高上，同樣未見山水形似與謝客抒情交涉之相關論述；蕭子顯雖提及「情」，卻認爲大謝之作「酷不入情」，而前此「華曠」、「巧綺」等評，顯然仍是將焦點擺在形式的表現，配合大謝詩歌主要創作題材爲自然山水，蕭氏之立意已頗爲明白：大謝之作繪景工綺，然罕見其情。

　　謝詩評論發展至唐代，對山水物色之關懷仍是大宗，此外對情景議題亦開始有初步之觸及。關於前者，諸如《文鏡秘府論》以謝詩作爲「當句各以物色成之例」（地卷・十四例/426）、裴延翰言杜牧「掇顏謝之物色」[139]，皆視物色爲大謝詩歌之重要表徵。這些觀點基本上乃承續南朝而來。然而唐人終究自有進境，較南朝詩評家更能突顯大謝山水詩作之清奇與神力，試扼要摘列唐人若干連敍帶論的詩句如下：

> 常思謝康樂，文章有神力。是何清風清，凜然似相識。
> 一種爲頑罵，得作翻經石。一種爲枯槁，得作登山屐。
> 永嘉爲郡後，山水添鮮碧。（貫休）[140]
> 謝公寄我詩，清奇不可陪。白雲飛不盡，碧雲欲成堆。
> 驚風出地戶，虢虢似震雷。吟哦山嶽動，令人心膽摧。

---

139 唐・裴延翰：〈樊川文集後序〉，收於《全唐文》，卷 759，頁 7868。
140 唐・貫休：〈古意〉九首其七，收於《全唐詩》，卷 826，頁 5495。

（李山甫）[141]

　謝客吟一聲，霜落群聽清。文含元氣柔，鼓動萬物輕。
嘉木依性植，曲枝亦不生。塵埃徐庾詞，金玉曹劉名。
章句作雅正，江山益鮮明。萍蘋一浪草，菰蒲片池榮。

（孟郊）[142]

　　由「山水添鮮碧」、「白雲飛不盡，碧雲欲成堆」、「萍蘋一浪草，菰蒲片池榮」等詩句明顯可見：對於謝作之普遍印象，仍集中在山水景觀。唐人採取的方式，是透過再現山水之形象，帶出對大謝詩作之觀感。何以會有如此述評方式？或許與論詩詩的型態，尚需追求詩歌本身的美感韻味有關。相較於南朝簡單的形似之評，唐人論述更能直觀地透露山水描繪予人之飽滿意象。再者，這些評論共同指出謝詩描繪山水時清奇、有神力、含元氣的特色，對其繪景之生動性因此有更深刻的說明。謝詩山水景觀的描繪終究吸引了絕大多數唐代詩評家的目光，如此情形誠可理解，畢竟大謝是文學史上奠定山水詩創作的重要人物，由謝公開啟的新視野於詩評初期受到較多的矚目，似乎也是合理的；卻也因此使謝詩中的情懷，甚至情景交融的部分，仍未能成為唐人的主要關懷。

　　然而唐人對情景議題的探討，畢竟較南朝更進一步，可以視為是情景交融主題論述的開端。諸如《文鏡秘府論》舉「白雲抱幽石，綠篠媚清漣」為「物色帶情句」（南卷·論文意/1442）之例；賈島列出「詩有三格」，第一為「情」格，

141　唐·李山甫：〈山中依韻答劉書記見贈〉，收於《全唐詩》，卷643，頁4397。

142　唐·孟郊：〈贈蘇州韋郎中使君〉，收於《全唐詩》，卷377，頁2528。

其中以「池塘生春草，園柳變鳴禽」爲例[143]，都可見在謝詩的景致描繪中標舉其「情」。唯大謝詩於此只作爲舉例之用，情景相融在詩評家眼中，是否爲謝詩普遍之表現？論述中並未觸及；再者，礙於舉例的體式，關於物色與情如何交融之闡述，亦付之闕如。

此外如白居易與皎然，雖亦在論述中觸及情景議題，但似乎更著重抒情面向：

> 謝公才廓落，與世不相遇。壯志鬱不用，須有所洩處。洩爲山水詩，逸韻諧奇趣。大必籠天海，細不遺草樹。豈惟玩景物，亦欲攄心素。往往即事中，未能忘興諭。（白居易）[144]

> 兩重意已上，皆文外之旨，若遇高手如康樂公覽而察之，但見情性，不睹文字，蓋詣道之極也。（詩式・重意詩例 1/42）

> 情者如康樂公「池塘生春草」是也。抑由情在言外，故其辭似淡而無味，常手覽之，何異文侯聽古樂哉。（詩式・作用事第二格 2/153）

白居易雖言「洩爲山水詩，逸韻諧奇趣」，但重點當在引文的最後四句；「壯志」、「心素」、「興諭」似乎才是其主要關懷，景物處於陪襯地位，所說似以情爲重；皎然以「池塘生春草」爲例說明「情」，重心在「文外之旨」、「情性」上，雖有情景相交的傾向，卻還談不上是對情景交融的

---

143 唐・賈島：《二南密旨・論立格淵奧》，收於張伯偉：《全唐五代詩格彙考》（南京：鳳凰出版社，2005.1），頁 376。

144 唐・白居易：〈讀謝靈運詩〉，收於《全唐詩》，卷 430，頁 2850。

探討。要之,唐人之評雖已觸及情景議題,終究不夠深入,仍屬初步階段。

宋代對大謝之評論整體而言相對鬆散,或云流麗,或云其有透徹之悟的地位[145],而較難歸納出主軸;與情景相關的論述亦少,或如《雪浪齋日記》云其「攬盡山川秀氣」[146]而已。何以宋人單獨評謝之熱絡度與可觀性,會成為歷朝相對薄弱的一段?或與宋人特重陶詩恐不無關聯,陶謝的主要創作題材不論是山水或田園,皆與大自然有關,此乃兩人並稱的要因之一;而宋人又因本身喜理趣的時代背景故特賞陶詩,宋朝的時代背景配合上陶謝詩歌題材的重疊性,這就相當地壓縮了個別述評謝詩之論;另一方面,此現象又使陶謝合稱成為歷朝相對較多者,從而塑造出陶謝清淡瀟灑而超然的形象[147];至於大謝獨立的特點於此階段反而顯得較不鮮明。

倒是金、元兩朝,整體評論謝詩的資料雖不比宋代多,論述重心卻相對集中。當時人對謝詩抒情的關懷,似乎更勝其山水表現:

> 謝客風容映古今,發源誰似柳州深?朱弦一拂遺音在,卻是當年寂寞心。（元好問）[148]

---

145 如敖陶孫「謝康樂如東海揚帆,風日流麗。」(《詩評》)、嚴羽「謝靈運至盛唐諸公,透徹之悟也」(《滄浪詩話・詩辨》)。

146 北宋佚名,收於宋・胡仔:《苕溪漁隱叢話前集・國風漢魏六朝》,卷2,頁5。

147 如道潛「畫舡京口見停橈,瀟灑渾疑謝與陶」(《參寥子詩集卷3・次韻少游寄李齊州》)、東坡「陶謝之超然」(收於《苕溪漁隱叢話卷19・柳柳州》)、陳振孫「維詩清逸,追逼陶謝」(《直齋書錄解題卷16》)……等論說可參。

148 金・元好問撰,清・施國祁箋注:《元遺山詩集箋注・論詩三十首之二十》,卷11,頁275。

> 靈運才高詞富，意愴心怛。（方回評〈永初三年七月十六日
> 之郡初發都〉）[149]
>
> 改序忻幽景，夏綠蔭閒軒。慕謝閱篇翰，清心絕囂煩。
> 中有帆海作，采真遂孤騫。……臨川乃逃逸，惻愴不可
> 論。（汪澤民）[150]
>
> 漢魏而下，曹、劉、陶、謝之詩，豪贍麗縟，壯峻冲澹，
> 狀物態，寓興感，激音節，固亦不減前世騷人詞客，而
> 述政治者亦鮮。（郝經）[151]

所謂「寂寞心」、「意愴心怛」、「惻愴」、「寓興感」
等述評皆展現出詩評家對謝詩抒情之著意。儘管汪澤民仍有
「改序忻幽景，夏綠蔭閒軒」的描繪，然其論謝詩山水景觀
的重點，在於指出這類詩作具有「清心絕囂煩」的功能，物
色已非其主要著意處；郝經雖亦有「狀物態」之語，但下文
即接「寓興感」，前者恐亦非論述的重心。

除此之外，方回尚有另一組述評兼顧情景二端而偏於
情，雖未觸及情景交融，然對情景論題不無推進，而有留意
的必要：

> ……言景不可以無情，必有「近矚窺幽蘊，遠視盪諠囂」
> （謝惠連語）及末句（筆者按：即「悟言不知罷，從夕
> 至清朝」），乃成好詩。若靈運則尤情多于景，而為謝
> 氏詩之冠。散義勝偶句，敘情勝述景。（方回評謝惠連〈泛

---

149 元‧方回：《文選顏鮑謝詩評》，《欽定四庫全書‧集部八》，卷3，頁1。

150 元‧汪澤民：〈首夏讀謝康樂詩有感〉，收於清‧顧嗣立編：《元詩選‧
　　三集》（合肥：黃山書社，2008，清文淵閣四庫全書本），卷9，頁
　　2353。

151 元‧郝經：《陵川集‧一王雅序》，卷28，頁240。

湖歸出樓中翫月〉〉[152]

> 靈運所以可觀者，不在于言景，而在于言情。「慮澹物
> 自輕，意愜理無違」如此用工，同時諸人皆不能逮也。
> 至其所言之景，如「山水含清暉」、「林壑斂暝色」及
> 他日「天高秋月明」、「春晚綠野秀」于細密之中時出自
> 然，不皆出于織組。（方回評謝靈運〈石壁精舍還湖中作〉）[153]

「敘情勝述景」、謝詩可觀處「不在於言景，而在於言情」等論，可謂打破大謝詩歌長期予人之第一印象，也就是那些使人驚奇的山水描繪，而逕指向對詩歌抒情本質的關懷。此外還需特別留意的是：方回尚強調「言景不可以無情」[154]，其意殆指一首詩中除了景語，尚需有情語。然其所援引為證的「近矚窺幽蘊，遠視蕩諠囂。悟言不知罷，從夕至清朝」，內涵明顯以情為重；第二筆資料以「慮澹物自輕，意愜理無違」強調言情的重要性後，才又另外列舉物色之句，對於情景兩者，恐仍分成兩截。可見方回雖情景兼提，然私心更重「敘情」，故對於兩者間如何相融，似未能觸及，而容後代有另行發揮的空間。

儘管如此，方回之說於情景論中終究有其重要性，亦即其當是首位於此主題中，極具意識地標述大謝詩作「情勝於景」的詩評家。前此白居易、皎然等人似也展現對情的重視，然未如方回，在明確反思前人重景之說的同時，直指謝詩「可

---

152 元‧方回：《文選顏鮑謝詩評》，收於《欽定四庫全書‧集部八》，卷 1，頁 18。

153 同前註，頁 25-26。

154 「言景不可以無情」之評，雖是就謝惠連之作而言，然緊接著論及大謝，故此論對象當涵蓋大謝。

觀」處在於言情。該說於情景主題中雖有偏情的傾向，卻已較鮮明地展現對情景兩端的兼顧，而為明人情景交融之說的先鋒，此乃方氏之論的重要性。

至於明人對謝詩之評，數量眾而多元，諸如藝術形式、詩歌韻味、情景……等都有一系列的討論。僅就情、景而論：有著意於自然景觀者[155]，亦有針對抒情加以闡發者[156]，然多承前朝既有的觀點，故於評論的深度與廣度上，並未有太多進展。

倒是陸時雍與王夫之，確有相當數量之評乃針對「情景交融」而發，對謝詩有貼切的揭示，展現大幅的轉進。陸氏所謂的情景交融，其一傾向對賞玩景物之情的闡釋；其二則是聯繫詩人主觀情懷與外界之整體氛圍；兩類不盡相同，然在陸氏眼中，俱為大謝詩作情景交融之表現。試觀第一類論述：

> 「白雲抱幽石，綠篠媚清漣」，語何悠曠。外有物色，內有性情，一并照出。（古詩鏡‧過始寧墅 13/121）[157]
>
> 「心契九秋榦，目玩三春荑」，情物融然無間。（古詩鏡‧登石門最高頂 13/125）

---

155 如朱樸「山水謝靈運」（《西村詩集卷下‧次雲村見寄》）、謝榛「『池塘生春草』，造語天然，清景可畫，有聲有色」（四溟 2/46）……等。

156 如陸時雍評〈盧陵王墓下作〉「情長語短」（古詩鏡 13/127）、王夫之「詳婉深切」（評選.盧陵王墓下作 5/741）、馮復京云「〈初發都〉、〈初去郡〉、〈盧陵墓下作〉、〈初登石首城〉，四首，攄寫胸腹，感慨悲涼，豈徒長於登覽賦詠而已」（說詩補 3/7217-7218）……等，馮氏之評強調除了賦景外，謝詩之情亦頗有可觀者，顯然是針對歷來側重山水面向之論而發。

157 陸氏評論謝詩情景交融之際，對於這背後蘊含之餘味似乎有所留意，此由「悠曠」之評或可窺得一二。

　　以「抱」連繫白雲、幽石，綠篠又與清漣交相「媚」，本來客觀之自然物色，在「抱」、「媚」等擬人化的動詞中，已深含詩人本身之情懷。再如以「契」、「玩」等主客混融的字眼，連繫己身與大自然，亦是情物間不分彼我的書寫表現。此類描繪方式於大謝詩中頗為常見，諸如「亂流趨正絕，孤嶼媚中川」（頁123）、「芰荷迭映蔚，蒲稗相因依」（頁165）……等亦是，然普遍多視此為大謝山水描繪生動之句，而少留意其中之「性情」。此處之論可說是將《文鏡祕府論》「物色帶情」作了相對詳細的說明，開啟理解謝詩更遼闊的視野。

　　第二類闡釋內涵似乎更傾向「情」，卻不忘扣合景物，仍屬情景交融之一環：

　　　　「顧望脰未悁，汀曲舟已隱」，「豈惟夕情歛，憶爾共淹留」，含情極妙。（古詩鏡·登臨海嶠初發彊中作與從弟惠連見羊何共和之 13/128）

　　　　「解纜及流潮，懷舊不能發」……最得物態，而指點甚便，良由性情超會，故至此。（古詩鏡·隣里相送至方山 13/121）

　　詩人不論是作為送別者或旅人的身分，似乎都屬於整體氛圍中的一部分，情感於此「物態」中不斷擴散縣延，而融於無形。該評恰與當今法國哲學家于連的看法相互呼應：

　　　　「我」與「世界」仍然圍於共同的搖擺之中，「知覺」同時也是「情」，沒有任何完全「客觀化」的東西：意義傳遞過來，但這是不能編成信碼 —— 永遠保持模糊與

擴散狀態 —— 的意義。[158]

於此回過頭來觀看詩評中引用之詩句：詩人在「顧望」、「解纜」的姿態中，江舟、流潮已非純粹的外在景觀，而是蘊含了舉手投足間的戀戀情懷，「我」與「世界」實難明確區分，如此之「模糊與擴散狀態」，正得兼顧交融之雙方，實即所謂「性靈披寫，不屑屑於物象」（古詩鏡 13/119）者。

陸氏之評雖然簡要，實已頗為深刻地觸及謝詩情景交融之表現。唯目前學界於此之研究，多逕言王夫之的闡釋，而忽略陸氏這個重要的環節，故在此特別指出，期使情景主題的探討能更形完整。

王夫之則是此主題中最重要的詩評家，斯乃無可否認的事實。除了如同陸時雍般點出謝詩之情景交融[159]，王氏對於「景」的重要功能、情景間如何交融等問題，另有精闢的剖析。首先觀其如何理解「景」之功能性：

> 不能作景語，又何能作情語耶？古人絕唱句多景語，如……「池塘生春草」……皆是也，而情寓其中矣。以寫景之心理言情，則身心中獨喻之微，輕安拈出。[160]

自然景觀的重要功能，即是表述情懷。王氏認為欲得恰當之抒情展現，如何充分運用景語乃關鍵所在。何以「景」有如此之重要性？乃因透過外景作為媒介，可使抒情細微處於景象所提供的迴環空間中醞釀、流轉，不那麼直接地表述，

---

158 法・弗朗索瓦・于連著，杜小真譯：《迂迴與進入》（北京：三聯書店，2003.9），頁 150。
159 例如評〈鄰里相送至方山〉「情景相入，涯際不分」（評選 5）。
160 明・王夫之著，舒蕪教點：《薑齋詩話》，卷 2 第 23 條，頁 23。

反倒能在含蓄不迫中，將「身心中獨喻之微」的情感較好地
展現出來，故言若未能「作景語」，「又何能作情語」。按
照蕭馳先生的說法：「謝詩依遊覽行旅而展開的意象世界，
最能體現一持續不斷的『聲光動人』和情意屈伸婉轉以求表
達的過程。」[161]情景正是在遊覽行旅間逐步融涉於無形，此
亦夫之何以高度讚揚大謝詩作的重要原因。

　　至於謝詩之情景如何交融？夫之亦作了極貼切之說明：

> 言情則於往來動止、縹渺有無之中，得靈蠁而執之有
> 象；取景則於擊目經心、絲分縷合之際，貌固有而言之
> 不欺。而且情不虛情，情皆可景；景非滯景，景總含情。
>
> （評選‧登上戍石鼓山詩 5/736）

　　心中情思騷動而難以捕捉，顯得「往來動止、縹渺有無」，
卻能託附於山水實體，而使抽象之抒情能「執之有象」；而
詩中呈現的景觀，乃詩人「擊目經心」之際，融入己身主觀
的感應於客觀物象中，如此所呈現之詩中景致，乃主客觀交
融的展現。順此脈絡而下，對於何以言「情不虛情，情皆可
景；景非滯景，景總含情」，也就可以有更透徹的掌握。對
照至詩作：該詩乃大謝謫守永嘉時鬱鬱寡歡之作，故詩人欲
藉出遊一消心中之悶，然才稍見景色之闊（「極目睞左闊」），
隨即便轉向狹景（「迴顧眺右狹」），而此狹景所延伸出來
「日末澗增波，雲生嶺愈疊」（頁 102）中增波重疊的景象，
恐難讓人覺得情爽，反而於具象之景中，在在感受到詩人情
懷之鬱悶。謝詩如何透過有形之景含情，王氏之評誠作了恰

161　蕭馳：《抒情傳統與中國思想 王夫之詩學發微》（上海：上海古籍出
　　版社，2003.6），頁 119。

當之解說。

　　夫之對謝詩中情景交融的闡述，確實較陸時雍深遠，這對讀者於大謝詩情景交融的體認，無疑有相當之啟發。其後張玉穀、吳淇……等人於此主題中有更多細緻的闡發[162]，或可視為是陸、王之論的延續。這一系的論述確實有其合理性，例如像「觀此遺物慮，一悟得所遣」（頁178）這類詩句，往往被人詬病為拖著一條「玄學尾巴」，並常據此認為謝詩情景二分，然而這般體悟若非於前此「蘋萍泛沈深，菰蒲冒清淺。企石挹飛泉，攀林摘葉卷」（頁177）中已逐步醞釀，何能得之？這麼看來，乍看之下似為繪景之句，是否無情感蘊含其中，就有了再作思量的空間。更何況大謝詩中尚有不少明確可見情景交融之詩句，陸時雍、王夫之之論已為我們作了不錯的闡釋，因此即便大謝詩作確實有部分「情景兩截」之作，然是否為其創作的主要現象？便有再重新評估的空間；而對其詩作情景交融的表現，亦有再作審視的必要。

　　最後在結束謝靈運的探討之前，尚可由「顏謝」或「陶謝」並稱，以及明代詩評家對謝詩之褒貶，觀察大謝詩歌之情景取向於批評史上的發展情形。就並稱的情形而言，南朝

---

162 張、吳等人評謝詩，誠多情景交融之論，此處為方便比對，逕以評〈鄰里相送至方山〉之論為例。張玉穀言「中四，接寫別時之景。然『含情』十字，就景申情，引動下意，鍊句耐思。」（《古詩賞析卷16》）這裡點出景帶出情的樣貌，並涉及謝詩中如何安排情景的鍊句問題。再如吳淇言「夫己之情，己所知也，故直寫。己非鄰里，未盡知鄰里之情，故借林木之『析析就衰』曲寫，而後以秋月之皎皎互寫。」（《六朝選詩定論卷14》）則指出外景如何搭配抒情的種種表現方式（曲寫、互寫）。凡此種種，俱可見清人對於情景交融的議題，另有延伸發展。

至明代「顏謝」與「陶謝」合論略有消長趨勢，大體而言，顏謝並稱的關注面主要集中在辭采、形式的討論，評價略有由高至低的趨向[163]；陶謝並稱的情形則是由少至多，歷朝又以雅澹、風韻作為評論的焦點[164]；僅就情景議題而言，亦略可看出由「物色」轉至「情景交融」的趨勢[165]。透過上述對大謝詩情景論述的觀察，南朝至明代大致有由「重視形似」到「逐步融入抒情」的發展趨勢，從而帶出對情景交融的留意，並隱約透露對韻味的關懷。重形似與「顏謝」並稱的狀況相應；對情景交融、韻的著意，則與「陶謝」並稱的發展曲線相仿。換言之，情、景相關主題與詩人並稱的消長，約略有呼應的情形。由此實可看出批評史上各個發展脈絡間交疊而緜密的關係。

---

163 例如劉勰美二人「鳳采」（文心・時序），許學夷卻批其「語雕刻而意冗」（詩源辯 3）。

164 根據筆者不完全的統計，南朝似未見陶謝並稱之論，唐代約僅 4 次，宋朝則約有 37 次，元明也約 30 次。至於評論內涵，由蔡伯衲「柳子厚詩雄深簡澹，迥拔流俗，至味自高，直揖陶謝」（收於魏慶之《詩人玉屑卷 12・品藻古今人物》）、魏了翁「……則人第見其風格氣韻，追迫陶謝」（《鶴山先生大全文集卷 54・王侍郎秬復齋詩集序》）、元好問「陶謝風流到百家」（《遺山先生文集卷 13・自題中州集後五首》）、方回「陶、謝、韓、柳之工而淡」（《桐江集卷 4・跋周君日起詩冊》）、林俊「陶、謝風流祇兩公」（《見素續集卷 5・和少陵六絕》）……等論可以看出歷朝著意於淡雅、風韻的傾向。此乃就概括情形，並著意由陶謝並稱之「同」而言；至於兩者對舉之個殊性，可參王文進：〈陶謝並稱對其文學範型流變的影響 —— 兼論陶謝「田園」、「山水」詩類空間書寫的區別〉，《南朝山水與長城想像》（臺北：里仁書局，2008），頁 38-63。

165 例如陸游「溪光如鏡新拂拭，白雲青嶂無朝暮。伏几讀書時舉頭，萬象爭陳陶謝句」（《劍南詩稿卷 45・寄題張仲欽左司盤澗》）當傾向由物色描繪來看陶謝詩作；而明人陸時雍「陶、謝性靈披寫，不屑屑於物象之間」（古詩鏡 13）、「稱情當物正在陶、謝間」（古詩鏡 13）云云，則轉至留意陶謝的情景交融。

　　再者，明代詩評家的整體評論趨向，以美大謝居多，其中對韻味之讚美佔相當之數量，像是焦竑「以興致為敷敘點綴之詞，則敷敘點綴皆興致也」[166]、「登涉之語，締搆妙絕，窮情極態」[167]、馮復京「靈運之韻清遠」（說詩補 1/7175）、胡應麟「風神華暢，似得天授」（詩藪內 2/16）、「靈運以韻勝者也」（詩藪外 2/80）、郝敬「謝多豐韻，清邕可人」（藝圃 1/5913）……等，俱可看出對謝詩風韻之欣賞。謝詩何以能表現出無窮之韻味？其中一個原因即在於情景交融得當，故能在抒情隨景緜延、物色烘托情懷間散發出悠然神韻。這類讚美與情景交融的關注點雖不盡一致，然而對謝詩韻味之闡釋，在明代才有較集中的表現，這與明人重視情景主題仍不無關聯。

　　至於批評謝詩的部分，主要有許學夷「謝靈運等拙句，實俳偶雕刻使然」（詩源辯 7/111）、謝肇淛「時有累語」[168]、賀貽孫「堆積佳句，務求奇俊幽秀之語以驚人，而不知其不可驚人也」（詩筏/10405）、「深密有餘，而疏澹不足」（詩筏/10403）……等評，大體集中在對謝詩形式表現過當之一端，如此現象又與「顏謝」並稱日受貶抑的狀況呼應。

　　要之，透過對各朝評論的觀察，可以明確見到大謝詩評確實有由「留意形似」逐步轉向「闡釋情景交融」的趨勢。明人於此主題的貢獻，除了揭示大謝詩作情景交融的表現，

---

166 明・焦竑：《焦氏澹園集・題謝康樂集後》（合肥：黃山書社，2008，明萬曆三十四年刻本），卷 22，頁 163。
167 明・焦竑：《焦氏澹園續集・題黃君貞父南都紀游》（合肥：黃山書社，2008，明萬曆三十九年朱汝鼇刻本），卷 9，頁 89。
168 明・謝肇淛：《小草齋詩話・外篇上》，收於《明詩話全編》，卷 2，頁 6673。

對於物色於詩中的功能、情景如何交融等問題，都有較好的闡說；再者，透過與「顏謝、陶謝並稱的消長」、「明人對謝詩褒貶」等議題的比對，亦可見情景主題與其他詩歌批評間千絲萬縷的關係，像這般對其他議題的探索，誠有助於對謝詩中情景主題更加透徹地掌握。

謝　朓

　　小謝（464-499AD）於南朝雖得齊高祖、梁簡文帝、劉孝綽、沈約等人的讚美，然評述大抵空泛[169]，較難見出讚揚之具體內容。倒是鍾嶸之評詳實許多，可作為後代評論比對的基礎：

> 微傷細密，頗在不倫，一章之中，自有玉石。然奇章秀句，往往警遒，足使叔源失步，明遠變色。善自發詩端，而末篇多躓，此意銳而才弱也。（詩品·中/289）

　　按照王叔岷先生的說法，「細密」是因為「重聲律，重排偶之故」（詩品.中/290），這一點恰與《詩品·序》視謝朓為揚聲律的代表人物相互呼應。整體觀之，鍾嶸之評主要係就聲律、偶對、章句而論，至於「善自發詩端」之評，若尋回謝作，例如〈觀朝雨〉「朔風吹飛雨，蕭條江上來」[170]、〈和王中丞聞琴〉「涼風吹月露，圓景動清陰」（頁337）、〈和江丞北戍琅琊城〉「春城麗白日，阿閣跨層樓」（頁

---

169 齊高祖云：「三日不讀謝朓詩，便覺口臭」、劉孝綽「常以謝朓詩置幾案間，動靜輒諷詠」、沈約美其「二百年來無此作」、梁簡文帝推為「文章冠冕，述作楷模。」

170 齊·謝朓著、曹融南校注集說：《謝宣城集校注》（上海：上海古籍出版社，2001.4），頁215。

321）……等起始之句，則多為描繪物色者，鍾嶸美其工於發端，或可隱約而間接地看出對小謝描繪景緻之賞愛，然鍾氏更重其聲律章句卻是不爭的事實。作為第一位針對小謝詩歌提出較完善述評之詩評家，卻未對其描繪山水景觀的部分有直接的著墨；相對於當今學界論及山水詩研究時，莫不視謝朓為極重要之一環，足見彼此關照之差距。可見小謝詩一開始恐怕不是在情景面受到關注，其中尚需經一段發展的歷程。

　　從唐代開始，「清」、「麗」便是各朝評論小謝詩作常見之面向。而在唐人眼中，小謝詩可堪注目的另一焦點，即是對情、景的安排。且先觀下列之論：

> 宋、齊間，沈、謝、何、劉，始精於理意，緣情體物，備詩人之旨。（劉太真）[171]
> 詩有九格……上句體物，下句狀成格四。詩曰：「朔風吹飛雪，蕭蕭江上來」是也。……句中比物成語意格七。詩曰：「餘霞散成綺，澄江靜如練」是也。（王昌齡）[172]

「緣情體物」乃抒發情感、鋪陳景物。「體物」所指，偏向形之描摹，基本上和情較為疏離。至於「詩有九格」中，謝朓詩雖僅作為論例呈現，然仍可看出唐人看待謝詩之趨向，亦即不論云體物，或者是以「綺」喻晚霞、以「練」喻澄江的「假物色比象」[173]，都共同指向對小謝詩歌中物色的

---

171 唐・劉太真：〈與韋蘇州書〉，收於宋・蔡正孫：《詩林廣記前集・韋蘇州》（合肥：黃山書社，2008，清文淵閣四庫全書本），卷4，頁33。
172 唐・王昌齡：《詩中密旨》，收於宋・陳應行編：《吟窗雜錄》（合肥：黃山書社，2008，明嘉靖二十七年崇文書堂刻本），卷6，頁38-39。
173 此乃借用《文鏡祕府論》中探討詩歌運用物色時自然與否的成句。語見日・遍照金剛撰，盧盛江校考：《文鏡祕府論彙校彙考・論文意》，南卷，頁1343。

關懷，至於這些物象是否蘊含抒情的問題，則尚未觸及。

　　另一方面，唐人雖也觸及到情景間的關係，卻明顯有輕重之別或顯得簡單。首先觀「情本形末」之論：

> 常與諸學士覽小謝詩，見〈和宋記室省中〉，詮其秀句，諸人咸以謝「行樹澄遠陰，雲霞成異色」為最。余曰：諸君之議非也。何則？「行樹澄遠陰，雲霞成異色」，誠為得矣，抑絕唱也。夫夕望者，莫不熔想煙霞，煉情林岫，然後暢其清調，發以綺詞。俯行樹之遠陰，瞰雲霞之異色，中人已下，偶可得之。但未若「落日飛鳥還，憂來不可極」之妙者也。觀夫「落日飛鳥還，憂來不可極」，謂捫心罕屬，而舉目增思，結意惟人，而緣情寄鳥。落日低照，即隨望斷，暮禽還集，則憂共飛來。美哉玄暉，何思之若是也。……余於是以情緒為先，直置為本；以物色留後，綺錯為末。助之以質氣，潤之以流華，窮之以形似，開之以振躍。（文鏡・南卷・論文意/1555）

這段論述主要透過元兢與諸學士對於「秀句」選擇之差異，帶出物色與緣情的問題。諸人選擇「行樹澄遠陰，雲霞成異色」，正是該詩中最直觀而引人注目的描繪，或許因其清綺宜人，故易攝人目光；但元兢卻以為秀句應擺在「落日飛鳥還，憂來不可極」，因其能「緣情寄鳥」，而非只是純粹摹寫外景。其後關於詩歌本末之論述可以看出：元氏基本上是將物色、形似置於陪襯抒情的地位，主從關係明顯，雖提及物色、緣情，但與「情景交融」畢竟不能畫上等號，因為在情景交融的概念裡，情景二端的地位較為對等，而非如元氏所言，有如此輕重之別。此外，該論還可留意的是：元

兢與諸學士顯然都將「行樹澄遠陰，雲霞成異色」歸為描繪
物色之句，然此語是緊接在「憂來不可極」之後，詩人寫作
時選擇突顯「遠陰」與「異色」，皆非清新開朗的形象，這
其中是否沒有情感的滲透？誠可再作斟酌，故對此問題的探
索，以及進一步走向對情景交融的關切，則有待後來之詩評家。

　　除此之外，《詩格》「象外語體七。謝玄暉詩：『孤燈
耿宵夢，清鏡悲曉髮。』……景入理體十……謝玄暉詩：『天
際識歸舟，雲中辨江樹。』」[174]云云，已可見景象與情理的
互涉，惜礙於舉例之體式，未能對情景議題有更深入探討。
故整體而言，唐人雖較南朝有所推進，但終究只能算是本主
題探討的初步階段。

　　時至明朝[175]，仍可見對小謝詩景物之關照[176]，或者於情
景相關問題有簡單論述[177]，然大體不出唐人的眼光。得以突
出前人者，是那些闡發小謝詩作情景交融的論述。首先可參
陸時雍之論。陸氏在闡釋詩「韻」的同時，情景的相互融涉
亦於其中展露：

---

174 唐・王昌齡：《詩格》，收於張伯偉：《全唐五代詩格彙考》頁 178-179。
175 宋人對「謝朓詩有唐風」論述較多，如宋伯仁「玄暉瀟散漸唐風」（《雪
　　巖吟草・寄舊友》）、唐庚「詩至玄暉語益工，然瀟散自得之趣，亦
　　復少減，漸有唐風矣。」（《子西語錄》）、嚴羽「謝朓之詩，已有全
　　篇似唐人者」（《滄浪詩話・詩評》）……等。元人整體對小謝詩的關
　　照極少，故逕觀明人之論。
176 如佘翔「青山吟謝朓」（《薛荔園詩集卷 2・秋日閒居和張隆甫韻》）、
　　許學夷「山林丘壑、煙雲泉石之趣，實自靈運發之，而玄暉殆為繼
　　響」（詩源辯 7/110）……等論。
177 如王昌會「緣境不盡曰『情』，如……謝朓〈答呂法曹〉云：『日出
　　眾鳥散，山暝孤猿吟。』又『盈盈一水間，脈脈不得語。』……謝
　　玄暉〈遊東園〉云：『魚戲新荷動，鳥散餘花落。』」（《詩話類編卷
　　20・品評》）

> 詩被於樂，聲之也。聲微而韻，悠然長逝者，聲之所不
> 得留也。……「天際識歸舟，雲中辨江樹」，其韻遠。
> 凡情無奇而自佳，景不麗而自妙者，韻使之也。（詩鏡
> 總/5）

〈之宣城郡出新林浦向板橋〉乃謝朓即將出任宣城太守
時之作，離京赴任之愁緒，爲傳統以出仕爲己任的文人們所
愛吟詠的題材，這類抒情確實「無奇」，而江雲天樹等景觀
亦頗尋常而「不麗」，卻因爲詩人在遙遠遼闊的天際，還執
著地「識」著欲歸京都的船隻；在雲霧的隔閡中，還硬要「辨」
認屬於京都的江樹，使得留戀之情在天寬地闊間無限縣延。
所以能夠「韻遠」，實有賴情景的交融得當；而情景也因有
韻而顯得更足玩味。陸氏於此將情景與韻之間的聯繫作了清
晰而簡要的說明。

其次，王夫之對謝朓詩中情景交融的探討亦有所涉及，
同樣可以其評論〈之宣城郡出新林浦向板橋〉的話語，作爲
主要討論對象。其中涉及了抒情表現方式、如何才算活景、
韻味之產生等諸多問題：

> 江路西南永，歸流東北鶩。天際識歸舟，雲間辨江樹。
> 語有全不及情而情自無限者，心目爲政，不恃外物故
> 也。「天際識歸舟，雲間辨江樹」隱然一含情凝眺之人，
> 呼之欲出。從此寫景，乃爲活景。故人胸中無丘壑，眼
> 底無性情，雖讀盡天下書，不能道一句。（評選 5/769）

首先，抒情的表現方式不見得要直接言情，不及情而使
情無限，反而更得王氏之青睞。具體觀察詩作：西南、東北
乍看之下不過是地理方位的說明，然此恐非詩人隨意拈來之

語，若配合謝朓即將前往宣城、新林浦的方位，是在京都金陵的西南方此一地理事實來看[178]，相對於快速東流入海之河水（「鶩」），流經之處正是己所依戀的京城，在一「永」一「鶩」之間，離都不捨之情（「永」）已無聲無息地融涉其中。接下來亦有同此之安排，詩人此「含情凝眺之人」正是置身於天際、雲間中，景語中巧妙地包含情語，使情未直露卻更形無限。第二，是對「如何才算活景」的留意。欲使景活，需有情融涉其中，而情感亦能隨景致自然流淌。如此一來，方能使情因景而無限，景復因情而活絡。可見「景」非僅止於單純的物色即可，對於「景」亦需有一番要求，方有成就佳作之可能。第三，「情自無限」、「活景」似已隱約牽涉到「韻」的問題，王說雖未若陸時雍之論明顯，卻可看出在探討情景交融之際，韻味議題極易連帶生發，而此亦是情景交融主題另一更形深入的探討。

　　最後還可參看《古詩歸》對謝詩情景交融之述評，以見當時此關照面向之普遍：

　　　　「風草不留霜，冰池共如月」夾批：微心活眼，迫而成響，不在色象上，妙！（古詩歸‧多緒羈懷示蕭咨議虞田曹劉江二常侍 13/491）

　　　　「魚戲新荷動，鳥散餘花落」夾批：「落」字跟「散」字說得花鳥相關有情。（古詩歸‧遊東田 13/490）

　　　　幽景深情，聲感不盡。（古詩歸‧和王中丞聞琴 13/492）

　　　〈多緒〉乃謝朓羈旅懷鄉之作，乍觀此二詩句，實寫「色

---

178 此乃根據葛曉音先生的考證。詳見吳小如、王運熙等撰：《漢魏六朝詩鑑賞辭典》（上海：上海辭書出版社，2004.3），頁 848。

象」，然《古詩歸》以爲該語之妙，正在景致間所蘊含的「微心」；通觀全詩復讀此二語，確實能在看似清爽、實則孤寂的風草明月間，感受到詩人愁寂之情懷。該評較接近王夫之的關注面，亦即從慨歎人情的愁緒中，探討小謝詩之情景交融。然後二組評語則不然，不論是全詩透露的情懷，或者「魚戲新荷動，鳥散餘花落」、「涼風吹月露，圓景動清陰」（頁337）等詩句予人之觀感，都顯得悠然輕鬆，抒情未若傷春悲秋般糾結，卻同樣能於景物的描繪中展現情韻。

就小謝詩評的整體發展觀之：南朝基本上未觸及情景議題；唐代雖已論及情、景二端，但不是將重心放在體物，便是視外景爲內情之附屬，還不能算是對情景交融有所探討；需至明代，方對此主題有較多關懷，不論是情景與韻味之聯繫、或者是對「活景」之討論……等，都共同呈現出對此議題鑽研之深入。謝朓詩的總體評價，從南朝至明代有略爲上揚的趨勢，或許和情景主題被逐步挖掘，從而更好地展現其詩之價值不無關係，而這確實也將小謝詩細微動人之處作了較恰當地突顯。

此外，在對大小謝長於言情述景之相關詩評有了較完整的探索後，尚可與目前學界對二人的看法作一對照，從而展現明人評論之特殊性。普遍而言，目前研究成果多認爲謝靈運詩常使景、理（情）分爲兩截，欲得情景交融之妙境，實有待謝朓。茲扼要舉一說爲代表：

> （謝朓）繼承了謝靈運山水詩細致、清新的特點，但又不同於謝靈運那種對山水景物作客觀描摹的手法，而是通過山水景物的描寫來抒發情感意趣，達到了情景交融

的地步。[179]

　　該論與明人述評最大的落差在於：前者視大小謝有客觀繪景、情景交融之別；然而明人並未明確區分大小謝在情景交融程度上的差別。當代學者或許有意更爲細緻地區分大小謝於山水題材表現手法之異，然而如此區分的結果，卻容易忽略大謝在景物描繪中蘊含抒情的可能性，因爲忽略，也就低估了大謝詩於抒情部分的價值，此乃「大謝客觀描摹山水」之說值得省思之處。事實上，近幾年對大謝詩的討論，已有學者作出反思，提出謝詩抒情當在山水景物中尋找[180]的說法，而此論其實在明朝就已出現。明人對大謝詩歌情景交融探索的貢獻，在與當今學界看法的對照中，或可更形突顯。

何　遜

　　再論何遜（480-517AD）。南北朝時與情景主題相關的何遜詩評，主要爲顏之推「形似」之論：

> 何遜詩實爲清巧，多形似之言，揚都論者恨其每病苦辛，饒貧寒氣，不及劉孝綽之雍容也。（顏之推）[181]

---

179 袁行霈主編：《中國文學史（第二卷）》（北京：高等教育出版社，2003.4），頁 125。類似觀點尙可參日・小尾郊一著，邵毅平譯：《中國文學中所表現的自然與自然觀》（上海：上海古籍，1989.11），頁 177；德・顧彬著，馬樹德譯：《中國文人的自然觀》（上海：上海人民出版社，1990.1），頁 78。

180 茲以蘇怡如之說爲代表：「謝靈運山水詩之抒情自我，非如一般景物描寫詩之明顯表白於末尾的抒情式回歸中，而往往是曲折包蘊於景物的選擇與描寫之中的。」語見氏著：《中國山水詩表現模式之嬗變 —— 從謝靈運到王維》（臺大中文系博論，2008.1），頁 105。

181 南北朝・顏之推撰：《顏氏家訓・文章篇九》（合肥：黃山書社，2008，四部叢刊景明本），卷上，頁 23。

　　此論涉及詩歌風格與表現形式，但言「多形似之言」，
卻未觸及抒情。南北朝人喜以形似、極貌寫物的角度評論詩
作，此又爲一明顯之例證。

　　時至唐代，何遜「能詩」[182]、「清」[183]等評多承南朝而
來；至若與情、景相關的評論，或分成兩截，或雖涉情景交
融而論述簡單。茲各舉一例如下：

> 宋、齊間，沈、謝、何、劉，始精於理意，緣情體物，
> 備詩人之旨。（劉太真）[184]
>
> 「露濕寒塘草，月映清淮流」，此物色帶情句也。（詩
> 式.詩議/376）

　　第一筆資料在討論謝朓詩評時已經提及。體物旨在狀
物，雖與緣情並列，但情、物關係並不密切。至於第二筆資
料所引之詩句，出自〈與胡興安夜別〉，此看似天清雲曠之
語，夾雜於「分爲兩地愁」、「方抱新離恨」[185]之間，濕寒
似有情緒滯重之意，而河水儘管清澈，投影其間的月光卻也
顯得孤寂。行者、送行者在夜色氛圍間，已難分彼我互相融
涉，此所謂「物色帶情」者。皎然雖點出情景交融之意，但

---

182 像是杜甫「能詩何水曹」之評，觀點與梁元帝美何詩「少而能者」
　　相近。

183 以「清」作評者有杜甫「陰何尙清省」（〈秋日夔府詠懷奉寄鄭監李
　　賓客一百韻〉）、皎然「何水部雖謂格柔，而多清勁」（詩式.詩議）……
　　等。何詩「清」之表現於詩評史上受到不少關照，將於第四章中再
　　另作說明。

184 唐・劉太真：〈與韋蘇州書〉，收於宋・蔡正孫：《詩林廣記前集・韋
　　蘇州》，卷 4，頁 33。

185 梁・何遜著，李伯齊校注：《何遜集校注》（北京：中華書局，2010.1），
　　頁 17。

僅簡單帶過，而留有再作發揮的空間。

　　至於宋元兩朝之評，或許因何遜整體的詩歌成就並不特高，故於宋元受到的關照也就相對冷落，宋人黃伯思之論或爲其中較明顯觸及情景議題者：

> 古人論詩，但愛遜「露滋寒塘草，月映清淮流」及「夜雨滴空階，曉燈暗離室」爲佳，殊不知遜秀句若此者殊多。如〈九日侍宴〉詩云：「疏樹翻高葉，寒流聚細紋，日斜迢遞宇，風起嵯峨雲。」〈答高博士〉云：「幽蝶弄晚花，清池映疏竹。」〈還度五洲〉云：「蕭散煙霞晚，淒清江漢秋。」〈答庾郎〉云：「蛺蝶縈空戲。」〈戲日暮望江〉云：「水影漾長橋。」〈贈崔錄事〉云：「河流遶岸清，川平看鳥遠。」〈送行〉云：「江暗雨欲來，浪白風初起。」庾子山輩有所不逮。（黃伯思）[186]

　　黃氏所引何遜詩句，但言「秀句」，雖未直指此秀句之傾向，但由其所引觀之，恐多描繪物色者；而「古人論詩」云云，亦可見截至宋代爲止，對於何詩之關注，大體也是以景物描繪者居多。擅於描摹當是何遜詩作頗爲耀眼的成就，例如「疏樹翻高葉，寒流聚細紋」，以「翻」來描繪疏樹中高葉的樣態，以「聚」來形容寒天中細紋之縣密，確實顯得生動而細緻。然而此外值得特別留意的是：此「秀句」是否僅止於物象之描繪？像是「夜雨滴空階，曉燈暗離室」，乍看之下不過是物境之描繪，然雨滴至「空」階，本該照亮屋室之燈燭在破曉之際卻更顯昏暗，這其中是否蘊含著詩人的

---

186 宋・黃伯思：〈跋何水曹集後〉，《東觀餘論》（合肥：黃山書社，2008，宋刻本），卷下，頁48。

情懷？於黃氏此評中實難窺得。正因黃氏未直言秀句之內涵，而容後世有進一步探究的空間；明人即是在前朝詩評的基礎上，開展出對何詩更深層的關照。

　　明代漸多論及何詩情景交融之評語，首先可參陸時雍之闡釋：

> 何遜詩，語語實際，了無滯色。其探景每入幽微，語氣悠柔，讀之殊不盡纏綿之致。（詩鏡總/7）

　　《古詩鏡》尚選錄多首何遜情景交融之作，並加賞析，其中像是美〈入西塞示南府同僚〉「起四語物色詩情一絲不隔，是為妙手」（古詩鏡 22/233）[187]，或可用以推斷此處所謂「不盡纏綿」者，當指抒情之細膩、縣延。何以會有此表現？則來自探景之幽微。景物描繪深入、細緻的同時，情感自然流淌其中，雖非直接言情，卻使情得以貼切入微地展現。陸氏嘗美何詩「意境深」（古詩鏡 22/239），當是建立在情景之恰當交融上。

　　此外，焦竑、王夫之亦同樣點出何詩情景相融的特色，然各人實質內涵卻有細微的差異：

> 情在景中，意超物外，最得詠物之妙。……何遜「枝橫卻月觀，花繞凌風臺」，……可謂得其風神。（焦竑）[188]
> 客心愁日暮，徒倚空望歸。山烟含樹色，江水映霞暉。獨鶴凌空逝，雙鳧出浪飛。故鄉千餘里，茲夕寒無衣。（〈日夕出富陽浦口和朗公〉）

---

187 起四語為「露清曉風冷，天曙江光爽。薄雲巖際出，初月波中上。」
188 明・焦竑：《焦氏筆乘》（合肥：黃山書社，2008，明萬曆三十四年謝與棟刻本），卷 3，頁 53。

情景相入，拙者必疑五六之為比。（評選 6/847）

　　焦竑傾向由詠物出發探觸物中之情，若配合詩作觀察，該詩通首詠梅，雖有抒情涵攝其中，然此情恐怕有較高的成分是在表現「梅」這個物象所透顯的悠然的姿態韻味，「枝橫却月觀，花繞凌風臺」即明顯有此意味，這一點若與王夫之之評相較，會更為明顯。王氏評〈日夕出富陽浦口和朗公〉一詩「情景相入」，對照詩作：餘暉灑落在江水與主人翁身上，人似乎也成為大自然景觀的一部分，「內部世界和外部世界是不可分離的，世界就在裡面，我就在我的外面。」[189]山水飛鳥已非純粹客觀之物，而是蘊含了主觀之情；詩人抒情亦於景觀的烘托中更顯纏綿繚繞。故此處所謂「情景相入」者，其情感內涵與焦氏所指明顯不同。評論雖各有偏重，卻可見明人對何遜詩情景交融的普遍留意。[190]

　　整體觀之，何遜詩評有由形似逐步轉向情景交融的情形，然而相對於大小謝詩作有較多而深入的探討，明人對何詩之評便顯得簡要許多。究其原因，詩人本身的開創性，以及詩歌情景交融表現之突出性，都是造成評論差異的可能因素。儘管如此，卻同樣證成情、物主題於詩評史上的發展與轉換。

189　法・莫里斯・梅洛 ── 龐蒂著，姜志輝譯：《知覺現象學》（北京：商務印書館，2005.7），頁 511。

190　〈日夕出富陽浦口和朗公〉一作，與孟浩然〈宿建德江〉「移舟泊煙渚，日暮客愁新。野曠天低樹，江清月近人」的情調頗為類似，可以看出南朝詩作確實對唐詩有相當之啟發。明人對何詩的探討，有很大部分便是集中在何詩或類唐詩、或開啟唐音的闡述。此乃另一個觀察中古詩作對唐詩影響層面並非只侷於形式之例。

陶 淵 明

　　歷代評論陶淵明詩之概況，已於第二章中作過交代，此不贅言，僅集中焦點於陶詩中情景問題的探討。首先可作為對照的是鍾嶸之評，然此似未觸及情景議題：

> 文體省淨，殆無長語。篤意真古，詞興婉愜。每觀其文，想其人德。世歎其質直。至如「歡言酌春酒」，「日暮天無雲」，風華清靡，豈直為田家語邪！古今隱逸詩人之宗也。（詩品・中/260）

　　此論可與本主題比對者，主要在「至如」以下。論中所引之二詩句，一言人事，一言自然景觀，然從下文以為此非田家質樸語、有著「風華清靡」的風格觀之，似僅著意於文辭質華與否的闡釋，而未觸及情景之相關議題。南朝人基本上對陶淵明的詩歌成就不太看重，因此討論所觸及的面向有限誠可理解，儘管後代論及情景交融或者詩歌意境等相關主題時，頗重視淵明的成就，但在詩歌批評發展之初，淵明是相當寂寞的。

　　至於唐代，或許因山水田園詩派的發達，確實有不少詩人於陶詩中吸取精華，而創作出情景交融的作品[191]。然而唐人對陶詩這部分成就的評論仍然有限，雖注意陶詩中之田園景觀，卻尚未以情景交融為論述重心：

191　此亦目前學界對陶詩之情景有較多探討的面向，相關論述可參鍾優民：《陶學發展史》（長春：吉林教育出版社，2000），頁 51-59；李劍鋒：《元前陶淵明接受史》（濟南：齊魯書社，2002），頁 151-167；劉中文：《唐代陶淵明接受研究》（北京：中國社會科學出版社，2006），頁 99-191。然除此之外，針對陶詩情景述評的研究終究少見，故容後代詩評有發揮的空間。

> 夫詩，一句即須見其地居處，如「孟夏草木長，繞屋樹
> 扶疎。眾鳥欣有托，吾亦愛吾廬。」若空言物色，則雖
> 好而無味，必須安立其身。（文鏡・南卷・論文意/1325）
> 以淵明之高古，偏放於田園。（白居易）[192]

第一筆資料謂若僅言物色，稱不上是有味之詩，可見詩
若要餘韻無窮，在景色之外，尚需包含某些質素。配合詩作
推論，此質素或爲情感有所寄託（安身），然此意重心並非
在揭示陶詩情景交融之美。至於白居易之言，由〈與元九書〉
的整段論述觀之，陶詩「偏放於田園」只會使「六義寖微」，
其詩教觀點頗爲明顯，即使提到田園物色，亦不甚看重，對
於非政教實用性的抒情範疇則未觸及。根據胡大雷先生的考
察，唐人權德輿在〈左武衛冑許君集序〉一文中論及「凡所
賦詩，皆意與境會，疏導性情，含寫飛動，得之於靜，故所
趣皆遠」，是開啓後世「意境渾融」之美學意義的重要論述[193]；
然對應至陶詩之評，意境理論的提出與唐人之實際詩歌批評，
步調上終究不盡一致；此部分的深入探討，則有賴於宋人。

　　誠如上一章所言，宋人詩論大體還屬於零碎述評的階
段，然對於陶淵明，卻有難得而深入的探析，關於詩教傳承
的評論如此，對於情、景相關議題的論析亦復如是。宋人對
陶詩情景主題的討論，首先可看「以情爲本」的相關論述。
在這一系的探討中，因強調情志，多少沖淡了對外在景觀的
重視；但在留意情味之餘，田園景觀之佳妙也同時浮現，情

192　唐・白居易：〈與元九書〉，收於《全唐文》，卷675，頁6873。
193　胡大雷：《傳統文論的魅力、模式與智慧》（南京：鳳凰出版社，
　　　2005.9），頁7-8。

景交融的主題於此可謂略顯端倪：

> 古詩、蘇、李、曹、劉、陶、阮，本不期于詠物，而詠物
> 之工，卓然天成，不可復及。其情真，其味長，其氣勝，
> 視《三百篇》幾于無愧，凡以得詩人之本意也。（張戒）[194]
> 「詩者，志之所之也」，「情動于中而形於言」，豈專
> 意于詠物哉？……淵明「狗吠深巷中，雞鳴桑樹顛」，
> 本以言郊居閒適之趣，非以詠田園，而後人詠田園之
> 句，雖極其工巧，終莫能及。……使後生只知用事押韻
> 之為詩，而不知詠物之為工，言志之為本也。風雅自此
> 掃地矣。（張戒）[195]
> 「狗吠深巷中，雞鳴桑樹顛」、「採菊東籬下，悠然見
> 南山」，此景物雖在目前，而非至閒至靜之中，則不能
> 到，此味不可及也。（張戒）[196]
> 風雅以降，詩人之詞樂而不淫，哀而不傷，以物觀物而
> 不牽於物，吟詠情性而不累於情，孰有能如公（指淵明）
> 者乎？……先儒所謂經道之餘，因閒觀時，因靜照物，
> 因時起志，因物寓言，因志發詠，因言成詩，因詠成聲，
> 因詩成音者，陶公有焉。（魏了翁）[197]

　　透過「豈專意於詠物」、「言志之為本」、「因物寓言」
等語，可明顯看出詠物之附屬性，情、景於此並非處於對等
的狀態，作詩終究需以情志為主。儘管如此，論述中還是隱

---

194 宋・張戒著，陳應鸞校箋：《歲寒堂詩話校箋》，卷上，頁 1。
195 同前註，頁 16。
196 同前註，頁 18。
197 宋・魏了翁：《鶴山全集・費元甫陶靖節詩序》（合肥：黃山書社，
　　2008，四部叢刊景宋本），卷 52，頁 425。

約見到了情景交融的線索：張戒認爲「詠物」不能只專注於物象本身，而需先追求情真、味長、氣勝，才能自然地展現詠物之工，情感、韻味與外物的交合狀態於此可見一斑；至於第三、四筆資料「因靜照物」的論述，狗吠雞鳴、舉目可見的南山之景，正是閒靜心態的具體展現。諸論雖有「情本物末」的傾向，卻已稍稍透露情景交融的況味。

其次，以陶詩之「體物」作爲焦點之評述，對情、景之側重正好與上述之論倒轉：

> 至陶淵明、謝康樂、王摩詰之徒，始窮探極討，盡山水之趣，納萬境于胸中。凡林霏空翠之過乎目，泉聲鳥哢之屬乎耳，風雲霧雨，縱橫合散于沖融杳靄之間。而有感于吾心者，皆取之以爲詩酒之用。（汪藻）[198]
>
> 東坡稱陶靖節詩云：「『平疇交遠風，良苗亦懷新。』非古之耦耕植杖者，不能識此語之妙也。」僕居中陶，稼穡是力。秋夏之交，稍旱得雨，雨餘徐步，清風獵獵，禾黍競秀，濯塵埃而泛新綠，乃悟淵明之句善體物也。（張表臣）[199]

汪藻之論由「林霏」至「杳靄」一段，細細點染山水景色，確實很貼切地使人感受到陶、謝、王等人詩歌著意於自然景觀的特點，最末雖不忘指出此皆「感于吾心」者，然基本仍是以自然爲主要關注對象。相對於汪氏合觀多位詩人，

---

198 宋・汪藻：《浮溪集・翠微堂記》（合肥：黃山書社，2008，清武英殿聚珍版叢書本），卷 18，頁 128。

199 宋・張表臣：《珊瑚鉤詩話》（合肥：黃山書社，2008，宋百川學海本），卷 1，頁 6。

張表臣更能針對淵明本身的特質來談。一如普遍對陶謝的認知，陶詩描繪自然之題材與大謝很不相同，常以日常生活所見之景爲對象；張表臣論陶詩善體物，即是以此作爲立意的起點。「平疇」何以得「交遠風」？爲什麼說「良苗亦懷新」？張氏都有頗爲清晰的說明，不僅將景物本身之生命力恰當地揭露出來，詩人步履田野之身影亦隱隱展現。張氏所云「善體物」，確實以描摹景物爲重，卻與汪藻之評同樣在以景爲述評重心的同時，隱約透露其間蘊含之情思。

　　必需到了對陶詩意境有所探討，才能算是深入地碰觸到情景交融的議題。意與景會，自有佳境。如何才能巧妙而妥貼地使景與意會？自然而不造作當是其中之關鍵：

> 「采菊東籬下，悠然見南山。」采菊之次偶見南山，初不用意而景與意會，故可喜也。（蘇軾）[200]
>
> 淵明之詩，皆適然寓意而不留於物，如「悠然見南山」，東坡所以知其決非望南山也。（陸游）[201]
>
> 韋應物詩擬陶淵明，……〈答長安丞裴稅詩〉……蓋效淵明「采菊東籬下，悠然見南山」、「此懷有真意，欲辨已忘言」之句也。然淵明擺落世紛，深入理窟，但見萬象森羅，莫非真境，故因見南山而真意具焉。（葛立方）[202]

諸評都集中在《飲酒》其五，而此確實爲陶詩中頗能呈

---

200 蘇軾語。見於宋・阮閱編、周本淳校點：《詩話總龜・評論門三》（北京：人民文學出版社，2005.12）　，卷7，頁74。

201 宋・陸游：《老學庵筆記》（合肥：黃山書社，2008，明津逮秘書本），卷4，頁26。

202 宋・葛立方：《韻語陽秋》（合肥：黃山書社，2008，宋刻本），卷4，頁20。

現意境美的代表作。從「初不用意」、「適然」等論述即可
看出：詩評家對該詩中情景交會時自然而然的樣態頗爲欣
賞，不像大小謝詩中有明顯的詩眼[203]，淵明只是將「采菊東
籬下」、「山氣日夕佳，飛鳥相與還」這類悠然心境中舉手
投足之所見，以一種直觀的方式展現，「見」字正恰當呈現
出詩人之情與外景冥合的非刻意性，此始是大自然與生命原
初體驗交會時的「真境」、「真意」；令人可喜的「意與境
會」，正是如此。尙需留意的是：此處所謂的情意，並非喜
怒哀樂之情，而是一種悠然平穩的心緒，其於不刻意捕捉的
田園景觀中自由流淌。陶詩意與境會之美，宋代詩評家已作
了很好的揭示。

　　整體而言，宋人對陶詩的闡釋，不論是以情爲本或體物
爲主，俱已約略觸及情景交融的主題；而更可貴的，是對陶
詩意境已有貼切的闡述。這與宋人喜平淡詩風，因而標舉淵
明，從而對其詩作有深刻的琢磨是脫離不了關係的。

　　至於明人對陶詩的探討，有部分思維乃直承宋人而來，
此外則另有發展，而各具新意，不乏值得省思處。首先可觀
察的，是歸有光對「悠然」之論述：

> ……又於屋後構小園，作亭其中，取靖節「悠然見南山」
> 之語以爲名。靖節之詩，類非晉、宋雕繪者之所爲。而
> 悠然之意，每見於言外，不獨一時之所適。而中無留滯，
> 見天壤間物，何往而不自得？余嘗以爲悠然者實與道

---

203 例如大謝詩「白雲抱幽石，綠篠媚清漣」中的「抱」、「媚」；小謝詩
　　「天際識歸舟，雲中辨江樹」中的「識」、「辨」……等，都是以詩
　　眼的方式連繫情與景。相對而言，似乎較具刻意性。

俱。謂靖節不知道，不可也。（歸有光）[204]

　　歸氏之論乃為題「亭名」而發，其中所透露的，是對陶詩境界之嚮往。這段話的重心在點出情實不必拘於景，情感之安穩悠然毋須侷於一時一地，而是無處而不自得；外界景致在陶潛筆下，亦因此而顯得自然自在。景中見情之說雖承前人，然將悠然的境界視之為「道」，並著意強調情景相即復又無所拘束的樣態，則發前人之所未發。

　　其次，《古詩歸》之論則涉及詩人之情如何表現，以及情景交融所達到的生命境界等議題：

　　　即從作息勤屬中寫景觀物，討出一段快樂，高人性情、細民職業不作二義貌，唯真曠達人知之。（勸農 8/449）

　　　陶公山水、朋友、詩文之樂，即從田園耕鑿中一段憂勤討出，不別作一副曠達之語，所以為真曠達。（丙辰歲八月中於下潠田舍穫 8/453）

　　《古詩歸》以為淵明曠達之情的表露，是在田耕作息中不畏憂勤，從而「討出一段快樂」，毋須於尋常作息外另作尋覓。聚焦至情景議題上，〈勸農〉「卉木繁榮，和風清穆」（頁 34）、〈丙辰歲八月中於下潠田舍穫〉「悲風愛靜夜，林鳥喜晨開」（頁 231）等物色的描繪，俱非另覓景觀刻意再述，而是日常耕作中所見之景，躬耕的憂樂即在其中自然流淌，如此情景交融之意境，實顯得淳真而平和。此處著意突顯「景」乃「日常之景」的觀點，與宋人張表臣之論相仿；不同處在於：能於尋常之景中恰當闡發淵明躬耕之憂樂，並

---

204 明・歸有光：《震川集・悠然亭記》（合肥：黃山書社，2008，宋刻本），卷 15，頁 202。

能貼切點出在如此狀態下的情景交融，完全未因「細民職業」
而貶損情景相交之美，反而更能彰顯平和真實的人生境界
（「曠達」），乃發前人所未發，對情景議題又是另一推進。

　　復次，陸時雍、王夫之對陶詩中的情景表現，則能在景
語中畢見性情，畢見胸襟，不止情、景相與為一，甚至人、
文亦相與為一：

> 淵明「叩枻新秋月，臨流別友生」，最得物態，而指點
> 甚便，良由性情超會，故至此。（古詩鏡 13/121）
> 端委紆夷，五十字耳，而有萬言之勢。「日暮天無雲，
> 春風扇微和」摘出作景語，自是佳勝，然此又非景語。
> 雅人胸中勝槩，天地山川，無不自我而成其榮觀，故知
> 詩非行墨埋頭人所辦也。（評選・擬古 4/721）

　　此處對情景融然無間的讚賞頗為明顯，具體觀看詩例：
淵明在初秋月夜下臨流別友，乍看清曠之景，實已隱隱然夾
雜空寂之離情；「日暮天無雲，春風扇微和」此天地清和、
春風盪漾之美景俱似「物態」，然見於詩人眼中，復形成於
詩人胸中，實又非純粹景語之展現。其次，在如何達到情景
交融的認知上，二論俱指出詩中景語、物態是否佳勝，詩人
的胸襟、性情佔有關鍵之地位，這從「良由性情超會」、「無
不自我而成其榮觀」等語可明確看出，足見情景交融之展現，
並非只是詩人寫作技巧的展現，尚有更深層的面向涵攝其
中。復次，夫之所舉「日暮天無雲」，恰與《詩品》相同，
正可由比對中看出評論重心的流轉。鍾嶸以此說明陶詩「風
華清靡，豈直為田家語」，重點在呈現該語之辭華；而夫之
特別強調此非「景語」，則刻意強調情景交融的特質，如此

情形正好再次說明明人對情景交融之著意。

最後，詩評家們對情景融合所得之韻味，亦有所關照：

> 淵明田園樂云：「犬吠深巷中，雞鳴桑樹顛。」雖是農家事，然景出天然，意會偶爾，自是田野中真率趣味。（洪月誠）[205]

> 聲微而韻，悠然長逝者，聲之所不得留也。……「采菊東籬下，悠然見南山」，其韻幽……凡情無奇而自佳，景不麗而自妙者，韻使之也。（詩鏡總/5）

洪月誠指出情景相遇的自然不刻意，乃延續宋人之說而來；認為看似通俗的農家事，卻無礙景致與情意的交會，恰與《古詩歸》所言相應；然其中明點情景交融所展現的真率雋永之趣味，則是將情景主題推闡到另一高度。至於陸氏之論，於謝朓詩評中已作過探討，此不贅言。時雍以為「韻之所由生」的重要前提，應包括「物色在於點染」、「情事在於猶夷」（詩鏡總/13）兩要素，陶詩何以被陸氏稱美為聲色臭味俱無的妙詩（詩鏡總/6），當與其詩能妥善融合情景，從而展現悠然之韻有密切的關聯才是。

要之，透過對清代以前陶詩情景論的分析，可以清楚看到宋、明兩朝對此主題投入之深、成就之大。宋人在把淵明推向巔峰的同時，也將其詩中情景交融甚至意境等相關問題作了深刻的分析；明人在面對宋人多方且細緻的論述之際，復能進一步揭示情景交融所呈現的韻味、人生境界……等面向；除了顯示陶詩意境日受重視的流變樣態，這些評論更共

---

205 明・洪月誠：《秋水鏡》，收於《明詩話全編》，頁 11087。

同增添了陶詩之價值，豐厚了情景主題之論述。[206]

　　最後在結束本節之前，尚有三點需統合說明。第一，約略比較各朝對此主題的評論趨勢，明代對中古詩歌闡述之成熟固不待言，在此之前唐、宋兩朝應是較值得留意的階段。唐人於此主題之論述雖處於初步階段，卻已或多或少觸及情景交融之相關議題，這不論是在改變南朝的關注目光上，或者是為明代的評論作鋪墊，都有無可取代的貢獻。至於唐人何以會有如此表現？與其時正是山水田園詩歌題材的創作高峰不無關聯；然而該階段的詩歌批評，終究落後於理論的提出與詩歌創作。在此雙重因素的交會下，何以唐代於情景主題的探討有承先啟後之功，卻又不完全成熟，應可得到較好的理解。至於宋人評論的重要性，主要是針對陶詩而言，這於評陶之分析中已清楚交代，故不贅論。

　　第二，就南朝至明代的中古詩評觀之，評論角度確實有由「重形似」往「情景交融」發展的趨向，但不表示所有在南朝詩評家眼中有形似創作之長的中古詩人，在詩歌批評流脈中，都有逐步轉向注意其情景交融的趨勢，畢竟詩人本身之創作表現亦需納入考慮，若詩作景中含情的特色不明顯，後代詩評家亦無法往此面向闡述。像顏延之，雖得鍾嶸巧似

---

206 陶淵明是情景交融主題裡，唯一一位從宋代即被深入探討的詩人。此情形代表的意義為何？宋人對陶之推崇已毋需贅言；此外亦可看出：陶詩於批評史中引發迴響之廣度與深度，實非其他中古詩人所能相比。儘管陶詩詩評於此主題的轉換點是在宋朝，但由南朝至明代，確實仍依循著由「不留意其景外情韻」到「闡釋詩中情景交融」之流變，與本主題談論之大方向相符。

之評，但明代詩評家卻批其詩作雕刻[207]，即為明代評論內涵
並未轉向情景論的例證。然此現象並不妨礙本節之論述，當
多位原本被視為有形似趨向的詩人，於詩評流脈的發展上，
卻逐步轉向觀察其情景交融特點時，所代表的意義在於：詩
評家們評論的眼光確實有這一系的轉換趨勢。而這樣的轉
換，除了展現評論角度之不同；更重要的是，闡釋的深度與
廣度因此逐步推進，這對詩歌豐厚內蘊的揭示，無疑是有貢
獻的。

　　第三，何以在詩評流脈上會有如此之轉換？就南朝本身
的時代風尚而言，從陸機的緣情說開始，至劉勰、鍾嶸、蕭
統……等人，莫不重視詩歌之抒情性。然而山水田園作為晉
宋之交新興的題材，開拓出嶄新的創作範疇，六朝文士多「奮
力透過文字要逼肖自然物色，……語言越是要逼肖形貌，愈
是需以本身的多變性來突破其局限」[208]，流連於這其中所帶
來的新鮮感，相較於從魏代時便已逐步甦醒的抒情意識，物
色形似顯然吸引了更多矚目，因此南朝的批評在著意於此的
同時，反似對抒情有所忽視，似乎也是可以理解的。至於情
景交融的議題，則有待南朝之後對抒情關照逐步回歸，方能
有更深入的探討。時至明清，誠如金元浦先生所言：「『意

---

207 例如郝敬「太雕刻，少天趣」（藝圃 1）、何良俊「雕刻太過」（《四友
　　齋叢說卷 24・詩 1》）、許學夷「語雕刻而意冗」（詩源辯 3）、王世貞
　　「創撰整嚴，而斧鑿時露」（藝苑 3）……等論，俱指向顏詩之過分
　　雕琢。
208 陳昌明：《沉迷與超越：六朝文學之感官辯證》（臺北：里仁書局，
　　2005.11），頁 303-304。

境』已得到全面體認,成爲審美藝術及鑒賞的核心概念。」[209]
一如本節開頭所作的定義,一首有意境的詩作至少需做到情
景交融,方能於此基礎上展現餘味;暫且不論清代的狀況,
明代詩評家何以能針對中古詩歌情景交融的議題作出相對妥
善的闡釋,與該時代意境說的建立、批評的成熟,當有相當
程度的聯繫。

第六節　小　結

　　綜合以上各節之論述,茲扼要概括如下:關於緣情議題
的論述,本書主要透過對目前學界「明清反對緣情綺靡」之
說的釐清,重探明人對緣情的看法;除了由大方向看出明人
對陸機主張的推進外,更透過對陸詩品評的觀察,看出明朝
的抒情要求,並非只要有「情」即可,尚需考慮種種相關因
素。明人於抒情議題探討之深入已可由此窺得端倪。接下來
婉約之情……等主題的討論,即是在此基本認知上從事更爲
深廣的探索。

　　其次,從南朝至明代,中古詩歌中的俗豔之情大體有由
被批斥轉向讚賞的趨勢。如此傾向除了可使該範疇有被重新
審視的機會,亦可進一步探究何以俗艷之情會是在明代受到肯
認,若能掌握朝代間文學氛圍的差異,或能有更深刻的理解。

　　至於婉約之情的主題,不論是「從注意盛氣轉向婉約之
情」,或者是「從忽略到重視柔婉抒情」,都共同呈現出明

209　金元浦:《文學解釋學》(長春:東北師範大學出版社,1997.5),頁
　　433。

人詩評於抒情面向中有轉尚柔婉的趨勢。明代詩評於此所呈現的詩學意義在於：第一類型可見到剛健之外的柔婉之長，有助後人更爲全面地了解中古詩人；第二類型對於那些具備婉約特質卻受忽略的詩人，則能有較好地揭示，從而使這些詩人詩作的價值得以更好地突顯。

　　最後，關於景外情韻的部分，南朝對「形似」的關懷，其後歷經「情景分述」或「淺層觸及情景相交」之論，至明代轉爲對情景交融有深刻的拓展，其中像是對中古詩作情景如何交融、韻味如何帶出……等種種問題，都有頗爲充分的探索。這對中古詩歌的闡釋，無疑是一大推進。

　　最末，尚有兩點可歸納於此，以作爲本章之收束。首先，就本章所提及之明代詩評家作總體觀察：詩評家對婉約之情的關注，相對而言較無流派之分；然對俗艷之情、景外情韻的闡釋，則有集中於明末詩評家的趨勢，特別是鍾惺、譚元春、陸時雍、王夫之等人於此費了不少功夫，也因此有較多的闡述成果。由此趨向可以看出：即使格調派諸如李夢陽「夫詩有七難：格古，調逸，氣舒，句渾，音圓，思沖，情以發之。」[210]、王世貞「有窒情而後有詩」[211]……等多人都有重視抒情之主張，然而無可否認的是，「明人講『格調』在很大程度上造成了文壇忽視真情實感的復古思潮」[212]，不僅七子派本身之創作有此缺陷，於詩歌批評上也因格調的限制，

---

210 明・李夢陽：《空同集・潛虬山人記》，卷 48，頁 371。
211 明・王世貞：《弇州山人四部稿・說部・札記內篇》，卷 139，頁 1508。
212 汪湧豪：《中國文學批評範疇及體系》（上海：復旦大學出版社，2007.3），頁 186。

而不容易對詩歌抒情有較好的闡發。故對此議題之貢獻,恐
需多歸功於七子派後的詩評家。

其次,就各個主題中所探討的中古詩人作觀察,「俗艷」
與「景外情韻」兩主題,似未涉及魏代詩人,這與詩歌本身
的表現樣態相符:魏朝基本上屬於兵馬倥傯的階段,而俗艷
之情則需相對穩定或偏安的社會局勢方得生發;對於景外情
韻的探討,亦需待山水田園題材興盛以後,方有析論的空間。
可見「詩歌創作及其時代背景」與「詩歌批評」間誠有密切
的關聯性。

第四章　審美重心的轉變

第一節　前　言

　　如果說詩教精神與詩歌抒情相關主題的討論，屬於詩歌內涵而兼及表現方式的探討，那麼本章關於中古詩評之審美探討，則較近於詩歌風格的部分。美學源自於哲學思考，轉至文學範疇，則指「一個創作者甚至欣賞者對創作、藝術、美以及欣賞的看法」[1]；就讀者的角度而言，審美所指，乃閱讀時所感受到的詩歌之整體美感境界，可使讀者沉浸於作品中而忘懷自我。詩評家作為特殊之讀者，其評述的目的之一，即是將此境界揭示出來，提供後代讀者感受此境界的可能性。

　　就現存詩話觀察，「風骨」與「清麗」當是明人評論中古詩歌時較爲可觀的兩個範疇。然而這類「形象性概念」，誠如羅宗強先生所言，雖有傳神、提供美感聯想等特點，卻又往往缺乏明確、嚴格的規定，故有只可意會不可言傳的問題[2]。如此情形確實增加了界說的難度，然此既爲古典審美範

---

1 高友工：《中國美典與文學研究論集》（臺北：臺大出版中心，2004.3），頁 105。
2 相關論述見羅宗強：《因緣集 —— 羅宗強自選集》（天津：南開大學出版社，2004.10），頁 165-167。

疇既有之特性，若強加精確的定義，恐有操作上的困難，亦非絕對必要，因此以下處理風骨、清麗及相關概念時，僅概略地予以界定，以確保其融通而具彈性的本質。

先談「風骨」範疇及其相關問題。由於學者們對「風骨」的解釋分歧，要如何簡要定位之，是該論展開前首先需解決的問題。其次，劉勰、鍾嶸等南朝詩評家頗爲看重的風骨，後來似乎漸被忽視，誠如王運熙先生所言：「宋明以來，談風骨的都不像唐代前期那麼集中。」[3]那麼南朝提倡風骨有什麼樣的時代意義？宋明以降風骨是否真受到冷落？或者有什麼樣的轉變？是否與風神、氣韻等概念有所結合？或互有消長？而這些情形是否展現在中古詩歌的實際評品中？其背後的詩學意義爲何？凡此種種，都有深究的空間，此亦風骨論中欲陸續探討的問題。

至於「清」這個審美範疇，根據蔣寅先生的考證：「真正將『清』作爲文學理論概念來用的是陸機〈文賦〉，共七次出現清字，六次作爲文章的審美概念來使用。」[4]其後陸雲、劉勰、鍾嶸等人也對「清」有各自不同的關照。那麼「清」概念實際運用於詩評的狀況如何？「清」與「遠」、「淺」……等概念結合後，其評價會有什麼樣的變化？而此是否影響南朝與明人看待中古詩歌的眼光？再者，詩評中的「清」與「麗」是否互有消長？消長的意義爲何？擬於清麗論中一一釐清。

最後還可留意的是：風骨與清這兩組審美範疇交互關係

3　王運熙：《中國古代文論管窺（增補本）》（上海：上海古籍出版社，2006.7），頁 68。

4　蔣寅：《古典詩學的現代詮釋》（北京：中華書局，2003.3），頁 41。

如何？兩者是否隨時代變遷有消長的趨勢？此乃在個別主題探索後，可進一步說明的問題。

第二節　風骨論

　　「風骨」內涵究竟為何？實為一爭論不休的問題，相關討論主要由《文心雕龍·風骨》篇出發。根據陳耀南先生的統計，風、骨或風骨的解釋，至少就可區分成八組數十種的說法[5]；而陳文儘管名之曰「辨疑」，卻也未能歸納出一個定論。關於這個錯綜複雜的問題，因為個別探討風或骨與本書重心的關聯性較低，故只針對「風骨」一詞作概括的定義。綜合學界目前的研究成果可以發現：儘管諸家因重心不同而有各自的解說，但大致上都不反對風骨所指乃明朗剛健、駿爽遒勁之感發力[6]。

　　「氣」作為〈風骨〉篇中與風骨密切聯繫的概念，在後世對風骨的討論中亦常出現，其義可以劉勰之說為基準。〈風骨〉篇云：「意氣駿爽」，自能「文風清焉」，風與氣、駿爽之間有著相應的關係；運思謀篇時「務盈守氣，剛健既實，輝光乃新」，則是就風骨的整體表現並兼及「氣」而言；「骨

5　陳耀南：〈文心風骨羣說辨疑〉，收於中國古典文學研究會主編：《文心雕龍綜論》（臺北：學生書局，1988.5），頁 39-68。

6　儘管有少數一兩位學者，如徐復觀先生主張「風」乃「氣之柔者」、王金凌先生以為「個性上的風骨」乃「『風』柔『骨』剛」，然而若如此作解，〈風骨〉篇將有多處無法融通解釋，故陳耀南先生對此提出質疑，本書亦對該論暫持保留的態度。

勁而氣猛」，則可見骨、氣之關聯性。明人曹學佺以為「風
可包骨……以風發端，而歸重於氣，氣屬風也」；清人黃叔
琳主張「氣即風骨之本」；紀昀則言「氣即風骨，更無本末」
[7]。三人論述雖有本末、輕重之別，卻共同指出風骨與氣之密
切相關。因此本節關於風骨論的探討，將兼及代表活潑生命
力的剛健之「氣」。[8]

在如此理解的基礎上，關於風骨範疇的探討，首先將以
「風骨」為軸心，觀察前後各代對中古詩歌之評論；特別是
明朝，對風骨內涵有更細緻的辨析，而此乃風骨評價產生微
妙轉變的關鍵。這部分的具體論述，將涉及氣壯、雄力、意
氣、氣格、挺勁……等與風骨剛健表現密切相關的概念；其
中又以劉楨之評的變化最具代表性，故先論之；王粲作為劉
楨之重要對照組，故次論之；復次方觀曹操、陳琳、袁淑等
人之評論，以現此流變之普遍性。至於「從風骨到氣韻風神」
的探討，則將致力於審美重心轉變的觀察。諸如鮑照、謝朓、
江淹、沈約之詩作，南朝與唐人仍多由風骨角度作評，明人
卻轉以風神、氣韻……等概念視之，其中雖保有風骨之剛健

---

7 以上三人之論俱見於文心.風骨 6/1046。

8 此處尚需稍加辨析的有二：首先，並非所有的「氣」都和風骨有密切
聯繫。根據顏崑陽先生的分類，像是「得於主體心性之修養者」、「出
於客觀命定之材質者」（《六朝文學觀念叢論》（臺北：正中書局，
1993.2），頁 344-345），因與風骨關係相對疏離，故將略而不論。具體
而言，像是曹丕「文以氣為主」之主張，「氣」之所指殆為作家的才性、
氣質，雖與風骨有所關聯，卻不甚密切，故這類的氣就不在討論之列。
再者，〈體性〉曾提及「氣有剛柔」之別，然由上述的論證中，顯然以
「剛」者與風骨的關聯性較強，故在延續風骨精神的探討上，將以此
為主。

氣息，卻又增添了餘韻等相對陰柔質素，箇中變化，將於下文的探討中一一釐清。

一、風骨評價的轉變

一提及「風骨」此審美範疇，很難不與建安的時代氛圍聯繫，所謂「建安風骨」，確實是風骨議題的論述重點，相關內容可以劉勰、鍾嶸之說爲代表。建安崇尚「風力遒」（文心.風骨 6/1057）、「骨勁而氣猛」（文心.風骨 6/1063）的風格，實合於劉勰對風骨的理解，《文心》雖未明確標舉出「建安風骨」或「建安風力」等詞彙，然〈明詩〉所繪之建安精神特質與表現樣貌，誠可作爲劉氏眼中風骨的具體展現：

> 暨建安之初，五言騰踊，文帝、陳思，縱轡以騁節；王、徐、應、劉，望路而爭驅；并憐風月，狎池苑，述恩榮，敘酣宴；慷慨以任氣，磊落以使才，造懷指事，不求纖密之巧；驅辭逐貌，唯取昭晰之能；此其所同也。（文心‧明詩 2/196）

縱轡騁節、望路爭驅所展現的，正是文壇上百家爭鳴的風潮；慷慨任氣、磊落使才所描繪的，則是建安風骨主要之精神特質，縱橫豪放的氣勢於此展露無遺。《詩品》亦展現出相近的思維，例如言玄言詩「詩皆平典，似《道德論》，建安風力盡矣。」（詩品‧序/62），其中所論，明確可見對建安風力9消失殆盡的惋惜；又以爲賦比興需「幹之以風力」；

---

9 根據曹旭先生之說：「建安風力，亦稱『建安風骨』。」（語見氏著《詩品集注》（上海：上海古籍出版社，1994.10），頁 27）、「『氣骨』爲漢

美陶詩「協左思風力」；讚劉楨「仗氣愛奇，動多振絕。真骨凌霜，高風跨俗」，對風骨的推崇誠溢於言表。建安風骨的詩歌表現，需不求纖密、直截有力，避免詞彙的瑣碎雕琢，並能不流於說理，如此方能造就風骨的剛健盛氣，展現強烈之感染力。信手拈來，諸如曹操「對酒當歌，人生幾何？譬如朝露，去日苦多」[10]、曹丕「千騎隨風靡，萬騎正龍驤。金鼓震上下，干戚紛縱橫」（頁54）……等，都可清楚看到建安風骨慷慨激昂的生命展現。劉勰、鍾嶸勾勒出的建安風骨，其重要性在於：不論就風骨批評或者是詩歌創作範疇而言，二人之論都樹立了頗爲崇高之美學典範，而在後世造成了不容忽視之迴響。

由劉勰、鍾嶸所提出的建安風骨出發，往後各朝詩評家對中古詩人此一範疇表現的相關評語又是如何？下列詩評將可帶領我們一探究竟。

劉　楨

劉楨（186-217AD）作爲建安時期風骨表現突出的重要人物，乃本節討論不可或缺的一環。就清代以前評論劉詩的資料加以觀察，從氣骨角度探討者誠爲歷代之大宗，故逕由此處論起。首先觀中古時期的評論情形。中古詩評家多由風氣骨盛面看待劉詩，而這確實也是劉楨詩作最明顯的特點，

魏以來品評人物用語。……後用爲畫論、詩論之術語，與『風力』、『風骨』義同。」（頁102）以及呂德申先生「風力即風骨」（語見氏著《鍾嶸詩品校釋》（北京：北京大學出版社，1986.4），頁47）、「氣骨，即風骨」（頁71）等論，可見風骨、風力、氣骨之內涵大致相同。

10 漢・曹操撰：《曹操集》（臺北：河洛圖書出版社，1975.10），頁5。

可謂眼光卓越地開啓後人關懷劉詩的重心：

> 劉楨壯而不密。（曹丕）[11]
>
> 卓犖偏人，而文最有氣，所得頗經奇。（謝靈運）[12]
>
> 公幹之〈青松〉，格剛才勁，而並長於諷諭。（文心・隱秀 8/498）
>
> 公幹氣褊，故言壯而情駭。（文心・體性 6/1025）
>
> 仗氣愛奇，動多振絕。真骨凌霜，高風跨俗。但氣過其文，雕潤恨少。然自陳思以下，楨稱獨步。（詩品・上/156）

　　劉詩風骨特色之突出，由壯、氣、剛、勁、真骨、高風等評論詞彙可明顯看出。諸評皆頗扼要，然曹丕尙能觸及劉詩雖壯，卻於表現形式上「不密」，指出壯氣可能之疏略；劉勰亦點出「壯」對抒情表現的影響（即「情駭」）；鍾嶸則從文、氣的角度指出氣過盛而雕潤不足的情形。凡此種種，都恰當指出劉楨詩過重風骨可能導致的不足。儘管鍾嶸對劉楨氣過其文、詩少雕潤感到遺憾，然若由整體評價來看，既然詩評內容是以氣骨爲主，那麼置劉楨於上品，復認爲其可坐僅次於曹植的第二把交椅[13]，這些讚賞應有相當程度是針對氣骨而發，足見鍾氏對劉詩風骨仍給予極高之評價。

　　至於唐宋元等朝，對劉詩風骨基本上仍多肯認，然論述極爲簡單，並未有更詳細的探析[14]。相對深廣的探討，則有

11　魏宏燦校注：《曹丕集校注・典論・論文》，頁 313。
12　顧紹柏校注：《謝靈運集校注・擬魏太子鄴中集八首並序》，頁 219。
13　即「自陳思以下，楨稱獨步」。
14　如殷璠以風骨評曹劉陸謝（《河嶽英靈集詩評・王昌齡》）、《文鏡秘府論・南卷・集論》直言「公幹氣質」、秦觀評曹劉之詩「長於豪逸」（《淮海集卷 22・韓愈論》）、元好問言「曹劉坐嘯虎生風，四海無人角兩雄」

待於明人。

　　明人稱道劉詩之風骨者仍佔相當之數量[15]，然此多承前人而來，未見獨到之眼光。倒是在普遍讚揚劉詩氣骨的局面下提出異議者，反有一探究竟的必要。首先是對劉詩多稜角之評：

　　　劉楨稜層，挺挺自持，將以興人則未也。（詩鏡總/4）
　　　巉削峻嶒，似少詩人之度。（古詩鏡・贈從弟三首 6/54）

　　陸時雍認為劉詩有錐峭畢露之病。實際觀察詩作，如〈贈從弟〉三首之三以鳳凰為喻，乍看之下似尚含藏，然該詩以「何時當來儀？將須聖明君」（頁 192）收束，便顯得直露；再如〈射鳶詩〉稱美曹操雄姿「我后橫怒起，意氣陵神仙」（頁 194），雖氣勢雄勃但也稜角處處。氣骨的展現固然是其詩最攝人目光處，然而若過分突顯，便顯得不夠圓潤，而這確實也是劉詩不足之處。

　　上列詩論主要針對劉詩稜角畢露提出批評；以下這組引文，大體不出此思維，卻更著意指出盛氣太過易產生哪些弊端，並能於具體詩作的搭配中，將對劉詩的觀察說得更為細膩：

　　《遺山先生文集卷 11・論詩三十首之二》……等，俱肯定劉詩之風骨。唯柳冕從教化觀點批評「曹劉氣骨，……則是一技，君子不為也。」（〈與徐給事論文書〉）看法異於同時代之評，然因儒教正統觀過於強烈，無法正視劉詩風骨的價值，且為單一之論，未能於後代造成反響，故重要性並不甚高。

15 例如周敘「劉公幹之勁奇負氣」（《詩學梯航・品藻》）、鄭善夫「曹劉氣軒軒」（《少谷集卷 1 下・請李質菴稿》）、田藝蘅「劉則風骨超群」（《詩談初編》）、屠隆「魏騁鶊爽，則曹劉之步絕工」（《白榆集卷 1・馮咸甫詩草序》）、唐時升「或如曹劉，遒壯縱橫」（《三易集卷 13・祭大司寇王弇州先生文》）……等評，俱可明顯見到前承之痕跡。

公幹如「永日行游戲，歡樂猶未央。遺思在玄夜，相與復翱翔」，「賦詩連篇章，極夜不知歸。君侯多壯思，文雅縱橫飛」，……皆慷慨以任氣，磊落以使才者也。胡元瑞云：「魏之氣雄於漢，然不及漢者，以其氣也。」馮元成亦言：「詩至建安而溫柔乖。」其以是夫。（詩源辯 4/78）

公幹〈永日行遊戲〉（筆者按：即〈公宴〉）、〈誰謂相去遠〉及〈贈五官中郎將〉四首，……委婉悠圓，俱漸失之，始見作用之跡。（詩源辯 4/72）

自《典論》稱公幹五言之善者，妙絕時人。《詩品》遂云「真骨凌霜，高風跨俗」、「思王而下，楨稱獨步」。曹劉並尊，千古並無異議。予獨謂其意氣鏗鏗，有似孔璋，溫柔敦厚之音邈然已遠。「鳳皇集南岳」，莽蒼短勁，稍可耳。「秋日多悲懷」，頗成篇。「戎事將獨難」，已是累句。「涼風吹沙礫，汎汎東流水。」味槁氣索。〈贈徐幹〉末押焉字，氣大銳挺，了無餘韻。……篇章甚少，而寄興不存。鄙陋盈劄，妙絕獨步，竟復何在？但其器榦犀利，率爾而作，猶堪凌駕六朝。（說詩補 2/7202）

公幹氣勝其詞，抗竦過度，譬之孔庭子路，晉宮將種，無復溫醉嬋娟之態，以為詩之正宗，千古憒憒。（說詩補 2/7202）

劉楨骨幹自饒，風華殊乏。蘇子瞻謂曹、劉挺勁，須知詩之所貴，不專挺勁。（古詩鏡 6/52）

　　諸評俱認為劉詩有氣骨過盛的問題，茲簡要以評論中所舉詩作為例：〈贈五官中郎將〉雖為《文選》所錄，然此得

蕭統賞愛之作，在明人眼中似不夠完滿，如「君侯多壯思，文雅縱橫飛」等句，任氣中恐乏含蓄；「秋日多悲懷，感慨以長歎」爲〈贈五官中郎將〉其三之起語，雖激昂高亢，然直言心緒，亦覺露骨。若比對第一、二筆許學夷的評論，會發現所舉詩例重複出自〈公宴〉、〈贈五官中郎將〉，這意味著對許氏而言，慷慨任氣之作或許會因刻意突顯盛氣，反使詩歌表現有「作用之跡」。可見任氣的拿捏與詩作能否自然而然地展現，恐存在密切的關聯。

　　再者，諸如此類使氣之作，在許學夷、馮復京……等人看來，容易導致「溫柔乖」、乏「委婉悠圓」、無復嬋娟曼妙之病。詩歌展現不夠婉約，自然少了沉吟回味的空間，恐易「了無餘韻」、「風華殊乏」，而這也就成了明人批判劉詩的重心。這麼看來，王運熙先生認爲「從曹丕……一直到明清時代的評論者，一致肯定劉楨詩具有俊逸之氣，爽朗剛健，以風骨見長」[16]的看法，也就容有補充或修正的空間。

　　然而這並不意味明人對劉詩氣骨的全然否定，這由馮復京「莽蒼短勁」、「猶堪凌駕六朝」之評可以看出。其所不滿者，乃是「抗竦過度」、「專挺勁」這類「過度」或「過專」的情形。中古詩評家的貢獻在於指出劉詩富含個體自覺

16　王運熙：〈談前人對劉楨詩的評價〉，《漢魏六朝唐代文學論叢（增補本）》，頁 326。文中關於明人的評論，王先生舉了徐禎卿、王世貞、胡應麟、許學夷四人之論爲例，論證明人重劉詩氣骨，並對此「評論都頗高」（頁 325）。然細觀其論，除了徐禎卿以外，其中引用王世貞「劉楨、王粲，詩勝於文」一語，實無涉劉詩氣骨與總體評價的問題；援引胡、許兩人「氣勝於才」之論，卻未考量胡、許對劉詩之「氣」實有所微言。由此欲證成明人對劉詩風骨的肯定，說服力恐嫌薄弱。

的建安風骨；而明人則於此基礎上，轉而更重氣力如何拿捏
為妥的種種問題。論述重心之異，所展現的正是對風骨範疇
探討之深化。

　　對劉詩風骨評價流變有概括的掌握後，還可比對「曹劉
並稱」及「王劉優劣」等問題，以便對劉詩風骨有更透徹的
了解。關於曹劉並稱[17]的情形，王鵬廷先生以為「唐代文人
將『曹、劉』並舉、重其氣骨的觀點與南朝乃至初唐史家往
往將『曹、王』並舉、重其辭采的觀點成一對比。」[18]事實
上並不限於唐人，歷朝都以氣骨作為曹劉並稱的主要考量，
甚至在唐宋元等朝，根本極少見到單獨評論劉楨者；此外，
「曹劉」並稱的整體數量又勝過「曹王」[19]，可見「曹劉」
予人之盛氣印象極為普遍，這與劉詩風骨受到重視的情形正
可得一呼應。

　　至於王劉優劣的問題，單是由清代以前諸選本對劉楨的
選詩數量觀察，即可明顯見到下滑的*趨勢*[20]；復就明清兩朝
之評論加以觀察，馮復京、陸時雍、方東樹、吳淇等人俱主

---

17 亦有詩評家主張曹、劉不當並稱，例如清人潘德輿，即以為曹詩價值
　極高，故「子建、公幹，先不可以並稱。」(《養一齋李杜詩話卷2》)。
　然此處是就歷代之大*趨*向以及曹劉之「同」而言，故是否不當並稱的
　問題，此處略而不論。

18 王鵬廷：《建安七子研究》，頁327。

19 根據筆者的不完全統計，由南朝至明代詩評論及「曹王」並稱者約有
　17次，「曹劉」合論則約有67次之多。

20 劉楨詩作《文選》錄10首，其後宋人《文章正宗》僅錄3首，元人
　《風雅翼》4首；明人《古今詩刪》3首、《古詩解》4首、《石倉歷代
　詩選》3首，俱不及《文選》數量的一半；《古詩鏡》雖錄10首，然
　批評頗多，詳見上列正文之論述；唯王夫之《古詩評選》錄了6首，
　乃《文選》以後除了《古詩鏡》外選錄最多者，且多褒揚，然數量上
　同樣不及《文選》。

張王粲位次當在劉楨之上[21]；而主張劉勝王者，似乎只有許學夷、王夫之[22]，其中許學夷對劉詩使氣而少溫柔亦有不滿[23]；這與南朝、唐代極重其風骨是很不相同的。何以會有如此現象？與後期詩評家轉而欣賞婉約之情[24]，故以為劉詩氣骨過盛而王詩能委婉，當不無關係。王鵬廷先生觀察鍾嶸之評所作的結論，亦可與上述觀點作一聯繫：

> 在五言詩的成就上，鍾嶸以為劉勝於王，而在對晉人的影響上，鍾嶸顯然以為王大於劉。這也就是說，鍾嶸認為，建安之後詩風朝著重情和重才（王粲最為突出）的方向發展，而「建安風力」（劉楨最為代表）漸盡矣。[25]

　　儘管該論是就詩歌創作的趨向而言，但與上述詩評重心轉變的情形若合符節，可共同說明文學史中對王劉喜好的消長。

　　要之，「曹劉並稱」與「王劉優劣」的種種現象及其變化，與劉詩風骨先普遍受到關注、後又逐漸被貶抑的情形均

---

21 諸家之論如下：馮復京「仲宣氣稍靡，筆太冗，擬之曹氏兄弟，遠不逮矣。然有和平醇雅之意，大勝劉楨。」（說詩補 6）、陸時雍「王粲文深，溫其如玉，世云曹、劉，吾未之敢信。」（古詩鏡 6）、方東樹「陳思……同時惟仲宣，局而闊大，語意清警，差足相敵。偉長、公幹，輔佐之耳。」（《昭昧詹言卷 2．漢魏》）、吳淇「仲宣詩清而麗，在建安中子建而下應宜首推。」（《六朝選詩定論卷 6》）

22 就選詩數量而言，王夫之選劉詩 6 首，全為讚美之言；僅錄王詩 3 首，且多批評，並云「世推尚王仲宣之作，率以凌厲為體，此正當時諸子氣偏所累。」（見〈雜詩〉之評）可以視為是夫之對王粲詩作不滿的主要著眼點。由此當可判斷在王氏眼中，劉詩地位當高過王詩。至於夫之對於劉、王之評是否與其整體詩學觀相符？留待下列探討王詩時再作詳細說明。至於許學夷王勝劉楨之論，乃據「鍾嶸謂『陳思已下，楨稱獨步』……是也」（詩源辯 4）所作之判斷。

23 詳見頁 278 所引許學夷之論。

24 可參第三章「對婉約之情的青睞」中的相關論述。

25 王鵬廷：《建安七子研究》，頁 325。

可呼應。足見諸多零碎的詩評間，自有一貫的理路貫穿其中，故應多方觀察，方可較融通地理解劉詩詩評變化的情形。

王　粲

如果說劉楨以氣骨剛健著稱，那麼王粲（177-217AD）詩作大概就是文秀質羸了。此乃鍾嶸對二人簡要之區別，亦王、劉予人之直觀印象。若是如此，王粲詩歌是否缺乏剛健之風力？置於風骨範疇是否無甚可觀？觀察清代以前之評述，將會發現詩評家對王詩風骨之探析並不亞於劉楨，這就與我們普羅之印象不同，且對王詩的觀察點又有異於劉詩者，王粲既為劉楨之絕佳對照，誠有一探王詩的必要。

就王粲詩歌的總體評述而言：氣骨乃歷朝都曾碰觸的議題；除此之外，明代以前的其他評論則顯得瑣碎，而難歸納出主題；明代除了氣骨之議題，對王詩之平和雅馴又有較多的探討[26]。

聚焦於風骨範疇來談，在明代以前，詩評家多由盛氣面視王：

> 王、徐、應、劉，望路而爭驅……<u>慷慨以任氣</u>，磊落以使才。（文心・明詩 2/196）
> 自建安中王仲宣、曹子建鼓其風，晉世陸士衡、潘安仁揚其波。<u>王曹以氣勝</u>，潘陸以文尚。（于頔）[27]

---

26 例如胡應麟「典則雅馴，去漢未遠」（詩藪內 1）、馮復京「和平醇雅」（說詩補 2）、陳子龍「詞哀傷而婉，不離雅也」（《陳忠裕公全集卷 25・方密之流寓草序》）、陸時雍「王粲莊而近《雅》」（詩鏡總）……等評可參。

27 唐・于頔：〈釋皎然杼山集序〉，收於《全唐文》，卷 544，頁 5508。

劉越石善嘯，而<u>詩有清拔氣</u>，評者謂原於仲宣。（徐明善）[28]

　　劉勰基本上亦是將王粲置於整個建安大時代中來談，故對王詩之著眼仍擺在慷慨任氣；唐人于頔之論則是將王曹之氣[29]與潘陸之文相對，突顯建安氣骨的觀點與劉勰相去無幾；最後一筆資料雖非直接評論王詩，然由「原於」推論，所謂「清拔氣」當有指涉王詩的成分。諸評若與《詩品》「文秀而質羸」此趨向柔弱面的論述相較，明代以前的詩評家更多是由剛健氣骨面來看待王詩，主要置其於建安之一環來談，而以褒揚為主。

　　發展至明朝，對王詩氣骨的論述變得相對多元，除了如徐禎卿「曹、王數子，才氣慷慨，不詭風人」（談藝錄/1）、馮復京「『從軍有苦樂，但問所從誰。所以神且武，安得久勞師。』陡然而起，有拔山舉鼎之勢，何其雄也。」（說詩補 2/7201）為承續前朝之論外，其他諸如盛氣太過、風骨不及等評，則另有可觀處，而值得加以留意。

　　首先，從盛氣太過的觀點來看王粲詩作者，可以許學夷、王夫之之論為代表。許氏對王詩與劉楨詩作的看法相去無幾[30]，此不贅言。唯其中舉〈從軍詩〉之四作為盛氣太過之例，若與選本的選錄情形相對照，或可約略見到審美重心轉變的傾向。清代以前選本選錄〈從軍詩〉，《文選》五首皆選，

---

28 元・徐明善：《芳谷集・野嘯橐序》（合肥：黃山書社，2008，民國豫章叢書本），卷 2，頁 16。

29 曹王並稱雖多由辭采面論之，卻不必然盡是如此，此即普遍狀態下的一個反例。

30 可參頁 278 許學夷之論。評王粲詩者不過是將劉楨詩例抽換成王作。

轉至明代僅《古今詩刪》擇錄三首（未含之四）、《古詩歸》一首，其餘選本則全然忽略這組詩歌。如此擇錄情形與許氏的批評在某種程度上是相互呼應的，亦即此類被許氏目為盛氣太過之作，在詩史中有日受冷落的趨勢。具體觀察詩作，「相公征關右，赫怒震天威。一舉滅獯虜。再舉服羌夷」、「拓地三千里，往返速若飛」、「棄余親睦恩，輸力竭忠貞」（頁87）等語確實顯得盛氣激昂，卻也因此缺乏含蘊咀嚼的空間。當詩學概念之辨析越趨深入，像這般單一而傾向極端的表現會因此受到貶抑，似乎也就可以理解了。

　　至於王夫之之論，可由〈雜詩〉之一（「日暮遊西園」）評語中的正氣、異氣之辨，看出其對王詩盛氣太過的不滿：

> 古今有異詞而無異氣。氣之異者，為囂，為凌，為茌苒，為脫絕，皆失理者也。……若世推尚王仲宣之作，率以凌屬為體，此正當時諸子氣偏所累，子桓、元瑜即不爾矣。如仲宣此詩，豈不上分《十九首》之席，而下為儲光羲、韋應物作前矛？詎必如〈公燕〉、〈從軍〉，硬腔死板而後得為建安也哉？有危言而無昌氣，吾不知之矣。（評選 4/666）

　　所謂「凌屬」，即為異氣，當指一味推崇盛氣，而忽略氣「囂」、「凌」之毛病者。在夫之看來，王粲詩作如〈從軍詩〉等多有此病。那麼何為正而不異之氣？恰可由此論所提及之曹丕、阮瑀身上尋求解答。王氏所謂「正氣」者，即平正不矯屬之氣，故或具備「風回雲合，繚空吹遠」（評選・曹丕・雜詩之二 4/662）的特點，也就是能「意旖旎以無方，情縱橫而皆可」（評選・曹丕・於盟津作 4/663），其中帶

有委婉含蓄的質素，而非如「破胸取肺」（評選‧阮瑀‧雜詩 4/669）般直露。換言之，夫之並非全然反對氣骨，「若勁健中具有含蓄的內涵，他還是予以肯定的」[31]。具體觀看該論所指之王詩：〈雜詩〉之一「風飇揚塵起，白日忽已冥」（頁85）為日暮遊園欲解憂情時所見之景，牽動詩人身心感受之風飇、白日，恐非單純之景，而有作者慷慨氣息之投影，如此之氣不至於囂凌，而顯得和順。至如〈公讌〉「克符周公業，奕世不可追」（頁89）、〈從軍〉「將秉先登羽，豈敢聽金聲」（頁90）雖氣勢磅礴，然稜角畢露，則不無「凌厲」之病。

　　行文至此，不禁有一疑問：王夫之對王詩之氣似乎多所不滿，那麼盛氣如劉楨，是否會受到更嚴厲的批評？王氏評劉不只考慮到氣骨的問題，尚著眼於其寫景與達情間自然相融之貌相[32]；即便論氣骨之展現，他亦認為劉詩「直而不迫」（評選‧贈徐幹 4/671），合於對「正氣」的要求。此處確實存在著詩評家們對氣骨定義相異、著眼詩作不同……等種種差別，故在面對劉楨詩歌時，會有褒貶不一之評價。然至少就王夫之的詮釋體系而言，其對王、劉詩作的理解，與其整體詩學觀是相符的。

　　其次，亦有學者認為王粲「風骨不及」，可以下列說法為例：

---

31 相關論述可參楊松年：《王夫之詩論研究》（臺北：文史哲出版社，1986.10），頁83。

32 具體論述可參王夫之《古詩評選》中對〈贈五官中郎將〉、〈贈從弟〉之評。

> 鄴下西園，詞場雅事。惜無蔡中郎、孔文舉、禰正平其
> 人以應之者！仲宣諸人，氣骨文藻，事事不敢相敵。公
> 讌諸作，尤有乞氣。（古詩歸 7/431）
>
> 當時與曹氏父子兄弟並驅者，惟文舉與蔡伯喈二公之
> 詩，綽有風骨耳，王粲諸人，皆所不及。（詩筏/10400）

《古詩歸》、賀貽孫俱透過與王粲同時代詩人相較的方
式，突顯其風骨並非綽然可觀；這恐怕與王「質贏」的特質
脫離不了關係。由這組評論可再次看出：明人對氣骨亦非完
全排斥，若風骨不及，亦難稱之為佳作，足見對風骨仍有一
定程度的重視。

在通盤觀察王粲詩於風骨論中的流變後，與劉楨詩評的
轉換情形自可作一對照。乍看之下，劉、王詩評似乎都有由
讚賞風骨轉向貶抑的趨勢，如此一來，王粲詩學地位於明清
兩朝勝過劉楨的情形，又該如何理解？王粲詩評除了有同於
劉楨之轉變，明人尚賞其平和婉雅[33]，諸如馮復京直言「仲
宣……有和平醇雅之意，大勝劉楨。」（說詩補 2/7201）、
陸時雍亦云「王粲文深，溫其如玉，世云曹、劉，吾未之敢
信。」（古詩鏡 6/52），可見在明人眼中，王粲除了骨氣表
現不盡理想而受到微詞外，尚有一系詩評由「溫婉」視之而
予以褒揚，婉雅與骨氣範疇間的褒貶誠有消長之勢，而這一
點復與本書第二章提及「明代日重柔婉餘韻」又相呼應，此
應是明人何以認為王粲勝過劉楨之處。

回到王粲詩評作一歸結：同樣是由氣骨作評，對王詩之

---

33 相關原典可參註 26。

論大致亦有由欣賞走向微辭的趨勢。這其中牽涉到各人定義寬嚴、深入程度之別、以及著眼點不同、審美眼光轉換等種種因素；然細細比對王粲詩作，會發現這些說法多不無道理，而這也有助於我們以更開闊的視野來看待王詩。

曹　操

就各個面向的述評統而觀之，若不分面向觀察歷朝對曹公（155-220AD）的總體詩評，南朝、唐代、元朝的論述相對有限；宋人談論較多，但不是集中在對其德業的批評[34]，便是由史實言其事蹟，觸及文學面向者不多；需至明代撇開道德論，對其詩歌的探索才蔚為大觀。

聚焦至風骨議題上，明代以前對曹詩氣骨的相關論述，以褒揚居多，較具代表性者如下：

> 魏之三祖，氣爽才麗，宰割辭調，音靡節平。（文心·樂府 2/243）

> 建安之後，天下文士遭罹兵戰。曹氏父子鞍馬間為文，往往橫槊賦詩。其遒壯抑揚，冤哀悲離之作，尤極於古。晉世風槩稍存。宋、齊之間，教失根本，士子以簡慢歙習舒徐相尚，文章以風容色澤放曠精清為高。蓋吟寫性靈，流連光景之文也。意義格力無取焉。陵遲至於梁、陳，淫豔刻飾，佻巧小碎之詞劇，又宋、齊之所不取也。

---

34 例如《晦庵詩說》：「曹操作詩……不惟竊國之柄，和聖人之法也竊了！」（卷 141）、劉克莊「曹氏父子以翰墨稱雄於建安、黃初之間……德義不足而直以雄心霸氣陵踐一世，誰其聽之！」（《後村先生大全集卷 100·趙司令詩卷》）……等，即是對曹詩冠以道德之評論。

（元稹）³⁵

劉勰之論乃針對三祖樂府表現而言。「氣爽才麗」自是賞識之意，與上述論建安風骨之評正相呼應。至於元稹之論，何以不憚繁瑣地援引晉宋以降的評述？主要是希望透過時代表現的對比，更清楚地呈現建安風骨的面貌。單就曹氏父子之評觀之，「遒壯抑揚」已可見其詩風之慷慨風概；而宋齊以下「教失根本」、「意義格力」無足取、僅為「淫豔刻飾」等批評，則可從反面襯托出風骨應具備的要件；換言之，內涵、氣勢、體格、文詞等，均為曹詩是否具備風骨的評斷標準。元氏之評與陳子昂對漢魏風骨之論³⁶頗為相近，兩人述評雖有「曹氏父子」或「漢魏」的差別，卻不妨礙由此看出唐人對風骨賞識的大致取向。

明代以前對曹操詩歌的關懷雖然有限，如上述直接稱美其風骨則是其中較普遍者³⁷；尚有一些評論，因對剛健風骨並非直接肯認而帶有反思，遂透露出評價轉變的意味，雖較零散，卻因論點特出，而有留意的價值。茲條列如下：

---

35 唐·元稹：〈唐故工部員外郎杜君墓誌銘〉，收於《全唐文》，卷654，頁6633。

36 陳子昂之論如下：「漢魏風骨，晉宋莫傳，然而文獻有可徵者。僕嘗暇時觀齊梁間詩，彩麗競繁，而興寄都絕，每以永歎。思古人，常恐邐迤頹靡，風雅不作，以耿耿也。一昨於解三處，見明公詠孤桐篇，氣骨端翔，音情頓挫，光英朗練，有金石聲。遂用洗心飾視，發揮幽鬱。不圖正始之音，復覩於茲，可使建安作者，相視而笑。」（〈與東方左史虯修竹篇幷書〉）其中考量風骨有無的因素像是彩麗、風雅、光英朗練等，幾與元稹相仿。

37 如唐人于頔「氣勝者魏祖興武功」（〈釋皎然杼山集序〉）、宋人敖陶孫「魏武帝如幽燕老將，氣韻沈雄」（《詩評》）、元人張昱「曹公英雄姿，吐詞自天成。橫槊鞍馬間，慷慨念平生。」（《可閒老人集卷1·古詩》）等。

建安三祖、七子，五言始盛，風裁爽朗，莫之與京，然
終傷用氣使才，違於天真，雖忘松容，而露造跡。（詩
式・詩議/373）

曹孟德豪傑變化，妙出羣雄上。豈功業不建？而音韻低
黯，殊不見下馬橫槊之姿。（劉將孫）[38]

「氣」本應可剛可柔，然如前所提，從劉勰〈風骨〉篇
中指出「意氣駿爽，則文風清焉」，將氣與風骨密切聯繫後，
一般所指之氣多有剛健的趨向。皎然提及「用氣使才」，其
「氣」所指，大抵如是。在確定此前提後，可以發現皎然之
論，大概是首先對崇尚風骨的看法提出異議者：「風裁爽朗」、
「用氣使才」都指向風骨，然兩者卻有褒貶之別。何以如此？
分界點在於是否違天真、露造跡。換言之，同屬於風骨範疇，
「用氣使才」顯然過於勉力而不自然，未如「風裁爽朗」能
達整體融暢的境界。如此區判的意義在於：已可見對風骨範
疇有了更為細膩的辨析，不若南朝或陳子昂等人，在褒揚風
骨之際，甚少考慮其中可能的偏弊。

至於劉將孫之論，「豪傑變化」之評大體即指風氣骨力
之妙，然劉氏卻不認為有此豪傑變化即已足夠，若「音韻低
黯」，則不能說是沒有缺陷，因為這將影響到其作是否具有
「下馬橫槊之姿」。換言之，此處隱約透露出豪傑風力是否足
稱，還有其他因素需一併考量，而非只需單純關注豪氣即可。

時至明代，對曹詩風骨的探索有增無減。延續讚賞其風

---

38 元・劉將孫：《養吾齋集・清權齋集序》（合肥：黃山書社，2008，清
文淵閣四庫全書本），卷 10，頁 71。

骨之簡單評論數量不少[39]，根據筆者的統計，在本議題中佔有近半的比重。然而更值得留意者，是對曹詩氣骨更為細膩的評論。首先可觀察的，是徐禎卿對壯、氣等概念的辨析：

> **氣本尚壯，亦忌銳逸。**魏祖云：「老驥伏櫪，志在千里。烈士暮年，壯心不已。」猶曖曖也。思王〈野田黃雀行〉，譬如錐出囊中，大索露矣。（談藝錄/4）

徐氏認為氣壯誠為必要，但還須留意如何在「尚壯」之際，避免流於「銳逸」。換言之，「氣」所展現之「壯」的樣貌亦需斟酌，而非只要有「壯」即可。徐禎卿對曹操之作雖略有微詞，仍以「曖曖」稱之，足見在徐氏看來，曹操〈步出夏門行（龜雖壽）〉尚稱隱晦而未過分直露，雖不無氣勃之虞，卻未如曹植明顯。[40]

認為氣過銳逸不佳，徐氏之論並非孤例，馮復京之評亦展現同樣的意涵，而對曹公詩作的品評似相對嚴苛：

> 「老驥伏櫪，志在千里」、「月明星稀，烏鵲南飛」。上希黃鵠，下啟〈采薇〉。五言〈蒿里〉、〈苦寒〉、

---

39 明人對曹操詩作之風骨的扼要讚賞多延續前人之說，新意稍嫌薄弱。較具代表性者如下：陸深言「曹氏父子以豪雄之才，起而一新之，差強人意。」（《儼山集卷90‧跋漢魏四言詩》）、王世貞以為「武帝語壯」（藝苑）、周履靖評曹作「自然沉雄」（《騷壇秘語卷中‧要第十三‧體第十五》）、胡應麟更是多次讚美曹詩之風骨，如「豪邁縱橫」（詩藪外1）、「沉深古樸，骨力難侔」（詩藪內2）、「氣骨峻絕」（詩藪內3）……等。

40 由明代詩派觀之，前後七子多予人崇尚雄渾壯闊之觀感，若由此推論，徐禎卿身為其中一員，理應欣賞二曹詩作才是，然實際上卻非如此。如此現象再次說明：對於詩評家之論述，實不能由詩派一概而論；而此亦可看出徐氏身兼「吳中六朝派」與「前七子成員」雙重身分之可能影響。

〈卻東西門行〉三首，<u>神氣遒上</u>，餘篇力勍趣竭。「惟有杜康」，幾乎戲矣。（說詩補 2/7198）

漢詩元氣鬱勃，含華隱耀，<u>不露圭角</u>。至曹公<u>始有</u>忼慨悲涼之氣。（說詩補 6/7271）

神氣勁健固佳，但若一味追求氣力，則有過盛而損趣味之虞；第二筆資料以「始有」連繫上下文，比較之意明顯，亦即漢詩元氣飽滿，卻能含蓄不露；曹操慷慨悲涼之氣則顯得略現稜角。同樣含氣，卻有表現方式隱顯之別，在馮復京看來，作品高下之別也因此不言自明。明人對曹詩之氣骨還有另一種批評，即陸時雍「曹孟德饒雄力，而鈍氣不無，其言如摧鋒之斧。」（詩鏡總/4）之說。「雄力」與「氣」基本都屬風骨範疇，陸氏以為即使富含雄力，若不無「鈍氣」，終是缺憾。扼要對應詩作：諸如〈秋胡行（其一）〉「晨上散關山，此道當何難！」（頁 7）、〈善哉行（其二）〉「我願於天窮，琅邪傾側左」（頁 9）……等句，恐皆顯得不夠圓潤含蓄。綜上所述，詩歌並非有氣骨即可，還需考慮氣骨表現風貌的問題。像這般不簡單以遒勁豪邁之評概括曹公詩作全部表現，正是明人評論細緻可貴之處。

　　由以上論述看來，明人對曹詩風骨顯然有所微言，造成此現象的原因為何？或可與南朝、唐人之評相互對照，從而得到解答。南朝、唐人基本上是由建安大時代著眼來看待曹詩[41]，風骨作為魏朝的精神標誌，而曹操身為其中之魁傑，自易得到較多之讚揚；然隨著風骨相關概念的辨析日益精

---

41 若比對明代以前的資料會發現：對曹操的討論多置其於三祖、曹氏父子或建安時代整體之中來談。

細，曹操詩歌又受到較多個別的關照，其深層的偏弊招致若
干微詞也是可以理解的。要之，明朝對風骨範疇能有更深刻
的探索，乃在劉勰等人已有之基礎上所作的進一步發揮；而
如此論點於《詩式》中已見開端，需至明代方成普遍之論述，
可見審美風尚至此才有較明顯的轉向。

　　那麼是否可據此認為：曹公詩作的地位有日漸下滑的趨
勢？恐無法就此簡單而論，因為單從選詩數量的攀升[42]，即
可看出其作反有日受重視的傾向。何以曹詩會愈受青睞？許
學夷之論因觸及「曹詩優劣」以及「審美偏向」等問題，或
可作為探討的觸發點：

> 《詩品》以丕處中品，曹公及叡居下品。今或推曹公而
> 劣子桓兄弟者，蓋鍾嶸兼文質，而後人專氣格也。然曹
> 公才力實勝子桓。（詩源辯 4/74）

　　曹詩確以氣格勝，境界闊大，氣力高健雄厚，悲涼蒼莽，
可稱高古。風骨之指涉乃氣格的表現之一。應該說，明人因
重視曹公之氣格而提升其地位，也因探究風骨等問題而發現
了曹公之不足。儘管明人對曹詩骨氣過盛有所微辭之論佔一
定的比重，但並非全部，如前所言，明人對曹公風骨之賞仍
佔相當的比例；再者，曹詩地位之提升，風骨並非唯一的考
量，故微詞風骨之說與曹公總體地位之提升並不相妨。

　　要之，透過對風骨範疇中曹公之評的觀察可以發現：對

---

[42]　《文選》僅錄曹作 2 首，《文章正宗》、《風雅翼》各錄 1 首；然發展
　　至明代，《古今詩刪》7 首、《古詩歸》8 首、《古詩解》11 首、《石倉
　　歷代詩選》4 首、《古詩鏡》5 首、《古詩評選》7 首，數量皆多於前朝，
　　曹詩日受重視的趨勢，於此概略可見。

其詩風骨之論，有一系由揚至抑的變化，這其中牽涉到對風骨更形細膩探討的問題；而此與曹公詩歌整體地位之提升不盡同調，足見詩學現象之複雜性，實有待細細辨析，方能得較好之釐清。

陳琳（？-217AD）、袁淑（408-453AD）

明人對風骨主題之深入關切，由上述諸論已可清楚看出。以下僅再簡單列舉兩例，復證此觀點之普遍性：

> 陳琳意氣鏗鏗，非風人度也。（談藝錄/5）
>
> 《詩藪》稱此詩大有建安風骨，但以其單行直致耳。不知此詩定高于曹植數輩，往往長行處俱有不盡之意。俗所謂建安風骨者，如鱔蛇穿堤堰，傾水長流，不洄不止而已。（評選·袁淑·效子建白馬篇 1/529）

徐禎卿以為「意氣鏗鏗」易失「風人度」，指出氣盛或有不夠含蓄委婉的可能，並牽涉到氣骨與詩教傳統間的關係，其意所指，殆為「建功不及時鐘鼎何所銘？收念還房寢，慷慨詠墳經」（頁 33）這類盛氣太過詩作；至於第二筆資料，則涉及風骨的意蘊深淺究竟是直而不隱即可，或者還需考慮背後之餘韻？夫之顯然較喜後者，而袁淑〈效子建白馬篇〉結以「嗟此務遠圖，心為四海懸。但營身意遂，豈較耳目前。俠烈良有聞，古來共知然」，既顯目光之雄慨，亦「有不盡之意」，故為王氏所賞。要之，不論對風骨的定義如何，都共同顯示明人對此範疇有相當的關切，而更傾向於探討盛氣太過之弊端。

事實上，深入探討氣骨，從而辨明其可能之弊端的相關

論述，在明代以前並非沒有，但頗為零星，諸如宋人魏泰「詩主優柔感諷，不在逞豪放而致詬怒也」[43]、元人楊載「若雕刻傷氣，敷演露骨，此涵養之未至也」[44]等論，皆可看出豪氣尚須不鋒芒畢露，方得為佳。嚴羽甚至認為「雄深雅健」四字「但可評文，於詩則用『健』字不得。」[45]亦應是著眼於「健」之弊端而言。然而將此等概念集中運用於中古詩評，並形成普遍之論述，終究需至明朝方蔚為風尚。

　　在具體分析明代詩評後，對於本主題中探討的中古詩人，以及詩評家的傾向，便可作一歸納。在中古詩人的部分，可以發現討論對象主要集中在魏代；如此情形正好顯示出在中古階段裡，確實以建安詩歌最能展現風骨之樣貌，後代詩評家之論述，亦少能出此局外。

　　至於明代詩評家的部分，對中古詩人風骨表現提出微言者，多集中在七子派之後。為什麼會如此？若與《文心雕龍》、《詩品》之標舉風骨相比，南朝、明代雙方恐怕都有反思時代潮流的用意。張少康先生即以為「劉勰、鍾嶸提倡風骨具有反對當時形式主義浮艷文風的意思。」[46]至於明代，則有學者提出六朝派以六朝詩抗衡格調，是為了矯正七子粗豪肆張之弊[47]。事實上，欲矯正七子理論或創作弊端者，實不限

---

43 見於宋・胡仔：《苕溪漁隱叢話前集》，卷 7，頁 24。
44 元・楊載：《詩法家數》（合肥：黃山書社，2008，明格致叢書本），頁 6。
45 宋・嚴羽著，郭紹虞校釋：《滄浪詩話校釋・答出繼叔臨安吳景仙書》，頁 252。
46 張少康：《古典文藝美學論稿》，頁 70。
47 相關論述可參孫春青：《明代唐詩學》，頁 123；陳斌/8。

於六朝派；當時人除了以提倡六朝詩的方式表達對七子過於
重視氣骨之不滿，更直接的表現，恐怕是對七子派所崇尚的
漢魏風骨提出更多的省思[48]，諸如詩歌是否只要具備風骨即
是佳作，或者還需考量其實際表現之樣貌？風骨之展現又該
如何恰當而不凌厲？在探討這些問題的同時，也將有助於讀
者對風骨有更深刻的了解。

二、從風骨到氣韻風神

在「風骨評價的轉變」一節中，主要是將重心擺在清代
以前歷朝詩評家對劉勰風骨論之承續情形，各家論述雖有褒
貶之別，然多指向對剛健風骨之探討。除此之外，在文學史
的發展中，尚有一系與風骨相關的審美觀念轉變值得留意，
扼要概括，即是詩歌闡釋的重心，有由「風骨」逐步轉向「氣
韻風神」的傾向。就清代以前中古詩評觀之，南朝、唐代詩
評家對於剛健風骨所散發的活躍氣息有相當的重視，這由其
對建安風骨的標榜即可見一斑。時至宋朝，由於對清淡美的
愛好，影響了往後詩歌審美的品味。發展至明代，明人對柔
婉餘韻的青睞、對風骨不一味讚賞，而能更深刻地探究盛氣
太過的弊病，俱已顯示其品好已與南朝、唐代不盡相同，這
在上一點的論述中已可略見端倪。復以「氣韻」一詞的趨向
作概括說明：根據現代學者的歸納[49]，「氣」傾向剛健、壯

---

48 此乃就七子派的大體趨向而言，但不能一概而論，例如身為七子派成
　員的徐禎卿，便不欣賞稜角明顯的氣骨。
49 相關論述可參傅璇琮等：《中國詩學大辭典》(浙江：浙江教育出版社，

盛的力感，而「韻」則趨於陰柔之韻味。明人除了恰到好處
地延續南朝、唐代對剛健之「氣」的欣賞，更能著意闡發柔
婉餘「韻」之美，從而開拓出一剛柔兼具的美學典範。明代
詩評逐步增添陰柔質素於風骨範疇的現象，可由風神、氣韻
等評論詞彙的運用窺得一二。詳細的詞彙辨說，擬於論述中
隨文解釋。

　　此處以「氣韻、風神」為題，主要是欲借其兼具剛柔之
特質，涵蓋明人於此主題中批評的總體趨向，誠為扼要點出
主旨之折衷作法。由於鮑照詩評為本主題中最具代表者，次
為謝朓，故先論之；其後方涉及沈約、江淹之詩評，期能由
此分析，具體窺得此審美重心之轉變。

　鮑　照

　　鮑照詩於清代以前的整體詩評情形，已於第二章的詩教
主題中作過交代，故此處將直接聚焦於風骨範疇作討論。首
先可以當代學者之研究成果作為本問題思考的起點：

> 鮑詩中像〈擬行路難〉、〈代貧賤苦愁行〉，感情都很
> 奔放，頗有點建安詩人「造懷指事，不求纖密之巧，驅
> 辭逐貌，唯取昭晰之能」的氣魄。他的詩歌尤以樂府見
> 長，這是因為他作詩得力於漢魏樂府居多，詩風顯得渾
> 厚古樸，氣質清剛。另外，在他的集中有〈學劉公幹體〉
> 五首，可見他對劉楨那種「仗氣愛奇，動多振絕」的詩

1999.12），頁 25；顏崑陽：《六朝文學觀念叢論》（臺北：正中書局，
1993.2），頁 349；陳伯海：《中國詩學之現代觀》，頁 210-211。

風頗為傾倒。[50]

　　這段論述明白點出鮑詩氣骨剛健的特質。那麼歷代觀看鮑詩的眼光是否多同於此？後來詩評家們在指出其盛氣之際，是否於其中增添了什麼質素，而呈現出不同的審美眼光？這些問題當可由以下的觀察中覓得解答。

　　明代以前關於鮑詩風骨範疇的詩評，可由鍾嶸「靡嫚」、「骨節」之論談起：

　　　　得景陽之詭詭，含茂先之靡嫚，骨節強於謝混，驅邁疾

　　　　於顏延。總四家而擅美，跨兩代而孤出。（詩品・中/282）

　　骨節猶言骨力，乃鮑詩之剛健面；「靡嫚」通於「靡曼」，據《呂覽・本生篇》高誘之訓解：「靡曼，細理弱肌，美色也。」[51]那麼靡嫚所展現的，應是陰柔之一面。鍾嶸於此已留意到鮑詩剛柔之雙重面向，惜明代以前對此甚少著意，反倒是杜甫的俊逸之評，於後世得到較多的迴響。

　　杜甫對鮑詩評論僅一語，見於〈春日憶李白〉詩：

　　　　清新庾開府，俊逸鮑參軍。[52]

---

50 曹道衡：〈鮑照和江淹〉，《中古文學史論文集續編》（臺北：文津出版社，1994.7），頁 176。類似曹先生之說法者尚有劉文忠「他是建安風骨的繼承者，有慷慨任氣、磊落使才的特點」（《中古文學與文論研究》（北京：學苑出版社，2000.6），頁 133）、蔡彥峰「他的詩歌比較直接地表現他的現實之感，這與『感於哀樂，緣事而發』的漢樂府及慷慨抒情的建安詩歌是比較相似的，從這一點來講，鮑照詩歌較多地繼承漢魏詩學。」（《元嘉體詩學研究》（北京：中國社會科學出版社，2007.12），頁 281）。俱指出鮑照詩帶有建安風骨的趨向，此當爲學界對鮑詩的普遍看法。

51 呂不韋著，陳奇猷校注：《呂氏春秋新校釋・本生》（上海：上海古籍出版社，2002.4），卷 1，頁 32。

52 唐・杜甫撰，宋・蔡夢弼箋：《杜工部草堂詩箋・春日憶李白》，卷 2，頁 18。

　　丁福林先生主要根據清人之論，考辨此「逸」所指當爲逸氣，指的是「遒勁強健的筆力所形成的雄壯豪邁的氣勢和激動人心的力量。」[53]宋人龔頤正曾於《芥隱筆記》中記載「俊逸鮑參軍」爲「豪邁鮑參軍」[54]，不論此乃杜詩異文或已經後人竄改，都顯示出俊逸基本上帶有豪放之氣[55]，與丁先生之觀察大體相符。此外，明代以前之詩評家諸如皎然「鮑參軍麗而氣多」（詩式・詩議/374）、敖陶孫「鮑明遠如饑鷹獨出，奇矯無前」[56]、陳繹曾「六朝文氣衰緩，唯劉越石鮑明遠佳處有西漢氣骨」[57]……等論，亦皆指向鮑詩富含氣骨之特質，足見此觀點之普遍性。具體視其詩作，諸如「疾風衝塞起，沙礫自飄揚。馬毛縮如蝟，角弓不可張」（〈代出自薊北門行〉，頁 165）所繪，即明顯帶有峻健氣骨之特點。然而此處還可留意的是：儘管「俊逸」帶有濃厚的骨氣特質，然而部分明人在看待「俊逸」的內涵時，似乎隱約又有超出於骨氣之外的意蘊，詳細狀況，將於後文的探討中順序帶出。

　　時至明朝，側重鮑詩氣骨的說法仍佔相當之數量[58]，唯

---

53 相關論述詳見丁福林：《鮑照研究》（南京：鳳凰出版社，2009.12），頁 296-298。

54 宋・龔頤正：《芥隱筆記・杜詩古今本不同》（合肥：黃山書社，2008，明顧氏文房小説本），頁 8。

55 明人陳謨亦言「逸如豪鷹」、「遒斯逸矣」（《海桑集卷 5・鮑參軍集序》），「逸」當有勁健之氣殆無疑義。可見丁先生之證，即便不侷限於清人之論，亦可成立。

56 宋・敖陶孫：《詩評》，收於宋・陳起編《江湖小集》，卷 45，頁 317。

57 元・陳繹曾：《文筌・詩譜》，頁 39。

58 具體論述如宋濂「明遠則效景陽，而氣骨淵然，駸駸有西漢風」（《宋學士文集卷 28・答章秀才論詩書》）、屠隆「遠壯如明遠」（《鴻苞節錄

論點較無新意，故不贅論。倒是馮復京、胡應麟、王夫之……
等人，在保有對鮑詩風骨之嘉許的同時，又淡化了其中剛健
的特質，從而拓展出不同的審美眼光，故有值得探析處。首
先觀馮復京的「風神」之評：

> 鮑參軍風神特秀……詩如五陵少年，風流自賞。又如鄭
> 衛妖姬，顧盼生姿。梁陳浮艷於茲濫觴，滔滔莫返。稱
> 之者曰「俊逸」，非之者曰「險俗」，各自有見，宋人
> 漢骨壯筋之論，何其謬哉。（說詩補 3/7219）

馮氏不贊成逕以盛氣凌人的「漢骨壯筋」評鮑，而以為
鮑詩具備風流、顧盼生姿、俊逸、險俗等特質，其中俊逸帶
有雄健之傾向[59]，顧盼生姿則顯得風韻流動而相對陰柔。在
馮氏看來，這些特質的加總，方能較好地展現鮑詩之全貌。
故「風神特秀」之評，當由兼具剛柔的角度作理解，方能較
近於馮氏之用心。此處剛柔並提，能得鍾嶸之意，然而明言
鮑詩「顧盼生姿」，並強調「漢骨壯筋之論」為謬，隱約表
露了更重陰柔的傾向，相對於鍾嶸之論，仍有不同。

像這般對鮑詩「風神」的稱美，胡應麟之論有與馮復京
相呼應處：

> 延之、儉、昉所以遠卻謝、鮑諸人，正以典質有餘，風
> 神不足耳。（詩藪外 2/85）

卷 6‧論詩文》）、謝肇淛「鮑明遠風骨凌競，挺然獨秀」（《小草齋詩話
　　卷 2‧外篇上》）、賀貽孫「明遠既有逸氣，又饒清骨」（詩筏）……等。
59 上一段關於杜詩「俊逸」之評的探討，各家多著重其遒勁氣力的特點；
　　馮氏顯然將「俊逸」、「漢骨壯筋」此帶有剛健特質的概念，又作了更
　　細緻的區分，後者的陽剛性質似又較前者濃烈。然此當無礙本書前後
　　論述之一致性。

　　風神當指詩歌所蘊含之精神面貌，而這樣的精神面貌，是以「清逸空靈、韻味深長而又豐贍可觀的藝術品格」[60]為內涵；再者，根據元鍾禮先生的考證，胡應麟的體格論基本上仍多帶有「清和婉順」之旨，「興象和風神兩種範疇所形成的藝術風格也都含有『宛』類風格」[61]。由此觀之，其所謂風神，當有婉順、韻味等特質。但另一方面，風神的內涵似又不僅於此，就胡應麟整體的詩學主張而言，「興象風神」乃相對於「體格聲調」者：

> 作詩大要，不過二端：體格聲調、興象風神而已。體格聲調，有則可循，興象風神，無方可執。故作者但求體正格高、聲雄調鬯；積習之久，矜持盡化，形迹俱融，興象風神，自爾超邁。（詩藪內 5/56-57）

　　可見風神之美仍需以體格聲調為基，是建立在「體正」、「聲雄」的基礎上，這麼看來，「風神」在柔婉之外，當兼有雄健的一面。

　　綜合胡氏整體的詩學傾向，再回過頭來觀看上文援引的這筆資料：鮑詩流動的風神當是相對於板硬之「典質」而言；至於風神之內涵，則應兼具氣骨與婉順餘韻此剛柔之雙重面向。如此亦符合胡應麟認為一首美善之作必須具備的條件，也就是「筋骨立于中，肌肉榮于外，色澤神韻充溢其間」（詩藪外編 5/114）[62]。換言之，胡氏除了留意鮑詩相對剛健的豪

---

60 陳望衡：《中國古典美學史（下卷）》（武漢：武漢大學出版社，2007.10），頁 43、46。
61 元鍾禮：〈在胡應麟《詩藪》美學體系中的興象、風神與格調之關係（下）〉，收於香港浸會大學《人文中國學報》編輯委員會編：《人文中國學報　第九期》（香港：香港浸會大學，2002.12），頁 313。
62 「筋骨」於此雖作為比喻中的喻依，然精神本質卻與風骨相近。

氣質素，亦可見對其背後婉順餘韻之關懷，相對於唐代以降著意闡釋鮑詩風骨的情形，審美重心的轉換是頗為明顯的。

　　實際觀察鮑照詩作，誠有不少描繪並非一意展現剛勁風骨而已。僅簡單以〈日落望江贈荀丞〉為例：此乃鮑照客居廣陵等地時處境艱困，冀友人援助之作。其中「亂流灦大壑，長霧市高林，林際無窮極，雲邊不可尋。惟見獨飛鳥，千里一揚音。」（頁 287）於日落中所見之亂流、長霧，讀來確實頗具風力，然其中是否蘊含著局勢險惡、懷才不遇、思念故鄉友人等種種情意？雖未明言，卻留下想像與感受的空間及餘味。所謂風神者，殆於氣勢與含蓄餘味的迴環交融中展現。

　　像胡、馮般闡釋鮑詩風力中蘊含餘味的傾向，在明代並不少見，最後復以王夫之論作說明：

> 渾成高朗，故自有尺度，不僅以俊逸標勝，如杜子美所云。（評選・代放歌行 1/530）

> 傷禽惡弦驚，倦客惡離聲：離聲斷客情，賓御皆涕零。涕零心斷絕，將去復還訣。一息不相知，何況異鄉別，遙遙征駕遠，杳杳白日晚。居人掩閨臥，行子夜中飯。野風吹草木，行子心腸斷。食梅常苦酸，衣葛常苦寒。絲竹徒滿堂，憂人不解顏。長歌欲自慰，彌起長恨端。（〈代東門行〉）

> 空中布意，不墮一解，而往復縈迴，興比賓主，歷歷不昧。雖聲情爽豔，疑於豪宕，乃以視〈青青河畔草〉，亦相去無三十里矣。（評選 1/530）

> 一氣四十二字，平平衍序，終以七字於悄然暇然中遞轉遞收，氣度聲情，吾不知其何以得此也！其妙都在平

起。平，故不迫急轉抑。前無發端，則引人入情處，澹
而自遠，微而弘，收之促切而不短。用氣之妙，有如此
者！（評選‧代白紵舞歌詞 1/533）

〈代放歌行〉為鮑照批判現實社會風氣敗壞的代表作之
一，儘管詩中不無諷刺高官貴人之意，然「冠蓋縱橫至，車
騎四方來。素帶曳長颷，華纓結遠埃。日中安能止？鐘鳴猶
未歸」（頁 146）讀來卻高朗而不凌厲。因此夫之所謂「不
僅以俊逸標勝」，當指體格氣調之「渾成高朗」，亦即所謂
「自有尺度」者，可見鮑詩當不止於遒勁剛健，其中或蘊含
雄豪以外相對柔和的質素。

如果說第一筆資料在提示鮑詩之柔和質素上還不甚明
顯，那麼下列之評當相對清晰。就〈代東門行〉原詩觀之：
「傷禽惡弦驚，倦客惡離聲」、「野風吹草木，行子心腸斷」
讀來皆頗具豪宕氣力，然鮑詩卻非一逕直露，而是能適當地
穿插諸如「居人掩閨臥，行子夜中飯」、「食梅常苦酸，衣
葛常苦寒」等描繪，由此涵蘊客子繁多而難解之愁思。如此
含蓄而耐人咀嚼之纏綿情思，與古詩十九首中「青青河畔草，
綿綿思遠道」、「枯桑知天風，海水之天寒」的描繪相仿，
俱顯得縈迴而餘韻無窮。夫之之論尚可留意者，是提出「興
比賓主」[63]之說。興比、外在景象的運用，提供了情緒緩衝
的空間，如此一來，詩歌表現將不致於過分凌厲，使得看似
直截的「豪宕」能有「往復縈迴」的可能。

---

[63] 在王夫之的詩學體系中，「賓主」所指為情景二端。相關論述可參陶
　　水平：〈賓主說〉，《船山詩學研究》（北京：中國社會科學出版社，
　　2001.6），頁 91-107。

最後一筆評論基本精神略同於上，還可留意處在於：對於氣度、韻味該如何兼顧？夫之認為「平」乃其中之關鍵。「平」具有「不迫急轉抑」的功用，即使「收之促切」，也能達到「不短」的效果，從而將傾向剛健之「氣」與趨於陰柔之餘味作了較好的連結。夫之又評明遠樂府能不流於「橫豪非理」，而能「蓬勃如春烟，瀰漫如秋水」（評選・擬行路難 1/537），殆同於此處剛柔兼具之指謂。像這般兼顧剛柔之述評，確實改變了前朝觀看鮑詩之眼光，這些論述誠有其獨到處，詩評家解讀、感受詩歌之細膩亦可由此窺得。

要之，關於鮑詩風骨範疇的探討，明代以前主要將焦點放在相對純粹的剛健氣骨上；發展至明朝，除了延續前代之論，尚有不少詩評家試圖對氣骨與含蓄韻味作出相融的闡釋，並且多能有意識地強調鮑詩特點非僅止於風骨，尚有「柔」的面向值得留意。如此趨向在明人評論中雖非數量最多者，卻有相當之普遍性。歷朝審美重心之不盡相同由此可明確看出。除了豐富風骨範疇的探討，也提供了多元理解鮑詩的可能。

謝　朓

謝朓詩歌除了在情景交融的主題中受到較多關注，風骨範疇的探討亦頗為可觀。明代以前之論述，多稱美小謝詩多氣骨：

> 微傷細密，頗在不倫。一章之中，自有玉石。然奇章秀句，往往警遒，足使叔源失步，明遠變色。善自發詩端，而末篇多躓，此意銳而才弱也。（詩品・中/289）
> 蓬萊文章建安骨，中間小謝又清發。俱懷逸興壯思飛，

欲上青天覽明月。（李白）[64]

《詩品》「警遒」之評，可見小謝詩氣骨挺拔的面向，此乃對小謝詩歌風骨範疇論述之起點。至於第二筆資料，姑且不論一、二句是否暗指李雲、李白，或者僅是單純指向前朝文壇的表現，雙方既是「俱」懷逸興壯思飛，那麼小謝詩當具備剛健爽朗之特質。《文鏡秘府論》稱小謝「多清勁」（南卷‧論文意/1405），亦當有此意旨。整體而言，明代以前評謝，於風骨範疇多著意於其剛健骨力。

明人於此主題之相關論述，可以胡應麟能多元觀看謝詩之特色，作為討論的起點：

> 世目玄暉為唐調之始，以精工流麗故。然此君實多大篇，如〈游敬亭山〉、〈和伏武昌劉中丞〉之類，雖篇中綺繪間作，而體裁鴻碩，詞氣沖淡，往往靈運、延之逐鹿。後人但丕賞工麗，此類不復檢摭，要之非其全也。（詩藪外 2/85）

胡氏認為謝朓詩歌不只是形式上明白可見的「精工流麗」而已，「體裁鴻碩」、「詞氣沖淡」這些牽涉到審美風格的特點，亦是小謝詩作的重要表現；也唯有對這部分有較好的掌握，方能對小謝詩作有較全面的理解。此處雖未明言這些特點是否影響唐調之發展，卻提供了思考的空間：除了前人已指出的壯思清勁，小謝詩歌竟還有如許豐富的面向；故南朝詩歌對於唐詩的影響，是否只能集中在形式詞彙的表現？在風格方面，是否也提供唐詩潤澤的養分？這些都是可再作

---

64 李白：〈宣州謝朓樓餞別校書叔雲〉，收於《全唐詩》，卷177，頁1079。

深思之處。

　　再者，鄧雲霄同樣留意到小謝詩作的多重特點，復能直舉詩例，整體論述顯得更具體清晰：

> 六朝之詩組織工密，然亦甚有滔滔莽莽處，學詩者必兩兼之，始窮其變。如謝玄暉〈詠竹詩〉：「南條交北葉，新筍雜故枝。月光疏已密，風來起復垂。」何其字字穿插而極寫其形態也。及觀其〈宣城郡內登望詩〉：「借問下車日，匪值望舒圓。寒城一以眺，平楚正蒼然。」則又憑氣而成，絕去雕飾。故知文士無所不兼。（鄧雲霄）[65]

　　就論中所舉詩作觀察：「月光疏已密，風來起復垂」除了展現竹林搖曳的姿態，更適切地烘托出夜晚靜謐的氛圍，無窮餘味似已含涉其中。至如「寒城一以眺，平楚正蒼然」，則是由立足點之高呈現視野之遼闊，從而一展氣勢之恢弘。鄧雲霄又言：「詩家情景、氣格、風調六字，缺一則非詩」[66]。根據查清華先生的探討，風調其實相當於神韻[67]，即所謂「如人之風流者，一段飄逸，不在言笑，不落形骨，不寄衣妝，轉盼含顰，咳唾步趨，皆覺可悅」[68]。而氣骨復爲氣格的表現之一；對照至鄧氏評謝之論，謝朓詩作兼具情景、氣力、韻味，正符合鄧氏對詩歌之審美標準。至此已可見到：明人評小謝詩，隱然有兼顧氣韻之意旨。

---

65 明・鄧雲霄：《冷邸小言》，收於《明詩話全編》，頁 6419。
66 同前註，頁 6437。
67 詳細論述見查清華：《明代唐詩接受史》，頁 263。
68 明・鄧雲霄：《冷邸小言》，收於《明詩話全編》，頁 6437。

　　如果說鄧雲霄之評傾向於將「憑氣」與「極寫形態」二分，且對後者之餘韻亦僅止於隱約的提點，那麼王夫之之評，當可明確見到他對雄氣、委婉兼融的闡釋：

> 大江流日夜，客心悲未央。徒念關山近，終知返路長。……（〈暫使下都夜發新林至京邑贈西府同僚〉）

> 舊稱朓詩工於發端。如此發端語，寥天孤出，正復宛諧，豈不夐絕千古，非但危唱雄聲已也。以危唱雄聲求者，一擊之餘，必得衰颯。千鈞之力，且無以善後，而況其餘哉！（評選 5/767）

> 發端峻甚，遽欲一空今古。聲情所引太高，故後亦難繼，正賴以平緩持之，不致輕躁。（評選・觀朝雨 5/771）

　　「非但危唱雄聲」之評，似意有所指，當是不滿楊慎……等人「雄壯」之論[69]，而楊氏諸人之觀點，基本上乃遙承鍾嶸「警遒」之說而來。王夫之的看法與楊慎諸家不同，認為該詩實蘊含「宛諧」之質素，以「非但」聯繫「宛諧」與「危唱雄聲」，可見王氏對此作之解讀，應兼具豪氣與婉約兩者。具體觀察詩作，就「大江」空間之闊與「日夜」時間之綿延不斷而言，確實呈現出豪邁之氣概，然將此照應至「客心」，又不徒雄聲而已，詩人之悲是如江之深長？或者如日夜般永無止盡地綿延？短短十個字裡，實顯得含蓄而繚繞無窮。王氏之評，誠將詩作的理解推闡得更形廣遠，指出若只是「危

---

69 楊慎……等人之評的對象皆為「大江流日夜，客心悲未央」。楊慎以為此「雄壓千古」（《升庵詩話卷 4・五言律起句》），謝榛則言該二語「突然而起，造語雄深」（四溟 3），何良俊則美其「何減於建安耶？」（《四友齋叢說卷 24・詩 1》）基本上皆由雄氣的角度評論此作。

唱雄聲」，可能會產生「衰颯」的毛病；解決之道則在於佐以「宛諧」或「平緩」這些相對柔和的質素，而不讓雄峻走向極端。像〈觀朝雨〉一首，起於「朔風吹飛雨，蕭條江上來。既灑百常觀。復集九成臺」，確實「峻甚」，爲避免後此「難繼」，小謝試圖帶出「耳目暫無擾，懷古信悠哉」（頁215）這類「平緩」之句，使得全詩得以圓潤而不乏感染力。由上述種種析論觀之，王氏著意於雄、婉兼具的闡釋，確實較好地挖掘小謝詩作之特點。

　　像這般認爲謝朓詩作兼具剛柔之長的論述，在明代誠得相當之認可，復以陸時雍之評爲例。陸氏之論除了同樣點出謝詩氣、韻兼具的特質，尚對其中之氣骨另有一番細緻的領略：

　　　　〈有所思〉、〈銅雀悲〉、〈玉階怨〉、〈金谷聚〉、
　　　　〈王孫遊〉等什，骨有微峭，情有餘思。（古詩鏡 16/171）

　　乍看之下，陸說似與夫之相去無幾。然而這些樂府詩皆爲表述相思情懷之作，「情有餘思」不難理解，但該如何領略「骨有微峭」？這些作品旨意雖爲兒女相思，但讀來卻不甚柔靡，像是「徘徊東陌上，月出行人稀」（頁356）、「落日高城上，餘光如繐帷」（頁 191）、「車馬一東西，別後思今夕」（頁 189）……等語，高城、阡陌的遼闊形象，都有助於在情思繚繞之際，保有詩歌之骨力，此當即所謂「微峭」者。然而不可否認的是：相較於建安風骨高昂慷慨之氣力，此處之「骨峭」已不復前者之氣勢，僅保有一絲剛健氣息，而與柔婉情思相應，故云「微」峭。由此可見對於風骨範疇的探討，並非單看表面用語即可，還需細細辨析背後精神之異同，文學批評之錯綜複雜於此可見一斑。

　　要之，透過上述對小謝詩論的觀察，可以見到明代以前以氣骨遒勁之評居多，而明人則是轉於雄勁之氣中蓄意添入柔婉質素。因著關照目光的流轉，而使謝詩的闡釋更形豐厚，此固不待言；至於詩歌述評重心與概念的變換，亦須細細辨析，如此在審美範疇的掌握上，方能更爲準確。

沈　約

　　沈約（441-513AD）作爲四聲八病之提出者，歷代對其之品評多集中於此[70]，其詩之風骨並未如聲韻論般得到眾多的關照。然比對前後各朝之評述，仍可略見沈詩審美內涵之轉變。由於變化情形同於鮑照、謝朓，故僅扼要說明，以免冗贅。明代以前茲簡單以元人陳繹曾之論爲例：

　　　　佳處斫削，清瘦可愛，自拘聲病，氣骨蕭然。[71]

　　這裡指出沈詩恐有氣骨委靡不振的情形，究其原因，當與偏於聲病有關。清瘦有餘，卻乏風骨，陳氏言下頗以爲憾。此可見到稍早的詩評家由剛健氣骨關注其詩之目光。

　　至於明人，卻轉由「氣韻」的角度對沈詩加以稱美：

　　　　沈（約）集中佳者，〈餞呂僧珍〉、〈應詔遊鍾山即事〉、
　　　　〈宿東園〉、〈傷謝朓〉四首，句如：「春光發隴首，

---

70 例如唐人劉昫云「近代唯沈隱侯斟酌二南，剖陳三變，擄雲、淵之抑鬱，振潘、陸之風徽。俾律呂和諧，宮商輯洽……。」（〈舊唐書文苑傳序〉）、宋人許月卿「自謝莊沈約周顒，以浮聲切響創爲聲律之制，而古韻亡矣。」（《百官箴卷 2‧百官箴用韻》）、元人吳萊「近世王元良、沈休文之徒，始著四聲、定八病，無復古人深意。」（《淵穎集卷12‧古詩考錄後序》）、明人謝榛「拘於險韻，無乃庾沈啓之邪？」（四溟 4）……等，皆由音韻的角度評論沈約。
71 元‧陳繹曾：《文筌‧詩譜》，頁 39。

秋風生桂枝。」「賓至下塵榻，憂來命綠樽。」「勢隨
九疑高，氣與三山壯。」「茅棟嘯愁鵰，平岡走寒兔。」
不失宋齊氣韻。（說詩補 4/7226）

　　〈宿東園〉一首最佳，語多着色，便覺氣韻生動。（古
詩鏡 19/204）

　　「氣韻」首見於南齊謝赫論繪畫六法，徐復觀先生認爲
此處之「氣」、「韻」分別有陽剛、陰柔的傾向[72]；宋代之
後，此詞方轉用於文學批評，如謝榛云「氣貴雄渾，韻貴雋
永」（四溟 1/10），基本上二者仍有剛柔之偏，陳伯海先生
即以爲普遍而言，「氣」所展現者乃壯盛、崢嶸的剛健生命
力，而「韻」者則是厚實、含蓄的陰柔生命容涵[73]。換言之，
「氣韻」一詞當兼具剛柔之雙面性。觀察沈約詩評中所舉詩
例：如〈傷謝朓〉一首，沈以「文鋒振奇響」、「思逐風雲
上」美小謝之才，讀來頗爲鏗鏘有力；末以「尺璧爾何冤，
一旦同丘壤」[74]作結，言淺意深，無限惋惜之意隨之繚繞，
盛氣之中實不乏餘韻。再如〈宿東園〉，東園乃沈約家園，
如「驚麏去不息，征鳥時相顧。茅棟嘯愁鵰，平岡走寒兔」
（頁 369）等語，荒涼蕭條之景的描繪不乏氣勢，又能蘊含
詩人濃密綿延的愁思；如此詩境展現，實妥當融涉了剛柔之
雙重面向[75]。

72　徐復觀：《中國藝術精神》（臺北：學生書局，1998.5），頁 180。
73　陳伯海：《中國詩學之現代觀》，頁 210-211。
74　梁・沈約著，陳慶元校箋：《沈約集校箋》（浙江：浙江古籍出版社，
　　1995.12），頁 413。
75　陸時雍向來予人重韻味、肯定含蓄蘊藉的印象（可參陳斌/400、查清
　　華：《明代唐詩接受史》，頁 266。），但並不意味對剛健之氣的一意排
　　斥，此由其評謝朓、沈約之作中皆可看出。

　　要之，沈約詩作原本被認爲氣骨不足，因由陽剛面向出發，而以爲其力道不足。卻因審美眼光的轉換，其氣之表現反而因能與韻結合，而被明代詩評家目爲恰到好處；詩評眼光由「著意氣骨」轉向「氣韻兼具」的情形，誠再次可見。

江　淹

　　江淹於歷朝評論中常有與鮑照合稱的情形，其中一個重要的原因，即是兩人皆有「勁拔的氣勢」[76]。那麼由詩評史的脈絡觀之，江淹詩歌述評之先後轉換，是否與鮑照相仿？可以鍾嶸之評作爲觀察的起點：

> 文通詩體總雜，善於摹擬，筋力於王微，成就於謝朓。
> （詩品・中/298）

　　與本主題密切相關者爲第三句評論。根據陳慶元先生的辨析，該語當解釋爲「江淹的詩比王微來得遒勁」[77]，如此由氣力角度觀察江詩，應是明顯可見的。清代以前諸如「清穎秀拔，有江徐之風」[78]、「……江淹、鮑明遠、李白、李賀得其峭俊」[79]、「江、鮑、徐、庾，則其雄杰，……聲華爛然，而神骨自具」[80]……等論，大體意同於鍾嶸。

---

76 曹道衡：〈論江淹詩歌的幾個問題〉，《中古文學史論文集》（臺北：洪葉文化事業有限公司，1996.10），頁 379。

77 陳慶元：〈江淹「筋力於王微，成就於謝朓」辨〉，收於曹旭選評：《中日韓《詩品》論文選評》，頁 391。

78 唐・孤獨及：〈唐故左補闕安定皇甫公集序〉，收於《全唐文》，卷 388，頁 3925。

79 金・趙秉文：《滏水集・答李天英書》，收於吳文治主編：《遼金元詩話全編》（南京：鳳凰出版社，2006.12），卷 19，頁 145。

80 明・屠隆：《白榆集・馮咸甫詩草序》，卷 1，頁 109。

如此以氣骨爲主之評論，到了明代確實也出現同於鮑詩的情形，亦即在評論中添加了含蓄之質素。因流變情形略同於鮑詩，故僅扼要以王夫之評〈效阮公詩〉爲例，以免冗贅：

寄意在有無之間，忼慨之中，自多蘊藉。（評選 5/785）

對應至詩作，「時寒原野曠，風急霜露多。仲冬正慘切，日月少精華。落葉縱橫起，飛鳥時相過。搔首廣川陰，懷歸思如何？」[81]確實可見寫景所展現之氣力，然此氣力並非一味慷慨激昂，而能恰到好處地將無盡歸思蘊藉其中。相對於明代以前諸家重江淹筋力的看法，風骨論中前後審美重心的轉變又可見一斑。

透過上述對鮑照、謝朓、沈約、江淹等人之評的探索，可以發現明代的詩歌批評，的確有轉向以氣韻、風神爲審美理想的趨勢，而這也直接影響了他們對中古詩家詩歌風格與成就的評價。另外，由這些述評中，還可歸納出以下三個趨向：首先，這些被明人視爲氣、韻兼具的作品，多有情景交融的表現。何以會有此情形？主要聯繫點當在「韻」的部分。外界景物作爲不直接表情的媒介，就詩人的創作而言，有緩和激昂盛氣的功能；就讀者接受的角度觀之，在描繪景觀的詩句中細細品味詩人之情懷，相對柔和的餘韻自易流淌其間，此當爲本題何以會和情景交融有較多聯繫的原因。

其次，觀察明代詩評家，由風神氣韻角度闡釋中古詩作者，多爲七子派以後的詩評家。可見欲對此議題有獨到的看法，恐怕必須先跳脫七子派大體贊成雄力氣魄的既定趨向

---

81 南朝梁・江淹著，明・胡之驥註，李長路、趙威點校：《江文通集彙注》（北京：中華書局，1999.12），頁 124。

後，方有餘地作更廣泛而深刻的討論，這其中所顯示的，正是對盛氣太過的反思。

最後，本主題所探討的中古詩人主要集中在南朝，這與南朝詩歌本身的趨向性不無關聯。建安時期處於兵馬倥傯、個體自覺的階段，自我意識之張揚容易顯得慷慨激烈，因此風骨的表現自然傾向盛氣剛健；時至南朝，處於偏安狀態，整體詩歌表現確實有往柔靡發展的趨勢；是以該階段的部分詩作儘管仍保有氣骨，力道強度卻早已不如建安；詩歌批評會針對這個時期提出氣韻兼具之論，與詩歌本身的表現不無關聯。

三、小　結

透過上述對風骨評價流變的探討，以及氣韻風神之論的分析，可以看出在風骨範疇中對中古詩人的批評，基本上有由「推崇剛健盛氣」走向「檢討氣骨」或「剛柔兼具」的趨向。如此審美重心之轉變，與古典詩歌發展史大體相符。僅扼要以學者之歸納作說明：

> 唐以後的詩歌創作不再以雄壯之美為最高的審美境界，……詩論大多標舉「不著一句，盡得風流」的平淡幽遠之美。[82]

換言之，明人的中古詩評，何以會轉向在剛健之氣中增

---

[82] 劉懷榮：《賦比興與中國詩學研究》（北京：人民出版社，2007.7），頁371。此處乃於審美重心轉變的大方向上，認同劉先生之說；至於唐代以降詩論、詩評轉換的時間點，則還需細細區辨，類似觀點前此已多次提及，不再贅述。

添柔和餘韻？或者對盛氣有貶抑的看法？與整個時代審美重心的轉變是脫離不了關係的。那麼一般而言，明代七子派傾向欣賞雄渾壯闊之氣，是否與上述審美重心轉向的說法有所矛盾？就詩歌闡釋而言，前後七子談氣骨的對象，主要為唐詩而非中古詩作；再者，相對於胡應麟、許學夷、馮復京、陸時雍、王夫之……等人細膩的闡發，七子的表述簡單許多；此皆其對中古詩歌氣骨的闡釋無法突顯的原因。更重要的是：七子立論基本上乃承前朝而來，需待胡應麟……等人登高而呼，方使審美重心逐步轉向，此與整體詩評流脈的發展仍是相符的。

　　上述對風骨論中兩個主題之觀察，正好提供我們重新反思文學史上既定論點的機會：建安風骨確實有著極為震撼人心的表現，然而若過分追求盛氣慷慨，是否因此在某些狀況下丟失了和婉餘韻之美？此乃可再細細斟酌處，而這正是明人風骨論所顯示之重要意義。

第三節　清麗論

　　關於清麗論的探討，首先須從「清」的部分談起。根據《說文解字》，「清」為「澂水之貌」[83]，即溪水澄澈之意，其思想淵源可溯自老莊。逕由詩學評論觀之，或許因清談、玄風的影響，使得「清」成為中古文學論述裡一個常見的概

83　漢・許慎撰，清・段玉裁注：《說文解字注》（臺北：天工書局，1998.8），頁 550。

念：粗略統計，陸機〈文賦〉出現七次「清」字，《文心雕龍》約有四十四次，《詩品》則有十六次，其他像是陸雲的「清省」說，則可見對自然清新的審美情趣之追求。凡此種種，俱已顯示「清」這個審美概念在中古時期早已相當普遍。

那麼明人對「清」的關注情形又是如何？何景明、徐禎卿、邊貢、顧璘等人皆喜清逸的風格；胡應麟則是將「清」引入格、調、思的理解中；竟陵派甚至直言「詩，清物也」[84]，足見對「清」之重視；陸時雍亦提出詩道「欲清而遠」（古詩鏡 5/43）的審美主張；陳子龍雖重雅正，亦頗愛清新。上述種種，俱可見在明代的文學理論中，「清」同樣受到詩評家們的青睞。

聚焦至中古階段，中古和明代詩評同樣對其詩歌之「清」投以關懷的目光；而「清」隨著清切、清要、清省、清峻、清綺……等種種不同詞彙的搭配，似乎也使其內涵呈現繁雜的面貌。在如此狀態下，該如何展開並觀察明代中古詩評裡對「清」的探討？關於這個問題，首先，可由「清」論評價的轉變談起。根據馬榮江先生對《詩品》中「清」的分析，清淺的「清」似有「軟弱無力之味」[85]。該說是否妥當，需留待對原始評論材料作過分析後方可置評；然該論的啟發在於：「清」是否亦於時代流轉中有高低評價的轉換？如果真是如此，肇因為何？是否還牽涉到其他詩學概念？時代不同，卻皆由「清」的角度看待中古詩人，其中評述之異同或

84　明·鍾惺：《隱秀軒集·隱秀軒文昃集序二·簡遠堂近詩序》，頁 87。
85　馬榮江：〈謝朓詩歌唐前接受研究〉，《安徽師範大學學報（人文社會科學版）》，第 35 卷第 2 期（2007.3），頁 201。

可見到審美重心的轉變，此乃下文論述嘗試聚焦的一個面向。

其次，則是「麗」作爲「清」的對立面，亦可提供交叉的思考，此可以《文心雕龍・鎔裁》之論作說明：

> 士衡才優，而綴辭尤繁；士龍思劣，而雅好清省。（7/1203）

這裡明顯可見「清省」的對立面當爲繁複的綴辭。儘管中古階段對「清」已有頗多的關懷，但需特別留意的是：錯彩鏤金的書寫風格，終究具有不亞於「清」的普遍性，詩歌評論對此之關懷也佔有一定的份量[86]。然而被中古詩評家目爲繁、麗、艷的詩人詩作，到了明人眼中，卻有轉以「清」作評的趨勢，最明顯的例子，即是被鮑照目爲「雕繢滿眼」的顏延之詩歌，在明代卻得唐汝諤諸人「清真」之評。如此現象代表什麼樣的意義？除了消長，清、麗間是否有交融的可能？此乃探討明代「清」論時，另一個可聚焦探索的問題。

故下文將以明代中古詩評爲主，透過與前朝（主要是中古階段）評論的對照，具體觀察「清論評價的轉變」以及「『麗』、『清』概念的交融暨消長」兩個議題，期能對中古詩評中之清麗範疇，有較清晰的理解與掌握。

---

86 僅簡單以鍾嶸之評爲例：《詩品》雖多次以「清」論詩，卻只列陶淵明於中品，郭沫若先生即以爲《詩品》不欣賞陶詩，正因其「來得清」。學界對此不論是主張鍾嶸有貶低陶詩之嫌，或者是認爲其評可以理解，都不否認如此評論意味著：鍾嶸並未完全脫離大時代綺麗的風尚。繁彩於中古階段受到的矚目，於此可見一斑。

一、清論評價的轉變

謝瞻、謝混、袁淑、王微、王僧達等

　　關於「清」論的探討，由於謝瞻（387-421AD）、謝混
（？-412AD）、袁淑（408-453AD）、王微（415-453AD）、
王僧達（423-458AD）等人之詩評，變化脈絡頗爲清晰，或
可以此作爲本主題討論的起點。首先觀鍾嶸「清淺」之評：

> 宋豫章太守謝瞻、宋僕射謝混、宋太尉袁淑、宋徵君王
> 微、宋征虜將軍王僧達詩其源出於張華，才力苦弱，故
> 務其清淺，殊得風流媚趣。（詩品・中/272）

　　正因爲清淺，故能得風流嬌媚之姿，乍看之下「清淺」
之評似有褒揚之意。然而值得留意的，是「故」字所串連起
來的前後因果關係：就是因爲才力不足，所以只能專力於「清
淺」風格的發展，「淺」字之單薄又正好與才力不足相應，
如此一來，「清淺」在鍾嶸眼中恐怕帶有無可奈何之次要選
擇之意。

　　發展至明代[87]，論及上列詩人之「清」者，則多涉及物
色題材，並隱約有轉由「清遠」作評的趨勢：

> 一起四語，清映絕倫。體物之佳，能使景色現前，身嘗
> 其趣。（古詩鏡・謝瞻・答靈運 12/118）

> 曰清，曰遠，乃詩之至美者也……「景昃鳴禽集，水木

---

87 唐、宋、元等朝對這組詩人的關懷甚少，更遑論由「清」作評，故逕
　觀明朝之論。下文所舉詩評若逕言明代，情況殆同於此，不贅述。

湛清華」謝叔源詩。清與遠兼之矣。（薛蕙）[88]

思婦臨高臺，長想憑華軒。弄絃不成曲，哀歌送若古。
箕帚留江介，良人處鳩門。詎憶無衣苦，但知狐白溫。
日闇牛羊下，野雀滿空園。孟冬寒風起，東壁正中昏。
朱火徒照人，抱影自愁怨。誰知心曲亂，所思不可論。
（王微〈雜詩〉）

寄託宛至，而清且有風度。（評選 5/751）

　　諸評多針對詩人之個別詩作而言，然不論是謝瞻的〈答
靈運〉、王微的〈雜詩〉，或者是謝混的〈遊西池〉，俱為
該詩人之代表作，對其詩作之整體風格當具備一定程度的涵
蓋性。陸時雍、薛蕙之論基本上都是於山水、物色的題材中，
談及「清」的審美風格：〈答靈運〉開頭四句為「夕霽風氣
涼，閑房有餘清。開軒滅華燭，月露皓已盈。」透過晚風微
涼之觸覺、月光灑落的視覺，展現出景致包覆身體的整體感
受，物色之清澈所對應的，正是意緒之清爽。至於薛蕙所引，
亦為描繪外在景致之詩句，情況略同於陸氏之評。夫之之評
似未針對物色之句，然〈雜詩〉「日闇牛羊下……東壁正中昏」
一段，亦為描繪景色者，「清」之所指，與此或不無關聯。

　　其次，相對於《詩品》略帶微詞的「清淺」之評，此處
的「清」則多帶有賞識之意，甚至隱約有著「清遠」[89]的傾

---

88 明人薛蕙語。見於詩源辯 7/111。
89 「清遠」一辭在《詩品》評嵇康時即已出現（「托喻清遠」）；該書評
　謝莊「清雅」之際，尚結合「興屬閒長」，精神上殆同於「清遠」。然
　全書以此角度作評者，僅上述二例。《文心雕龍》乃南朝提及「清」
　概念最多的詩學專著，但鮮見與「清遠」相關之闡述。故對此有較多
　的關注，恐怕還是有待於明朝。

向。薛蕙提出詩歌至美的標準，當是兼具清、遠兩者，既清且遠，自易有綿延繚繞之韻味，而此又與薛氏「論詩當以神韻爲勝」[90]的主張相應；王夫之之論還牽涉到寄託的相關問題：清非徒清淺、清澈而已，若能兼有緜延（「亘」）的性質，當更能與含蓄卻深遠的「宛至」寄託相互呼應，如此一來，詩歌之含容將顯得更爲豐厚，不至於產生淺而單薄的毛病。由此可見薛王兩人對王微、謝混詩作的肯定。

王微、謝混這組中古詩人，確實只是小家，既爲小家，復得《詩品》列等品評，似乎也已足夠。然不容否認的是：即便是小家詩人，亦不礙有其可取之處，如何在留意到這組詩人的同時，較好地闡釋詩作之特點，這背後所透露的，除了詩評家眼光之別，尙牽涉到詩評家對此作之定位問題。明人「清遠」、「清亘」云云，相較於鍾嶸之評，則顯得較爲深刻，而能較好地突顯詩作中少數之亮點，由此觀之，明人之評恐怕是更爲穩妥的。

謝　莊

承續王微、袁淑這組評論而來，謝莊（421-466AD）則是另一位值得留意的詩人。在此《詩品》之「清」論仍具備基本比對的價值：

> 希逸詩，氣候清雅，不逮於王（微）、袁（淑）。然興屬閒長，良無鄙促也。（詩品‧下/361）

按照王叔岷先生的說法，「興屬閒長，良無鄙促」，猶

90　收於清‧梁清遠：《雕丘雜錄》（合肥：黃山書社，2008，清康熙二十一年梁允桓刻本）卷 17，頁 74。

言「興會閒遠，信不鄙俗局促」，亦即有清雅之氣候[91]。然謝莊之清雅終究不及王微、袁淑。姑且不論此評是否還有商榷的空間，至少就鍾嶸的表述而言，他對謝詩趨近清雅雖略有讚賞，但置之下品，總體評價不高卻也是事實[92]。

　　發展至明朝[93]，光由馮時可美謝莊「著作亦多清美」[94]，即可看出對其「清」之賞愛。此外，明人對謝詩之「清」另有深入的探討。首先可觀察的，是《古詩歸》對「清景清語」、「清態」的辨析：

> 夕天霽晚氣，輕霞澄暮陰。微風清幽幌，餘日照清林。
> 收光漸窗歇，窮圍自荒深。綠池翻素景，秋槐響寒音。
> 伊人儻同愛，絃酒其棲尋。（〈北宅秘園〉）
> 幽細。清景清語，妙在口吻間無清態。讀至此，停筆停
> 想，低回半日。（古詩歸 11/471）

　　何以「清景清語」會「無清態」？鍾惺主張「詩，清物也……其地喜淨……其味宜澹」[95]，故詩歌之構成自然脫離不了清新的景致與清爽的用語。然若僅止於此，恐有落入淺

91　南朝梁・鍾嶸著，王叔岷箋證：《鍾嶸詩品箋證稿》，卷下，頁 362。

92　鍾嶸於《詩品・序》中言「顏延、謝莊，尤爲繁密，於時化之」，個別評述時復稱其「清雅」，兩論間是否矛盾？若根據《詩品・序》前後言推論，繁密所指，當爲用典一事，主要表現在應制侍宴的題材中；而此處所指，應是〈北宅祕園〉之類趨於閒適之作。兩處評語涵蓋範圍基本相異，理當不相妨礙才是。

93　唐、宋等朝對謝莊之品評甚少，主要集中在聲律的探討，如許月卿「自謝莊、沈約、周顒，以浮聲切響創爲聲律之制，而古韻亡矣。」（《百官箴卷 2・百官箴用韻》）、蔡居厚「聲韻之興，自謝莊、沈約以來，其變日多。」（《蔡寬夫詩話》）等，且罕涉「清」評，故逕觀明人之論。

94　見於明・黃廷鵠《詩冶卷 14・詩人詩・宋樂府并詩》，頁 7728。

95　明・鍾惺：《隱秀軒集・隱秀軒文・昃集序二・簡遠堂近詩序》，頁 87。

薄之虞，故鍾惺曾明確提出「清新入厚」[96]的主張，認爲欲
達理想之審美風格，當以真樸深厚作爲清淡逸遠之根基[97]。
故此處「無清態」之評，當指詩歌表現能兼具清景清語和幽
厚、而不淪於單薄而言。具體觀察詩作：微風清幽、落日清
曠誠予人清爽之感；光景逐漸收束，留下荒深的祕園，復可
細細品味其中之靜謐與獨處之自在；末結以棲尋之邀約，對
清景之嚮往即於此中回盪不已。《古詩歸》所謂清而厚者，
大體如此。這與前此謝混、王微等人的「清遠」[98]之評，著
意在「清」中追求深遠的精神是相近的。

　　再者，王夫之之評則牽涉到清淨[99]與雕琢的問題，亦有
探究的價値：

> 幽願平生積，野好歲月彌。捨簪神區外，整褐靈鄉垂。
> 林遠炎天隔，山深白日虧。游陰騰鵠嶺，飛清起鳳池。
> 隱曖松霞被，容與澗煙移。將遂丘中性，結駕終在斯。
> （〈遊豫章西觀洪崖井〉）

> 淨極矣，俗目但侈其琢。必欲知此，試于一結求之。（評
> 選 5/752）

　　王氏認爲〈遊豫章西觀洪崖井〉「淨極」，並未如俗人

96　明・鍾惺：《隱秀軒集・隱秀軒文・往集書牘一・與高孩之觀察》，頁
　　182。
97　相關論述可參陳廣宏：《竟陵派研究》，頁 402-403。
98　《古詩歸》與鍾嶸提及「清」之相關評論，雖皆涉及「遠」的概念，
　　然而前者重心在幽厚、清態、清景清語的辨析，後者則與興會結合，
　　著眼點不同，且有評價高低之別，故仍可由此看出審美之流變。
99　根據王力先生的考證，「淨」與「清」乃同源字（王力主編：《王力古
　　漢語字典》（北京：中華書局，2002.12），頁 600），故將「淨」納入
　　「清」論探討。

所言爲雕「琢」之作。何以會有如此主張？當具體搭配詩作
觀之：在夫之看來，該詩對自然景緻之描繪，乍看之下有斧
鑿的痕跡，表現形式看似雕繪滿眼，然更值得留意者，當是
詩人清澈之「丘中性」的顯露。由此可見，夫之對於清淨的
思考，恐在於深層精神的掌握，而非徒重表面形式予人之直
觀印象。

　　要之，不論是《古詩歸》清而厚的主張，或者是夫之不
囿於表層的觀察，都共同將「清」論的視野作了更進一步的
延展；相較於《詩品》，皆表現出對謝混詩之「清」有更多
的肯定。

何　　遜

　　相較於上述「清」論探討之單純，以何遜詩歌爲核心之
「清」論就顯得較爲紛雜。這與「清」爲何詩主要之特色，
歷代評論對此皆有所著墨是脫離不了關係的。爲求焦點集
中，部分涉及「清」之論述，若未獲後代詩評家持續關注，
或者只言「清」之特色而未加闡述者[100]，將略而不論。歸納
結果，將就「清勁」、「簡遠」兩個主題加以探討。

　　皎然曾以「清勁」（詩式・詩議/374）評何遜，但對此
特點並未作進一步說明，需至王夫之，方對此再次涉及，並

100　例如《顏氏家訓》云「何遜詩清巧，多形似之言」，當由描繪景物之
　　工來理解「清巧」，然此關照面於明代以前僅此一例，未得更多詩評
　　家注目；再如元人徐鈞但言何詩「清」（《史詠詩集上卷》）、明人冒
　　襄「詩擬陰何清入妙」（《同人集卷 8・答和同叔世翁見懷原韻》）……
　　等，都僅點出何詩「清」之特點，而未有進一步論述，故從略不談。

對清澹[101]馴雅與遒勁之氣相容的問題有較多的探討：

> 露清曉風冷，天曙江光爽。薄雲巖際出，初月波中上。
> 黯黯連嶂陰，騷騷急沫響。迴槎急礙浪，群飛爭戲廣。
> 伊余本羈客，重暌復心賞。望鄉雖一路，懷歸成二想。
> 在昔愛名山，自知懼獨往。情游乃落魄，得性隨怡養。
> 年事以蹉跎，生平任浩蕩。方還讓夷路，誰知羨魚網？
> 暑有蹊徑而大致平善，遂爾不覺。……秀脫之句，率爾
> 至極，則景陽「胡蝶」康樂「春草」始開之先，乃其洗
> 露雖鮮，尤尚絲毫不犯。「天際識歸舟」（謝朓）為稍
> 犯矣，「初月波中上」（何遜）則又加道爽；每降而下，
> 至此而不可復降。更降而之浮勁，則為「江上數峰青」
> （錢起）「楓落吳江冷」（蘇軾），通身插入，隨口急出，
> 澹雅之音，掃地欲盡。（評選‧入西塞示南府同僚 5/805）

　　就王夫之的觀點而言，越是遒爽浮勁，則越易失清淡嫻
雅。試觀該詩前半描繪景物之句，新月於波濤中上下擺蕩，
疊嶂黯陰、浪濤驚急的形象都在在展現骨勁風氣，此當夫之
所謂「遒爽」者。所以能不流於「浮勁」，當有賴詩人心境
「得性隨怡養」、「生平任浩蕩」，而使全詩尚能保持清平，
故留有較多淡雅的風神。與皎然力道較強的「清勁」之評相
較，夫之顯然更著意由「淡雅」此相對柔和的面向來看「清」
之特質。前後相比，當可看出對何詩「清」的關注，著重點
已有所變化。

---

101 根據王力先生的考證，「澹」可通「淡」，有「淡薄，不濃」（《王力
　　古漢語字典》，頁 638）之意，與「清」之精神相近，故納入「清」
　　論的範圍中討論。

　　至於對何詩「簡遠」之相關評論，首先見於宋人韓子蒼：

> 何遜……詩清麗簡遠，正稱其名。（韓子蒼）[102]

　　此處點出何詩「清麗簡遠」的特質，使得「清」不單單只是「清」，尚牽涉到流麗、簡要卻悠遠等種種風格概念，唯論述尚簡。其中悠遠和「清」之關係，明人則有較多的擴充：

> 何水部、柳吳興篇法不足，時得兩佳語耳。何**氣清而傷促**，柳調短而傷凡。（藝苑 3/19）

> 仲言（筆者按：即何遜）**意境清微**，幽芳獨賞，敘懷述愫，是其所優，當梁之時，去艷修真，會歸本素，亦所稱大雅君子矣。（古詩鏡 22/230）

> 何遜詩，語語實際，了無滯色。其探景每入**幽微**，語氣悠柔，讀之殊**不盡纏綿**之致。（詩鏡總/7）

　　王世貞所謂「傷促」者，殆指過於清澈而有一眼望盡之毛病，此類於《詩品》清淺之評。諸如〈詠春風〉、〈詠雜花〉等作，確實清透不濁，然也僅止於此，而未有更多耐人尋味處。然而綜觀何遜詩作，陸時雍之評似更為妥貼：「清」有「無滯色」之意，楊慎稱「清」為「不濁滯」（升庵集 58/460），正與陸氏之意同；「微」者，除了細微外，尚與「幽」結合，而呈現幽暗中細小卻綿延不盡之感。總體而言，意境之清微當建立在繪景流動不滯，從而適切地使幽微情感含蘊其中的基礎上。〈與胡興安夜別〉將「露濕涵塘草，月映清淮流」接續於「念此一筵笑，分為兩地愁」（頁 17）之後，清新之景不純粹只是清新而已，尚有隱微之愁緒流盪其中。何遜詩

---

102 語見宋・胡仔：《苕溪漁隱叢話前集》，卷 7，頁 24。

歌有如此表現者比比皆是，諸如〈日夕出富陽浦口和朗公〉、
〈慈姥磯〉等皆爲其中之佼佼者，故陸時雍「清微」之評恐
較王說貼切。儘管王世貞、陸時雍對何遜詩作之「清」似有
一褒一貶之別，然而相同的是，二人都由淺遠與否的視野看
待何詩。

　　綜觀上述明人的中古詩評，可以發現對「清」的闡釋主
要集中在山水物色的題材上，由此可見，自然界本身當具備
較多「清」的特質；再者，透過物色言情，抒情之表現往往
顯得含蓄而不直接，物色或有緩和濃烈抒情的媒介功能，而
有助於思緒展現之「清」。關於這個部分，《詩品》評陶詩
時雖略有觸及[103]，卻未多加闡述。更好地展現物色與「清」
之關係，則有待明人之評。

　　再者，南朝與明代對於「清」之品位的看法，實不盡相
同。中古詩評家於文辭、風格之「清」雖有所觸及，但礙於
「清」仍爲文學批評發展初期的概念，很多時候僅點到爲止，
重視度有限，且未給予太高的評價。僅以《詩品》爲代表，
《詩品》論及各家「清」之特色時，多止於稍稍觸及，未見
高度之讚賞，此從上述引用之評論可以窺得；詩人等第集中
於中下品的情形亦可作爲參照[104]。

　　何以明人會對中古詩歌之「清」，能較南朝有更進一步
的提升與闡釋？應與宋人重清淡文化之影響有關。宋人普遍

---

[103] 此處所指爲「至如『歡言酌春酒』、『日暮天無雲』，風華清靡，豈直
　　爲田家語邪！」一段。

[104] 「清」作爲一個審美概念，在上品中僅出現 1 次，而中、下品卻出
　　現 7 次之多。

追求平淡的風氣雖未全面性地表現在中古詩評上，然此整體的時代風尚，對後來「清」的品位之提升與討論之盛當不無影響。明人對清遠、清厚、清微……等概念的闡釋，可見其論「清」，有致力往「深度」拓展的趨向；如此對「清」更進一步的關注，應可溯源自宋人的潛在陶冶。

　　因此整體而言，中古階段詩評家對「清」論的貢獻，當在正式將其引入文學批評的範疇，提供「清」論發展的重要根基；至於其品位的更形提升以及進一步的探討，則有待明人之拓展。

二、「麗」、「清」概念的交融暨消長

　　中古階段的創作或評論，雖常提及「清」的概念，然誠如何莊先生所言：

> 從劉勰、鍾嶸的「清」論，可以很明顯地看出，他們在倡導「清」的同時，也十分強調「麗」，也就是文學作品的形式美，包括文辭的華麗整飾和聲調的抑揚頓挫。[105]

「清」論於南朝雖有可喜的發展，但相對而言，鍾嶸等人恐怕更重視「麗」：《文心雕龍》為情采、麗辭等概念立專章討論，而未見「清」之專論；《詩品》將陸機、潘岳等被後人目為雕琢太過的詩家列為上品，而僅列「清淺」、「清雅」的謝瞻、謝混、謝莊等人於中、下品，這些情形都可看

105　何莊：〈論魏晉南北朝的文論之「清」──兼及陶淵明的品第〉，《中國人民大學學報》第 2 期（2007），頁 124。

出重「麗」的趨向性[106]。「麗」者，凡表現形式華美者皆屬
之，故涵蓋對象包括綺靡、華艷……等。本書以「麗」加以
標舉，是為扼要指出大方向之便。

　　那麼在南朝以後的中古詩評，是否同樣重麗？又或者是
麗、清兩個概念有互相交融或消長的情形？由於顏延之詩評
將可使我們簡單而明確地見到清、麗兩端之消長，故可先析
論之，以求對清麗議題有一扼要的掌握；再者，謝靈運詩評
除了呈現清麗之消長，尚精密地展現出清麗交融的豐富面
貌，故應接續於顏詩詩評後探討；復次，方析論張華、庾信
之評；至於蕭綱、江總之詩論，由於數量較少，兩者間又另
有同質性[107]，故擬置於本主題末。以諸多詩評探討本題，是
為了儘可能周全地釐清清麗論。

顏延之

　　顏延之（384-456AD）的詩作，在南朝被鮑照目為「雕
繢滿眼」、劉勰亦云「顏謝重葉以鳳采」（文心・時序 9/1716）、
鍾嶸也指其「體裁綺密」（詩品・中/267），其他詩評家們
是否也普遍由綺麗的角度視之？明代以前對顏詩確實多雕繪
綺靡之評，如此論述面向雖也延續至明朝[108]，然相對於前朝，
明人對顏詩的關懷面顯得比較多元，或言其尚有明爽之作，

---

106 相關論述尚可參南朝梁・鍾嶸著，王叔岷箋證：《鍾嶸詩品箋證稿》，
　　頁 28。
107 此意指「浮艷」的探討，詳見下論。
108 諸如唐人盧照鄰「精博爽麗」（〈南陽公集序〉）、元人郝經「復加藻
　　澤」（《陵川集卷 6・和陶詩序》）、明人何良俊「雕刻組繢」（《四友齋
　　叢說卷 24・詩 1》）……等論，俱可見對顏詩雕刻綺麗的揭示。

或美其新警可喜，更有讚其風力者，其中不乏對鮑照評論之反思[109]，足見對顏詩的看法，已非侷於綺麗一隅。

　　明人論顏詩之角度，除了雕刻板滯外，以「清」為言亦頗常見，試列舉重要論述如下：

> 謝靈運「初日芙蓉」，顏延之「鏤金錯采」，顏終身病之。乃其〈秋胡詩〉、〈五君詠〉清真高逸，似別出一手。若盡屏顏全詩，不見於世，而獨標此數首，向評為妄語矣。（古詩歸 11/469）

> 謂顏一似剪采，其論亦苛。顏筆端自有清傲之氣，濯濯自賞。乃其所以不足望謝者，往往立法自縛，欲令嚴肅，反得凌雜也。又以其清傲者一致絞直，遂使風雅之壇，有訟言之色。顏詩亦若有兩種者然，〈侍遊蒜山〉、〈贈王太常〉諸作，與〈五君詠〉如各出一手。乃其才本傲岸，而法特繁重；舍其繁重，則孤露已章，本領之失，其揆一也。既資清傲之才，而能不稱情唐突，抑無藉彫栽自掩，則亦足以盡其長矣，此所錄三詩[110]是也。（評

---

109 許學夷「顏延年詩體盡俳偶，語盡雕刻，然他篇尚覺明爽」（詩源辯7）之評，即點出俳偶雕刻之外的面向；賀貽孫「延之詩自〈五君詠〉、〈秋胡行〉諸篇稱絕調外，他如〈贈王太常〉詩、〈夏夜呈從兄散騎〉作、〈還至梁城〉及〈登巴陵城樓〉作，俱新警可喜，專以『鋪錦列繡』貶之，非定評也」（詩筏）之論，則指出顏詩實非錦繡雕琢而已，尚有為數不少的作品帶有新警之特質。賀氏尚提及「〈和謝監〉諸作，頗受板滯之累」，可說是對顏詩之不同風格、優缺有較完整的關照。至於何良俊「顏光祿詩雖佳，然雕刻太過。至如《五君詠》，託興既高，而風力尤勁，便可與左太冲抗衡」（《四友齋叢說卷 24・詩 1》）之論，亦不專由雕琢面貶之，該評之客觀性也是較高的。

110 指〈夏夜呈從兄散騎車長沙〉、〈始安郡還都與張湘州登巴陵城樓作〉、〈還至梁城作〉三首。王夫之尚美〈始安郡還都與張湘州登巴陵城樓作〉「清貴通遠」（評選 5）。

選・夏夜呈從兄散騎車長沙 5/750）

若為後人開一敷衍法門，而雅澹清真，在顏詩中別成一
種風調。（唐汝諤評〈秋胡詩〉）[111]

顏延年如閒花野草，竟逐春榮。（周敍）[112]

諸評皆指出顏詩「清」之特色[113]，其中《古詩歸》之論，
顯然有修正鮑照之說的意向；王夫之一方面指出顏詩具備清
傲、繁重雕裁的雙面特質，另一方面，則詳細辨說清傲之優
缺：清傲若能適切而不刻意雕琢，則優；清傲如過於絞直，
則有傷風雅之弊。上列詩評家不論是由不同詩作指出顏詩
「清」之特質，或者是進一步探究其「清」的表現，俱呈現
明人異於前朝之認知與關懷。

如此評論情形，尚可與清代以前的選詩狀態作一呼應：
諸如〈應詔讌曲水作詩〉、〈皇太子釋奠會作詩〉、〈車駕
幸京口三月三日侍遊曲阿後湖作〉、〈宋郊祀歌〉等為《文
選》所錄的顏氏麗密之作，完全不見於明代的詩歌選本；倒
是帶有清新特色的〈還至梁城作〉，《文選》並未擇錄，卻
備見於劉履、曹學佺、陸時雍、王夫之等人的選本中。由此
可見，顏詩清麗二端之評實有消長之現象。

具體搭配詩作，諸如「側聽風薄木，遙睇月開雲。夜蟬
堂夏急，陰蟲先秋聞」、「故國多喬木，空城凝寒雲」、「歲
暮臨空房，涼風起坐隅。寢興日已寒，白露生庭蕪」等語，

---

111 明・唐汝諤：《古詩解》，收於《四庫全書存目叢書・集部 370・總集》，
　　頁 631-632。
112 明・周敍：《詩學梯航・品藻》，收於《明詩話全編》，頁 985。
113 最後一筆周敍之論，採用意象化的述評方式，其中花草之展現，實
　　可感受到清爽的氣息，故歸入「清」論之列。

確實都顯得清濯。就當今可見的顏詩綜而觀之，此類風格確實佔有相當之比重，明人述評中古詩歌眼光之精準，此又爲一明證。

透過對顏詩評論的觀察，一方面可見後代詩評有由「重麗」至「傾清」的發展趨勢；另一方面，明人對「清」的著意闡釋，則使我們觀看顏詩之視野能不侷於雕繢板滯，而能更爲全面。

謝靈運

從陸雲「往日論文，先辭而且後情……今意視文，乃好清省」[114]之論，將「辭」與「清省」視爲相對之二者，即可見「清水芙蓉」和「錯彩鏤金」當是兩組對立的審美型態[115]。在南朝已被並列而稱的「顏謝」，由上述探討已可看出顏詩詩評由「錯彩鏤金」轉爲「清」之趨向，那麼在南朝已得「清水芙蓉」之譽的大謝詩作，在清麗論的主題上又有什麼樣異於顏詩之變化？實饒有探究的空間。

由於明代以前與本主題相關之評述，多止於「摛藻」、「清澹」這類極爲簡單的論述，可深入探究的空間有限，故僅以朝代爲單位作扼要概括。綜觀涉及清、麗二端之大謝詩

---

114 晉・陸雲著，黃葵點校：《陸雲集・與兄平原書》，卷 8，頁 138。

115 宗白華與吳功正先生俱以爲魏晉六朝時期存在著「清水芙蓉」和「錯彩鏤金」兩種對立的審美形態（具體論述參氏著〈中國美學史中重要問題的初步探索〉、〈論六朝文學之總體特徵和歷史地位〉）；劉暢先生更直言：「『清省』所追求的是一種自然凝練之美，它與齊梁時期熾盛的綺麗雕飾風氣是迥異其趣的。」（《史料還原與思辨索原 —— 中國古代思想與文學叢稿》（天津：南開大學出版社，2006.12），頁 182。）可見於普遍的觀點中，清、麗存在相當程度的對立性。

評數量：南朝除了鮑照對謝詩提出「初發芙蓉」[116]之評外，詩評家基本上都由辭華的角度看待謝詩[117]，約莫出現七次，其中又以鍾嶸「繁富」、「麗典」[118]之評最具代表性，可見南朝對清、麗的關注以「麗」較多，兩者落差較大；唐人詩評於二端中的數量相去不遠，「清」評約有八次，「麗」評則約有六次；倒是宋人，或許因時代風尚喜清淡，由「清」出發的論述較佔上風，約佔十一次，又多以陶謝合稱的面貌出現[119]，勝過六次「麗」評；元明兩代對清、麗的評論數量看似相仿（「清」論約三十六次，「麗」評約三十八次），至於確實的傾向性，則需對詩評作具體析論後，方可加以論定。

　　具體觀看謝詩評論中清、麗二端消長融合的情形，首先可以鮑照評謝靈運之語作為討論的起點：

> 延之嘗問鮑照己與靈運優劣，照曰：「謝五言如初發芙蓉，自然可愛。君詩若鋪錦列繡，亦雕繢滿眼。」（李延壽）[120]

---

116 湯惠休之論幾乎全承鮑照之說而來，故不另稱一家。

117 例如劉勰「顏謝重葉以鳳采」（《文心・時序》）、《詩品》「繁富」、「麗典新聲」、《南齊書》「托辭華曠」、「巧綺」……等評，皆是由表現形式麗縟面出發。

118 《詩品》原文如下：「其源出於陳思，雜有景陽之體。故尚巧似，而逸蕩過之，頗以繁蕪為累。嶸謂若人興多才高，寓目輒書，內無乏思，外無遺物，其繁富宜哉！然名章迴句，處處間起；麗典新聲，絡繹奔會。」

119 諸如《直齋書錄解題》提及「維詩清逸，追逼陶謝」（卷 16）、「東魯林憲景思……詩清瀏……殆逼陶、謝」（卷 20）、《後村詩話後集》載「陳簡齋……詩體物寓興，清邃超特……上下陶、謝、韋、柳之間」（卷 2）……等，雖非直接評論陶謝，卻可明顯見到陶謝詩作「清」之特質。

120 唐・李延壽撰：《南史・列傳第二十四・顏延之傳》，頁 386。

這段評論可見「清」[121]與「雕琢錦繡」的相對性，另外又牽涉到詩歌表現自然與否的問題[122]。針對清、錦繡相對的問題，明人除了極少數如郝敬者直承鮑照之觀點外[123]，絕大多數都就此更有發展，在談及清、麗兩者交融之際，隱約透露對「清」的更形重視：

> ……然至穠麗之極，而反若平淡……鮑照對顏延之之請隲，而謂謝如初發芙蓉，自然可愛；君若鋪錦列繡，亦復雕繢滿眼也，自有定論。（王世貞）[124]
>
> 康樂麗而能淡。（詩藪外 2/83）
>
> 凡麗密詩薄不得，濁不得。康樂氣清而厚，所以能麗、能密。（古詩歸．登永嘉綠嶂山詩 11/473）

王世貞基本上認可鮑照之評，然而兩人對於何謂「初發芙蓉」？認知似不盡相同：鮑照評謝乃相對於顏延之而言，就其論述觀之，但言謝詩「初發芙蓉，自然可愛」，至於謝

---

121 鮑照「初發芙蓉」之評，當有「清」的意味蘊含其中，胡應麟「清水芙蓉，鏤金錯采，顏謝之定橫也」（詩藪外 1）之說，可為此之佐證。另外羅立乾《詩品》「自然英旨」的審美理想 ── 人格美與「清水芙蓉」的審美趣味〉一文的探討，亦可見「初發芙蓉」的「清」之特點。該文收於曹旭選評：《中日韓《詩品》論文選評》（上海：上海古籍出版社，2003.2），頁 348-353。
122 鮑照將「自然」歸之於大謝，與顏延之的「雕繢」相對。明人論及鮑照這段話語時，如許學夷、焦竑等人，即是以「雕刻」、「自然」作為討論重心。唯此處重點在清麗兩端，下列對明代詩論的探討，亦以此為主；雕刻與自然的議題，暫從略不談。
123 郝敬之具體論述如下：「謝多豐韻，清乶可人；顏太雕刻，少天趣，故當遜之。」（藝圃 1）。
124 明・王世貞：《讀書後・書謝靈運集後》（合肥：黃山書社，2008，清文淵閣四庫全書補配清文津閣四庫全書本），卷 3，頁 27。

詩是否出於更高明的雕琢？該論未能給予更多的訊息，故只能保守判斷：鮑照認為大謝詩作具備清新自然的特質。然而王世貞卻認為謝詩穠麗琢磨至於化境，轉覺平淡自然。如此一來，王氏眼中的初發芙蓉，恐怕帶有麗而不失清淡的特質，胡應麟「麗而能淡」之觀點與此相仿。值得注意的是：王、胡之論皆是在見到大謝詩歌綺麗之餘，仍留心其清淡的一面；王世貞自言「始讀謝靈運詩，初甚不能入」，恐怕正是迷惑於第一眼印象之穠麗，因為繁麗，似不易掌握，然「既入而漸愛之，以至于不能釋手」[125]，其中之一的原因，則或是在華麗背後咀嚼出清淡之意味，故有此閱讀上之轉變。是以相對於謝詩中觸目可及之「麗」，王、胡恐怕更欲展現的是其「清」的特質。至於《古詩歸》之論，明白點出詩歌表現「麗密」之基礎，正在於「清厚」；也正因以此為基，故麗密之作能夠不薄亦不濁。相對於前人多分判清、麗，上列諸論可說都試圖融合兩者，並在此基礎上標舉出對清淡的重視。[126]

　　另外，對謝詩頗為賞愛的王夫之，則是對於何謂清、艷，有詳密的考量：

　　　　時竟夕澄霽，雲歸日西馳。密林含餘清，遠峰隱中

125　同前註。

126　亦有不贊成鮑照「初發芙蓉」之評者，如賀貽孫：「《南史》稱謝靈運『縱橫俊發過顏延之，而深密則不如也。』鮑明遠又稱康樂『如初日芙蓉，自然可愛。』顏光祿如『鋪錦列繡，雕繪滿眼。』兩君當時聲價，互相優劣如此。然觀康樂集，往往深密有餘，而疏澹不足，專指延之為深密，謬矣。」（《詩筏》）此處雖也留意到麗密、清澹的問題，然將兩者對立而論的觀點又同於鮑照，未能有所突破，故不列入正文探討。

規。……（〈遊南亭〉）

<u>條理清密，如微風振簫</u>……即如迎頭四句，大似無端，而安頓之妙，天與之以自然。<u>無廣目細心者，但賞其幽艷而已</u>。且此四語承授相仍，而吹送迎遠，即止為行，<u>向下條理無不因之生起</u>。（評選 5/733）

　　夫之特賞該詩之「清」，乃相對於一般重其「艷」者而言；何以王氏會有不同於俗目之評？當與其詳細辨析「清」與「密」、「條理」等概念有關：正因詩歌結構安排有條有理，因此即使緊密，亦不失清爽；但若乍觀其密，恐只得艷麗之一面，而難體悟其中之清新與自然。此論點對於「清」在謝詩中的表現，又有另一番的體悟。

　　實際觀察大謝之作，諸如「澹瀲結寒姿，團欒潤霜質。潤委水屢迷，林迴岩逾密。」（頁 84）四語對水、木（竹）、水、木的一一描繪，水木重複出現，似乎顯得繁麗過分，然而先見水之寒姿，復見竹為霜所潤；隨著步履的推進，方能看到深處水迷林深之景，而這些又是初登山時未能見到的，如此條理鋪陳，大自然清淡的風味，恰好隨著詩人的步伐逐漸流淌開來，「條理清密」者，殆如是乎！再如「日末潤增波，雲生嶺逾疊。白芷競新苕，綠蘋齊初葉」（頁 102）、「岩下雲方合，花上露猶泫」（頁 178）等語，提到黃昏的時間點易生水波、浮雲，又寫到花葉爭綻、花上露水垂掛欲滴等等，儘管用詞穠麗，卻不妨礙自然界清新面貌的展現，足見麗與清淡不盡然處於對立的狀態。凡此種種，俱可證王世貞、胡應麟、《古詩歸》、王夫之等評論之不誣。

　　以鮑照「初發芙蓉」之評作為探討的起點，對照王、胡……

等人關於謝詩清與麗的探討，乍看之下闡釋大謝詩歌的角度，似乎有由「清」轉「麗」的趨勢。然誠如一開始對各朝評論之歸納，鮑照所言實爲南朝非主流之論調；其後各朝對於「清」論探討的比重與深入性方逐步拓展；況且上述明人之評論重心，恐怕更傾向「清」而非「麗」；故清、麗概念之交融與消長變化，當綜合這些現象加以考量才是。

要之，藉由上述的探索可以發現：相對於鮑照以顏延之爲對照組的「初發芙蓉」之評，明人的觀察更多是集中在大謝本身；並能於全面掌握其詩歌特點如麗、密、清、淡的基礎上，進一步突顯謝詩「清」的長處；對於謝詩之清、麗如何交融的闡釋，也展現出異於前人的眼界。明朝之評固然有其偏好，卻未因此而失其客觀之評斷，反倒還能較好地辨析大謝詩中清、麗的質素，而非單由「清」或「麗」的角度思考，如此品評誠顯融通，大謝詩歌之豐富性，也因此得到更好的突顯。

張　華

劉勰「茂先凝其清」（文心・明詩 2/210）之評當是最早論及張華（232-300AD）詩風者。此處已點出張詩「清」之特質，然而在接下來很長時間關於張詩的評論中，此面向一直未受關注；倒是鍾嶸「華艷」、「靡嫚」之評，得到較多的迴響，諸如《晉書》「辭藻溫麗朗贍」[127]、胡應麟「茂先之華整」（詩藪外 2/81）、許學夷「茂先情麗」（詩源辯

---

127 唐・房玄齡：《晉書・列傳第六》，卷 36，頁 491。

5/94）、鄧雲霄「其詩太繁縟，乏遠致」[128]……等評，基本
上俱與鍾嶸同調。

　　遲至元明階段，劉勰之論方見承繼者。除了元人陳繹曾
「氣清虛，思頗率。」[129]這段曾簡單指出張華清率灑脫形象
之評，明人對張詩之「清」，顯然有更深刻的探究。首先可
觀察的，是「風雲氣」與「清」連繫的表述：

> 張茂先《贈何劭》二首，翩翩清綺，未失高流，……評
> 者乃云「兒女情多，風雲氣少」，得無過於排擊乎。（說
> 詩補 3/7205）

> 張華清緒濯濯，第風格不老。昔人謂兒女情多，風雲氣
> 少，此言復過。「死聞俠骨香」，語足百代。（古詩鏡・
> 博陵王宮俠曲二首 8/63）

　　張詩清新明淨，並保有相當的風雲之氣，非僅是兒女情
多，「吳刀鳴手中，利劍嚴秋霜」、「歲暮凝霜結，堅冰洹
幽泉」等詩句俱可應證此說。馮復京、陸時雍之論近於劉勰
「風清骨峻」之論，唯《文心》評張華僅以一「清」字帶過，
此處則透過具體詩例，對鍾嶸之說加以辨析，使得論述有相
對詳密的推展。此處還可留意的，是馮復京「清綺」之評。
「綺」者不是與前此綺麗之論相去無幾？這部分馮氏確實承
前人觀點而來；然而更重要的是，他於「綺」中留意到「清」
的質素，而非逕往縟靡發展，如此一來，便與鍾嶸一系的華
靡之論有所區隔。

　　明人論張華之「清」能深刻者，尚可以王夫之「淨而不

---

128 明・鄧雲霄：《冷邸小言》，收於《明詩話全編》，頁 6421。
129 元・陳繹曾：《文筌・詩譜》，頁 38。

促」之評爲例。同樣是以張詩之「清」作爲關注重心，然其留意點卻與馮、陸等人不盡相同，此處所彰顯的，是詩歌審美中「清」論的理想表現，應留意哪些質素的問題：

> 荷生綠池中，碧葉齊如規。迴蕩流霧珠，映水逐條垂。照灼此金塘，藻曜君王池。不愁世賞絕，但畏盛明移。（〈荷詩〉）

> 詠物詩步步有情，而風味不刻露，殆爲絕唱。茂先絕技，尤在短章，淨而不促，舒而不溢，開先唐音，亦一禰祖矣。（評選 4/691）

誠如前云，清淨若純粹只是透徹，恐怕會有淺薄之虞，如此一來，就易顯得「促」而無餘韻。夫之於此點出張詩「淨而不促」之特點，正與「風味不刻露」互相呼應：唯有在清淨之際保有低迴吟詠的空間，方能使風味不淺直緊促，而使詩作得以成爲「絕唱」。夫之關於理想「清」論的探討，若就其「淨而不促，舒而不溢」等主張而言，確實有其可取之處，然以此評張華〈荷詩〉，或容有商討的空間：「藻曜君王池」、「但畏盛明移」云云看似使詠荷之作多了一些深意，但此欲得君王賞識之心，是否如其所言乃清淨而不刻露？恐不盡然。由此例可見，僅管在大多數的情況下，明人多能於本身的審美偏好中，保有對詩作的客觀分析，但也並非無所偏頗，閱讀的同時仍得細細區辨爲妥。

要之，從「清」與風骨、「清」的理想表現等種種探討中可以發現：明人對張詩之「清」顯然有不少的闡發；相對於明代以前的麗靡之評，誠可清楚見到清、麗彼消此長的趨勢。

庾　信

　　學界對庾信（513-581AD）的研究頗多，然而觸及其詩歌之批評者卻極為有限，較具代表性的當是曹萌先生〈歷代庾信批評述論〉一文。該文指出對庾信的批評主要有「艷冶」、「綺靡」、「輕險」的詆毀說，和視庾信風格「清新」、「蕭瑟」、「老成」的贊譽說[130]，然以「毀譽兩面」作為關注核心，對於庾詩特定風格之評的發展情形，恐怕容易忽視；本書著眼於「麗」、「清」闡釋之變化，或可補足其所未論。

　　庾信作品前後期確實有較大差別，然並非可截然二分者：前期雖多宮體作品，但諸如〈詠舞〉、〈七夕〉、〈奉和山池〉等作堪稱清新；後期雖以蒼涼之表現著稱，卻仍有艷情詩[131]。再者，誠如學者所言，庾信「的『清新』風格，貫穿了他前後期的創作，絕大多數的作品，都不同程度地體現了這種風格。」[132]因此接下來關於庾詩評論的探討，將不特別區分前後階段。

　　首先可觀唐人論述庾信詩歌的意見。該階段評論顯然是以「綺麗」為大宗：

130　曹萌：〈歷代庾信批評述論〉，《東南大學學報（哲學社會科學版）》第 7 卷第 2 期（2005.3），頁 88。
131　相關論述可參劉文忠：〈庾信前期作品考辨〉，《中古文學與文論研究》（北京：學苑出版社，2000.6），頁 329。
132　韓・李國熙：〈庾信詩風演變考〉，收於東海大學中文系、中國古典文學研究會主編：《第三屆魏晉南北朝文學國際學術研討會論文集》，頁 116。

……文並綺豔，故世號為徐、庾體。（李延壽）[133]

徐陵、庾信……其意淺而繁，其文匿而彩，詞尚輕險，情多哀思。格以延陵之聽，蓋亦亡國之音乎！（魏徵）[134]

子山之文……其體以淫放為本，其詞以輕險為宗。故能誇目侈於紅紫，蕩心逾於鄭、衛……詞賦之罪人也。（令狐德棻）[135]

徐、庾踵麗增華，纂組成而耀以珠璣，瑤台構而間之金碧。（劉昫）[136]

　　諸評全出於史書，基本上都帶有史學家正統的政教觀，劉文忠先生以為這些論述「把庾信視為宮體詩人，沒有區分庾信前後期創作風格的不同。」[137]誠然不錯，但這正好反映了唐人對庾信的普遍印象，即所謂「隋唐間皆以輕佻綺麗之詩為徐庾體」（說詩補 4/7238）。杜甫「清新庾開府」[138]之評雖在後代引起廣大的迴響，然而於唐朝卻未得普遍之認同。

　　時至宋元，清、麗二端的論述於數量上可謂平分秋色[139]，

133　唐・李延壽：《北史・列傳第七十一・庾信》（合肥：黃山書社，2008，清乾隆武英殿刻本），卷 83，頁 1219。「徐庾」並稱，當指徐摛、徐陵、庾肩吾、庾信父子，此乃據《周書・庾信傳》所作的判斷，原文記載如下：「時肩吾為梁太子中庶子，掌管記。東海徐摛為左衛率。摛子陵及信，並為抄撰學士。……既有盛才，文並綺豔，故世號為徐、庾體焉。」至於「庾鮑」並稱之「庾」者，則專指庾信。

134　唐・魏徵：《隋書・列傳第四十一・文學傳序》，卷 76，頁 880。

135　唐・令狐德棻：《周書・列傳第三十三・王褒庾信傳論》，卷 41，頁 279。

136　五代・劉昫撰：《舊唐書・列傳第一百一十六・元稹、白居易傳後論及贊》，卷 166，頁 2185。

137　劉文忠：〈論庾信〉，《中古文學與文論研究》，頁 311。

138　唐・杜甫：《杜工部集・春日憶李白》，卷 9，頁 89。

139　概略統計，宋代評庾詩「清」、「麗」各約有 6 次，元代云「清」約 1 次、「麗」2 次。

然而清者如清新之評，麗者如艷麗、藻麗之論[140]，也就僅止
於簡單的概括，而未有進一步的闡釋。因此整體而言，宋元
兩朝對庾信的看法幾乎都承唐人而來，未能顯出太大的新
意。其中較值得留意的，大概是元人趙汸所援引的這段論述。
此論兼及了唐人清新、綺麗二端之說法，而展現出折衷不走
極端之精神：

> 雍郡虞公……曰：「……余獨愛陰、何、徐、庾氏作者，
> 和而有莊，思而有止，華不至靡，約不至陋，淺而不浮，
> 深而能著；其音清以醇，其節舒以亮，有承平之遺風
> 焉。……」（趙汸）[141]

其中認為庾信之作華麗卻不走向淫靡，清淺卻能不浮
薄，在輕重的拿捏上頗為得宜。然諸如此類之評論，於明代
以前終究少見，需至明朝，方有更多的闡述。

鮑詩清、麗之評發展至明代，若就評論數量粗略觀察，
約各出現十四、十六次，二端實相去不遠；然若就評論內涵
分析，「清」論之拓展便較「麗」論豐碩許多。為了作為庾
詩「清」論之對照，仍應概略說明詩評家單由綺艷觀看庾詩

---

140 與「清」相關的論述，大致有宋人李彌遜「庾信裁詩老更清」（〈次
韻畢裕之喜雨〉）、虞儔「詩成開府讓清新」（《尊白堂集卷 3・用韻酬
翟曾二倅和章》）、徐元傑「庾清鮑逸可無酒」（《楳埜集卷 12・贈方
介石》、劉克莊「劉君詩兼鮑、庾之清俊」（《後村詩話續集卷 4》）……
等；「麗」面向的論述則有宋人秦觀「徐陵庾信之詩長於藻麗」（〈韓
愈論〉）、劉克莊「……其豔麗者類徐、庾」（《後村詩話新集卷 4》）、
元人方回「……未盡脫齊、梁、陳、隋體也，庾信詩多如此」（《瀛
奎律髓卷 47・評宋之問〈稱心寺〉》）、袁易「徐庾雕鐫雅道微」（《靜
春堂詩集卷 4・題趙明仲鄱陽行後稿》）……等。

141 元・趙汸：《東山存稿・郭子章望雲集序》（合肥：黃山書社，2008，
清文淵閣四庫全書補配清文津閣四庫全書本），卷 3，頁 54。

的狀況：明人於「麗」範疇之論述與前朝相去無幾，其中像
是王褘「專於婉縟，無復古雅音矣」[142]、何喬新「靡麗華藻」
[143]、譚浚「如陳隋唐初，承徐、庾之浮華」[144]、楊文驄「……
藻效庾、徐」[145]……等論，雖點出庾詩綺麗之特點，卻僅止
於此，而未有進一步的闡發。唯許學夷之論，尚考慮綺靡與
格調、雅正間的聯繫，而顯得相對深入：

> 庾信……七言四句有〈上留田〉、〈春別〉、〈夜望單
> 飛鴈〉，語仍綺豔，而聲調亦乖。（詩源辯 9/129）

> 五言……庾信如「楊柳成歌曲，蒲桃學繡文」，「樹宿
> 含櫻鳥，花留釀蜜蜂」……等句，皆入律而綺靡者也。
> （詩源辯 10/131）

> 徐、庾五言，語雖綺靡，然亦間有雅正者。……庾如〈別
> 周尚書〉，有似初唐。（詩源辯 10/132）

　　許氏對庾詩之綺靡並不全然否定，一方面將綺靡與平仄
對仗的入律表現相聯繫，並因其對辨體的著意，故能較細緻
地反映出庾詩五、七言綺靡表現之異同；另一方面，則點出
綺靡中亦能有雅正之表現，並言其開啓唐詩之功。相較於同
時代針對庾詩靡麗之概括意見，許學夷之論顯得較為深入。

　　然而單就庾詩之「麗」而作的評論，畢竟顯得單薄，明
人對於其詩「清麗兼具」、「清與厚」以及「清新與氣骨」

142　明・王褘：《王忠文公集・練伯上詩序》，卷 5，頁 82。

143　明・何喬新：《椒丘文集・論詩》（合肥：黃山書社，2008，清文淵
　　閣四庫全書本），卷 1，頁 12。

144　明・譚浚：《說詩・失格・陳腐》，收於《明詩話全編》，卷上，頁 4027。

145　明・楊文驄：《黔詩紀略・屢非草略序》，收於《明詩話全編》，卷 16，
　　頁 9518。

等相關論述，皆更可觀。首先論「清麗兼具」之評。元人趙
汸之說雖已隱約可見如此觀點，然需至明代，方對此有普遍
的論述：

> 綺多傷質，艷多無骨。清易近薄，新易近尖。子山之詩，
> 綺而有質，艷而有骨，清而不薄，新而不尖，所以為老
> 成也。（升庵集 54/394）
> 子美……麗潤清纖，未嘗不兼庾鮑之致。（盧世㴶）[146]
> 庾信之作，如玉臺九成，瓊樓數仞，規模崇麗，氣象清
> 新。（竹林懶仙）[147]

　　楊慎之評可說是將前此評庾的幾個重要觀點（即綺艷、
清新、老成）作了密切的聯繫。這裡首先點出綺艷、清新容
易出現的弊病，再回到庾信本身，說明其詩既能表現綺艷、
清新的一面，復能避開尖薄乏骨質的問題，如此不走極端之
風格表現，方能稱之為老成。楊氏尚言「清者，流麗而不濁
滯」（升庵集 58/460），在清的闡述中融入「麗」之質素，
足見其理想之「清」當是如此。正因庾詩能妥善展現清、麗
之特質，故得楊氏之讚賞。盧世㴶、竹林懶仙亦認為庾詩能
較好地兼具清、麗，觀點和楊慎接近。具體觀察庾詩，諸如
〈奉和山池〉「荷風驚浴鳥，橋影聚行魚」[148]、〈和何儀同
講竟述懷〉「螢排亂草出，雁捨斷蘆飛」（頁 225）……等
句，一方面展現荷花、魚鳥、風影、點點飛螢、群雁草蘆的

---

146 明・盧世㴶：《尊水園集略・論五言古詩》，頁 69。
147 明・竹林懶仙：《松石軒詩評》，收於張健輯校：《珍本明詩話五種》
　　（北京：北京大學出版社，2008.6），頁 13。
148 北周・庾信撰，清・倪璠注，許逸民校點：《庾子山集注》（北京：
　　中華書局，2000.3），頁 178。

繽紛意象，卻又顯得清新而不滯重，確實可見清、麗妥當兼具的特色。

至於對庾詩「清與厚」、「清新與氣骨」之評，在明人之論中亦具相當之普遍性，其中對於清、厚之間相反相成的關係、如何妥善地追求清新，俱有所闡釋，實有一探究竟的價值。茲摘舉較具代表性之論述如下：

> 何仲言庾子山諸作，音韻諧美，興趣悠長，允為正始。作之者必包裹萬彙，委曲百折於二十字之中，俊逸清新，和婉蘊藉，緊勢游刃，深衷厚味。體不覺其寂寥，節不傷於局促，斯盡善矣。（說詩補 1/7169）[149]

> 詩家清境最難，六朝雖有清才，未免字字求新，則清新尚兼入巧。而俊逸純是天分，清新而不俊逸者有矣，未有俊逸而不清新者也。……子山雖多清聲，不乏逸響……清新易涉於浮，而子山則警……子山當陳、隋靡靡之日，而時有氣骨，不為膚立……庾子山五言詩，竟是唐人近體佳手矣。（詩筏/10404）

> 庾子山清粲有骨，在陳、隋為矯矯。（古詩歸 15/516）

首先觀「清」與「厚」之間的關係。若一味追求清新，易有浮薄之虞，且難以產生餘韻。庾詩所以為佳，其中一個很重要的原因即是能兼顧「清」、「厚」這兩個看似相反卻相成的質素。類似的討論於「清論評價的轉變」一節中已經提及，馮、賀二氏之立論亦再次指出這點，說明明人對「清」

---

149 馮氏於《說詩補遺》卷 4 中尚言「庾詩才力沉腴，用事平典」，對庾信詩文辭滯重處表示不滿。這與引文之論應無矛盾，當是觀察面向不同所發之評，由此亦可見馮氏論述視野之廣。

論之關注，實有往「深厚」方向發展之趨勢。

其次，則是清新與氣骨聯繫的問題。賀貽孫的重點，在於辨明「清新」與「俊逸」兩個概念。「清新」者易專於文字之清巧，如此一來，恐侷於一隅，而有「浮」之弊。「俊逸」者，誠如風骨論中論鮑照詩歌時所言，基本上帶有豪放氣骨之意，而又含有特殊之風調；對應至賀氏所論，欲得「清境」，光有清新尚且不足，而需兼具俊逸風骨，方得成就此美學之高度。《古詩歸》「清粲有骨」之評，著眼點殆與此同。具體對應詩作，諸如「度雲還翊陣，迴風即送師」（頁207）、「壯冰初開地，盲風正折膠」（頁240）……等，都可見庾詩清而有骨的特色。[150]

最後還可留意者，乃「唐人近體佳手」之評。庾信對於唐詩之啟迪，胡震亨「雖未有律之名，已寖具律之體」[151]云云，乃由平仄偶對之角度立論，然賀貽孫顯然是由「清新俊逸」此審美風格的角度，來談庾詩對唐詩之貢獻[152]，這意味著中古詩歌為唐詩奠基，其層面恐怕是相當廣袤的，而非僅侷於表現形式之一隅，明朝之論已在在展現出如此眼界。

---

150 儘管明人對庾詩多持認可的態度，但仍有極少數如陸時雍者，認為「庾信詩情淺薄，不乏俊句，然無遠韻遠神。清練不及庾肩吾遠」（古詩鏡 28）這就牽涉到詩評家本身對於神韻、清淺的定義問題。然該論終究與明人品評的整體趨向不同，應無礙正文之探討。

151 明・胡震亨：《唐音癸籤・體凡》（合肥：黃山書社，2008，清文淵閣四庫全書本），卷 1，頁 2。

152 王夫之對於杜甫倡庾詩之清新有所微辭，認為唐詩或杜詩所以會走上「過清而寒」、「清新已甚之敝，必傷古雅」（評選 5/821），肇因於杜甫之推崇。此處褒貶雖與賀貽孫相異，卻同樣是由審美風格的面向來看庾信對唐詩的影響；再者，夫之此處對「清」的貶斥，實非明人評庾之大宗，故無礙本書之主體論述。

　　通觀清代以前庾詩評論中清、麗二端消長的趨勢後，尚可參照徐庾、庾鮑並稱的情形，結束對庾詩的觀察。「徐庾」並稱多論及文風之綺艷，由唐至明代受貶抑的情形有日漸增多的趨勢[153]；「庾鮑」合論則多以清俊的面貌呈現，這組並稱的數量至明代方較為顯著[154]，且傾向褒揚。綜合觀察徐庾、庾鮑的並稱傾向，以及這兩組合論於各朝之變化趨勢，可以看出「綺艷日衰而清俊日盛」的批評取向。比照上述詩學流脈中對庾詩之評論，由綺艷佔上風，發展至對「清」的評論越來越多且相對深刻，可見清、麗重心之消長，與詩家並稱之變化情形有相當程度的呼應。若能適當梳理並連貫諸多零碎的詩評，對於庾詩清麗表現的掌握，應能更顯融通。

江總、蕭綱

　　再言江總（519-594AD）。江總之作總予人浮艷之觀感，如此評斷幾乎是歷朝論江詩之主流[155]。然而明清兩代卻能於

153　粗略統計，唐代貶抑「徐庾」之論約莫出現 5 次，宋朝有 6 次，元明則有 19 次。實際評論內涵，如宋人陳造「隋唐初猶踵徐庾駢儷纖艷之病」（《江湖長翁集卷 33・吳門芹宮策問二十一首之三》）、元人袁易「徐庾雕鐫雅道微」（《靜春堂詩集卷 4・題趙明仲橫陽行後稿》）、明人胡應麟「自綺靡言出，而徐、庾兆端矣。」（《詩藪外編卷 2・六朝》）云云，俱可見對其綺麗面之關照。

154　概略統計「庾鮑」並稱的數量，唐代約僅 1 次，宋代 9 次，元代 4 次，明朝則有 24 次。歷朝評論內涵以清俊居多，如宋人徐元傑「庾清鮑逸可無酒」（《楳埜集卷 12・贈方介石》）、劉克莊載「劉君詩兼鮑、庾之清俊」（《後村詩話續集卷 4》）、明人何棟如「庾、鮑之清逸」（《何太僕集卷 3・李惺菴詩序》）……等論可為證。

155　例如顏之推「江總獻諂麗詞」（《顏氏家訓》）、《陳書・江總傳》「傷於浮豔」、元人徐鈞「文體傷輕豔」（《史詠詩集下卷》）、王世貞「淫麗之辭，取給杯酒，賣花鳥課」（藝苑 2）、胡應麟「以浮艷稱」（詩藪外 2）……等論，俱呈現江詩浮華的一面。

此之外，見到江詩中「清」之表現，頗有引人駐足處：

> 「乘風面泠泠，候月臨皎皎。烟崖憩古石，雲路排征鳥」。語氣清絕，近似謝朓。（古詩鏡‧遊攝山棲霞寺 27/289）
>
> 密淨不浮，自是步趨未失。（評選‧遊攝山棲霞寺 5/824）
>
> 薄有清氣。（古詩源‧入攝山棲霞寺 14/332）[156]
>
> 江總持詩特有清氣，校張正見大殊。（采菽堂 30/984）
>
> 翻以極清極淡見真情。（采菽堂‧遇長安使寄裴尚書 30/990）

上列諸家之「清」基本上乃著眼於物色描繪而論，諸如「乘風面泠泠，候月臨皎皎」、「石瀨乍深淺，崖煙遞有無」……等語，確實都顯得清淨；以上諸論還可留意的，是陳祚明之評，他將清淡與真情作聯繫，乃「清」論中觀察視野較不相同者：所謂清淡，殆指「太息關山月，風塵客子衣」之慨，抒情不甚濃烈，然而全詩收束於此，卻於沖淡中流露真情餘韻。陳氏之評實為「清」論又開闢出另一探索的園地。

此處納入清代評論的用意在於：一則襯托出明人開啟此面向之重要性；再則說明「清論」於明朝之後尚有發展，可由此回過頭來突顯明人闡釋之合理性。

蕭綱詩評之情形與江總大抵相仿。或許因其提倡宮體的關係，輕靡之評成為歷代論蕭詩之主流[157]。然明清兩朝諸如王夫之評〈詠疎楓〉、〈詠單鳧〉、〈蜂〉等作「情致清適」（評選 3/630），陳祚明評〈蒙華林園戒詩〉「前段自述清

---

156 〈遊攝山棲霞寺〉與〈入攝山棲霞寺〉為江總不同之詩作。

157 例如《南史》「傷於輕靡」、杜確「始為輕浮綺靡之詞」（〈岑嘉州集序〉）、許學夷「簡文語更入妖豔」（詩源辯 9）、陸時雍「纖詞縟語，堆疊成篇，則流於輕靡之習」（古詩鏡 18）……等評，俱可見對蕭詩浮艷之批駁。

切」（采菽堂 22/705）、〈納涼〉一首「『落花還就影』句
縹蕭，不忍割。通首亦清穩」（采菽堂補遺 3/1416）[158]……
等，俱可見由「清」面向契入的情形。實際觀察詩作，〈雨
後〉、〈夜遊北園〉、〈詠朝日〉等詩，實不無清新，與宮
體綺艷之作的面貌大不相同。要之，江總、蕭綱之評，亦有
由「靡艷」轉「清」之消長趨向。

　　像江總、蕭綱等人評論的流變，正好提供反思的空間，
亦即是否只要提到這些詩人，就只能浮現靡艷而一無可取的
既定印象？展現「清」之風格特點者，是否不再只侷限於諸
如謝靈運等頗負盛名的詩人身上，甚至能拓展至一般所謂的
宮體詩人，而具備相當程度之普遍性？中古詩歌類似像「清」
這般兼具形式表現與審美風格的範疇，是否也潤澤了唐詩的
花朵，而非只能在表現形式上提供唐詩養分？凡此種種，都
是在觀察江總、蕭綱等人評述後，可以再重新斟酌的問題。

　　透過上述對謝靈運、庾信……等人評論之觀察後，對於
「清麗」一辭的定位亦應有所交代。「清麗」一語本當兼具
清新與綺麗兩個面向。與「清麗」類似的概念，早在《文心
雕龍》中即已出現，如「五言流調，則清麗居宗」（文心.明
詩 2/210）、「張載〈劍閣〉，其才清采」（文心‧銘箴 3/407）、
「禰衡之〈弔平子〉，縟麗而輕清」（文心‧哀弔 3/482）
等；其後尚有《詩品》評班婕妤「〈團扇〉短章，詞旨清捷，
怨深文綺」（詩品‧上/145）、評陶詩「風華清靡」（詩品‧

---

158 除了美蕭「清」之面向外，陳祚明尚批評蕭綱「辭矜藻繢」、「多寫
　　妖淫之意」（頁 694），既見蕭詩之不足，復能妥善地點出其可取之處，
　　陳氏之評價堪稱公允。

中/260）等；似乎南朝即對清麗合稱有相當之關注。然而劉勰評張載、禰衡之論並非針對詩歌一體；即便聚焦至詩歌一體，也可看出劉勰、鍾嶸對清麗多止於簡單地提及；此亦明代以前中古詩評觸及此範疇時之常態，更何況明代以前更多的是將清、麗兩個概念分論，需至明代，方能見到較多融合而深入的探討，這由上述大謝、庾信之評中當可清楚看出。因此對於清麗交融之闡釋，終究需至明朝，方有較好的成就。而在考量清麗兩端關聯性的同時，基本上諸家詩評的轉向與文學史逐步重「清」的流變仍然相符。

三、小　結

　　明代中古詩評對於「清」論的探討，大體有褒揚「清」且更重清遠、清厚的趨勢；並能於乍看之下富含「麗」質之詩作中，提挈其清新的一面。本主題之「麗」，在某些論述中亦涵蓋了「艷」之特質，如此一來，「麗漸消弭」是否與第三章明人「對俗艷之情肯認」的觀點得以並行不悖？整體而言當是如此。因為對清麗論的探討，是集中在兼得清、麗之評的中古詩人而言，對「麗」的漠視乃相對於對「清」的重視而論，並不表示明人對「麗」全然貶抑，更何況明代對中古詩人仍有清麗兼具之論，這麼看來，「清麗消長」與明人「對俗艷之情的肯認」相較，除了著重點不同，兩方之論亦不相妨。

　　回到清麗論的探討上，「清論評價的轉變」、「『麗』、『清』概念的交融暨消長」兩個主題的探討，前者較少而後

者較多，比重顯得懸殊。何以會有如此情形？南朝如《詩品》、
鮑照之評乍看之下對清、麗皆有觸及，而南朝「麗」作又常
帶有「清」之特質，如此一來便提供後代詩評家較多闡釋的
空間，故在「『麗』、『清』概念的交融暨消長」上，自能
有較多的討論；至於「清」論的部分，因南朝本身的評述相
對較少，提供後代對照的數量有限，故於「清論評價的轉變」
之討論自易受到壓縮。

　　綜合上述兩個主題之探討，對此範疇裡中古詩人、明代
詩評家的評述趨向，當可作一歸納。反映評論易轍現象之中
古詩人，主要集中在南朝。何以會有如此現象？當與中古詩
人本身的詩歌表現有關，亦即就南朝詩風而言，重視雕繪的
表現明顯[159]，故不乏綺麗之評；而其時又當清談盛行之後，
文壇仍有尚「清」之風，這對南朝詩歌中蘊含「清」之特質
當不無影響；也就因為如此，明代詩評家方有由「清」加以
闡釋的可能。

　　至於明代詩評家關注「清」論的背景，有學者以為「楊
慎、薛蕙等六朝初唐派與高叔嗣等中唐派……從六朝挖掘出
神韻清遠一類詩風，以補救七子浮響膚闊之失」（陳斌/164）。
此歸納大體無誤。然而若就明代整體的批評情形觀察，除了
前後七子外的其他明代詩評家，普遍都有關照「清」論的傾
向，並不止於六朝初唐派與中唐派[160]。那麼前後七子外的明

---

159 至於南朝何以重視詩歌的雕繪？與魏晉以來文學逐步自覺，從而將
　　文學視為獨立的藝術不無關聯。然畢竟仍處於詩歌藝術覺醒的早期
　　試煉階段，故時而對文學詩歌的形式表現過分專注甚至有偏頗之
　　虞，似乎也就可以理解了。
160 藉由上述之探索可以看出：諸如胡應麟、鍾惺、賀貽孫……等人，
　　即非六朝初唐派或中唐派之成員。

代詩評家，何以會對「清」範疇有更多的關懷？這與明朝本身詩評家或流派的主張、發展實不無關聯。舉例而言，前後七子的詩學主張基本上乃重雄渾而輕「清」，胡應麟爲矯其偏於一隅之弊，而將「清」的概念引入雄渾之中；竟陵派提出「詩爲清物」，則有改變七子派過分重視剛健的用心[161]。可見詩評家們何以會對「清」論有普遍的關注，其中誠帶有反思時風的意味。

　　若置於詩學史中觀察，兩大主題何以會有更趨於「清」的流變情形？與朝代的審美眼光脫離不了關係：

> 從歷史演進的縱向角度看，中國封建社會前半期美學是尚「濃」的，這從兩漢辭賦的「采濫忽真」（劉勰語）、六朝詩歌的「采麗競繁」（陳子昂語）可得證；後半期美學是崇「淡」的，這從「神韻說」在詩壇的盛行、文人畫在畫界的崛起可得證。[162]

　　「濃」者，當指辭彩華麗；「淡」者，則蘊含「清」的意味。姑且不論前後期要以何時作爲區分點，由詩歌審美發展的大方向而言，上述歸納一方面解釋了何以中古詩評會朝「清」論發展；另一方面，復可見清麗論中「清論評價的轉變」、「『麗』、『清』概念的交融暨消長」兩大主題的發展，與整體詩學流脈是相互呼應的。[163]

---

161 關於各家派別或詩評家如何補充或矯正前此流派的不足，詳細論述可參陳文新：《明代詩學的邏輯進程與主要理論問題》，頁 218-235。
162 李祥林語，見於成復旺主編：《中國美學範疇辭典》（北京：中國人民大學出版社，1995.6），頁 354。
163 正因爲中古詩歌（特別是南朝詩作）本身富含華彩的特質，因此後代詩評由「麗」切入者仍不在少數，這一點在明人詩評中亦不例外。

　　透過風骨論與清麗論的探討，可具體看出中古詩評審美重心轉變的樣貌。聚焦至風骨與「清」兩者，儘管由劉勰「風清骨峻」之論中，已可見到「清」與風骨之剛健美感融合的可能，但若從詩學流脈觀之，兩者間大體仍存在消長的關係。茲以清人朱庭珍之論加以歸結：

> 雄渾之弊，必入廓膚，而矯以清真；及清真流於淺滑俚率，則又返而主雄渾。（朱庭珍）[164]

　　風骨於魏代詩歌中有著慷慨激昂的表現，轉至南朝，則以謝朓、何遜……等人之「清」為尚；復至唐代，又得陳子昂高舉風骨，而「清」論略減。再至明朝，不論是詩歌創作或評論，似又以雄渾高壯的風格先得青睞；後為矯廓膚之病，而濟之以清新，乃有胡應麟將「清」引入雄渾中的觀點出現。如此規律於文學史的發展中，看似呈現一循環的樣態，然不容忽略的是：每一次循環，都是建立在上一輪流變的基礎上，如此一來，對於風骨、清等審美範疇的探討當能逐步加深，從而展現詩學批評之熠熠光輝。

然「清」論之評述有增多的趨勢，且內涵更形可觀，這與文學史的總體發展趨勢仍然相符。

[164] 清·朱庭珍：《筱園詩話》（合肥：黃山書社，2008，清光緒十年刻本），卷1，頁3。

第五章　餘　論

　　透過上述對「詩教傳統」、「抒情傾向」和「審美重心」等主題的探討，明代中古詩評的概況應可大致掌握。由這些探討中可明確看出：對於源自詩教傳統的溫厚、渾厚精神，又或是對抒情的辨析、對俗艷、婉約之情的賞愛、較好地揭示情景交融之意境，以及對風骨的深入剖析、喜清遠等，都可見明人觀點之特出性；再者，即便面對曹植、陶淵明……等大家詩人，卻還能有突破於前人的精到觀察；並能較好地論及傅玄、王筠……等多位被前朝忽視的詩人，從而展現出深刻而多元的眼光，明代對中古詩歌評論之功，不可不謂深厚而高遠。

　　在如此細部論析的基礎上，以下擬就清代以前中古詩人地位之升降作一歸納，期能扼要顯示南朝至明代中古詩評的演變趨勢。再者，藉由三大主題全面關照明代中古詩評之後，此於文學史上的價值與意義何在？乃本書最終之核心關懷，故應作一歸結。最後，明人的中古詩評既有如此大放異彩的表現，這對清代之中古詩評是否有所影響？清人於此範疇之研究，是否又較明人更進一步，而有所開展？或可在餘論最後作一說明。

第一節　清代以前中古詩人地位升降趨勢

　　關於清代以前中古詩人地位之升降情形，擬透過下列簡表，與前幾章對個別詩人所作的具體論析作交叉比對，概括說明總體發展的趨勢。試觀清代以前重要選本對中古詩人選詩數量之簡表[1]：

	文選	玉臺新詠	文章正宗 真德秀	風雅翼 劉履	六朝聲偶集 徐獻忠	古今詩刪 李攀龍	古詩歸 鍾、譚	古詩解 唐汝諤	石倉歷代詩選 曹學佺	古詩鏡 陸時雍	古詩評選 王夫之
曹操 21（下）	2		1			7	8	11	4	5	7
曹丕 45（中）	5	5	3			12	7	9	8	14	22/5
曹植 102（上）	25/4	10	13/2	22/3		18/3	9	27/2	19	29	6
劉楨 27（上）	10		3			3		4	3	10	6

1　下列簡表文字與數字之解讀體例如下：
　　（1）詩人名後之數字，乃根據逯欽立《先秦魏晉南北朝詩》統計所得，為該詩人現存詩歌之總數。
　　（2）現存詩歌總數後括號內「上、中、下」者，為《詩品》給予該詩人之等第，若未標明，表示《詩品》未錄。
　　（3）表格中的數字為該選本之選錄數量；橫線右側框框中的數字，為詩人於該選本中選錄數量之排名。舉例而言，曹植 25/4 表示《文選》錄曹詩 25 首，於《文選》中選詩數量排名第 4。
　　原則上本表格僅羅列重要、或者是前後朝選本選錄數量可明顯看出評價變化者，而未將所有中古詩人逐一列出。

	文選	玉臺新詠	文章正宗	風雅翼	六朝聲偶集	古今詩刪	古詩歸	古詩解	石倉歷代詩選	古詩鏡	古詩評選
王粲20（上）	13		1	4		7	1	3	9	9	3
阮籍97（上）	17	2	7	16		7	4	16/4	13	34	21
張華41（中）	6	7	3	4		4	1	4	19	5	9
張協13（上）	11	1	4	7		3		5	7	4	8
陸機109（上）	52/1	14	4	13		15/4	2	5	22	18	15
陶淵明126（中）	8	1	50/1	37/1		24/1	35/1	37/1	63/2	45/3	20
左思15（上）	11	1	6	10		5	5	10	11	3	7
潘岳22（上）	10	4		1		5	1	1	7	3	3
傅玄63（下）	1	16/5	1	1		4	7	3	8	23	5
庾闡19						1	1	1	4		2
謝莊16（下）						1	2	1	7		5
謝靈運100（上）	39/2	1	7	23/2		14/5	23/2	17/3	31	33	32/1
顏延之29（中）	20	2		8	5	5	6	7	15	12	3
湯惠休11（下）						1	5	2	8	7	1
鮑照204（中）	18	14	4	11		14/5	19/4	12/5		66/1	28/2
謝朓143（中）	21/5	12	7	9	7	20/2	21/3	11	44/3	37	28/2
梁武帝衍95		31/2			1	4	5	6	15	39/5	10
梁簡文綱283		69/1			41/2	6	13/5	5	26	52/2	17
梁元帝繹124		8			34/4	3			8	19	4
何遜66		15			10	9	2	1	40/4	38	17
庾肩吾100		9			37/3	3			29	40/4	14
沈約185（中）	13	26/3	2	4	11	5	5	3	32	23	6
江淹122（中）	32/3	3		3		10	3	3	21	4	23/4

	文選	玉臺新詠	文章正宗	風雅翼	六朝聲偶集	古今詩刪	古詩歸	古詩解	石倉歷代詩選	古詩鏡	古詩評選
徐陵 42		4			11	2	4	2	11	16	6
張正見 43					34/4	1	1		20	29	6
江總 100					24	3	6	6	35	30	13
陰鏗 34					22		4	2	13	18	1
庾信 256		3			42/1	9	9	3	76/1	2	20

　　觀察選本對某位詩人詩歌選錄之數量，固然可快速掌握選錄者的詩學趨向，但數字充其量也只是概括看法的展現，詳細的評論情形終究有待對詩評的具體分析。因此接下來在分析詩歌選錄數量時，會適時比對前文三大主題之觀察，而非單獨就選錄數量推論，以求對清代以前中古詩人地位之升降能有較周全的說明。再者，本章論及之中古詩人，原則上都已於二、三、四章中作過詳細的分析，故僅扼要指出明人評論之特點，而不另行摘舉或附註評述之原文。舉例之所以以前文涉及之詩人為主，實有總括全書論點的用意。

魏　代

　　關於魏代的部分，曹操與曹丕的選詩數量明顯有所提升，這與具體詩評的情形正相呼應：《詩品》以為曹公之作過於質直，不符合當時對華麗的賞愛，故僅列之於下品；《文選》亦僅擇錄兩首。後代詩評家對此多不能苟同，反而賞其沉雄古質，曹公地位故能有所提升。至於曹丕日受青睞，主

要因素當與其詩之婉約情懷漸受賞識有關。劉楨詩作以剛健風格著稱，與劉勰、鍾嶸重視風骨的詩學觀相符，故得較高之評價；然置於詩學流脈中觀之，反因與後來時代潮流所好不同，而呈現出與曹丕相反的評價；這一消一長之間，正是詩歌審美重心轉變之明證。

然而王粲、劉楨兩人詩學地位的消長，光比較選詩數量似乎難以窺得，而需就實際批評作觀察，方能得出王粲於明清較佔上風的結論。而此現象則與王、劉的風格特色有關。可見選詩數量雖可大致呈現詩學重心轉換的情形，但畢竟有其侷限，未能作為判斷之全部依據。

至於曹植詩歌，若從選詩排行及數量交叉觀察，似無法明顯看出其地位之抑揚；然綜合前文之探討，曹詩從《詩品》視其為詩歌審美的最高典範，到明代徐禎卿、胡應麟、陸時雍、王夫之……等人所作之批評，整體而言地位略有下滑的趨勢。究其原因，除了部分詩作表現被視為氣盛而乏婉致外，尚牽涉到其與父兄間的相互比較[2]；然而無可否認地，就清代以前的選本總體考察，曹植還是建安詩人中執牛耳者。

合而論之，清代以前除了唐朝詩評家對魏代整體有較多出於傳統詩教眼光的批評外，其他各朝對魏代基本上多持肯認的態度；至於個別詩人地位之升降雖不盡一致，然基本上多與風骨、婉約範疇有關。

---

2 例如王世貞「子建天才流麗，雖譽冠千古，而實遜父兄。何以故？材太高，辭太華。」（藝苑 3）之論，即可見曹氏父子評價之消長。

晉　代

　　至於晉朝詩人的評論狀況：《詩品》列於上品之張協、陸機、潘岳，不論就選詩數量或具體評論觀察，地位皆有下降的趨勢，潘陸二人的情況尤為明顯。究其原因，明人之評大體不出情為辭沒、浮藻、少淳古。該階段中被鍾嶸列居上品，而於後代評價更形提升者，僅左思一人。《詩品》雖將左思置於上品的行列，然由「陸機為太康之英，安仁、景陽為輔」的論述中，當可推知左思的地位是在潘、陸、張三人之下。時至明朝，胡應麟、馮復京、鍾惺……等人反而認為左思地位當在三人之上。評價如此大幅度的翻轉，是因左詩無浮藻之病。兩造的一升一降，和各朝詩學觀喜駢麗與否正可相互呼應。

　　同樣由時代風尚喜綺麗與否作觀察，陶淵明之地位何以會由抑至揚，實不難理解。正因宋人喜清淡，而使陶詩往後的聲望大大提升，這與宋、明間多家選本選詩數量以陶為第一正相呼應，陶詩成為古詩之重要典範，幾乎已無庸置疑。然還可留意的是：儘管明人亦予陶詩頗高之評價，卻非如蘇軾般投以無盡之讚美，諸如馮復京、王夫之等人認為陶詩不免有諧俗之虞，胡應麟、許學夷視其為詩家「小偏」（詩源辯 6/99）者，都顯示出明人評論有著獨立的思考，並非單純沿襲前人之說，而此特點於明人中古詩評裡是極為常見的。

　　最後還可留意的是傅玄、庾闡這組詩家的詩學地位。二人在明代以前甚少受到重視，像是《詩品》不是列入下品，就是未作品第；然而明代詩選卻或多或少擇錄其詩作，其他

如袁宏、謝道蘊、謝莊、湯惠休……等人之選評狀況亦略同於此，足見明人選錄或評述中古詩作時頗為全面，這些小家詩人或許在文學史上未能有崇高之地位，卻因明人的多所關懷，而使中古詩歌的表現能顯得更為全面而細緻。[3]

　　統而言之，晉代處於魏與南朝之間，詩風明顯有轉樸入綺之趨勢，整體評價雖不若魏代，然在明人眼中仍多有可取之處。至於詩人地位的升降，有以「麗靡」與否來衡量的傾向，亦即詩風綺靡之詩人，詩學地位多由褒至貶；反之，形式表現較不雕琢者，卻有評價上揚的趨勢。此乃晉代詩評之概況。

南朝宋

　　至於宋代的情形，謝靈運的地位或因與陶淵明相較的關係，而有些微的起伏，然綜觀具體詩評和選詩數量之排行，大謝受矚目的程度始終頗高，整體而言僅次於淵明。在南朝與謝靈運並稱的顏延之，於《詩品》中雖得輔佐大謝之地位，然而由選詩數量觀之，至明代確實有下滑的趨勢。值得留意的是：儘管顏詩之雕刻繁密未得明人青睞，然諸如鍾惺、唐汝鄂……等人卻能於繁麗之外挖掘其清新的面向，而使其詩學地位於看似下滑之際，卻能拓展出另一番值得留意的面貌。對於顏謝之探討，清、麗當是其中重要的主題。

---

3 此處僅簡單以庾闡之評為例：王夫之評〈觀石鼓〉「此公安頓節族，大抵以當念情起，即事先後為序，是詩家第一矩矱，神授之而天成之也。」（詩評 4）、《古詩歸》言〈孫登隱居詩〉「此君不凡，看此詩，使遇蘇門先生，較嵇、阮別有一副領對景」（卷 8）可見對庾闡這類不甚有名的詩人，也不忽視其值得留意之詩作。

　　同樣被《詩品》列為中品，卻不同於顏延之地位之下滑，鮑照詩作則有明顯提升的趨勢，這從明人選本中，其排行多在前五名便可約略窺得。至於鮑詩地位何以上揚？與其作之風神氣調，以及蘊含委婉韻味等特質受明人賞愛有密切的關聯。

　　整體而言，觀察宋代詩人的評論可以發現：明人或著意於「清」的闡發，或留意於婉約、韻味的揭示，俱可見其開拓或深化前人視野的用心，而詩評重心的轉變亦於其中呈現；於此同時，宋人詩歌之豐厚度更在此層層闡釋中逐步累積。

南朝齊、梁、陳

　　至於齊、梁、陳三朝，自來普遍予人負面之印象，明人之評論雖未如唐代嚴苛，然乍看之下對其朝代的總體評價似乎也以貶抑居多。但是若個別觀察該階段的詩人評價，卻可發現其地位多較前朝略有上揚：齊之謝朓受重視的程度有所提升，明人主要是由氣韻、情景交融等面向，對小謝提出讚美。梁、陳二朝的詩人，除了徐陵、庾信可由選詩數量與比重明顯見到地位之提升，其餘詩家恐怕要透過具體評價的爬梳，方能見其地位之升降變化。明人對蕭繹、何遜之評，整體而言褒貶夾雜，其中著眼之議題如情景交融、婉約之情等，則能突破前人，較好地展現蕭、何詩作之價值。沈約、江淹兩人褒貶夾雜的情況略同於蕭、何，不同處在於：明人主要關注點在其詩之氣韻。至於庾信，明人則將重心擺在清麗論；而對梁簡文帝蕭綱、江總，則是在浮艷之外探索其「清」之價值。

　　綜而言之，明人對於齊、梁、陳三朝，多由情景、清、

婉、韻等面向闡發該階段詩作之價值，而這些面向彼此間實有所聯繫：景中融情之作往往因物色的媒介性質，使得抒情表現得以「婉」轉而不直接；其中自然界所予人的「清」新感受，對於情緒抒發時清、柔而不激烈，或有所影響；而上述之含蓄言情，實提供抒情更多餘「韻」繚繞的空間。這些詩歌闡釋的角度，除了展現明人本身之詩學偏好，復能保有一定的客觀性，而將許多看似雕刻繁密的南朝詩作，帶往不一樣的觀看面向，使得該階段的作品不再囿限於靡靡之音而無足觀，此當為明人對該階段詩歌闡釋的重要貢獻。

　　上列簡表還可特別提出說明的，是李攀龍所輯之《古今詩刪》。該書作為七子派的產物，是否反映出「古詩重漢魏」的主張？就選詩數量觀察，似乎並非如此：首先，根據蔣鵬舉先生的統計：「七子派在理論上不重視六朝卻選了 418 首，接近漢魏的三倍」[4]，已可粗略看出李攀龍對於六朝詩作仍有相當之重視；其次，該書選錄詩歌數量最多的幾位詩人，依序是陶淵明（24 首）、謝朓（20 首）、曹植（18 首）、陸機（15 首）、謝靈運（14 首）、鮑照（14 首），其中僅曹植為漢魏詩人，且詩歌選錄數量尚在晉之陶潛與齊之小謝之下；若由選錄詩歌佔該詩人總體創作的比重觀之，曹植之順位仍在淵明之下[5]，這與前文對徐禎卿、王世貞等七子成員評論之觀察，正可得一呼應，亦即七子派並未如印象中忽略晉、

4　蔣鵬舉：《復古與求真　李攀龍研究》（北京：中國社會科學出版社，2008.9），頁 211。

5　《古今詩刪》選錄上述五位詩人之詩作數量，與該詩人的總體創作數量相較，比重分別是陶淵明 19%、謝朓 13.9%、曹植 17.6%、陸機 13.7%、謝靈運 14%、鮑照 9.7%。

南朝之詩作。因此所謂七子「古詩重漢魏」之說，實有重新
檢討的空間。

　　要之，明人對中古各朝代的評價，雖略有「格以代降」
的意味，卻也未能一概而論，此由張溥「南齊雅麗擅長，蕭
梁英華邁俗；總言其槩，椎輪大路，不廢雕幾，月露風雲，
無傷骨氣，江左名流，得與漢朝大手同立天地者，未有不先
質後文、吐華含實者」[6]、王世貞「……真婉麗有梁陳韻」（增
補藝苑附錄 8/81）……等論即可看出。關於這點，前此之論
題多已作過探析，此不贅論。

　　至於明代對中古個別詩人地位的看法，或升或降，評論
各不相同。然大體而言，明人對於前此已得高度評價如曹植、
陶淵明……等人，除了延續由褒揚的角度深化評論之內涵，
更能窺其詩作之不足，而使詩評視角能更形拓展；至於蕭綱、
庾肩吾……等得前人較多貶抑的詩人，明代詩評家則能試著
由不同面向觀其詩作，從而彰顯這些詩人詩作之價值[7]。如此深
廣之評論所呈現的，正是明人在中古詩評上不可抹滅之成就。

---

6 明・張溥題辭，殷孟倫輯注：《漢魏六朝百三家集題辭注・原敘》，頁 2。
7 僅以前此未曾討論過的庾肩吾詩評為例：在明代以前，其詩多受貶抑，
　說法大體不出杜確「梁簡文帝及庾肩吾之屬，始為輕浮綺靡之詞，名
　曰宮體」（〈岑嘉州集序〉）之論。及至明朝，語盡綺靡之評固亦有之，
　然胡應麟「風神秀朗，洞合唐規」（詩藪外 2）、陸時雍「肩吾椎煉精工，
　氣韻香美，當是聲律絕技。凡詩虛能領神，實能寫色，所最貴者，尤
　在妙合自然」（古詩鏡 21）、何良俊舉其詩句，而言「格雖弱，氣猶正，
　遠比建安，可言體變，不可言道喪」（《四友齋叢說卷 24・詩 1》）……
　等論，俱能於綺靡之外見到庾詩之價值，足見明人於詩歌闡釋上實具
　推展之功。

第二節　明代中古詩評研究的文學史意義

　　明代中古詩評研究的文學史意義，大致可區分成「中古詩歌理解的推進」、「文學批評中詩學議題的推展」以及「明代詩評家的貢獻與侷限」等三個部分來談。

一、中古詩歌理解的推進

　　關於中古詩歌的理解，明代詩評家無論是闡釋的深度或廣度，多較前朝有所進展，從而更好地突顯出中古詩歌的豐厚性。若再細析，又可區分成幾點來談。第一即是挖掘受忽略的詩作。例如晉代無名氏樂府，或許因其俚俗，明代以前幾乎未曾受到重視，然李攀龍、唐汝諤、鍾惺、陸時雍……等人卻均於選本中擇錄不少樂府詩作，試圖闡釋淺顯語彙背後的深情，從而彰顯俗艷之情的價值，使得無名樂府亦能於文學史上佔有一席之地。再如梁武帝蕭衍，明代以前對其評論甚少，且似僅以艷情爲切入點；明人卻能從風神、意象、抒情表現等種種面向重加探討，而使這位本被忽視的詩人有被進一步認識的可能。其他諸如魏明帝[8]、陳琳、柳惲……等

8　曹叡於前文的論述中亦未提及，故於此扼要說明。明代以前除了鍾嶸列其爲下品，幾乎不見與明帝詩歌相關之評述。然《古詩歸》評其〈步出夏門行〉「泠泠細響，如出淵瀨，訴得動人」（卷 7）、王夫之美其〈種瓜篇〉「怨詩不作怨語，足知甫一把筆，即早已分雅俗於胸中，不待詞之波及也」（評選 1）……等，皆可見對曹叡詩作之關懷。清代諸如陳祚明、張玉穀、毛先舒等人，對其作俱有所留意。足見明人實開啓了對曹詩之關懷。

人，都有類似的情形。這些詩人在文學史上或許稱不上大家，然其詩作仍具備閃閃光點；就中古詩歌通而視之，這類作品加總後的數量亦頗可觀，實為構成中古詩歌完整樣貌所不可或缺者。明代詩評家一方面能不捐細流，另一方面更能恰當地指出這些詩作之優劣與可取處，在挖掘受忽略作品的同時，表現了極佳的掌握尺度。

第二，則是對詩人詩作有更全面性[9]的探討。相較於前朝，明人在評論中古詩作時，普遍都能由更為多元的面向闡釋，如此一來，詩人的形象將變得更為全面而立體。舉例而言，或許因鮑照「錯彩鏤金」之評的強大影響，明代以前諸家對顏延之的看法多不出於此，使得顏詩之形象只能偏於綺密一隅。然而明代詩評家在綺靡之外，或云風力、或云勁潔明爽、或云清真，指出顏詩的其他風格，而呈現顏詩更形多元的面貌。再如鮑照，歷代對其關注甚多，清新、俊逸、險調、艷藻……等已構成鮑詩極其豐富的形象；明人尚能於此之外，點出其富餘韻、柔厚幽衷……等面向，足見詩評家們細膩之觀察，不因前此評論之盛，而妨礙其觀看之視野。如此多方之闡釋，展現了明人對構築鮑詩全貌之努力。類似趨向尚可見於徐陵[10]、蕭綱……等人的評論中。對中古詩歌的

9　所謂「全面性」，是指明人在承續前人論說之際，尚能另闢觀看視野，並不表示明人真能無所遺漏地闡釋中古詩歌的所有面向。

10　徐陵之評於前文中亦未提及，復扼要說明如下。或許因徐作為《玉臺新詠》編纂者的身分，世人對徐陵詩作之普遍認知不出綺艷，且多微詞，例如王世貞「江總徐陵淫麗之辭，取給杯酒，責花鳥課」（藝苑 3）、胡應麟「總持、孝穆并以浮豔稱」（詩藪外 2）、許學夷「徐語盡綺豔」（詩源辯 10）……等評即點出此特點。然除此之外，諸如馮復京「清簡寡欲，氣局深遠」（說詩補 4）、陸時雍「氣韻高迴，不煩組練，文

理解能發展到如此豐厚的高度，不得不歸功於明人觀察之用心與細緻。

第三，明人於中古詩歌述評的深度，亦有明顯的推進。舉例而言，《詩品》「兒女情多，風雲氣少」之評，大概是張華所予人之普遍印象，然而明人卻能於其中辨析題材對張華詩歌風格的限制，甚至提出異於鍾嶸的觀點，探討剛健之風雲氣蘊含柔情的可能，且涉及「風雲氣」與「清」之聯繫。凡此種種，都可說是在鍾嶸的舊說上，將相關問題作了更深刻的探討。復以謝靈運為例，正因其身為山水詩開山始祖的地位，「情景」似乎是探討謝詩不得不觸及的議題。而對此問題的深入探討，諸如情景該如何交融？物色於詩中扮演的角色……等，恐怕都要等到明朝才有相對完善的剖析；再者，諸如謝詩之「清」、「麗」，明代以前雖不乏評述，卻需待王世貞、胡應麟、王夫之……等人，方對其中的脈絡有更細緻的連繫。由此可見，對於中古詩歌更深入的闡發，明代詩評家確實費了極大的心力。

透過上述對中古詩評的扼要統整後，便可回過頭來回答第一章所提出的問題：首先，以中古詩人（詩歌）為主軸，輔以詩評家之論，是否可對中古詩歌有更深入而清晰的理解？在通讀詩評後，復細細咀嚼原詩之滋味，確實可對詩作有更深廣的掌握，這從上文以三大主題結合詩歌的交叉探析

采自成」（古詩鏡 25）、王夫之「盡唐一代，能如此高朗冲秀有餘韻者，千不得一二」（評選.春情 6）……等論，則由高朗含氣而有餘韻的角度關照徐詩，使得我們在掌握其作時能更為通透，而此亦明代以前對徐詩之評所未見之面向。

中，當可清楚窺得。

　　其次，普遍對中古詩歌的印象爲追求形式美、文辭逐漸由質樸轉向琢鍊……等，然歷代論者是否都以此作爲主要觀察的視角？似不盡然。僅就明代詩評而言，由其對中古詩歌闡釋之深刻與多元，即可看出中古詩作的價值，絕非僅止於詩歌之表面形式。復扼要摘舉兩例爲證：南朝詩作多得綺靡之評，然而明人於此之外尙見到婉約之情的柔細，實有助於突破世人對該階段詩歌的既定觀感。再如中古詩歌對唐詩的奠基之功，一般多指向其表現形式的貢獻，然而明人卻有不少詩評觸及中古詩作對唐詩審美風格面的影響，如此論述亦可使我們在看待唐詩與中古詩作的承續時，能有更宏觀的視野。

　　正因爲明人對中古詩歌如此用心的闡述，加深了後人對該階段詩作理解的可能；於此同時，也使中古詩歌於文學史上的重要性得以提升。此外還應強調的是：明人固然於闡發中古詩歌之價值上作出極大的貢獻，尙不能忽略前此各朝詩評家所作的種種鋪墊。

二、文學批評中詩學議題的推展

　　明人詩評所作的深細分析，除了有助於進一步掌握中古詩歌外，又能對詩教觀、緣情說、風骨、清麗……等文學史上的重要論題，以及其間的各種交涉，甚或是某些既定思維作出深刻的探索，此乃明代中古詩評另一重要的貢獻。下文擬針對這些詩學議題作扼要之概括。

詩教議題

　　就詩教議題而言，古來所謂之詩教似與高揚抒情標誌的中古詩歌有所隔閡，但若細細探索詩教中溫柔敦厚、委婉含蓄……等概念，便會發現在傳統詩教的強大影響下，中古詩評確實有不少延續詩教倫理品德的說法，這在明代以前特別常見。然而明人除了承接此傳統想法，更試圖於詩教範疇中展現新思維，其一即是將原本帶有政治倫理實用性質的溫柔敦厚，逐步導向詩歌藝術面。例如左思，《詩品》中「得諷喻之致」之評恐怕帶有較濃厚的詩教性質；但明人卻將其溫厚的特質轉向詩歌的藝術性中來談。淡化政教倫理性質之際，一方面可見詩歌獨立自覺之發展；另一方面，對於詩教所提供之精神影響，明人在看待中古詩歌時尚能有所留意而非全然漠視，如此淡化復能兼顧詩教之品評，確實展現了明朝詩評家精準的評述尺度。

　　其二，則是對緣情綺麗與詩教精神間，是否必然壁壘分明的思考。透過明代詩評家對南朝詩人如蕭綱、江淹……等人的觀察，可以發現某些源自詩教的特質如柔和委婉，與緣情綺靡仍有相互交涉的可能。如此一來，便提供我們重新省視中古詩歌的空間：即便詩歌已朝緣情綺靡發展，卻不意味著對詩教精神的全然揚棄。細細觀察其中的曲折變化，當有助於加深理解批評史中詩教範疇的轉進情形。

抒情議題

　　至於抒情議題之相關探討，主要可區分為四個主題：其

一是關於緣情的探索。本書首先釐清學界普遍認爲「明清反對緣情綺靡」的說法。明代所排斥的，是過於側重表現形式之綺靡，而非緣情本身，其對抒情實有相當之肯定。在此基礎上觀看明人對抒情的討論，諸如詩歌並非有「情」即可，尚需考慮是否與表現形式搭配得體、是否蘊含餘味……等問題，由此可見對「情」探討的深刻，相較於陸機「詩緣情而綺靡」之主張，明人顯然有長足的發展。

　　第二，則是對俗艷之情的看法。明代以前詩評家對此多有貶抑之意，這由論述甚少，或者多持批評的態度即可看出。部分明代詩評家對俗艷之情雖仍有貶損，卻有相當數量之評論表現出對此的欣賞，其中尚牽涉到不少深刻的討論，諸如艷者不盡然只能是淺層形式，尚可與幽深之情相融，這就呈現出艷情的厚度；俗艷之情與風神、慷慨等概念，或亦有融涉的可能；艷情在某些情形下仍能保有「雅」之特質；對於看似不登大雅之堂的俗艷抒情，確能有細膩的揭示。凡此種種，俱能看出在詩學批評的流脈中，明人對俗艷之情的闡釋有著推進之功，所論亦多具備合理性。

　　第三，關於婉約之情的議題，南朝至明大體有愈重婉約的發展趨勢，此現象可由兩方面看出：首先，是原本多得剛健盛氣之評的中古詩人，至明代卻出現由柔婉之情闡釋其詩的現象，曹植、曹丕之作即有此趨勢；其次，則是原本於詩學批評中未受太多重視之詩人，卻因其詩歌抒情婉約的特質蒙明人挖掘，而得較多之注目，諸如蕭繹、柳惲等人之詩評，就有如此趨向。側重面向之流轉所顯示的，正是詩學偏好的變遷。

最後，明人致力於景外情韻的闡發，與前朝評論相較，亦可見詩評流脈的轉換。大體而言，明代以前對於中古詩歌這部分的探討，不是著意於物色形似，便是分論情、景二端，顯得簡單而不夠密切。或許因詩歌理論中意境議題已有較成熟的探索，促使明人對情景交融的問題能有較深刻的思辨，諸如情景該如何交融方得佳作、如何借景而使抒情綿延，並能蘊含餘味……等，都使情景相關問題的探討能達到更高之層次。

風骨論

至於審美範疇之一的風骨論，在南朝、初唐詩評家們提出建安風骨作為詩歌典範後，便將風骨推至極高的地位，在往後相當長的時間裡持續保有美譽。發展至明代，卻有不少詩評家對此詩歌典範提出批評，也因此展開了更深刻而多元的探索，諸如詩歌是否只要蘊含骨氣即可？若盛氣太過而走至極端，是否妥當？怎麼樣的壯氣展現才能成就佳作？針對這一連串的問題，明人提出的主要解決之方在濟之以柔，也就是試圖挖掘中古詩歌中的柔和餘韻，並將此與剛健風骨相融，從而樹立起延續建安風骨、卻又蘊含柔和成分的新的詩歌典範。儘管各朝的審美眼光不同，卻共同豐富了風骨相關範疇的內涵。

清麗論

最後關於清麗論的部分，「清」的概念至少在陸機〈文賦〉時就已出現於詩學批評裡，整個中古時期的詩歌審美亦

常運用此概念。然而相較於彼時重文采繁麗的風尚，對「清」
的關懷就顯得簡單許多。卻也因此提供後代（特別是明朝）
更多深入探索的空間。大體而言，明人較南朝更能欣賞「清」
之特質，並有將此與「厚」、「遠」結合論述的傾向，如此
一來，對於「清」如何不流於浮薄、怎樣才不致於淺而無味……
等問題，都能有較好的闡述。再者，由南朝至明代，清、麗
二端如何消長或交融，亦是觀察詩評偏好的重要焦點。整體
而言，不論就「清」論數量的增加，或者辨析的深入程度觀
之，明人多有喜「清」之傾向；如此偏好亦提供某些反思的
可能，例如向來予人「麗」印象的詩人，是否蘊含「清」的
特質？清、麗二端是否可以相融？又該如何相融？凡此種
種，隨著清麗論探討的逐步深入，都有較為妥善的闡釋。

　　綜上所述，顯見以個別主題的方式進行探討，確實能使
主軸清晰，並可較為具象地展現詩學流變的情形。就個別詩
人的研究而言，可以突顯其主要或特別的詩歌表現面向；就
詩學範疇的闡釋而言，一方面可以發現與中古詩評相關之議
題，有很多都在明代得到深刻而豐富的思辨；再者，於詩評
流脈的逐步梳理中，亦可清楚見到各範疇交融、消長的情形
[11]；詩學議題因此得到極佳的推展更不待言。此乃以主題方
式進行的勝處。

---

11 例如詩教倫理／抒情本質、風骨／　婉約之情、清／麗等，俱可見交
　融或消長的狀況。

三、明代詩評家的貢獻與侷限

　　明代詩評家對中古詩歌探討的主要貢獻，由「詩歌理解的推進」、「詩學議題的推展」等歸納中已可看出：就中古詩歌的理解而言，正因明代詩評家們深度與廣度的多方兼顧，從而挖掘出許多蘊含於詩歌中、卻未被正視的特質，這對詩歌理解之拓展無疑是極具貢獻的；至於本書所論析的三大主題，經由明人深刻而細緻的探討，對於中古詩評與批評史中某些議題的推進，亦展現相當之價值。

　　然而明代中古詩評得以達到如此之高度，終究不能忽略前朝所作的種種鋪墊：諸如《文選》、《玉臺新詠》……等錄而不評的選本，或可視為是明代眾多錄而兼評的選本之先鋒；再者，又因為前代詩評家已有種種概括式的評論，使明人能在此基礎上，有著或反思、或深入拓展的空間。然不可否認的是，就明人本身而言，其觀察中古詩歌時所開拓出的嶄新面向，確實非眼光獨到不為功。要之，在前人基礎與明人本身用心挖掘的雙重因素下，方得成就明朝中古詩評的閃耀光彩。

　　儘管明人品評中古詩作確有相當程度的客觀性與參考價值，卻不意味其論述是全然無偏的。首先看幾個貶抑不當之例：

　　　「詩緣情而綺靡。」則陸生之所知，固魏詩之渣穢耳。
　　嗟夫！文勝質衰，本同末異，此聖哲所以感歎，翟、朱
　　所以興哀者也。（談藝錄/2）
　　門庭之外，更有數種惡詩：有似婦人者，有似衲子者……

婦人、衲子，非無小慧……但其識量不出鍼線、蔬筍、數米、量鹽、抽豐、告貸之中，古今上下，哀樂了不相關；即令揣度言之，亦粵人詠雪，但言白冷而已。……似衲子者，其源自東晉來。鍾嶸謂陶令為隱逸詩人之宗，亦以其量不弘而氣不勝，下此者可知已。（王夫之）[12]

「明月雖外照，寧知心內傷」，休文得年七十三，吟成數萬言，唯此十字為有生人之氣。其他如敗鼓聲，如落葉色，庸陋酸滯，遂為千古惡詩宗祖。（評選‧沈約‧古意 5/778）

　　徐禎卿認為「質」當為本固然不錯，然逕將陸機「緣情綺靡」之詩歌主張視為「渣穢」，便顯得太過。即便如第二章「緣情」一節所言，徐氏反對的主要是「綺靡」而非「緣情」，但綺靡難道真一無可取，而為魏詩甚至是詩歌之渣穢？如此論述恐有偏頗之虞。

　　至於王夫之說詩確實在多處都可見其獨到之眼光，然而無可否認地，在某些時候也顯得師心主觀。諸如批評陶潛、沈約之作為惡詩，就顯得偏頗：陶詩固然有許多貼近日常生活的表現，但據此認為其「識量」不廣，恐難令人信服。僅隨意摘舉普遍為人所熟知的〈飲酒〉詩為例：「採菊東籬下，悠然見南山」，雖為簡單的日常之句，然最後歸結於「此中有真意，欲辨已忘言」，若非達到相當之人生境界，怎能得此讓人沉思而咀嚼再三之言？如此佳作，所展現的識量豈曰不廣？再如稱沈約〈古意〉之外的作品「庸陋酸滯」，也顯

---

12 明‧王夫之著，舒蕪教點：《薑齋詩話》，卷2，頁163。

得過於貶抑；茲舉〈別范安成〉為例：「生平少年日，分手易前期。及爾同衰暮，非復別離時。勿言一樽酒，明日難重持。夢中不識路，何以慰相思？」紙短情長，在少年、衰暮的對比中，在不識路的孤寂裡，無不展演著人生別離深切的慨歎。如此作品，怎能算是「庸陋酸滯」呢？

　　夫之除了有些貶抑不當之論，對某些詩作的褒揚，亦偶有過分拔高之嫌：

> 靜夜不能寐，耳聆眾禽鳴。入城育狐兔，高墉多鳥聲。
> 中心感時物，攬劍下閑庭。徬徉於階際，景星一何明。
> （長歌行）
> 明帝於三祖特為深至有含蓄。（評選 1/515）

此處評魏明帝之論，固然彰顯曹叡受前人忽略處，但其詩作是否真為三祖中最為「深至有含蓄」者？恐得存疑，像是曹丕的〈燕歌行〉、〈清河作〉等作品，深至含蓄的程度不見得會輸給曹叡。因此儘管夫之之評提供了不少真知灼見，參閱其說時，仍得細細辨析其中論述之合理性。

　　像夫之這般褒揚不當的情形，復可以陸時雍之評為例。陸評最需留意者，在於褒齊梁陳詩而貶唐作：

> 晉人五言絕，愈俚愈趣，愈淺愈深。齊、梁人得之，愈藻愈真，愈華愈潔。此皆神情妙會，行乎其間。唐人苦意索之，去之愈遠。（詩鏡總/5）
> 張正見〈賦得秋河曙耿耿〉：「天路橫秋水，星橋轉夜流」，唐人無此境界。……〈泛舟後湖〉：「殘虹收度雨，缺岸上新流」，唐人無此景色。……庾肩吾……〈春夜應令〉：「燒香知夜漏，刻燭驗更籌」，唐人無此景

趣。……**此皆得意象先，神行語外。**[13]（詩鏡總/6-7）

唐詩作爲古典詩歌表現之高峰，其「神情妙會」是否定不如中古詩歌？實可存疑。具體觀看詩作：張若虛〈春江花月夜〉「春江潮水連海平，海上明月共潮生。灩灩隨波千萬里，何處春江無月明！」其視野、胸襟之遼闊，不盡然不如「天路橫秋水，星橋轉夜流」。復觀王維之〈辛夷塢〉：「木末芙蓉花，山中發紅萼。澗戶寂無人，紛紛開且落。」其間空、無的意境需待人自行體悟，不也是「得意象先，神行語外」！由此觀之，唐人之作是否不如中古詩歌，實大有商榷的空間，或許正如屠隆所言：「論唐人者，當就唐人求其志處，不必責其不如六朝」[14]，如此方能近於客觀。

儘管明人詩評有上述這類不夠客觀的情形，然所佔比例終究有限，相對於眾多難以數計的深切評論，這些缺陷畢竟瑕不掩瑜。唯閱讀詩評時，仍得搭配原詩細細揣摩，方能避免爲不恰當的評述所左右。

第三節　清代中古詩評的傳承與開創

清代作爲古典文學集大成之階段，對於中古詩歌之批評亦有豐碩的成果。然就目前學界之研究狀態簡略回顧，可以

---

13 本段引文尙羅列了梁簡文帝、梁元帝以及江總等人的詩句，以現唐人之「追琢」、「風騷」、「神情」不如南朝詩人。此處僅扼要摘舉張正見、庾肩吾的部分爲例，以概其餘。

14 明・屠隆：《鴻苞節錄・論詩文》，收於《明詩話全編》，卷 6，頁 4955。

發現現有成績多集中在詩派流變或對詩評家們彼此關係之探討[15]，幾乎未見對清朝中古詩評作全面研究者。因此這部分實有相當之探索空間。

　　就清代主要詩派觀之，主要有以王士禎爲主的神韻派、沈德潛之格調派、袁枚之性靈派、以及翁方綱所提倡之肌理派。僅以沈德潛爲例，格調派承神韻之後而興，然沈氏「未嘗鄙薄『神韻』之說……欲以『風格』、『氣骨』來補『神韻』之失」[16]。具體而言，沈德潛如何以氣骨濟神韻？此主張是否表現於中古詩評中？與明代對氣、韻二端的闡釋相較，又有何異同？此外，學界普遍認爲沈氏之論詩宗旨乃承傳統儒教而來[17]，頗重含蓄委婉，那麼運用於中古詩歌之評述時狀況如何？是否在繼承明代之際，還有所變化？凡此種種，都是清代中古詩評可以探究之處。

　　除了上述著名詩派，清代尚有爲數不少的詩評家，其評述亦不時涉及中古詩歌，而有可觀者。首先可以陳祚明之《采菽堂古詩選》爲例：

　　　予之此選，會王李、鍾譚兩家之說，通其蔽而折衷焉。

---

15 相關研究成果可參鄔國平、王鎮遠：《清代文學批評史》（上海：上海古籍出版社，1995.11）、吳宏一：《清代文學批評論集》（臺北：聯經出版事業公司，1998.6）、劉世南：《清詩流派史》（北京：人民文學出版社，2004.3）、蔣寅：《清代文學論稿》（南京：鳳凰出版社，2009.6）……等。

16 鄔國平、王鎮遠：《清代文學批評史》（上海：上海古籍出版社，1995.11），頁 442。

17 該說具體論述可參胡幼峰：《沈德潛詩論探研》（臺北：學海出版社，1986.3），頁 31-37；王宏林：《沈德潛詩學思想研究》（北京：人民出版社，2010.4），頁 162-194。

> 其所謂擇辭而歸雅者，大較以言情為本。（陳祚明・凡例/4）
> 六朝介於古、近體之間，風格相承，神爽變換，中有至
> 理。不盡心於此，則作律不由古詩而入，自多俚率凡近，
> 乏於溫厚之音。故梁、陳之詩，不可不讀。（陳祚明・陰
> 鏗 29/949）

〈凡例〉明指該書所選，乃是在會通王世貞、李攀龍、
鍾惺、譚元春等人之論後，擷其所長補其所短而成。王、李、
鍾、譚品評中古詩歌之樣貌，在本書三大主題的探討中已可
具見。陳祚明此說饒富意味之處在於：究竟《采菽堂古詩選》
有哪些觀點承續前朝而來，又有哪些說法可見陳氏之新意？
此實有深究的空間。至於第二筆總論陰鏗詩歌之評述，則明
白表現出陳氏對六朝的看重。那麼陳祚明對六朝的賞愛，與
明人有何異同？具體而言，陳氏論六朝詩歌「言情」、「溫
厚」的特質，較明人之評又有何推展？諸如此類的問題，不只
侷於陳氏詩評，甚至可拓展至清代整體對中古詩歌的研索上。

此外，還可以吳淇的《六朝選詩定論》為例。黃節為該
書所作的〈跋〉，對中古詩評的探討不無啟發：

> 余讀漢魏六朝詩，得此方能用思銳入。其中雖有推求過
> 當，而獨見處殊多。（六朝選詩）[18]

黃節所謂「獨見處殊多」，具體而言是哪些論述？這些
獨見是否有異於明代中古詩評，而可看出其向前推展的步
履？與《采菽堂古詩選》相仿，《六朝選詩定論》亦當有值

18　清・吳淇著，汪俊、黃進德點校：《六朝選詩定論》（揚州：廣陵書社，
　　2009.8），點校說明頁 4。以下凡援引該書論述者，俱於論後扼要註明
　　為「（六朝選詩卷/頁）」，不另附註。

得深究處。

關於個別詩評家的部分，最後復簡單以張玉穀的《古詩賞析》為例，以見清代詩評往新方向推進的可能情形：

> 故人賞我趣，挈壺相與至。班荊坐松下，數斟已復醉。
> 父老雜亂言，觴酌失行次。不覺知有我，安知物為貴。
> 悠悠迷所留，酒中有深味。（陶潛《飲酒》二十首之十四）
> 此章就飲酒指出物我相忘之趣也。前六，以故人挈壺勸
> 飲引入。後四，突接不知有我，安知物貴，將酒中深味
> 逆筆透出，而復以迷者多戀，折落點清，勢便排宕。（張
> 玉穀）[19]

張玉穀評賞詩作的架構大體如上，多將詩歌區分為幾個段落。此處在「突接」、「逆筆」等謀篇的說明中，帶領讀者體會此詩物我相忘的境界。如此述評方式，可謂將詩歌的內涵與形製作了頗為緊密的聯繫與闡發，相較於明代古詩選本多傾向風格、內容的評述，張氏之做法確實為選本之評論開啟了另一扇窗。

除了上述詩派與詩評家，若細細爬梳清代詩評，會發現曾觸及中古詩歌者實不勝枚舉，諸如方東樹《昭昧詹言》、毛先舒《詩辯坻》、吳喬《圍爐詩話》、葉燮《原詩》、牟願相《小澥草堂雜論詩》、喬億《劍谿說詩》、延君壽《老生常談》、潘德輿《養一齋詩話》、劉熙載《藝概·詩概》、朱彝尊《靜志居詩話》……等，對中古詩歌俱有不少的討論。面對如此豐富的原始評論資料，清代中古詩評之開創性是可

---

19 清·張玉穀著，許逸民點校：《古詩賞析》（上海：上海古籍出版社，2000.12），頁 310。

以預期的。

　　以上乃就清代詩派、詩評家所作之概括說明；那麼若按照本書處理明代中古詩評的方式，以中古詩人為主，採取主題式的方式進行探析，是否真能展現清代詩評之承續與創新性？這在上文的論述中已約略觸及，例如江總、蕭綱等人之評，從貶其浮艷到以清新視之，清人在明人所開啟的面向中持續向前推進。曹丕婉約面向之闡釋略同與此，明人揭示的方向由清人加以延續。凡此種種，都可約略窺得清代中古詩評的傳承樣態。以下復以清代對陸機、劉楨、張協等人的詩評為例，集中述說清人詩評之承續與開創性，以現清代詩評之研究價值。

陸　　機

　　首先是陸機詩評的部分。對於陸詩中抒情的關照，清代實較明朝更進一步，展現出不太一樣的觀看視野。其中較值得留意的有兩點：首先，是對陸詩抒情的展現有較多正面的欣賞：

> ……後之評士衡者，但曰懸圃積玉，無非夜光，又云朗月曜空，重巖疊翠，美其辭藻之華贍而已。孰能抉腎剔髓，從纏綿壹鬱中察其耿介之懷耶？（六朝選詩 10/229）
> 直把「懷土」二字寫入骨髓，令思歸人讀之鼻酸。（六朝選詩・贈從兄車騎 10/241）
> 此平原生平言情之作也。觀其不敢盡言處，用心良悲，頗復條遞詳穩。（采菽堂補遺・贈弟士龍十章 1/1356）
> 感傷代謝，遠情低佪，淒其感人。（采菽堂・齊謳行 10/301）

　　第一首資料點出當在辭彩之外，重視陸詩之抒情展現，顯然有反思前人專意於「辭藻之評」的意味。沈德潛云：「茲特取能運動者十二章，見士衡詩中，亦有不專堆垛者」（古詩源 7/156），同樣展現出對陸詩雕繪面向之外的關懷。其他評論亦俱可見對陸詩抒情肯定的態度。相較於前朝認為陸詩乏情之評，清人顯然試圖由不一樣的眼光彰顯陸詩之價值。

　　然而這並不表示清人對陸詩之抒情便是一概肯認，仍有主張陸詩「其情不出」者。但他們尚能用異於前朝的角度，探討陸詩之情何以無法動人之因。試觀下列諸論：

　　　蘇、李十九首，每近於風。士衡輩以作賦之體行之，所以未能感人。（古詩源 7/156）

　　　束身奉古，亦步亦趨，在法必安，選言亦雅，思無越畔，語無溢幅。造情既淺，抒響不高。擬古樂府稍見蕭森，追步《十九首》便傷平淺。至於述志贈答，皆不及情……性情不出，……大較衷情本淺，乏於激昂者矣。……妝飾既無新裁，舉止亦多詳穩。（采菽堂 10/293-294）

　　沈德潛指出陸詩「賦體」的書寫方式易礙抒情之展現；陳祚明則由「循法」、「思無越畔」的角度論其情之平淺，這在〈赴洛〉「通首情非不真，述敘平平耳。」（采菽堂 10/313）、〈答張士然〉「觸目懷土，此情亦真，然並平直無致。」（采菽堂 10/311）等評論中，俱可見陳氏對「平致」之微辭，足見詩歌並非有情即可，情尚需不流於平淺呆板，方得成就佳作。這些都是在明人評論外另闢之觀察點，清人眼光之延續與拓展，於此可見一斑。

劉　楨

其次，關於劉楨詩歌的部分，富有氣骨乃歷代評論之大宗，明代以前多得褒揚，明人對此議題提出反思後，氣骨的問題基本上已談得頗爲詳盡，似無太多發展空間。故清人對此雖有觸及，已不如前人熱衷，探討重心似有所轉向。首先，是關於「緊狹」問題的看法。試觀以下諸論：

曹、劉齊名，然劉獷狹而曹閎奇，庸乃倍蓰。（毛先舒）[20]

劉公幹楨詩如泥下蛙潛，聲宏身小。（牟願相）[21]

薑塢先生（姚範）曰：「公幹緊而狹；仲宣局面闊大。」（昭昧 1/34）[22]

仲宣爲偉，局面闊大。公幹氣緊，不如仲宣。（昭昧 2/78）觀公幹等作[23]，清綺緊健……直書胸臆，一往清警，纏綿悱惻，此自是一體，故鮑亦嘗擬之。……不用裝點比興者也，而往復情至，令人心醉，所以可貴。……大約此體但用敍事，羌無故實，而所下句字，必樸質沉頓，感慨深至，不雕琢字法，所謂至寶不雕琢。……公幹此體雖佳，然以比陳思、阮公、陶公則卑矣。阮公、陶公託意非常，不止如此淺近而已。杜公、韓公自有大篇，

---

20 清‧毛先舒：《詩辯坻‧六朝》，收於《清詩話續編》，卷 2，頁 43。

21 清‧牟願相：《小澥草堂雜論詩‧詩小評》，收於《清詩話續編》，頁 911。

22 清‧方東樹著，汪紹楹校點：《昭昧詹言》（北京：人民文學出版社，2006.1），卷 1，頁 34。以下凡援引該書論述者，俱於引文之後扼要註明爲「（昭昧卷/頁）」，不另附註。

23 按照《昭昧詹言》的選評狀況，當指〈贈五官中郎將〉、〈贈徐幹〉。

故不嫌兼擅。若公幹則<u>專止於此一體而已</u>。（昭昧 2/79）

透過前四筆評論可以看出：在狹緊與闊大之間，公幹詩作有狹小的問題[24]。所謂緊狹者，具體所指為何？當可由題材與表現形式觀之。劉楨詩作之題材，就現存詩歌觀之，有為數一半以上之作屬於贈答類；他如〈鬥雞〉、〈射鳶〉，表現意氣風發之貌；〈公讌〉歡娛；〈雜詩〉則是為公事煩心出遊之作。或許因創作數量不多，涉及之題材也顯得有限。比對引文中所提及之曹植、王粲，曹植有贈答、情詩、描繪少年浪蕩氣勢高昂之作（〈白馬篇〉、〈名都篇〉），尚有〈遊仙〉、〈薤露行〉、〈豫章行〉等探索人生何去何從之詩，其他更有為民發聲（〈梁甫行〉）、宴饗（〈箜篌引〉）……之作，涉及題材之廣，不言可喻。至於王粲，有送行贈答之作、慨歎時局之《七哀》、歌詠史實之〈三良〉、帶有豪氣、悲情之《從軍》、或抒己抑鬱、或逍遙出遊之《雜詩》，更有〈思親為潘文則作〉、〈俞兒舞歌〉等，雖不如曹植多元，但較之劉楨，關懷面向確實宏闊許多。劉詩所謂「緊狹」者，或可由此方向加以理解。

此外，若由表現形式視之，最後一筆方東樹之論，則提供了理解「緊狹」的另一可能。所謂「專止於此一體」，亦是狹小侷限之意，而此「一體」之特色，則為直書胸臆不假雕琢，雖於抒情上能見其「感慨深至」，但託意方式僅止於此，便有「淺近」、表現方式不夠靈動之虞，此亦理解緊狹的另一面向。要之，對劉詩緊狹之觀察，乃前朝罕見，而為

---

24 牟願相「聲宏身小」之評，與毛先舒、姚範……等人之論相近，「聲宏」者，當指其氣魄之雄偉；「身小」則指其詩歌之狹隘。

清人另行開拓者。

　　方氏該筆論述尚涉及抒情之相關議題，則爲清人關照劉楨詩作時另一較爲重要的面向。除了方氏之論，尚可參陳祚明、厲志之評：

> 楚楚直敘，情自宛切，句亦俊快。（采菽堂・贈五官中郎將其二 7/203）

> 起句便能宛轉。總緣筆雋，抒寫如意。「起坐」二句，善狀歷亂之情。（采菽堂・贈徐幹 7/204）

> 劉公幹詩，讀之亦無甚深意。意依情生，情厚則意與俱厚，祇覺纏綿悱惻，縈繞簡編，十日不散。其詩之勝人處，實其情之過人所致。（厲志）[25]

　　一、二筆論及婉約之情的評述，觀點並不特別，然若置於整個劉詩之批評史中觀察，則是發前人之所未發。在此之前詩評家們多針對劉楨剛健之氣加以立論，陳祚明則是別具隻眼地闡述其婉轉之情。相較於陳氏對劉詩抒情宛切之讚揚，厲志之評則涉及對抒情細微之辨析，亦即「纏綿悱惻」與「情厚」、「意厚」之間的相對關係，對抒情的探討，似有了更細密的區判。對劉詩抒情面向之關懷，在清代以前並不多見，此爲清人看待劉詩所開拓的另一視野。

　　整體而言，清人對劉詩的評價似乎比明人更低，這從王士禛「楨詩無一語可采」[26]、牟願相「公幹絕少佳製」[27]……

25　清・厲志：《白華山人詩說》，收於《清詩話續編》，卷2，頁2283。
26　清・王士禛著，張宗柟纂集，戴鴻森校點：《帶經堂詩話・綜論門・評駁類1》（北京：人民文學出版社，2006.1），卷2，頁58。
27　清・牟願相：《小澥草堂雜論詩・詩小評》，收於《清詩話續編》，頁916。

等趨於極端之批評可見一端。何以劉詩地位會更形低落？詩歌局度不夠廣闊、深意不足等都是其中之原因。由以上種種觀察可以看出：清人對劉詩之評，確實又另有造至。

張　協

張協詩作在清代以前的評論，除了《詩品》言其「巧構形似之言」較具特色外，其餘論述主要集中在詩作之「麗」的討論上[28]。然而劉熙載卻以爲「『麗』何足以盡景陽哉」，並提出「明遠遒警絕人，然練不傷氣，必推景陽獨步。『苦雨』諸詩，尤爲高作」[29]之論；換言之，劉氏認爲張協之作所以爲佳，乃在鍛鍊字句之際，尙能不傷流動生氣。張協又是如何做到這點？或許與其詩作能夠自然流暢地展現情景交融有關。而此亦王夫之以後，清代詩評家較多觸及之論題。這些評論除了對張協詩歌有更深入的闡釋外，更可看出清人承續復異於前朝之眼界。

具體觀察此一面向，首先點出張詩刻劃情景之妙者爲王夫之：

> 述職投邊城，羈束戎旅間。下車如昨日，望舒四五圓。
> 借問此何時，蝴蝶飛南園。流波戀舊浦，行雲思故山。
> 閩越衣文蛇，胡馬願度燕。風土安所習，由來有固然。
> 　（《雜詩》之八）

---

28 例如劉勰「景陽振其麗」（文心.明詩）、《文鏡秘府論》「揚藻敷葺，文美名香」（天卷・四聲論）、許學夷「華彩俊逸」（詩源辯 5）……等評，俱著眼於形式之麗而論。

29 清・劉熙載撰，袁津琥校注：《藝概注稿・詩概》（北京：中華書局，2009.5），卷 2，頁 250。

> 詩中透脫語自景陽開先，前無倚，後無待，不資思致，
> 不入刻畫，居然為天地間說出，而景中賓主，意中觸合，
> 無不盡者。（評選 4/706）

　　該論指出張詩能於自然而不刻意雕琢的描繪中，使情景
二端恰當融合。後來張玉穀同樣由情景交融的角度評論該
詩，卻展現出與夫之不盡相同的視角：

> 後六，正賦懷歸，卻疊用四比，然後以安習固然托空收
> 住，一若止論物理，不關己事者然。解此用筆，那得復
> 有平實之患。（張玉穀）[30]

　　張氏指出諸如流波、行雲等景象，乍看之下只是客觀景
物，實則背後尚蘊含懷歸思情，若能理解到這一層，那麼看
似單純物象之描繪或尋常的道理，便不會顯得平實無趣，而
有幽微情思耐人咀嚼。該評透過對詩歌深淺層、修辭技巧的
闡釋，從而指出詩中情景如何交融於無痕，此與夫之的述評
內涵不全相同，卻同樣豐富了觀看張詩的視野。

　　此外，吳淇、陳祚明之評，則分別由「情景如何與字面
空處結合」、「情景的動態性質」加以探討，而另有可觀者：

> 秋夜涼風起，清氣蕩暄濁。蜻蛚吟階下，飛蛾拂明燭。
> 君子從遠役，佳人守煢獨。離居幾何時，鑽燧忽改木。
> 房櫳無行跡，庭草萋以綠。青苔依空牆，蜘蛛網四屋。
> 感物多所懷，沉憂結心曲。（《雜詩》之一）
> ……凡詩之妙，不在實字面上，卻在幾個虛字上。虛字
> 上尋討不出，又在虛實字面中間空處。此詩前言「蜻蛚」

---

30 清・張玉穀著，許逸民點校：《古詩賞析》，卷 11，頁 261。

云云，尚未感物，只是感時而思。凡人所思，未有不低頭。低頭則目之所觸，正在昔日所行之地上。房櫳既無行跡，意者其在室之外乎？于是又稍稍擡頭一看，前庭又無行跡，惟草之萋綠而已。于是又稍稍擡頭平看，惟見空牆而已。于是不覺回首向內，仰屋而歎，惟見蛛網而已。如此寫來，爽抉情之三昧。（吳淇・贈從兄車騎 9/200）

景即是情。（采菽堂・雜詩一 12/355）

情景曠越，有蒼異之姿，開康樂風度。（采菽堂・雜詩三 12/355）

　　吳淇之評的特殊處在於：將「虛實字面中間空處」的運用與情景交融的表現加以結合。具體而言，「房櫳……四屋」一段乍看之下不過是外界物色之描繪，吳氏卻能恰當地將主人翁的舉手投足融入其間，如此一來，使得詩人之情懷得以於景致氛圍間自然表露。其中「低頭」、「擡頭」云云，即所謂「虛實字面中間空處」，情景交融之闡釋正在其中次第展現。

　　至於陳祚明對張協詩歌之評，也以情景交融爲主要關注點。陳氏何以賞愛張詩之情與景？乃因其情「動而不滯」（采菽堂 12/354），若「於情不深，則出語咸滯」（采菽堂 12/354），能夠不滯，正是情深之表徵；而其物色之表現，則爲「寫景生動，而語蒼蔚」（采菽堂 12/353）。要之，皆著眼於情景的動態性質而論。同樣論張詩之情景，陳祚明留意處又與吳淇不盡相同。

　　透過上述對張詩情景交融相關述評的觀察可以發現：即便面對同一主題，隨著關注眼光不同，詩評也展現出相異的

樣貌。相對於前朝普遍由形式之「麗」的角度作評，清人情
景交融之論確實爲張詩的闡釋開拓出另一番視野。以小窺
大，相信清人在中古詩歌的評述上，當能另有斬獲才是。

　　藉由上述對清代詩派、詩評家的扼要觀察，以及具體分
析幾位中古詩人在清代所獲詩評後，當可推斷：清代在中古
詩評的範疇中，應有相當出色的造詣與表現，而極具探討的
價值。若能逐一爬梳比對相關之論述，理應亦能抉選出若干
極具意味的主題。如此一來，既能呈現清代延續之外復獨立
於前朝的開創處；另一方面，還能總結中古詩歌於近古階段
的研究成果。關於這部分，期待來日，能另闢專文探討。

　　本書對明代中古詩評儘可能地全面性析論，雖或未能將
其樣貌無所遺漏地完整展現，然跳脫學界普遍以詩派爲主的
論述模式，透過詩教、抒情、審美三大主題的探討，在理解
中古詩歌的豐富內涵、整理詩學批評發展的線索與內在邏輯
上，應能展現另一番嶄新的面貌。而歷來被認爲理所當然的
一些看法，也因此有了重新審視和估價的機會。此乃本書在
學界眾多研究成果的基礎上，期復能有所推進者。

附錄一：各主題探討詩人對照表

　　　　　　六朝、蕭綱、謝靈運、江淹、玉臺新詠
　　第四節　小　結

第三章　抒情的重視及其傾向的轉換
　　第一節　前　言
　　第二節　對緣情的批判與欣賞
　　　　　　陸機
　　第三節　對俗艷之情的肯認
　　　　　　無名氏樂府、傅玄、湯惠休、蕭衍
　　第四節　對婉約之情的青睞
　　　　　　曹植、曹丕、張華、繁欽、任昉、柳惲、蕭繹、
　　　　　　王筠
　　第五節　景外情韻的著意闡發
　　　　　　謝靈運、謝朓、何遜、陶淵明
　　第六節　小　結

第四章　審美重心的轉變
　　第一節　前　言
　　第二節　風骨論
　　　　一、風骨評價的轉變
　　　　　　劉楨、王粲、曹操、陳琳、袁淑
　　　　二、從風骨到氣韻風神
　　　　　　鮑照、謝朓、沈約、江淹
　　　　三、小　結
　　第三節　清麗論

附錄二：詩人，詩評家頁碼索引

一、詩人頁碼索引

二、詩評家頁碼索引

參考書目

一、古典文獻

（一）詩歌古典文獻

逯欽立輯校：《先秦魏晉南北朝詩》（北京：中華書局，1998.5）

漢・曹操撰：《曹操集》（臺北：河洛圖書出版社，1975.10）

魏・曹丕著，魏宏燦校注：《曹丕集校注》（合肥：安徽大學出版社，2009.10）

魏・曹植著，趙幼文校注：《曹植集校注》（北京：人民文學出版社，1998.7）

魏・阮籍著，陳伯君校注：《阮籍集校注》（北京：中華書局，2004.6）

俞紹初輯校：《建安七子集》（北京：中華書局，2006.7）

晉・陸機著，金濤聲點校：《陸機集》（北京：中華書局，1982.1）

晉・陸雲著，黃葵點校：《陸雲集》（北京：中華書局，1988.8）

晉・陶潛著，袁行霈撰：《陶淵明集箋注》（北京：中華書局，2003.4）

南朝宋・謝靈運著，顧紹柏校注：《謝靈運集校注》（臺北：里仁書局，2004.4）

南朝宋・鮑照著，錢仲聯增補集說校：《鮑參軍集注》（上
　　海：上海古籍出版社，2005.5）

南朝齊・謝朓著，曹融南校注集說：《謝宣城集校注》（上
　　海：上海古籍出版社，2001.4）

南朝梁・江淹著，明・胡之驥註，李長路、趙威點校：《江
　　文通集彙注》（北京：中華書局，1999.12）

南朝梁・沈約著，陳慶元校箋：《沈約集校箋》（浙江：浙
　　江古籍出版社，1995.12）

南朝梁・何遜著，李伯齊校注：《何遜集校注》（北京：中
　　華書局，2010.1）

南朝陳・徐陵編，清・吳兆宜注，程琰刪補，穆克宏點校：
　　《玉臺新詠箋注》（北京：中華書局，1999.11）

（二）詩歌批評古典文獻

清・何文煥輯：《歷代詩話》（北京：中華書局，2001.11）

丁福保輯：《歷代詩話續編》（北京：中華書局，2001.8）

春秋戰國・荀況撰：《荀子》（合肥：黃山書社，2008，清
　　抱經堂叢書本）

周・左丘明傳，晉・杜預注，唐・孔穎達正義：《春秋左傳
　　正義》（北京：北京大學出版社，1999.12）

漢・許慎撰，清・段玉裁注：《說文解字注》（臺北：天工
　　書局，1998.8）

漢・毛亨傳，鄭玄箋，唐・孔穎達疏：《毛詩正義》（北京：
　　北京大學出版社，1999.12）

漢・鄭玄注，唐・孔穎達疏：《禮記正義》（北京：北

京大學出版社，1999.12）

漢・班固撰：《白虎通德論》（合肥：黃山書社，2008，四部叢刊景元大德覆宋監本）

漢・班固撰：《漢書》（合肥：黃山書社，2008，清乾隆武英殿刻本

魏・何晏注，宋・邢昺疏，朱漢民整理，張豈之審定：《論語注疏》（北京：北京大學出版社，1999.12）

晉・陸機著，張少康集釋：《文賦集釋》（北京：人民文學出版社，2002.9）

南朝梁・劉勰著，詹鍈義證：《文心雕龍義證》（上海：上海古籍出版社，1999.12）

南朝梁・劉勰著，周振甫注：《文心雕龍注釋》（臺北：里仁書局，1998.9）

南朝梁・鍾嶸著，王叔岷箋證：《鍾嶸詩品箋證稿》（北京：中華書局，2007.7）

南朝梁・鍾嶸著，徐達譯注：《詩品全譯（修訂版）》（貴陽：貴州人民出版社，2008.9）

南朝梁・鍾嶸著，曹旭集注：《詩品集注》（上海：上海古籍出版社，1994.10）

南朝梁・鍾嶸著，呂德申校釋：《鍾嶸詩品校釋》（北京：北京大學出版社，1986.4）

南朝梁・蕭子顯：《南齊書》（合肥：黃山書社，2008，清乾隆武英殿刻本）

南朝梁・蕭統著，俞紹初校注：《昭明太子集校注》（鄭州：中州古籍出版社，2001.7）

南朝梁・蕭統選編，唐・李善等註：《六臣註文選》（浙江：
　　浙江古籍出版社，1999.3）

南朝梁・蕭繹：《金樓子》（合肥：黃山書社，2008，清知
　　不足齋叢書本）

南北朝・顏之推撰：《顏氏家訓》（合肥：黃山書社，2008，
　　四部叢刊景明本）

————————————————————————

蕭占鵬主編：《隋唐五代文藝理論匯編評注》（天津：南開
　　大學出版社，2002.12）

唐・李延壽撰：《南史》（合肥：黃山書社，2008，清乾隆
　　武英殿刻本）

唐・李延壽：《北史》（合肥：黃山書社，2008，清乾隆武
　　英殿刻本）

唐・房玄齡：《晉書》（合肥：黃山書社，2008，清乾隆武
　　英殿刻本）

唐・魏徵：《隋書》（合肥：黃山書社，2008，清乾隆武英
　　殿刻本）

唐・令狐德棻：《周書》（合肥：黃山書社，2008，清乾隆
　　武英殿刻本）

唐・王昌齡：《詩中密旨》，收於宋・陳應行編：《吟窗雜
　　錄》（合肥：黃山書社，2008，明嘉靖二十七年崇文書
　　堂刻本）

唐・李白，清・王琦注：《李太白詩集注》（合肥：黃山書
　　社，2008，清文淵閣四庫全書本）

唐・杜甫撰，宋・蔡夢弼箋：《杜工部草堂詩箋》（合肥：

黃山書社，2008，古逸叢書覆宋麻沙本）

唐・杜甫：《杜工部集》（合肥：黃山書社，2008，續古逸叢書景宋本配毛氏汲古閣本）

唐・皎然著，李壯鷹校注：《詩式校注》（北京：人民文學出版社，2003.11）

日・遍照金剛撰，盧盛江校考：《文鏡祕府論彙校彙考》（北京：中華書局，2006.4）

唐・賈島：《二南密旨》，收於張伯偉：《全唐五代詩格彙考》（南京：鳳凰出版社，2005.1）

唐・王昌齡：《詩格》，收於張伯偉：《全唐五代詩格彙考》

唐・皮日休：《皮日休文集》（合肥：黃山書社，2008，四部叢刊景明本）

五代・劉昫撰：《舊唐書》（合肥：黃山書社，2008，清乾隆武英殿刻本）

———————————————————————————

吳文治主編：《宋詩話全編》（南京：鳳凰出版社，2006.10）

宋・李昉：《太平御覽》（合肥：黃山書社，2008，四部叢刊三編景宋本）

宋・梅堯臣：《宛陵集》（合肥：黃山書社，2008，四部叢刊景明萬曆梅氏祠堂本）

宋・歐陽修：《歐陽文忠公集》（合肥：黃山書社，2008，四部叢刊景元本）

宋・王安石：《臨川先生文集》（合肥：黃山書社，2008，四部叢刊景明嘉靖本）

宋・蘇軾：《蘇文忠公全集》（合肥：黃山書社，2008，明

成化本）

宋・蘇轍：《欒城後集》（合肥：黃山書社，2008，四部叢刊景明嘉靖蜀藩活字本）

宋・郭茂倩編：《樂府詩集》（北京：中華書局，1998.11）

宋・黃庭堅：《山谷別集》（合肥：黃山書社，2008，清文淵閣四庫全書本）

宋・阮閱編、周本淳校點：《詩話總龜》（北京：人民文學出版社，2005.12）

宋・汪藻：《浮溪集》（合肥：黃山書社，2008，清武英殿聚珍版叢書本）

宋・周紫芝：《太倉稊米集》（合肥：黃山書社，2008，清文淵閣四庫全書補配清文津閣四庫全書本）

宋・胡仔：《苕溪漁隱叢話前集》（合肥：黃山書社，2008，清乾隆刻本）

宋・張戒著，陳應鸞校箋：《歲寒堂詩話校箋》（成都：巴蜀書社，2000.3）

宋・張表臣：《珊瑚鉤詩話》（合肥：黃山書社，2008，宋百川學海本）

宋・葛立方：《韻語陽秋》（合肥：黃山書社，2008，宋刻本）

宋・陸遊：《老學庵筆記》（合肥：黃山書社，2008，明津逮秘書本）

宋・朱熹：《朱子全書》（合肥：黃山書社，2008，清康熙五十三年武英殿刻本）

宋・龔頤正：《芥隱筆記》（合肥：黃山書社，2008，明顧

氏文房小説本）

宋・陳應行編：《吟窗雜錄》（合肥：黃山書社，2008，
明嘉靖二十七年崇文書堂刻本）

宋・敖陶孫：《詩評》，收於宋・陳起編：《江湖小集》（合
肥：黃山書社，2008，清文淵閣四庫全書補配清文津閣
四庫全書本）

宋・姜夔：《白石道人詩說》（合肥：黃山書社，2008，清
刻歷代詩話本）

宋・費袞：《梁谿漫志》（合肥：黃山書社，2008，清嘉慶
內府刻本）

宋・李復：《潏水集》（合肥：黃山書社，2008，清文淵閣
四庫全書本）

宋・魏了翁：《鶴山全集》（合肥：黃山書社，2008，四部
叢刊景宋本）

宋・張端義：《貴耳集》，收於《宋詩話全編》

宋・劉克莊：《後村集》（合肥：黃山書社，2008，四部叢
刊景舊鈔本）

宋・嚴羽著，郭紹虞校釋：《滄浪詩話校釋》（北京：人民
文學出版社，2006.6）

宋・張炎：《詞源》（合肥：黃山書社，2008，清詞學叢書
本）

吳文治主編：《遼金元詩話全編》（南京：鳳凰出版社，2006.12）

金・趙秉文：《滏水集》，收於《遼金元詩話全編》

金・元好問：《中州集》（合肥：黃山書社，2008，四部叢

刊景元刊本）

金・元好問撰，清・施國祁箋注：《元遺山詩集箋注》（合肥：黃山書社，2008，清道光二年南潯瑞松堂蔣氏刻本）

元・郝經：《陵川集》（合肥：黃山書社，2008，清文淵閣四庫全書本）

元・方回：《桐江集》（合肥：黃山書社，2008，清嘉慶宛委別藏本）

元・方回：《文選顏鮑謝詩評》，《欽定四庫全書・集部八》（臺北：臺灣商務印書館，1973）

元・吳澄：《吳文正集》（合肥：黃山書社，2008，清文淵閣四庫全書本）

元・徐明善：《芳谷集》（合肥：黃山書社，2008，民國豫章叢書本）

元・劉將孫：《養吾齋集・清權齋集序》（合肥：黃山書社，2008，清文淵閣四庫全書本）

元・袁易：《靜春堂詩集》（合肥：黃山書社，2008，清知不足齋叢書本）

元・楊載：《詩法家數》（合肥：黃山書社，2008，明格致叢書本）

元・揭傒斯：《揭文安公全集》（合肥：黃山書社，2008，四部叢刊景舊鈔本）

元・楊維楨：《東維子文集》（合肥：黃山書社，2008，四部叢刊景舊鈔本）

元・楊維禎：《鐵崖古樂府》（合肥：黃山書社，2008，四部叢刊景明成化本）

元・陳繹曾：《文筌》（合肥：黃山書社，2008，清李士棻家鈔本）

元・陳基：《麟原文集》（合肥：黃山書社，2008，清文淵閣四庫全書本）

元・趙汸：《東山存稿》（合肥：黃山書社，2008，清文淵閣四庫全書補配清文津閣四庫全書本）

元・王義山：《稼村類稿》（合肥：黃山書社，2008，清文淵閣四庫全書補配清文津閣四庫全書本）

————————————————————————

吳文治主編：《明詩話全編》（南京：鳳凰出版社，2006.1）

明・朱右：《白雲稿》（合肥：黃山書社，2008，清文淵閣四庫全書本）

明・王禕：《王忠文公集》（合肥：黃山書社，2008，清文淵閣四庫全書補配清文津閣四庫全書本）

明・高棅：《唐詩品彙》，收於《明詩話全編》

明・張宇初：《峴泉集》（合肥：黃山書社，2008，清文淵閣四庫全書本）

明・楊士奇：《東里樂詩集》，收於《明詩話全編》

明・謝肅：《密庵詩文藁》（合肥：黃山書社，2008，四部叢刊三編景明洪武本）

明・陳璉：《琴軒集》，收於《明詩話全編》

明・楊榮：《文敏集》（合肥：黃山書社，2008，清文淵閣四庫全書本）

明・竹林懶仙：《松石軒詩評》，收於張健輯校：《珍本明詩話五種》（北京：北京大學出版社，2008.6）

明‧張寧：《方洲集》（合肥：黃山書社，2008，清文淵閣
四庫全書本）

明‧何喬新：《椒丘文集》（合肥：黃山書社，2008，清文
淵閣四庫全書本）

明‧羅倫：《一峰文集》（合肥：黃山書社，2008，清文淵
閣四庫全書補配清文津閣四庫全書本）

明‧李東陽：《李東陽集詩前稿》，收於《明詩話全編》

明‧都穆：《南濠詩話》（合肥：黃山書社，2008，清知不
足齋叢書本）

明‧王九思：《渼陂集》（合肥：黃山書社，2008，明嘉靖
刻崇禎補修本）

明‧徐獻忠：《樂府原》，收於《明詩話全編》

明‧陳沂：《拘虛詩談》，收於《明詩話全編》

明‧李夢陽：《空同集》（合肥：黃山書社，2008，清文淵
閣四庫全書補配清文津閣四庫全書本）

明‧王廷相：《內臺集》，收於《明詩話全編》

明‧徐禎卿：《談藝錄》（合肥：黃山書社，2008，明夷門
廣牘本）

明‧胡纘宗：《鳥鼠山人小集》（合肥：黃山書社，2008，
明嘉靖刻本）

明‧安磐：《頤山詩話》（合肥：黃山書社，2008，清文淵
閣四庫全書本）

明‧周敘：《詩學梯航》，收於《明詩話全編》

明‧何景明：《何大復集》（合肥：黃山書社，2008，清文
淵閣四庫全書本）

明・魏校：《莊渠遺書》（合肥：黃山書社，2008，清文淵閣四庫全書本）

明・楊慎：《詞品》（合肥：黃山書社，2008，明刻本）

明・楊慎：《千里面譚》，收於《明詩話全編》

明・楊慎：《升庵集》（合肥：黃山書社，2008，清文淵閣四庫全書補配清文津閣四庫全書本）

明・田藝蘅：《留青日札》（合肥：黃山書社，2008，明萬曆重刻本）

明・謝榛著，宛平校點：《四溟詩話》（北京：人民文學出版社，2006.8）

明・朱樸：《西村詩集》（合肥：黃山書社，2008，清文淵閣四庫全書本）

明・何良俊：《四友齋叢說》（合肥：黃山書社，2008，明萬曆七年張仲頤刻本）

明・馮惟訥：《古詩紀》（合肥：黃山書社，2008，清文淵閣四庫全書本）

明・李時行：《李駕部集》，收於《明詩話全編》

明・徐渭：《徐渭集》（北京：中華書局，1983.4）

明・徐渭：《徐文長逸稿》（合肥：黃山書社，2008，明天啓三年張維城刻本）

明・吳國倫：《甔甀洞稿》（合肥：黃山書社，2008，明萬曆刻本）

明・吳國倫：《甔甀洞續稿》（合肥：黃山書社，2008，明萬曆刻本）

明・梁橋：《冰川詩式》，收於《明詩話全編》

明・王世貞：《弇州山人四部稿》（合肥：黃山書社，2008，明萬曆刻本）

明・王世貞：《藝苑卮言》（合肥：黃山書社，2008，明萬曆十七年武林樵雲書舍刻本）

明・王世貞：《讀書後》（合肥：黃山書社，2008，清文淵閣四庫全書補配清文津閣四庫全書本）

明・張佳胤：《居來先生集》，收於《明詩話全編》

明・鄧元錫撰：《皇明書》（合肥：黃山書社，2008，明萬曆刻本）

明・佘翔：《薛荔園詩集》，收於《明詩話全編》

明・王世懋：《藝圃擷餘》（合肥：黃山書社，2008，清刻說郛續本）

明・焦竑：《焦氏筆乘》（合肥：黃山書社，2008，明萬曆三十四年謝與棟刻本）

明・焦竑：《焦氏澹園續集》（合肥：黃山書社，2008，明萬曆三十九年朱汝鰲刻本）

明・焦竑：《焦氏澹園集》（合肥：黃山書社，2008，明萬曆三十四年刻本）

明・周履靖：《燎松吟》，收於《明詩話全編》

明・屠隆：《白榆集》（合肥：黃山書社，2008，明萬曆龔堯惠刻本）

明・孫鑛：《居業次編》（合肥：黃山書社，2008，明萬曆四十年呂胤筠刻本）

明・趙南星：《趙忠毅公文集》（合肥：黃山書社，2008，明崇禎十一年范景文等刻本）

明‧袁宏道：《袁中郎全集》（合肥：黃山書社，2008，明崇禎刊本）

明‧唐時升：《三易集》（合肥：黃山書社，2008，明崇禎刻清康熙補修嘉定四先生集本）

明‧鄒元標：《願學集》（合肥：黃山書社，2008，清文淵閣四庫全書補配清文津閣四庫全書本）

明‧胡應麟：《詩藪內編》（合肥：黃山書社，2008，明刻本）

明‧胡應麟：《詩藪外編》（合肥：黃山書社，2008，明刻本）

明‧黃汝亨：《寓林集》（合肥：黃山書社，2008，明天啓四年刻本）

明‧郝敬：《藝圃傖談》，收於《明詩話全編》

明‧王文祿：《詩的》，收於《明詩話全編》

明‧王文祿：《文脉》，收於《明詩話全編》

明‧許學夷著，杜維沫校點：《詩源辯體》（北京：人民文學出版社，2001.10）

明‧鄧雲霄：《冷邸小言》，收於《明詩話全編》

明‧謝肇淛：《小草齋詩話》，收於《明詩話全編》

明‧胡震亨：《唐音癸籤》（合肥：黃山書社，2008，清文淵閣四庫全書本）

明‧馮復京：《說詩補遺》，收於《明詩話全編》

明‧馮夢龍編纂，劉瑞明注解：《馮夢龍民歌集三種注解》（北京：中華書局，2005.8）

明‧鍾惺、譚元春：《唐詩歸》（合肥：黃山書社，2008，

明刻本）

明・鍾惺、譚元春輯：《古詩歸》，收於《續修四庫全書・集部・總集》（上海：上海古籍出版社，2002）

明・鍾惺：《隱秀軒集》（合肥：黃山書社，2008，明天啟二年沈春澤刻本）

明・方弘靜：《客談》，收於《明詩話全編》

明・劉宗周：《劉蕺山集》（合肥：黃山書社，2008，清文淵閣四庫全書本）

明・張慎言：《泊水齋文鈔》，收於《明詩話全編》

明・姚希孟：《響玉集》（合肥：黃山書社，2008，明清閟全集本）

明・盧世㴰：《尊水園集略》（合肥：黃山書社，2008，清順治刻十七年盧孝餘增修本）

明・張萱：《疑耀》（合肥：黃山書社，2008，明萬曆三十六年刻本）

明・趙士喆：《石室談詩》，收於《明詩話全編》

明・費經虞：《雅倫》（合肥：黃山書社，2008，清康熙 49 年刻本）

明・張溥題辭，殷孟倫輯注：《漢魏六朝百三家集題辭注》（北京：中華書局，2007.5）

明・賀貽孫：《詩筏》，收於《明詩話全編》

明・陳子龍：《安雅堂稿》（合肥：黃山書社，2008，明末刻本）

明・王昌會：《詩話類編》，收於《明詩話全編》

明・冒襄：《同人集》，收於《明詩話全編》

明・陸時雍選評，任文京、趙東嵐點校：《詩鏡》（保定：河北大學出版社，2010.3）

明・宋惕：《鬒山文鈔》，收於《明詩話全編》

明・王夫之著，舒蕪教點：《薑齋詩話》（北京：人民文學出版社，2006.8）

明・王夫之：《古詩評選》，收於《船山全書》（長沙：嶽麓書社，1989）第 14 冊

明・黃廷鵠：《詩冶》，收於《明詩話全編》

明・唐汝諤：《古詩解》，收於《四庫全書存目叢書・集部370・總集》（臺南：莊嚴文化，1997）

明・謝天瑞輯：《詩法》（合肥：黃山書社，2008，明復古齋刻本）

郭紹虞編選：《清詩話》（上海：上海古籍出版社，1999.6）

郭紹虞編選，富壽蓀校點：《清詩話續編》（上海：上海古籍出版社，1999.6）

清・黃宗羲：《明文海》（合肥：黃山書社，2008，清鈔本）

清・吳喬：《圍爐詩話》，收於《清詩話續編》

清・葉矯然：《龍性堂詩話初集》，收於《清詩話續編》

清・毛先舒：《詩辯坻》，收於《清詩話續編》

清・梁清遠：《雕丘雜錄》（合肥：黃山書社，2008，清康熙二十一年梁允桓刻本）

清・葉燮著、霍松林校注：《原詩》（北京：人民文學出版社，2005.12）

清・吳淇著，汪俊、黃進德點校：《六朝選詩定論》（揚州：

廣陵書社，2009.8）

清・張玉穀著，許逸民點校：《古詩賞析》（上海：上海古籍出版社，2000.12）

清・陳祚明評選，李金松點校：《采菽堂古詩選》（上海：上海古籍出版社，2008.12）

清・曹寅編：《全唐詩》（合肥：黃山書社，2008，清文淵閣四庫全書本）

清・顧嗣立編：《元詩選》（合肥：黃山書社，2008，清文淵閣四庫全書本）

清・沈德潛選：《古詩源》（北京：中華書局，2000.7）

清・紀昀總纂：《四庫全書總目提要》（石家莊：河北人民出版社，2000.3）

清・董誥輯：《全唐文》（合肥：黃山書社，2008，清嘉慶內府刻本）

清・牟願相：《小澥草堂雜論詩》，收於《清詩話續編》

清・嚴可均輯：《全上古三代秦漢三國六朝文》（合肥：黃山書社，2008）

清・方東樹著，汪紹楹校點：《昭昧詹言》（北京：人民文學出版社，2006.1）

清・劉熙載撰，袁津琥校注：《藝概注稿》（北京：中華書局，2009.5）

清・朱庭珍：《筱園詩話》（合肥：黃山書社，2008，清光緒十年刻本）

二、近現代專著

丁福林：《鮑照研究》（南京：鳳凰出版社，2009.12）

王力主編：《王力古漢語字典》（北京：中華書局，2002.12）

王巍：《建安文學研究史論》（長春：吉林大學出版社，1994.7）

王巍：《建安文學概論》（瀋陽：遼寧教育出版社，2000.7）

王國瓔：《古今隱逸詩人之宗　陶淵明論析》（臺北：允晨出版社，1999.9）

王國瓔：《中國文學史新講》（臺北：聯經出版社，2006.9）

王宏林：《沈德潛詩學思想研究》（北京：人民出版社，2010.4）

王明輝：《胡應麟詩學研究》（北京：學苑出版社，2006.2）

王玫：《建安文學接受史論》（上海：上海古籍出版社，2005.7）

王瑤：《中古文學史論》（北京：北京大學出版社，2008.5）

王運熙、顧易生主編：《中國文學批評史新編》（上海：復旦大學出版社，2002.8）

王運熙：《中國古代文論管窺（增補本）》（上海：上海古籍出版社，2006.7）

王鍾陵：《中國中古詩歌史》（北京：人民出版社，2005.8）

方錫球：《許學夷詩學思想研究》（安徽：黃山書社，2006.12）

毛宣國：《中國美學詩學研究》（長沙：湖南師範大學出版社，2003.7）

白振奎：《陶淵明、謝靈運詩歌比較研究》（上海：上海辭書出版社，2006.12）

成复旺、蔡鍾翔、黃保真：《中國文學理論史》（北京：

　　　　北京出版社，1991.9）

成復旺主編：《中國美學範疇辭典》（北京：中國人民大學
　　　　出版社，1995.6）

朱自清：《朱自清中國文學批評研究講義》（天津：天
　　　　津古籍出版社，2004.2）

吳宏一：《清代文學批評論集》（臺北：聯經出版事業公司，
　　　　1998.6）

吳小如、王運熙等撰：《漢魏六朝詩鑒賞辭典》（上海：上
　　　　海辭書出版社，2004.3）

吳新苗：《屠隆研究》（北京：文化藝術出版社，2008.4）

李劍鋒：《元前陶淵明接受史》（濟南：齊魯書社，2002.9）

汪湧豪：《風骨的意味》（南昌：百花洲文藝出版社，2001.10）

汪湧豪：《中國文學批評範疇及體系》（上海：復旦大學出
　　　　版社，2007.3）

沈祥龍：《論詞隨筆》，收於唐圭璋：《詞話叢編》（北京：
　　　　中華書局，1986.11）

周勛初：《中國文學批評小史》（臺北：崧高書社，1985.7）

林大志：《四蕭研究 —— 以文學為中心》（北京：中華書局，
　　　　2007.2）

金元浦：《文學解釋學》（長春：東北師範大學出版社，1997.5）

查清華：《明代唐詩接受史》（上海：上海古籍出版社，2006.7）

胡大雷：《傳統文論的魅力、模式與智慧》（南京：鳳凰出
　　　　版社，2005.9）

胡幼峰：《沈德潛詩論探研》（臺北：學海出版社，1986.3）

胡德懷：《齊梁文壇與四蕭研究》（江蘇：南京大學出版社，

1997.7）

郝躍南：《道的承擔與逃逸 六朝與唐代文論差異及文化闡釋》（成都：巴蜀書社，2000.1）

高友工：《中國美典與文學研究論集》（臺北：臺大出版中心，2004.3）

孫春青：《明代唐詩學》（上海：上海古籍出版社，2006.11）

孫立：《明末清初詩論研究》（廣州：廣東高等教育出版社，2003.6）

徐傳武：《左思左棻研究》（臺中：明目文化事業有限公司，1998.12）

徐復觀：《中國藝術精神》（臺北：學生書局，1998.5）

唐梓彬：〈論鍾嶸《詩品》對任昉詩歌的評價〉，《許昌學院學報》第 29 卷第 1 期（2010 年）

康正果：《風騷與艷情》（上海：上海文藝出版社，2001.8）

張伯偉：《鍾嶸詩品研究》（南京：南京大學出版社，2000.3）

張少康：《古典文藝美學論稿》（臺北：淑馨出版社，1989.11）

張少康：《中國文學理論批評史教程》（北京：北京大學出版社，2003.6）

張少康：《司空圖及其詩論研究》（北京：學苑出版社，2005.1）

張少康：《文心與書畫樂論》（北京：北京大學出版社，2006.12）

曹道衡：《中古文史叢稿》（保定：河北大學出版社，2003.10）

袁行霈主編：《中國文學史》（北京：高等教育出版社，2003.4）

陳伯海等著：《唐詩學史稿》（石家莊：河北人民出版社，2004.5）

陳伯海：《中國詩學之現代觀》（上海：上海古籍出版社，

2006.11）

陳國球：《明代復古派唐詩論研究》（北京：北京大學出版
　　社，2007.9）

陳廣宏：《竟陵派研究》（上海：復旦大學出版社，2006.8）

陳應鸞：《中國古代文論與文獻探微》（成都：巴蜀書社，
　　2008.8）

陳文忠：《中國古典詩歌接受史研究》（合肥：安徽大學出
　　版社，1998.8）

陳文新：《明代詩學的邏輯進程與主要理論問題》（武漢：
　　武漢大學出版社，2007.8）

陳斌：《明代中古詩歌接受與批評研究》（上海：上海三聯
　　書店，2009.3）

陳昌明：《沉迷與超越：六朝文學之感官辯證》（臺北：里
　　仁書局，2005.11）

陳望衡:《中國古典美學史》(武漢:武漢大學出版社，2007.10）

陳橋生：《劉宋詩歌研究》（北京：中華書局，2007.3）

陳竹、曾祖蔭：《中國古代藝術範疇體系》（武漢：華中師
　　範大學出版社，2003.12）

陶水平：《船山詩學研究》（北京：中國社會科學出版社，
　　2001.6）

陸侃如：《中古文學繫年》（北京：人民文學出版社，1998.7）

傅璇琮等：《中國詩學大辭典》（浙江：浙江教育出版社，
　　1999.12）

程小平：《《滄浪詩話》的詩學研究》（北京：學苑出版社，
　　2006.7）

賀嚴：《清代唐詩選本研究》（北京：人民出版社，2007.3）

黃仁生：《楊維禎與元末明初文學思潮》（上海：東方出版
　　中心，2005.9）

黃景進：《意境論的形成 —— 唐代意境論研究》（臺北：學
　　生書局，2004.9）

楊松年：《王夫之詩論研究》（臺北：文史哲出版社，1986.10）

鄔國平、王鎮遠：《清代文學批評史》（上海：上海古籍出
　　版社，1995.11）

鄔國平：《竟陵派與明代文學批評》（上海：上海古籍出版
　　社，2004.9）

廖蔚卿：《六朝文論》（臺北：聯經出版事業公司，1978.4）

廖蔚卿：《中古詩人研究》（臺北：里仁書局，2005.3）

廖蔚卿：《中古樂舞研究》（臺北：里仁書局，2006.5）

漆緒邦、梅運生、張連第：《中國詩論史》（合肥：黃山書
　　社，2007.1）

葛曉音：《八代詩史（修訂本）》（北京：中華書局，2007.3）

蔡彥峰：《元嘉體詩學研究》（北京：中國社會科學出版社，
　　2007.12）

蔡英俊：《比興、物色與情景交融》（臺北：大安出版社，
　　1986.5）

蔡英俊：《中國古典詩論中「語言」與「意義」的論題—「意
　　在言外」的用言方式與「含蓄」的美典》（臺北：學生
　　書局，2001.4）

蔡鎮楚：《中國詩話史（修訂本）》（長沙：湖南文藝出版
　　社，2001.1）

蔣寅：《古典詩學的現代詮釋》（北京：中華書局，2003.3）

蔣寅：《清代文學論稿》（南京：鳳凰出版社，2009.6）

蔣鵬舉：《復古與求真　李攀龍研究》（北京：中國社會科學出版社，2008.9）

鄧雲湖：《中國選本批評》（上海：上海三聯書店，2002.7）

劉世南：《清詩流派史》（北京：人民文學出版社，2004.3）

劉中文：《唐代陶淵明接受研究》（北京：中國社會科學出版社，2006.7）

劉大杰：《中國文學發展史》（上海：上海古籍出版社，1998.4）

劉師培：《中國中古文學史講義》（北京：中國人民大學出版社，2004.9）

劉忠惠：《文賦研究新論》（長春：東北師範大學出版社，1993.6）

劉懷榮：《賦比興與中國詩學研究》（北京：人民出版社，2007.7）

劉文忠：《中古文學與文論研究》（北京：學苑出版社，2000.6）

劉暢：《史料還原與思辨索原 —— 中國古代思想與文學叢稿》（天津：南開大學出版社，2006.12）

錢穆：《論語新解》（臺北：東大圖書，1991.8）

錢穆：《莊子纂箋》（臺北：東大圖書，1993.1）

蕭馳：《抒情傳統與中國思想　王夫之詩學發微》（上海：上海古籍出版社，2003.6）

鍾優民：《謝靈運論稿》（濟南：齊魯書社，1985.10）

鍾優民：《陶學發展史》（長春：吉林教育出版社，2000.8）

顏崑陽：《六朝文學觀念叢論》（臺北：正中書局，1993.2）

魏明安、趙以武：《傅玄評傳　附楊泉評傳》（南京：南京
　　大學出版社，2006.4）

羅宗強：《因緣集 —— 羅宗強自選集》（天津：南開大學出
　　版社，2004. 10）

蘇怡如：《中國山水詩表現模式之嬗變 —— 從謝靈運到王維》
　　（臺大中文系博論，2008.1）

龔鵬程：《中國文學批評史論》（北京：北京大學出版社，
　　2008.6）

法・弗朗索瓦・于連著，杜小真譯：《迂迴與進入》（北京：
　　三聯書店，2003.9）

法・莫里斯・梅洛—龐蒂著，姜志輝譯：《知覺現象學》（北
　　京：商務印書館，2005.7）

三、單篇論文

元鍾禮：〈在胡應麟《詩藪》美學體系中的興象、風神與格
　　調之關係（下）〉，收於香港浸會大學《人文中國學報》
　　編輯委員會編：《人文中國學報 第九期》（香港：香
　　港浸會大學，2002.12）

王國瓔：〈史傳中的陶淵明〉，收於《臺大中文學報》第 12
　　期（2000.5）

王文進：〈陶謝並稱對其文學範型流變的影響 —— 兼論陶謝
　　「田園」、「山水」詩類空間書寫的區別〉，《南朝山
　　水與長城想像》（臺北：里仁書局，2008.6）

王瑤：〈徐庾與駢體〉，《中古文學史論》（北京：北京大

學出版社，1986.1）

王芳：〈李夢陽及前七子派對謝靈運的接受〉，徐中玉、郭
　　豫適主編：《中國文論的常與變　古代文學理論研究　第
　　二十四輯》（上海：華東師範大學出版社，2006.12）

王芳：〈試析王世貞對謝靈運詩歌的接受〉，收於徐中玉、
　　郭豫適主編：《中國文論的我與他　古代文學理論研究
　　第二十七輯》（上海：華東師範大學出版社，2009.3）

王運熙：〈談前人對劉楨詩的評價〉，《漢魏六朝唐代文學
　　論叢（增補本）》（上海：復旦大學出版社，2002.5）

王運熙：〈論吳聲與西曲〉，《樂府詩述論（增補本）》（上
　　海：上海古籍出版社，2006.7）

王運熙：〈陸機、陶潛評價的歷史變遷〉，《東方叢刊》（2008.2）

王鵬廷：〈建安七子研究史略述〉，《建安七子研究》（北
　　京：北京大學出版社，2004.10）

朱曉海：〈論陸機〈擬古詩〉十二首〉，《臺大中文學報》
　　第 19 期（2003.12）

何寄澎、許銘全：〈模擬與經典之形成、詮釋 —— 以陸機〈擬
　　古詩〉爲對象之探討〉，《成大中文學報》11 期（2003.11）

何莊：〈論魏晉南北朝的文論之「清」—— 兼及陶淵明的品
　　第〉，《中國人民大學學報》第 2 期（2007）

宋緒連：〈述評王夫之論謝靈運〉，收於葛曉音編選：《謝
　　靈運研究論集》（桂林：廣西師範大學，1993.3）

周遠斌：〈古詩平淡美的理論和實踐〉，收於徐中玉、郭豫
　　適主編：《古代文學理論研究　第十九輯》（上海：華
　　東師範大學出版社，2001.7）

林宛瑜：〈謝榛《四溟詩話》對歷代詩歌之評論〉，《南師語教學報》第 3 期（2005.4）

馬榮江：〈謝脁詩歌唐前接受研究〉，《安徽師範大學學報（人文社會科學版）》第 35 卷第 2 期（2007.3）

張少康：〈六朝文學的發展和「風骨」論的文化意蘊〉，收於東海大學中文系、中國古典文學研究會主編：《第三屆魏晉南北朝文學國際學術研討會論文集》（臺北：文史哲出版社，1998.8）

曹萌：〈歷代庾信批評述論〉，《東南大學學報（哲學社會科學版）》第 7 卷第 2 期（2005.3）

曹道衡：〈鮑照和江淹〉，《中古文學史論文集續編》（臺北：文津出版社，1994.7）

曹道衡：〈論江淹詩歌的幾個問題〉，《中古文學史論文集》（臺北：洪葉文化事業有限公司，1996.10）

梅運生：〈士族、古文經學與中古詩論〉，《安徽師大學報》第 24 卷第 3 期（1996）

莫礪鋒：〈論朱熹對歷代詩歌的批評〉，《南京大學學報（哲學‧人文科學‧社會科學）》第 1 期第 37 卷（2000）

陳伯海：〈中國詩學觀念的流變論綱〉，收於蔣寅、張伯偉主編：《中國詩學 第六輯》（南京：南京大學出版社，1999.12）

陳慶元：〈江淹「筋力於王微，成就於謝脁」辨〉，收於曹旭選評：《中日韓《詩品》論文選評》（上海：上海古籍出版社，2003.2）

陳文忠：〈闡釋史與古代風格批評 ── 《飲酒‧其五》接受

史研究〉，《文學美學與接受史研究》（合肥：安徽人
民出版社，2008.4）

陳耀南：〈文心風骨羣說辨疑〉，收於中國古典文學研究會
主編：《文心雕龍綜論》（臺北：學生書局，1988.5）

黃坤堯：〈詩緣情而綺靡 ── 陸機《擬古》的美學意義〉，
收於香港中文大學中文系主編：《魏晉南北朝文學論集》
（臺北：文史哲出版社，1994.11）

黃水雲：〈歷代評顏諸家之論概述〉，《顏延之及其詩文研
究》（臺北：文史哲出版社，1989.5）

楊鑒生、王芳：〈劉履對謝靈運詩歌的接受與評價〉，《合
肥師範學院學報》第 26 卷第 2 期（2008.3）

管仁福：〈「詩緣情而綺靡」說的歷代接受與誤讀〉，《東
南大學學報(哲學社會科學版)》第 7 卷第 5 期（2005.9）

趙志軍：〈明代後七子復古詩論的自然觀〉，收於徐中玉、
郭豫適主編：《中國文論的我與他　古代文學理論研究
第二十七輯》（上海：華東師範大學出版社，2009.3）

趙泰靖：〈論歷代對「詩緣情而綺靡」的誤讀〉，《河南電
大學報》第 4 期（1996.4）

趙靜：〈「緣情綺靡」說百年研究述評〉，收於陳飛主編：
《中國古典文學與文獻學研究（第 2 輯）》（北京：學
苑出版社，2003.12）

蔡英俊：〈抒情美典與經驗觀照：沉鬱與神韻〉，收於林明
德策畫：《中國文學新境界反思與關照》（臺北：立緒
文化，2005.3）

鄧仕樑：〈胡應麟論齊梁陳隋詩與唐律之關係辨〉，收於香

港浸會大學《人文中國學報》編輯委員會編：《人文中國學報 第八期》（香港：香港浸會大學，2001.9）

鄭毓瑜：〈再評蔡英俊《比興、物色與情景交融》〉，收於呂正惠、蔡英俊主編：《中國文學批評 第一集》（臺北：學生書局，1992.8）

劉文忠：〈庾信前期作品考辨〉，《中古文學與文論研究》（北京：學苑出版社，2000.6）

劉文忠：〈論庾信〉，《中古文學與文論研究》（北京：學苑出版社，2000.6）

戴建業：〈由冷落到推尊 —— 陶淵明接受史片論〉，《澄明之境 —— 陶淵明新論》（武漢：華中師範大學出版社，1999.4）

蕭合姿：〈歷代評江淹諸家之論概述〉，《江淹及其作品研究》（臺北：文津出版社，1993.8）

謝明陽：〈《詩源辯體》論陶詩〉，《中國文學研究》第 13 期（1999.5）

韓經太：〈宋人「平淡」美論〉，《清淡美論辨析》（南昌：百花洲文藝出版社，2005.12）

羅春蘭：〈皎然《詩式》對鮑照的接受及原因探析〉，《江西社會科學》（2005.5）

羅立乾：〈《詩品》「自然英旨」的審美理想 —— 人格美與「清水芙蓉」的審美趣味〉，收於曹旭選評：《中日韓《詩品》論文選評》（上海：上海古籍出版社，2003.2）

韓・李國熙：〈庾信詩風演變考〉，收於東海大學中文系、中國古典文學研究會主編：《第三屆魏晉南北朝文學國

際學術研討會論文集》（臺北：文史哲出版社，1998.8）

日‧高木正一：〈鍾嶸的文學觀〉，收於曹旭選評：《中日韓《詩品》論文選評》（上海：上海古籍出版社，2003.2）